다부동지구 전선

제10연대   제11연대

유학산 837고지

← 팔공산   가산 901고지   다부동↓   674고지   천생산

← 옥골

← 해평

6 · 25전쟁사

낙동강

제2권

6·25전쟁사

낙동강

제2권

적구의 발굽에 밟힌 수도
초전에 참패한 미 지상군

낙동강 제2권

목차

제3장 한강방어선

제1절 서울을 빼앗기면 우리는 어디로?

1. 서울 사수를 다진 창동 저지선 11
   부지깽이까지 동원한 총력전 11 · 이 선을 넘는 자는 총살한다 16
   창동 저지선이 무너졌다 20 · 제3연대와 제25연대 – 쌍문동선 22

2. 최후의 저지선 – 미아리 25
   통곡! 우리는 어디로 가야 합니까? 25 · 끝내 비행기 소리는 들리지 않았다 30
   미아리 저지선이 무너지던 밤 32 · 유재흥 장군의 우 전선 33
   이응준 소장의 좌 전선 38 · 태릉 방면 상황 43
   불암산 유격대 – 호랑이 부대 47

3. 적구(赤狗)의 발굽에 밟힌 수도 48
   정부는 수원으로, 육군본부는 시흥으로 48 · 평양을 점령하겠습니다 52
   일본정벌론 – 왜왕의 머리를 바치겠나이다 55
   채병덕 총참모장 – 신념이 없고 즉흥적이다 60
   바위에 부딪쳐 부서진 계란 62
   대전차 폭뢰 – 제1공병단 엄재완 소령의 증언 64

4. 한강교 폭파 66
   한강교 폭파가 가능한가? 66 · 전차가 시내에 들어왔다. 한강교를 폭파하라! 68
   공병감 총살형 75 · 낙오병들의 처절한 투혼 76 · 그들은 왜? 그렇게 했나! 83

5. 서울의 비극 88
   대한민국을 움직이는 사람들 88 · 정부조직법에 의한 기구의 변천 94
   대한민국을 지키려는 사람들 103 · 인민공화국 만세 109

제2절 한강 방어전

1. 패잔병 집단 113
   북한군 전술 구상 113 · 혼성사단이란 이름의 오합지졸 115
   시흥지구전투사령부 117

2. 노량진~영등포 부근 방어전 120
6월 28일 – 장갑차로 위력 과시 120 • 6월 29일 – 맥아더 원수 전선시찰 122
6월 30일 – 북한군 도하 개시 127 • 7월 1일 – 한강도하 저지전 130
7월 2일 – 용하게 버틴 하루 131 • 7월 3일 – 적 전차 한강을 건너다 135

3. 말죽거리~금곡리 부근 방어전 138
기갑연대 말죽거리 진출 138 • 혼성제2사단 남태령에 전개 139
한남동 도하 저지전 141 • 말죽거리 전투 142
금곡리 전투 – 혼성 제3사단 투입 143
7월 1일까지 수원비행장을 확보할 수 있는가? 144
적 보급부대 섬멸 147 • 사관생도대대의 혈투 148
미군기의 오폭으로 연대지휘부 사상 – 제13연대 150
보병학교연대 적 차량부대 섬멸 151

4. 김포반도 전투 152
김포지구전투사령부 152 • 김포반도에 적 상륙 157 • 김포읍 상실 159

5. 경인가도 전투 163
김포비행장 공방전 163 • 오류동 전투 169 • 경인가도가 적의 수중으로 175

6. 수원 철수 177
안양 저지진지 177 • 수원 철수 180 • 풍덕천 전투 – 제1사단 182
금량장 전투 184 • 수원 철수 이후의 상황 184 • 한강방어선에 투입된 부대 186

제4장 미 지상군 참전

제1절 워싱턴의 경악

1. 6월 24일의 급보 191
놀라지 마시오! 공산군이 전 전선을…… 191 • 이것은 UN 헌장 위반이야! 193

2. 트루먼 대통령 194
제1차 블레어하우스 회의 194 • 제2차 블레어하우스 회의 199

3. UN안전보장이사회 201
한국과 UN 201 • 6월 25일 안전보장이사회 결의안(제1차 결의) 204
6월 27일 안전보장이사회 결의안(제2차 결의) 207

4. 맥아더 사령관 211
각하! 무슨 명령이라도 없으십니까? 211 • 맥아더 한국에 오다 214

　　　　맥아더를 환영하는 YAK기 216 · 한강전선 시찰 219
　　　　맥아더와 병사의 대화 – 자네는 언제까지 그 호 속에…… 223
　5. 맥아더와 대화한 병사는 누구인가? 225
　　　　50년이 지난 어느날 갑자기 나타난 육군일등병 225
　　　　신동수 씨는 맥아더를 만날 수 없었다 228
　　　　기사 스스로 맥아더가 아니라는 것을 밝히고 있다 229
　　　　모든 문헌이 병사의 계급을 일등중사라고 했다 233
　　　　사실을 왜곡하여 소설을 썼다 233
　　　　신동수 옹이 만난 사람은 군사고문단 일행일 것이다 236
　　　　맥아더 원수가 시찰한 전선은? 237 · 오보를 시인한 신문과 잡지 240

제2절　UN군 창설
　1. 미 지상군 파병 결정 244
　　　　미 지상군 투입 244 · 맥아더의 증원 요청 247 · 미국 군사력 증강 252
　　　　워싱턴 증원 결정 257
　2. UN군총사령부 262
　　　　7월 7일 UN안전보장이사회 결의 262 · UN군총사령부 264
　　　　미 극동군총사령부 265 · 미 합동참모본부 270 · 미 제8군사령부 273
　3. 작전지휘권 이양 276
　　　　작전지휘권 이양에 관한 이승만 대통령 서한 276 · 작전지휘권 이양 시기 277
　　　　작전지휘권 이양의 국제법적 효력 279
　4. 미 지상군에 출동 명령 280
　　　　맥아더의 작전 구상 280 · 미 제24사단 출동 284

제3절　초전에 박살난 미 지상군
　1. 오산 전투 – 스미스특수임무부대 286
　　　　6·25전쟁 참전 최초의 미군 전투부대 286
　　　　전차전 – 우리를 못 알아봤기 때문일 거야? 289
　　　　보병 전투 295 · 한국군 제17연대 299
　2. 천안 부근 전투 – 연대 전투에서도 힘 한번 못썼다 302
　　　　평택, 안성 지구 전투 302 · 천안 전투 307 · 군복 입은 민간인 314
　3. 조치원 부근 전투 – 사단을 투입하고도! 319
　　　　전의 전투 319 · 조치원 전투 323

제4절 대전 방어전 – 미 제24사단

1. 공주 부근 도하저지전 – 미 제34연대 · · · · · · · 327
전력에 결함이 많은 제34연대 327
작은 표적은 사격할 가치가 없다 – 포가 침묵 328
무단 철수한 L 중대장 329 · 야전포병대대 파멸 331 · 유구(維鳩) 기습전 332

2. 대평리 도하저지전 – 미 제19연대 · · · · · · · · 333
강가의 불꽃놀이? 조명탄 아래서 포격전 333
결정적인 순간에 꺼진 조명탄 – 금강이 무너지다 336
도로 봉쇄점을 타개하라 – 사단장의 분전 338 · 미 제19연대의 파멸 344

3. 대전 함락과 딘 소장 실종 – 제34연대 · · · · · · · 347
방어수단이 없는 대전 347 · 20일까지만 버텨주기 바란다 350
갑천 공방전 353 · 태풍과 적 포탄이 함께 덮친 대전의 밤 355
시가지의 무법자 T-34 철퇴 – 사단장이 전차 공격 359

4. 착오의 연속과 어긋난 톱니바퀴 · · · · · · · · · 363
건재하다고 믿은 대대는 엉뚱한 곳에서 헤매고 363
분전하는 소대를 보고 대대가 건재하다고 착각 365 · 길 잃은 주력부대 366

5. 비참하게 무너진 미 제24사단 · · · · · · · · · 370
소재 불명 연대장의 투혼 370 · 몸부림 친 대전 탈출 372
투철한 군인 정신 – 살신성인 374 · 이렇게 허망하게 무너질 수가! 376
제24사단장 딘 소장 379

제5절 김천 부근 저지전

1. 영동 지역 지연전 · · · · · · · · · · · · · · 382
제1기병사단 진출 382 · 영동 전투 384 · 피난민과 게릴라 388

2. 김천 부근 지연전 · · · · · · · · · · · · · · 389
황간 전투 – 미 제27연대 389 · 김천 전투 – 미 제1기병사단 392
상주 전투 – 미 제25사단 393

3. 한국 전황은 파국으로 치닫고 있다 · · · · · · · · 397
워커 사령관의 고뇌 397 · 고수냐 죽음이냐? – 워커 장군의 전선 사수 훈령 399
더 이상 내어줄 땅이 없어졌다 406

인명 색인 · 408

제3장
한강방어선

대한민국 국방부 장관 신성모는
"5일 안에 평양을 점령할 수 있는 만반의 준비와 군대를 가지고 있다."
고 큰소리를 쳤고,
대한민국 육군총참모장 채병덕은
"적을 의정부 밖으로 격퇴했다. 후방에서 3개 사단이 올라오면 3일 이내에 평양을 점령해 보이겠다."
고 했다.
3일 만에 서울을 뺏기고 남쪽으로 물러났다.

임진왜란 때 조선 제일의 장수 신입은
"전하! 성심을 편히 하시옵소서. 차라리 잘된 일이 옵니다. 저들이 겁도 없이 건너왔으니 이 참에 소장이 부산으로 내려가서 왜놈들을 쓸어버린 후 대마도와 본토로 건너가겠사옵니다. 철저히 응징해서 다시는 이따위 헛된 짓을 못하도록 가르친 뒤 전하의 위엄과 덕을 저들의 가슴에 똑똑히 새겨놓겠사옵니다."
라고 큰소리를 쳤다.
출정해서는 왜군 한 사람도 베지 못하고 탄금대에 몸을 던져 죽었다.

제1절 서울을 빼앗기면 우리는 어디로?

1. 서울 사수를 다진 창동 저지선

부지깽이까지 동원한 총력전

6월 26일 19시 채병덕 총참모장은 육군본부 전방지휘소가 있는 창동 노해지서에서 제7사단장 유재흥 준장에게 의정부지구전투사령관으로 임명하였음을 통고하고, 제7사단 및 제2사단과 함께 이 지역에 투입된 전 부대를 지휘하여 의정부를 탈환하라는 명령을 내렸다.

이보다 앞선 이날 07시에 전 육군본부 작전국장 강문봉 대령을 육군본부 전방지휘소장으로 임명하여 제7사단과 제2사단의 작전을 통제하고 전황을 파악하여 육군본부에 보고하는 임무를 부여했었다.

강문봉 대령은 전방지휘소를 서울대학교 공과대학(孔陵洞)에 설치했다가 전황이 급박해지자 노해지서로 옮겼다. 그러나 전방지휘소의 조직이나 책임과 권한이 어떠했는지는 알려진 바 없고, 또 그

강문봉 대령

통제를 받는 양 사단은 육군본부전방지휘소가 있는지 조차 알지 못하고 있었다.

채병덕 총장은 군번 1번을 이형근 준장에게 뺏긴 것 때문에 임관 이래 사이가 좋지 않았는데 이번 의정부 방어전에서 이형근 준장은

"소규모 병력을 무모하게 무너진 전선에 축차로 투입하여 소모시키는 것보다는 한강 이남에서 제2전선을 형성하는 게 좋다."

는 의견을 제시하여 채 총장의 전략에 부정적인 시각을 보였고,

의정부에서 반격하라는 채 총장의 명령을 받고는

"제2사단 주력이 온 후에 반격을 하겠다."

고 고분고분하지 않은 태도를 보여 채 총장의 비위를 거슬렀다.

이것이 결국 제2사단장에서 해임되는 결과를 가져왔다.

의정부지구전투사령관이 된 유재홍 준장은 작전지휘권을 행사할 수 없었다. 통신수단이 마비된 지 이미 오래고, 가용부대의 소재와 병력 규모도 파악할 수 없는 상태에 있었다.

유재홍 사령관은 육군본부 연락장교단장(참모학교 부교장) 이용문 대령에게 연대 소재를 파악케 하는 한편 연대장을 지휘부로 소집토록 하였고, 21시 창동에 도착한 육군본부 장교연대장 공국진(孔國鎭) 중령에게 낙오병을 수용하여 부대를 재편성하도록 지시하였다.

이용문 대령

27일 08시 현재 유재홍 사령관이 파악한 부대는 5개 연대였다. 그러나 실 병력은 1개 연대에도 미치지 못하였고, 소집연락을 받고 사령부에 나타난 연대장은 02시에 제5연대장 최창언 중령과 04시에 제1연대장 함준호 대령이 고작이었다.

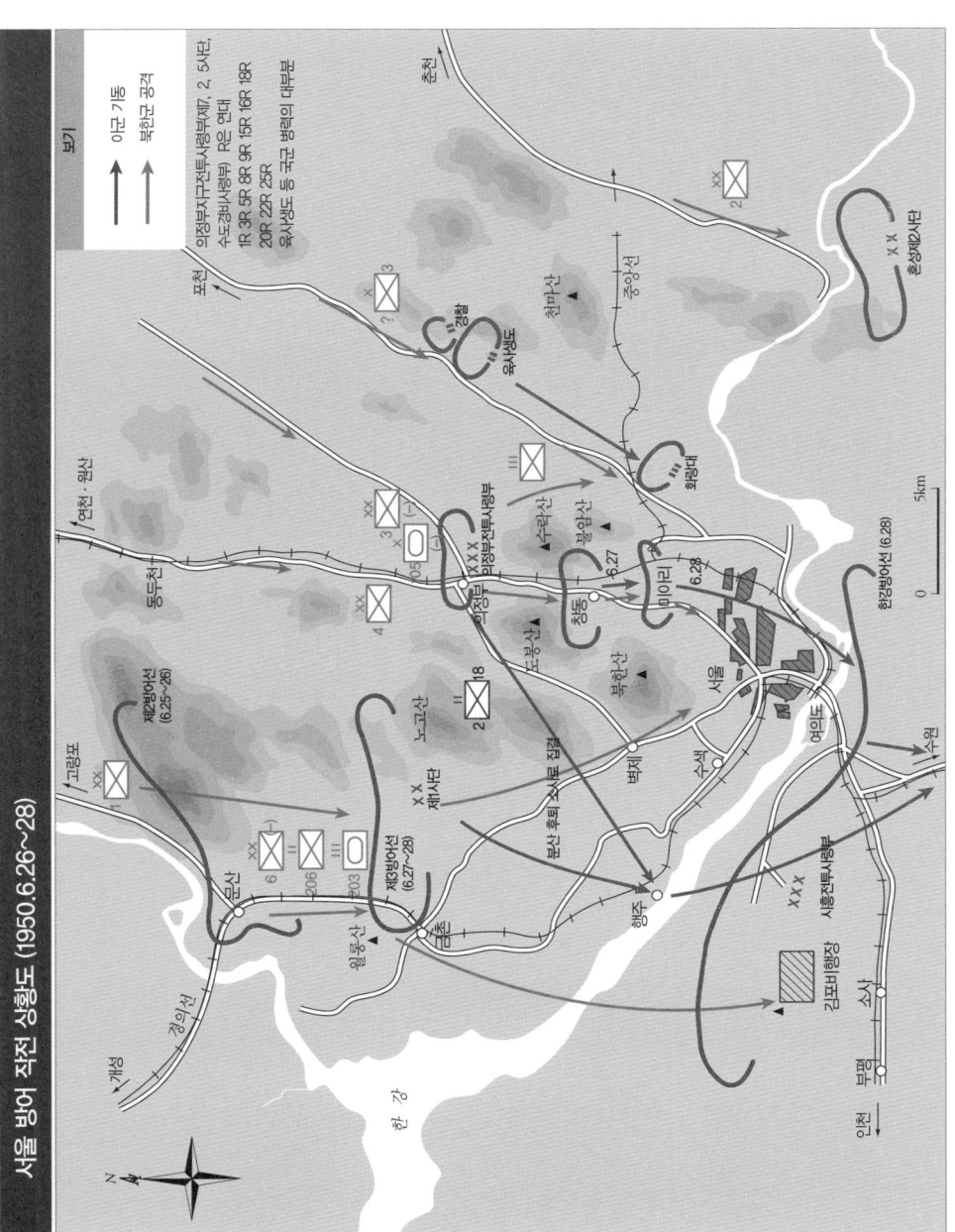

제1절 서울을 빼앗기면 우리는 어디로?

의정부 방면에 제1, 제9, 제3, 제5, 제16, 제18, 제25연대 등 8개 연대가 투입되었는데, 적 전차에 각개 격파되자 하급지휘관의 독자적인 판단으로 후퇴하면서 병력이 태릉~광나루 방면, 수색~행주 방면, 창동~서울 방면으로 분산 철수하였으므로 병력 수습이 쉽지 않았다.

제7사단 제9연대는 포천 지구에서 전투 중 제1대대(류환박 소령)가 26일 16시에 태릉으로 철수하였고, 나머지는 포천 북쪽에서 분산되었다.

수도경비사령부 제18연대(임충식 중령)는 덕정 방면으로 진출하였다가 제1사단 후방지역 고양 방면으로 철수하여 행주나루에서 한강을 건넜다.

25일 퇴계원 방면으로 진출한 기갑연대 기병대대(장철부 소령-본명 金秉元)는 26일 10시 적 전차와 조우하여 접촉을 유지하면서 태릉으로 철수하여 27일 15시 한남동에서 한강을 건넜다.

25일 포천 내리에 진출한 육군사관학교 생도대대는 그날 19시 육군사관학교로 복귀하였다.

육군사관학교 생도대대에 배속되어 함께 내리(內里)에 진출했던 경찰대대는 이보다 앞서 태릉으로 철수했다.

이준식 교장은 제7사단 전투부대와 경찰대대가 태릉으로 철수하는 것을 보고 생도대대에 철수 명령을 내린 것이다.

유재홍 사령관이 장악한 연대의 경우

제1연대는 제1대대를 제외한 대대가 동두천 북쪽에서 분산되었다.

제3연대 제1대대는 광릉으로 철수하여 27일 15시 양수리에서 북한강을 건넜고, 수유리에 집결한 연대 주력은 1개 대대에도 못 미쳤다.

제5연대는 제2대대가 수락산에 집결하였을 뿐이고, 제1대대는 소재가 파악되지 않았다.

제16연대는 제2대대가 백석천 전투에서 대대장 김헌 중령이 부상하여 후송되고, 병력은 분산되었으며 연대장 문용채 대령은 소재를 알 수 없어서 제5연대장 최창언 중령이 통합지휘하고 있는 형편이었다.

후발한 제3대대는 그때까지 도착하지 않았다.

제25연대 제2대대는 도봉산을 넘어 서대문 방면으로 철수하였다.

파악한 실 병력은 300~700명 수준밖에 되지 않았다.

26일 오후 의정부전선이 무너지자 참모부장 김백일 대령은 육군본부 각 참모부 장교들 중에서 100명을 선발하여 장교연대를 편성한 후 연대장에 공국진 중령을 임명하고 대대장, 중대장, 소대장까지 임명하여 창동으로 보냈다.

공국진 대령

장교연대의 경우 대대장급 이상의 지휘관은 권총으로 무장을 하였으나 나머지는 비무장이었고, 중대장과 소대장 그리고 참모장교는 각 병과 장교를 망라하여 충당했으며 사병은 현지에서 후퇴하여 오는 낙오병을 수습하여 채우게 했다.

26일 늦게 제20연대장 박기병(朴基丙) 대령이 지휘하여 도착한 제15연대 제2대대(安光榮 소령)와 제20연대 제1대대(金漢柱 소령)를 창동선 종심(從深)에 보강하였고, 가평으로 출동한 수도경비사령부 제8연대(서종철 중령)를 전진시켜 1개 대대를 청량리 북쪽에 보강하고, 밤에 도착한 제16연대 제3대대(대리 崔敏燮 대위)를 창동선에 투입하였다.

공병학교 일부 병력으로 창동~미아리 간 교량을 폭파하도록 하고 서울에 있는 병참·경리부대를 동원하여 후방지원 업무를 보게 하였다.

이렇게 창동선에는 군복을 입은 사람은 모두 전투부대로 편성하여 투입하였다. 부지깽이까지 동원한 가히 총력전의 양상을 띠었다.

그러나 장비는 소화기뿐이고 대전차무기로 믿을 수 있는 것은 포병학교 교장대리 김계원 중령이 지휘하는 105mm야포 6문이 전부였다.

이 선을 넘는 자는 총살한다

27일 05시 채병덕 총장이 전투사령부가 있는 노해지서에 나타났다.

채병덕 총장은 6월 25일 10시에 의정부전선 제7사단을 방문한 후 재경부대 투입을 결정하였고, 26일 01시에 다시 의정부에 와서 제7, 제2사단장에게 의정부를 탈환하라는 명령을 내리고 돌아갔으며, 26일 14시에는 의정부 남쪽 노상에서 의정부지구전투사령부를 설치하고 유재흥 준장을 사령관에 임명하였다. 네 번째 전선 방문이다.

채병덕 총장은 어제 저녁부터 이곳에 오기 전까지 군 수뇌연석회의, 군 경력자회의, 비상 국무회의, 비상 국회 등 연이은 회의에 참석하여

"군은 반격 중이며, 서울은 고수한다."

고 호언을 한 터였으므로 그가 명령한 의정부탈환작전에 큰 기대를 걸고 있었다. 그러나 그의 기대와는 달리 유재흥 사령관으로부터 의정부 반격작전의 발판이 되는 백석천 저지선이 무너졌다는 보고를 받고 격노했다.

창동을 최후 저지선으로 천명한 그는

"이 선을 넘는 자는 총살에 처한다."

고 선언하고 도로를 가로질러 막대기로 줄을 그었다. 그리고 그 선에 헌병을 배치하여 지키게 하였다.주) 　　　　　　국방부 「한국전쟁사」 제2권 p146

"내일이면 미군이 참전하게 될 것이니 내일까지만 지탱하면 적을 격파할 수 있다."

는 부탁과 함께 장병들의 사기를 진작시켜 놓고 이곳을 떠났다.

서석돈 씨의 증언(제7사단 제9연대 대전차포중대 일등중사)

"창동역 근처를 왔을 때 육본 지프차 한 대가 급히 전방을 달려가고 있는데 우측으로 삐딱하게 앉아 가는 것이었다. 누구인가를 알아봤더니 채병덕 육군참모총장이라 하였다. 그런데 조금 더 지나가니 국도 한가운데에 철모를 벗어두고 막대기로 줄을 그어 놓고는 "이 線(선)을 사수(死守)하라."는 채 참모총장의 명령(命令)의 증표로 쓰셨던 철모를 벗어두고 거기를 육군헌병이 칼빈소총으로 앞에 총 자세로 지키고 있었다.

우리 부대는 계속 전진하고 있었는데 육본 1호 지프차는 후방으로 돌아가는 것이었다."(월간조선 『6·25 우리들의 이야기』 증언자 수기)

의정부는 서울에서 17km 거리다. 이 구간에는 경원선철도와 경원가도인 3번 국도가 남북으로 나란히 통하고 있어 38선에서 서울에 이르는 관문역할을 하며 가장 지름길이다. 그래서 북한군은 이 선을 서울 점령의 주공선으로 잡았고 저들의 최정예부대인 제3, 제4사단과 제105기갑여단의 주력을 이곳으로 투입한 것이다.

도로 동쪽에는 수락산(水落山-638고지)과 불암산(佛岩山-507고지)이 북에서 남으로 이어져 서울의 동쪽 태릉까지 뻗었고, 서쪽에는 도봉산(道峰山-717고지)과 북한산(北漢山-837고지)이 연봉으로 이어져 남으로 뻗은 끝자락에 서울을 한눈으로 내려다 볼 수 있는 북악산(北岳山-342고지)이 자리잡고 있으며, 다시 북악산은 오른쪽에 인왕산, 왼쪽에 낙산으로 뻗어 양팔을 벌린 형국으로 서울 도심을 감싸고 있다.

의정부에서 서울까지는 한나절 길, 의정부가 적의 수중에 들어간 상황에서 서울은 풍전등화다.

창동은 의정부 남쪽 10km 지점에 있다. 서울까지는 7km로 서울의 정수리에 해당한다. 다행히 이 동서의 고지군은 의정부회랑을 좌우에서 감싸면서 종격실(縱隔室)을 이루어 의정부~창동 간 10km 중 5km에 해당하는 길 좌우에 400~700m 폭을 가진 벌판이 형성되어 있고, 이 벌판은 각기 좌우 능선에서 한눈에 감제할 수 있어 이곳에 방어진지를 편성하여 적을 요격(邀擊)한다면 적의 진격을 저지할 수 있을 것이나 만약 이 선이 무너지면 서울은 버려야 한다.

의정부지구전투사령관 유재흥 준장은 채병덕 총장 명령에 따라 우이동에서 수락산 서남단에 이르는 분지를 저지선으로 정하고 반격태세에 들어갔다. 우이동은 도봉산 남쪽 끝자락이자 북한산이 시작되는 지점이다.

우 일선에서 좌 일선으로

제5연대 제2대대(차갑준 소령)

제16연대 제1대대(유의준 중령)

제3연대 제2대대(申彦國 소령), 제3대대(김봉상 소령)

제25연대 제3대대(고동석 소령)를 전개했다.

제25연대 1개 대대를 우의동에 전개하여

교현리(창동 북서쪽 10km)~우의동선에 이르는 무명도로를 지키게 했다.

제1연대 제1대대(한태원 중령)는 예비대로 사령부 경비임무를 맡았고,

제16연대 제3대대(대리 최민섭 대위)는 3번 국도로 진출하여 적과 접촉을 유지하면서 적의 동태를 파악하도록 하였다.

이렇게 하여 명목상 5개 연대 7개 보병대대가 저지선을 형성하였다.

포병학교 교장대리 김계원 중령이 지휘하는 포 6문이 유일한 화력으로 창동 남쪽에 포진하여 전 전선을 지원하였다.

제2, 제7사단의 공병 잔류 병력과 공병학교 공병으로 혼합공병대를 편성하고, 공병학교 교장 엄홍섭(嚴鴻燮) 중령이 지휘하여 창동~미아리 간에

있는 대소교량에 폭파장치를 한 후 적 전차가 나타나기를 기다렸다.

지난밤에 창동에 도착한 장교연대는 낙오병을 수습하여 부대를 편성하고자 했으나 수습된 낙오병 대부분이 원대로 복귀하여 밤새 수용한 낙오병은 70여 명에 불과하였다. 27일 아침에 이러한 사실을 확인한 채병덕 총장은 낙오병을 전원 원대에 인계하고 장교연대는 해체하여 사령부 및 각 연대의 연락장교와 이용문 대령의 연락장교단에 편입하였다.

이 무렵 미 공군과 지상군이 참전한다는 소식이 전해져 연일 고전을 겪고 있는 장병들의 표정을 밝게 해 주었다.

장교연대 군수주임으로 임명된 김정무(金貞武) 소령은 군수국 보급과장으로 있었다. 그동안 전투부대에 필요한 탄약과 식량을 민간 차량까지 동원하여 부족함이 없도록 공급하였는데 현지에 와서 본 결과 전투부대에 제대로 전달되지 않은 것을 확인하고 군수국장 양국진(楊國鎭) 대령에게 이 문제를 시급히 해결해 줄 것을 요청하였다.

양국진 대령은 병참학교장 백선진(白善鎭) 중령에게 급식 지원을, 부평 제1병기대대장 김창배(金昌培) 소령에게는 탄약 보급을 지시하였다.

백선진 중령은 아침 일찍 돈암동 전차종점 광장에 대형 가마솥 100여 개를 준비하여 애국부인회에서 봉사 나온 100여 명의 부인으로 하여금 밥을 지어 주먹밥을 만들게 하고, 병참, 경리부대원을 동원하여 수집한 대광주리에 주먹밥을 담아 3/4톤 트럭 여러 대로 창동선에 추진하였다.

이 무렵 창동선에는 이미 적 포탄이 떨어지기 시작하여 보급 차량과 탄약 운반 차량은 미아리에서 더 나아가지 못하였으므로 미아리에 배치된 부대와 낙오병을 수용하여 편성한 혼성부대 병사들만 배를 불렸다.

창동 저지선이 무너졌다

| 제5연대

창동선에는 우측에 제5연대 제2대대(차갑준 소령)가, 그 좌측에 제16연대 제1대대(유의준 중령)가 포진하고 있었다. 제5연대장 최창언 중령이 양 연대를 통합지휘하였다.

최창언 중령은 제2사단 참모장이었다. 사단장과 함께 철수 중 26일 14시 의정부 남쪽 4km 지점에 이르렀을 때 노상에 나와 있던 채병덕 총장이 제5연대장으로 임명하였다. 연대장은 박기성 중령이었는데 별다른 이유가 없었다.

졸지에 제5연대장이 된 최창언 중령은 박기성 중령으로부터 인수한 수습병력을 샘말 부근에 집결시켜 놓고 낙오병을 수습하고 있었다.

27일 01시경 육군본부에서 파견된 연락장교로부터 "창동사령부로 오라."는 연락을 받고 12시 노해지서로 갔다. 거기서 유재흥 전투사령관을 만났고, 강문봉 대령과 박기성 중령도 있었다.

강문봉 대령이 사령관을 대리하여 명령을 내렸다.

"금조 여명에 의정부에 대한 반격작전을 실시한다. 시간은 후달한다."
"제5연대장은 제16연대를 통합지휘하라."

그때 제16연대는 연대장 행방을 알 수 없었고, 지휘체계가 서지 않았으며, 병력이 제5연대와 혼합되어 있었다.

최창언 중령은 전투경험이 없음을 들어 박기성 중령을 부연대장으로 임명해 줄 것을 건의하여 그렇게 했다.

05시를 전후하여 차갑준 소령의 제2대대와 유의준 중령의 제16연대 제1대대가 합류하여 2개 대대로 저지진지를 편성하였다.

09시 제16연대장 문용채 대령이 복귀하였으므로 그에게 제16연대의 지휘권을 인계하고 차갑준 소령이 지휘하는 제1대대만을 지휘하였다.

제16연대

제16연대 1개 대대 병력은 제1대대장 유의준 중령이 지휘하여 3번 국도 우측에 전개하고 제5연대장 최창언 중령이 통합지휘하였다.

제16연대장 문용채 대령은 전날 금오리 북방에서 부대철수를 지휘하고 있던 중 포천 쪽에서 의정부로 진입한 적 전차대와 보병 주력에 의하여 퇴로가 차단되자 수습한 병력과 함께 밤을 기다렸다가 수락산을 넘어 09시에 창동선으로 복귀하여 연대지휘권을 넘겨받았다.

제16연대는 이 무렵 제3대대 부대대장 최민섭 대위가 2개 중대를 이끌고 복귀하여 사령부 예하에서 가장 많은 2개 대대에 가까운 병력을 가진 연대가 되었다. 제3대대장은 휴가 중 아직 복귀하지 않았다.

27일 04시 적은 기동하기 시작하였다. 10시에는 창동선 일대에 적 포탄이 쏟아졌고, 11시에는 적 전차가 밀어닥쳤다.

창동 방어선은 제1선에 전투부대를 전개하였고, 제2선에 독전대가 포진하였으며, 제3선에는 헌병이 병력 철수를 통제하면서 낙오병을 수용하고 있었다.

일선 전투부대에 필요한 탄약과 식사는 공급되지 않았고, 부대간 통신도 이루어지지 않았으며 미 공군기의 폭음도 들리지 않았다.

김계원 중령이 지휘하는 105mm포 6문이 작렬하여 전차대열 속에 낀 전차로 위장한 차량이 폭파되면서 탑승한 병력이 차량 잔해와 함께 허공으로 튀어 오르는 참상이 보였다. 그러나 적 대오를 흐트리고 진출을 잠시 둔화시켰을 뿐이었고, 그나마 1시간 뒤에는 포탄이 떨어진데다가 보병부대가 밀리면서 11시에 미아리고개로 철수하고 말았다.

3번 국도에는 적 전차 40대가 진출했다. 전차를 본 최창언 연대장은 권총으로 사격하면서 "사격개시"를 외쳤고, 700여 총구에서 일제히 불을 뿜었다. 그러나 전차를 멈출 수는 없었다. 적 전차는 아군에게 전차에 대적할 화기가 없음을 간파한 듯 소화기 사격에는 아랑곳하지 않고 도로 좌우에 포격을 하면서 도로를 따라 창동으로 밀고 왔고, 사이드카 10여 대와 기마대가 선도하는 보병부대가 뒤를 따랐다.

소총 실탄마저 떨어져 더 이상 대항할 수단이 없어졌고, 병력은 분산되기 시작하였다. 결국 제5연대는 최창언 중령이 지휘하여 불암산에서 병력을 수용한 후 태릉으로 철수하였고, 제16연대는 분산되어 남쪽으로 이동했다. 일부 병력을 유의준 중령이 지휘하여 태릉으로 철수하였다.

제3연대와 제25연대 - 쌍문동선

제3연대는 제16연대 좌측 쌍문동과 우이동 중간 154고지에 있었다. 11시에 고지 서쪽 자락에 민간인이 나타났기에 소지품을 조사하려고 하자 사격을 하면서 도주했다. 순간 응사하여 5명을 사살하고 신원을 확인한 결과 적 정찰대로 밝혀졌다.

얼마 후 우 인접 제16연대 쪽에서 요란한 총성이 울리는가 싶더니 그 총소리는 남쪽으로 옮겨가고 있었다. 제16연대가 남쪽으로 철수하는 것으로 생각한 병사들이 하나 둘 이탈하기 시작하여 종내는 장교 사병할 것 없이 모두 빠져나갔다.

이때 부대는 원래의 편성이 아니고, 전선에서 후퇴해 오는 낙오병을 수습하여 편성한 그야말로 오합지졸이어서 지휘관과 부하 간 연대의식이 없고, 부대에 대한 소속감도 없었다. 게다가 이름도 얼굴도 모르는 사람끼리 순간 모여진 집단이었으므로 어느 한 사람이 이탈한다 하여도 알 길이 없고, 또 안다고 해도 제재를 하거나 통제할 방법이 없었다. 결국 한 사람이 도망치면 덩달아 모두 떠나게 되어 있었다.

좌 일선(우이동) 제25연대는 11시경 정찰대로 보이는 적을 발견하고 사격을 하였으나 곧 실탄이 떨어져 효과적으로 대응하지 못했는데 적도 자취를 감춰 별 상황 없이 전투는 끝났다. 그런데 이때 우 인접 제3연대가 철수하는 것을 본 연대는 그대로 분산하여 일부는 미아리로, 나머지 일부는 구파발로 철수하였다.

▎제1연대장의 전사

제1연대는 유재흥 사령관으로부터 사령부 예비대가 되어 71고지를 점령하고 적의 역습에 대비하라는 명령을 받았다.

연대장 함준호 대령은 사령관 명령을 받고 09시에 연대가 집결하고 있는 우이동으로 가던 중 의정부에서 철수하는 제1대대장 한태원 중령을 만났는데 그가 수습한 병력이 300여 명에 이르렀다. 함준호 연대장은 제1대대를 지휘하여 우선 71고지를 점령하기로 하고*, 오봉산(五峰山-도봉산 서쪽 자락)에

함준호 대령

있는 제3대대에는 통신대장 김순정(金舜政) 대위를 보내서 71고지로 이동하도록 지시하였다.

함준호 연대장은 전날 밤에 연대지휘부가 있던 우이동 계곡에서 제3대대장 김황목 소령이 지휘하는 병력 100여 명을 수용하여 오봉산에 전개하고 적을 저지하는 한편 낙오병을 수용하고 있던 중 사령부로 집합하라는 전달을 받고 사령부로 갔던 것이다.

> ✱ 함준호 연대장은 제1대대 장병 300명 앞에서 마지막 훈시를 했다.
> "지금 우리의 수도 서울은 풍전의 등화와 같다. 우리는 조국을 지키는 간성(干城)으로서 마땅히 국가와 민족을 위하여 죽어야 할 시기가 온 것으로 안다. 목숨을 걸고 서울을 사수하자."
> 그가 남긴 유언이 되었다.(국방부 『한국전쟁사』 제2권 p147)

함준호 연대장은 제1대대를 71고지에 전개한 후 병사들의 산병호까지 점검하면서 제3대대가 오기를 고대하고 있었다.

오봉산에 배치된 제3대대장 김황목 소령은 총포소리가 후방지역에서 들려왔고, 연대본부와는 연락이 되지 않자 도봉산 줄기를 따라 남쪽으로 이동하고 있었으므로 철수 명령을 전달하러 간 김순정(金舜政) 대위는 제3대대를 찾지 못하고 11시경에 연대본부로 돌아왔다.

연대장 함준호 대령은 창동 지역에 적 포격이 집중되자 제3대대의 철수가 시급해졌다. 부대 지휘를 부연대장 이희권(李喜權) 중령에게 맡기고, 작전주임 송성삼 대위, 통신대장 김순정 대위와 호위헌병 1명을 데리고 지프로 우이동 쪽을 향하여 달렸다. 연대장 일행이 수유리 부근에 이르렀을 때 불의의 총탄 세례를 받았다. 연대장은 차를 멈추라고 명령했으나 운전병이 적탄을 맞아 부상하는 바람에 차는 민가를 들이받고야 멈췄다. 순간적으로 일어난 일이었다. 그 충격으로 송성삼 대위는 도로가 언덕진 개울에 떨어졌고, 김순정 대위와 운전병은 민가로 뛰어들어 구사일생으로 살아났으나 연대장과 호위헌병은 이어진 적의 총탄을 맞고 그 자리에서 전사했다.주)

6·25개전 후 최초로 전사한 연대장이다. 　국방부 『한국전쟁사』 개정판 제1권 p513

유재흥 사령관은 전황의 추세로 보아 지형적으로 불리한 창동선을 유지하기가 어렵다고 판단하고 미아리에 제2전선을 형성하여 저지하기로 결심한 후 철수 명령을 내려 연락장교로 하여금 명령을 전달하게 하는 한편 11

파죽지세로 밀고 오는 북한군

시에 사령부를 창동 남쪽에 있는 149고지 남단으로 옮겼는데 상황이 급박하여 연락장교들은 예하부대에 철수 명령을 전달하지 못한 채 사령관의 뒤를 따라 이동하였고, 후선에 배치된 독전대와 헌병들도 흩어지고 말았다.

사태가 위급해지자 사령관은 12시에 지휘소를 미아리 고개로 옮기고, 수행한 장교들로 하여금 철수 병력을 수용하게 하는 한편 미아리고개에 저지진지를 편성하기 위하여 정찰 중 전방지휘소를 설치하고 있는 제5사단장 이응준 소장을 만났다. ▶ 제8권 「함준호 대령 프로필」 참조

2. 최후의 저지선 – 미아리

통곡! 우리는 어디로 가야 합니까?

27일 12시가 지나면서 미아리 일대는 창동에서 밀려오는 군인과 피난민으로 뒤범벅이 된 인파가 도로는 물론 산과 들까지 메웠다.

시인 모윤숙(毛允淑) 여사는 지프에 마이크를 달고 나와서 호소했다.

"국군장병 여러분! 서울을 빼앗기면 우리는 어떻게 합니까? 끝까지 싸워서 적을 물리쳐 주십시오."

여학생들은 위문품을 가지고 와서 장병들을 위로했고, 애국부인회에서는 아침에 주먹밥을 가지고 나왔다가 후퇴하는 장병들을 보고

"우리는 어디로 가야 하느냐?"

고 통곡했다.

미아리 저지선에는 헌병을 동원하여 낙오자 통제선과 낙오자 수용소를 만들어 놓고 창동에서 철수하는 병력을 모두 수용하여 급식을 한 다음 탄약을 지급하고, 장교 3~4명에 사병 80~90명으로 임시 혼성중대를 편성하여 지정된 진지에 배치하였다.

창동에서 철수한 병력 일부가 태릉과 구파발 방면으로 이동하였으므로 미아리로 철수한 병력만으로 혼성중대를 편성하였고, 주력이 어느 연대냐에 따라 제1연대, 제3연대, 제16연대, 제25연대 등으로 불렀다.

제1연대를 종암동, 제3연대를 정릉, 제25연대를 미아리 고개에 각각 배치하고, 제16연대는 예비대로 돈암국민학교에 대기시켰다.

명목상 4개 연대이나 실 병력은 3개 대대 수준이었다.

창동선에 전개했던 연대 중 제5연대는 태릉으로 철수하여 미아리 저지선에는 이름이 빠졌다.

6월 26일 17시경에 제5사단 제15연대 제2대대(안광영 소령)와 제20연대 제1대대(김한주 소령)를 제20연대장 박기병 대령이 지휘하여 미아리전선에 진출하였다.

제15연대 제2대대는 26일 03시 전주를 출발하여 11시 용산에 도착하였는데 문산으로 출동하라는 명령을 받고 수색까지 진출하였을 때 의정부선

이 무너진 것을 확인한 육군본부의 긴급 명령으로 급히 미아리선으로 전진하게 함으로써 많은 아까운 시간을 버려야 했고, 그래서 늦게 도착한 제20연대 제1대대와 함께 미아리로 진출하게 된 것이다.

제5사단장 이응준 소장은 야간 특별열차 편으로 상경하여 27일 07시에 채병덕 총참모장에게 도착 보고를 하였다. 채 총장은 예하 연대를 문산과 의정부 방면으로 투입한 사실을 알리면서

"사단장은 미아리로 나가서 철수 병력을 수습하고 예하연대와 함께 청량리 방면에 투입된 제8연대 1개 대대를 통합지휘하여 서울을 방수하라."
고 지시하였다.

이응준 사단장은 예하부대의 소재를 모른 채 참모장 박병권 대령, 정보참모 김용주(金容柱) 중령, 작전참모 문형태(文亨泰) 중령과 헌병대장 박창록(朴昌錄) 대위를 대동하고 10시에 미아리로 가서 103고지에 전방지휘소를 설치하였고, 용산에 있는 제18연대에 후방지휘소를 설치하여 군수참모 서경택(徐慶澤) 소령에게 지휘를 맡겼다.

이응준 소장

이응준 소장은 11시 전방지휘소에서 제20연대장 박기병 대령을 만나 부대 배치 상황을 보고 받았고, 창동에서 철수한 유재홍 준장을 만났다.

제15연대 제2대대가 3번 도로 우측 132고지(현 예술고등학교)에,

제20연대 제1대대가 그 좌측 171고지(당시 공동묘지)에,

제8연대 제2대대(고백규 소령)가 회기동에

각각 배치된 것을 확인하고 공병대대장 양종익(梁宗益) 대위에게 인근 주민을 동원하여 각 대대의 진지 공사를 돕도록 지시하였다.

수도경비사령부 제8연대 제2대대장 고백규 소령은 대대를 수락산에 배

치하기 위하여 25일 10시 지형 정찰까지 마쳤는데 총참모장으로부터

"가평으로 이동하여 제6사단과 제7사단 사이의 간격을 메워라."

는 명령을 받았다. 제2대대가 선발대로 당일 16시에 가평으로 이동하여 보납산에 진지를 편성 중 같은 날 19시에 다시

"한강 남안으로 철수하라."

는 연대장 서종철 중령의 명령을 받고 급거 이동하여 27일 07시 노량진에 집결하였는데 08시에 다시 연대장으로부터

"청량리 북쪽 요선(要線)에 전개하여 서울 동북부를 방수하라."

는 명령을 받고 청량리, 중랑교 일원으로 이동하여 부대를 전개하였다.

제8연대 제2대대는 적과 접촉도 없이 부대 이동만을 되풀이하여 체력소모로 인한 전력 감소가 컸다.

어렵게 배치된 대대는 적정은 말할 것도 없고, 상급 부대나 인접 부대의 상황도 전연 아는 바가 없었다. 시간이 흐르면서 병사들 입을 통해서 좌측에 제5사단이 배치된 것을 알았고, 15시에 제3사단 공병대가 중랑교 부근에 나와 있는 사실을 알았다.

이렇게 하여 미아리~종암동~월곡동~청량리로 이어지는 미아리 저지선이 형성되었는데, 이것이 서울 방어를 위한 최후 전선이다.

당시 미아리는 경기도 양주군 노해면에 속해 있었다. 서울 동북부의 끝 돈암동 전차 종점에서 큰 고개를 넘어야 이르는 곳인데 이 고개가 미아리 고개이다.

서북쪽의 무악재와 함께 서울에서 북으로 통하는 양대 관문이다.

미아리에 공동묘지가 있어 미아리는 공동묘지의 대명사로 불리던 동네이고 무악재 너머에 있는 홍제동에는 화장터가 있어 홍제동은 화장터의 대명사로 불리던 동네이다. 지금의 벽제화장터로 옮겨 가기 전이다.

6·25남침을 감행한 북한군은 남쪽의 주요 인사들을 납치하여 이 고개를 거쳐 북으로 끌고 갔다. 그래서 〈단장의 마아리고개〉(가사 제7장 표제지 뒷면 참조)라는 유명한 대중가요가 등장한 것이다.

이 고개 북쪽에 북악산과 북한산 사이를 수계로 하는 정릉천이 동남쪽으로 흘러 중랑천으로 유입되는데, 이 소하천은 폭이 약 30m 내외로 천연 방어벽 구실을 할 수가 있고, 창동에서 미아리로 연결되는 3번 국도상의 길음교(吉音橋)와 경춘가도의 중랑교를 폭파하면 대전차 방어벽으로도 충분했다.

미아리전선에는 혼성 편성한 4개 연대(실 병력 3개 대대)와 제5사단 2개 대대 및 제8연대 1개 대대가 전개하였고, 병력은 5,000여 명이었다.*

지원 화기로는 105mm곡사포 6문, 57mm대전차포 8문, 81mm박격포 15문이 전부였다.

> * 미아리전선에 투입된 병력을 5,000명으로 본 근거
> ① 국방부 『한국전쟁사』 2권 p236, ② 같은 개정판 제1권 p515, ③ 전쟁기념사업회 『한국전쟁사』 3권 p75, ④ 안용현 『한국전쟁비사』 제1권 p235은 3,000명으로 기술했다. 제5사단 2개 대대와 제8연대 제2대대는 새로 투입되어 건제를 유지하였고, 혼성연대도 제1연대와 제16연대가 각각 1개 대대 규모(앞 ③), 제25연대가 500명(위 ② p527) 이므로 제3연대를 합하면 4개 혼성연대 병력이 3개 대대 규모가 넘는다.

길음교와 중랑교에는 공병을 파견하여 폭파 준비를 해 놓고 있었다.

제5사단장 이응준 소장과 제7사단장 유재흥 준장은 3번 국도를 기준으로 좌측 부대는 이응준 소장이, 우측 부대는 유재흥 준장이 지휘하도록 합의하였다.

이응준 소장이 채병덕 총참모장으로부터 받은 명령은

"의정부 방면에서 철수하는 병력을 수습하고, 제5사단과 함께 제8연대 1개 대대를 지휘하여 미아리에서 수도 서울을 방수하라."

는 것이었다. 철수하는 병력은 창동선에 배치된 전투부대(혼성연대)의 철수

병력을 말하는 것이므로 결국 이응준 소장은 미아리전선에 투입된 전투부대 전부를 지휘하는 지휘관으로 임무를 부여받은 것이다. 그런데 현지에서 유재흥 준장과 지휘권을 분할한 것은 지역이 광범위하고, 통신 시설이 미비하여 작전을 효율적으로 지휘하기 위해서였다. 한편 의정부지구전투사령부는 의정부전선이 무너지면서 함께 없어졌다.

양 지휘관은 지형적인 조건이 방어에 유리하여 이곳에서 하룻밤은 버틸 수 있을 것으로 보았다.

이때 이곳 전선에는 채병덕 육군총참모장, 이응준 소장, 유재흥 준장, 전방지휘소장 강문봉 대령, 연락장교단장 이용문 대령 외에 육군본부의 각 참모 및 육군본부 장교로 구성된 장교연대요원 그리고 2,000여 명의 부하를 다 분산시키고 불과 2~300명을 거느린 연대장을 비롯한 각급 지휘관들이 다 모여 있었다. 게다가 혼성연대의 중·소대장은 병참, 병기, 경리장교들로 혼합 구성되어 있어 비록 오합지졸일망정 과히 총력전(?) 양상을 띠었다고 표현하는데 손색이 없을 것이다. 이것이 미아리전선의 현상이다.

끝내 비행기 소리는 들리지 않았다

19시 총참모장 채병덕 소장이 미아리전선을 찾았다. 이응준 소장과 유재흥 준장에게 자신에 찬 격려의 말을 남겼다.

"이제는 걱정할 것이 없다. 미 극동군총사령부는 처치 준장을 책임자로 하여 미 극동군총사령부 전방지휘소를 수원에 설치하였고, 내일부터는 B-29중폭격기 100대가 지상군을 지원한다. 미군이 올 때까지 이 선에서 적을 저지하라."

이 사실은 방송과 신문 호외로 시민들에게 알려졌고, L-19경비행기 1대가
"오늘부터 미공군기가 출격하니 안심하라."

는 공중 방송을 하여 일선장병들이 크게 고무되어 있었는데……

그러나 종내 비행기 소리는 들리지 않았다.

미아리에서 첫 전투는 17시에 시작되었다.

여름날이라 해가 많이 남아 있었다.

적은 전차 20여 대를 앞세우고 기마대를 뒤따르게 하여 미아리로 육박하였다. 도로 좌측에 배치된 제20연대 제1대대는 전차가 길음교에 이르렀을 때 일제히 총탄을 퍼부었다. 동시에 공병은 폭파장치 도화선에 불을 붙였다. 그러나 다리에 구멍이 몇 개 났을 뿐 폭파되지 않았다. 57mm대전차포가 선두 전차를 가격했으나 끄덕도 하지 않았고 오히려 역사(逆射)를 받아 대전차포 1문이 파괴되고 사격조원 6명이 전사했다. 제4중대장 김용림(金用琳) 대위가 급편한 2.36인치 로켓포 대전차특공조는 조작 미숙으로 한 발도 쏘지 못했다. 이를 본 연대 정보장교 문연섭(文鍊燮) 중위가 직접 로켓포를 사격하여 선두 전차를 주저앉혔다. 후속 전차 10대는 길이 막혀 되돌아갔고, 나무와 풀로 위장하여 전차를 가장한 장갑차와 트럭은 대대의 포화를 벗어나지 못하여 궤멸되었다.

포로로 잡힌 적 전차병은 위력 정찰 중에 붙잡혀 분하다고 하면서

"우리 지휘부에서 초전에 국방군의 저항이 의외로 완강한 것에 놀랐으나 전차에 상대하는 화기가 국방군에 없음을 알게 된 뒤부터는 보병의 전투를 극력 피하고 전차를 주로 하는 전법으로 전환하였다."

고 진술하였다.주)　　　　　　　　　　국방부 『한국전쟁사』 개정판 제1권 p518

제20연대 제1대대는 서전에서 전차를 파괴하는 개가를 올리고 적을 저지하여 장병들의 사기에 활력을 불어 넣었다.

물러간 적은 한동안 움직임을 보이지 않았다. 초전을 지휘하여 승리한 박기병 연대장은 적의 재침이 다음 날 아침에 있을 것으로 예상하였다.

미아리 저지선이 무너지던 밤

헌병이 각종 차량 10여 대를 동원하여 미아삼거리에 장애물로 세워 도로를 봉쇄하고, 곡사화기로 삼거리에 집중화망을 구성하는 동시에 대전차포와 로켓포는 길음교를 지향하여 배치했다. 공병은 길음교에 폭파장치를 하여 적 전차가 다리에 이르렀을 때 폭파할 수 있도록 대비했다.

이응준 소장과 유재흥 준장은 예하부대를 지휘할 통신 수단이 없었다. 오직 전령에 의존하고 있었는데 줄기차게 쏟아지는 폭우와 칠흑 같은 밤중이라 그 기능마저 마비되어 예하부대를 효과적으로 통제할 수 없었고, 양 지휘관 간의 유기적인 연락망도 확보되지 않았다.

산병호는 빗물에 잠겨 병사들은 호 밖에 나와 있었고, 도로가에 배치된 병사들은 가까운 민가 처마 밑에서 비를 피하고 있었다.

23시가 지나면서 비가 그쳤고, 많은 병사들이 전투 위치를 이탈하여 잠에 빠졌다. 이 무렵부터 서울시내 곳곳에서 총소리가 들려왔고, 예광탄 불빛이 하늘로 치솟았다. 이는 피난민으로 가장하여 침투한 적 유격병이 저들의 전투부대와 호응하는 신호였음을 그 후에 알았다.

27일 24시 전후, 적은 저들 유격대 신호에 호응하여 미아리로 진격했다. 적 전차는 미아삼거리에 설치한 자동차 장애물을 밀어내고 정찰병의 유도를 받아 길음교로 접근했다. 전차 굉음에 놀라 졸다가 정신을 차린 병사들이 총을 쏘아 전차의 접근을 알렸고, 돈암동 전차 종점에 포진한 포병을 지휘하는 김한주 중위는 이를 확인하기 위하여 조명탄을 쏘았다. 비와 안개 때문에 분명치는 않았으나 전차로 보이는 물체 10여 개가 부각되었다. 순간 고개 좌우에 배치된 로켓포와 대전차포 그리고 기관총이 일제히 불을 뿜어 수없이 명중시켰으나 전차는 태연하게 고개로 진출하면서 전차포와 기관총을 마구 쏘아 미아리 고개를 불바다로 만들어 놓고 유유히 고개를 넘었다.

실전에서 분전하고 있는 75mm곡사포

이때가 28일 01시였다.

이를 본 장병들은 놀라서 각개 분산하고 말았고, 구릉지대에 배치된 부대들은 날이 밝은 뒤 적의 사격을 받고 철수하기 시작하였다. 이렇게 미아리전선은 맥없이 무너졌고, 서울은 저들을 맞아야 했다.

유재흥 장군의 우 전선

우 전선 지휘관 유재흥 준장은 날이 밝은 뒤 적이 침공해 올 것으로 생각했다. 적이 대공세를 취하면 적 전차와 대병력을 감당할 수가 없는 것이 뻔한데 육군본부는 어떤 복안을 가지고 있는지 알아보기 위하여 22시에 육군본부로 가서 채병덕 총참모장을 만났다.

채병덕 총장은 유재흥 준장 물음에 대답은 하지 않고

"육군본부는 한강 이남으로 철수할 것이니 유 준장은 빨리 가서 이응준 소장과 상의하여 미아리전선을 고수하라."

는 힐책성 지시만 했다. 유재흥 준장은

"채 총장의 복안은 육군본부를 철수하는 것을 분명히 했는데 그렇다면 미아리전선은 육군본부를 철수시키기 위한 엄호 수단이 아닌가?"
라고 추측하고, 군수참모 윤영모 소령을 불러

"내일 아침에 감행할 반격 작전에 필요한 군수 지원을 05시 이전에 완료하고 불요불급한 요원과 중요 문서를 노량진으로 철수시켜라."
고 지시했다. 윤영모 소령은 이 사실을 참모장 김종갑 대령에게 알렸다.

▍강문봉 대령

강문봉 대령은 미아리전선에 병력 전개가 완료된 후 고개 남쪽에 있는 감천여관에 임시지휘소를 설치하고 유재홍 준장과 함께 다음 날 작전을 구상하다가 두 사람은 깜박 잠이 들었다.

누군가가 문을 두드리며 소리쳤다.

"전차가 오고 있다."

놀라서 정신을 차려보니 전차 소리와 기관총 소리가 동시에 들려왔다.

강문봉 대령은 담을 뛰어 넘어 성북경찰서로 달려갔다. 그곳에는 철수병력 수백 명이 모여 있었다. 이들에게 전차가 오고 있음을 알리고, 서장의 지프를 빌려 타고 육군본부로 갔다. 이때가 28일 01시 45분이었다.

채병덕 총장에게

"적 전차가 미아리 고개를 넘어 시내로 들어오고 있다."
고 알렸다.

강문봉 대령은 작전국에 들려 철수 조치를 취한 후 헌병으로 하여금 차량을 동원하여 삼각지에 바리케이드를 치게 했다.

김종갑 대령

제7사단 참모장 김종갑 대령은 창동선에서 사령부 요원과 함께 철수하여 사단장과는 연락을 유지하지 못한 채 성북경찰서에 와 있었다. 윤영모 소령으로부터 사단장의 지시 사항을 전달받고 경리참모에게 지시하여 일부 행정요원과 사단운영자금 및 중요 서류 등을 스리쿼터에 실어 노량진으로 출발시켰다. 그러나 그 뒤 이들을 만난 사람은 아무도 없다. 한강을 건너다 다리 폭파 때 변을 당한 것이 아닌가 추측할 따름이다.

이러는 동안 1시간 정도가 흘렀다. 윤영모 소령은 미아리 고개에서 교전하는 총소리가 들려와서 이를 확인하기 위하여 차를 달려 미아리 고개로 가던 중 돈암동 전차 종점에서 요란한 굉음을 내며 달려오는 적 전차 대열과 부딪쳤다. 놀란 윤 소령은 급히 차를 돌려 보급 준비에 여념이 없는 군수지원 요원을 데리고 서빙고로 가서 한강을 건넜다.

제8연대 제2대대

제8연대 제2대대는 청량리와 중랑교 일대에 배치되어 있었으나 연락 두절로 상급 부대나 인접 부대의 상황은 전연 알지 못했다.

진지를 점령한 이래 적과는 접촉이 없었는데 석양 무렵부터 북에서 밀려온 피난민들이 중랑교를 통하여 서울시내로 들어가고 있었다. 적정이 없는데도 피난민들이 밀려오는 것을 이상하게 여긴 대대장 고백규 소령은 제5중대장대리 안태갑(安泰甲) 중위에게 저들의 소지품을 조사하도록 지시하였다. 그 결과 다발총과 기관단총을 숨기고 있는 사람을 상당수 적발했다. 저들은 피난민으로 위장한 적 게릴라들이었다.

이렇게 교묘하게 위장한 게릴라들이 후방으로 침투하여 아군의 보급로를 차단하거나 후방지역을 교란하고 야간에 예광탄으로 저들 전투부대에 신호를 보내고 있었던 것이다.

　한 예로 대대보급관 방용을(方龍乙) 중위가 연대로부터 탄약을 수령하여 오던 중 청량리 부근에서 저들 편의대의 사격을 받고 사병들과 함께 전사하였는데 이 사실은 일행 중 살아난 사병 1명이 돌아와서 밝혀졌고, 이를 확인하기 위하여 정보관이 그곳으로 가다가 사격을 받고 되돌아왔다.

　28일 02시, 적의 공격을 받고 교전이 벌어졌다. 약 1개 대대 규모가 경원선 철로를 따라 침공했다. 박격포의 조명탄을 밝혀놓고, 전 화력을 집중하자 저들은 철로변으로 흩어졌는데 주변이 논밭이어서 대대 화력을 피할 수 없었다. 1시간여의 교전 끝에 적은 퇴각했다.

　날이 밝은 후 확인한 결과 적 시체 100여 구가 버려져 있었다. 대대도 전사 10명과 부상 40여 명의 손실을 입었다.

　중랑교에는 제3사단 공병대대 이종두(李鍾斗) 소위가 지휘하는 1개 소대가 배치되어 있었다. 이들은

　"육군사관학교가 철수 완료하면 중랑교를 폭파하라."

는 육군본부의 명령을 받고 있었다. 밤중에 좌측 제8연대 제2대대가 교전하고 있는 것을 보고 곧 적이 중랑교를 통하여 진출해 올 것이 예상되어 폭약에 점화했다. 한강 인도교가 폭파된 지 1시간쯤 지난 시간이다.

　28일 아침이 밝았다.

　이 시각 서울시내에는 적 전차가 요소요소에 진을 치고 있었고, 전선부대는 퇴로가 차단되어 뿔뿔이 흩어졌다. 대대는 이러한 상황을 전혀 모르는 상태에서 정면 방어에만 열중하고 있었다. 그러나 지난밤 야간 전투를 하면서 공용화기 실탄이 바닥났고, 개인화기도 실탄이 몇 발밖에는 남아 있지 않았다.

　대대OP(143고지)에서 관측한 결과 미아리 고개에는 적 전차와 기마대 그

리고 보병부대 대열이 시내로 들어가고 있었다.

13시, 고백규 대대장은 부대를 철수하여 광장동(廣莊洞)으로 갔다. 광진교는 이미 폭파되었고, 피난민이 운집하여 아수라장을 방불케 하였다. 나룻배 3척을 가지고 서로 타겠다고 아귀다툼을 하고 있었는데, 이 배를 인수하여 한강을 건넌 것은 19시였다.

▌혼성 제1연대

혼성 제1연대(이희권 중령)는 종암동 164고지 동록에 있었다.

미아리 고개가 차단되면서 분산되기 시작하였다. 폭우 속에서 일부 병력은 시내로 잠입하다가 김종갑 대령에 의하여 성북경찰서에 수용되었고, 나머지 병력은 각개 분산하여 도선장을 찾아 한강으로 갔다.

▌제15연대 제2대대

제15연대 제2대대(안광영 소령)는 미아리 고개 입구에 있었다. 적 전차가 눈앞에 다가왔을 때 대부분의 병사들은 잠에 취해 있었다. 길음교 경계임무를 맡고 있는 제5중대 병사가 접근하는 적 정찰병을 보고,

"정지! 누구얏!"

하는 순간 적병은 함경도 사투리로 소리를 지르며 경계병의 가슴을 총검으로 찔렀다. 그리고 전차를 유도하여 진출시켰다.

1개 분대 규모의 적 정찰대는 전차에 앞서 길음교의 안전 상태를 점검한 후 전차를 유도한 것으로 알려졌다. 전차가 진출해 오자 대대 전 화력이 불을 뿜어 적막에 싸였던 미아리 고개가 진동을 했다.

제5중대장 김순(金淳) 대위는 전차가 눈앞에 다가오자 수류탄을 들고 전차에 뛰어올랐는데 전차에서 기관총이 먼저 불을 토하여 장렬하게 전사했

다. 이를 본 중대 선임장교 이창도(李昌道) 중위와 박동갑(朴東甲) 상사가 전차에 뛰어오르려고 달려갔으나 이미 전차가 고개 중턱에 이르고 있어 때를 놓쳤다.

제6중대장 김국주(金國柱) 대위는 2.36인치 로켓포를 비롯하여 중대 전 화기를 전차에 집중하였으나 철갑을 맞춘 탄환은 튕겨져 나왔고, 전차는 개의치 않고 한 많은 미아리 고개를 넘어왔다.

다발총을 들고 독전하는 북한군 여 전사

이응준 소장의 좌 전선

이응준 소장도 유재흥 준장과 같이 적 침공을 내일(28일) 아침쯤으로 예상하고 있었다.

22시가 지나자 서울시내 쪽에서 예광탄이 오르기 시작했고, 일부 병사들이 사단지휘소가 있는 고지(103고지-미아리 고개 좌측)로 올라오고 있었다.

이응준 소장은 한 병사를 붙들고

"왜 후퇴하느냐?"고 물었더니

"후퇴 명령이 내렸다."고 대답하고는 시내 쪽으로 가버렸다.

이상히 여긴 사단장은 연락장교를 보내 상황을 확인하도록 하였는데 칠흑 같은 밤중이라 부대를 찾지 못하고 돌아왔다.

이응준 소장은 참모장 박병권 대령과 정보참모 김용주 중령을 육군본부에 보내 저지선을 고수할 것인지, 철수할 것인지 육군본부의 확고한 방침을 알아오게 하였다. 23시 참모장일행이 육군본부에 도착하여 상황실에서 작전국장 장창국 대령을 만났는데 그는

"나로서는 어떠한 조치를 취할 수 있는 입장이 못 된다."
는 말만 했다.

박병권 대령과 김용주 중령은 지프를 타고 돈암동 전차 종점 가까이 왔을 때 전차의 요란한 궤도소리가 들렸다. 전조등을 끄고 확인한 결과 전차 4대가 오고 있었다. 두 사람은 차를 돌려 길가에 세워 놓고 포복을 하다시피 하여 사단전방지휘소에 갔다. 이응준 소장은 없고 작전참모 문형태 중령이 장교들을 지휘하여 철수 명령을 하달하고 있었다.

박병권 참모장은 공병대대장 양종익 대위에게 지시하여 예하부대를 경무대 뒷산(北岳山)으로 철수하게 하고 01시 30분에 지휘소를 떠나 아리랑 고개를 통하여 서울시내를 횡단한 후 서빙고에서 한강을 건넜다. 예하부대에는 철수 명령이 전달되지 않아 분산되고 말았다.

이응준 소장은 24시가 되도록 참모장을 기다렸으나 돌아오지 않았다. 인접 상황을 알아보기 위하여 유재홍 준장에게 전령을 보냈더니

"아무도 없다."

고 보고했다. 이때는 이미 적 전차가 미아리 고개를 통과한 뒤였다. 상황이 다급해졌다고 판단한 이응준 소장은 작전참모 문형태 중령에게

"28일 00시 30분에 현 전선을 철수한다. 예하부대는 노량진으로 집결토록 전달하라."

고 지시한 후 상황을 알아보기 위하여 헌병대장 박창록 대위를 대동하고 육군본부로 갔다. 02시에 육군본부에 도착하자 참모부장 김백일 대령, 작전국장 장창국 대령, 정보국장 장도영 대령이 함께 있다가

"이거 어찌 된 일입니까?" 하고 놀라워했다.

이들은 적 전차가 서울시내에 진입한 사실을 모르고 있었다. 이때가 한강다리 폭파 직전이었다. 이응준 소장은 사태가 위급함을 알리고

"한강교는 일선 부대가 철수한 후에 끊어라."
고 요청하였다.

한편 사단후방지휘소에 있던 군수참모 서경택 소령은 비가 오는 밤중에 서울시내에서 예광탄이 계속 오르고 있는 것을 이상하게 여기고, 전선 상황을 알아보기 위하여 본부중대장 최민도(崔民燾) 중위와 함께 전방지휘소로 가다가 미아리 고개에서 적 전차와 마주쳤다. 확인하기 위하여 차를 세우고 도보로 접근해 가다가 기관총 사격을 받고 그 자리에서 전사했다.

최민도 중위는 급히 차를 돌려 후방지휘소로 와서 철수를 서둘렀다. 이미 한강교가 폭파된 뒤였으므로 서빙고에서 배를 타고 강을 건넜다.

▎혼성 제25연대

혼성 제25연대장 김병휘 중령은 병력 500명을 지휘하여 좌 일선 삼양동에 있었다.

밤중에 검은 물체의 대열이 미아리 고개로 접근하고 있었으나 대부분 졸고 있었기 때문에 이를 알지 못했다. 연대장 김병휘 중령도 그동안 쌓인 피로로 깜박 잠이 들었다가 비몽사몽간에 날(28일)이 밝았다. 이때는 전차 대열과 보병부대가 남쪽으로 통과한 뒤였다.

영등포로 철수할 생각을 하고 병력을 북악산으로 이동시켰다. 집결한 병력이 300여 명이었다. 북악산에서 내려다 본 서울시내에는 곳곳에 인공기가 걸려 있었고, 영천(靈泉) 파출소 앞에 전차 3대가 포진하고 있었으며, 서대문형무소 쪽에서는 만세소리가 들려왔다.

해가 진 다음에 병력을 소집단으로 분리하여 한강을 건너도록 침투시켰다. 다들 잘 빠져나간 것으로 판단되었으나 마지막 50여 명이 적 정찰대에 발견되어 자하문에서 분산되었고, 김병휘 중령은 북한산에서 이틀을 보낸 뒤 사복으로 갈아입고 피난민 대열에 끼어 광장동에서 한강을 건넜다.

▌혼성 제3연대

혼성 제3연대(이상근 중령)는 정릉에 배치되어 있었다. 27일 22시 일부 병력이 전선을 이탈하여 안국동 풍문여자중학교에 집결하였다. 병력이 200여 명이었고, 제3대대장 김봉상 소령이 지휘하고 있었다.

23시경, 장갑차 소리와 함께 육군본부 이치업 대령이 나타나서
"삼각지에는 부대가 없는데 너희는 여기서 자고 있느냐?"
고 호통을 쳤다.

부대가 학교를 나와 중앙청 앞으로 가고 있는데 서대문 쪽에서 지프 4대가 오고 있었다. 피아를 식별할 사이도 없이 어느 쪽에서 먼저 쏘았는지도 모르게 총격전이 벌어졌고 이틈에 부대는 사분오열되고 말았다.

▌제20연대 제1대대

미아리 도로 좌측에서 서전을 승리로 장식하여 사기가 오른 제20연대 제1대대는 밤사이 적 전차가 저지선을 뚫고 서울로 진출해 간 사실을 모른 채 밤을 새웠다. 28일 날이 밝은 후 적 대부대가 지나가고 있는 것을 발견하고 상황이 달라진 것을 알았다.

대대장 김한주 소령은 유선으로 연대장과 사단지휘소를 불렀으나 응답이 없었고, 전령을 보냈으나 행방을 알 수가 없었다. 게다가 인접부대들도 보이지 않았다. 당황한 대대장은 철수를 결심했다. 이 자리에는 지난밤 탄약과 식사를 가지고 왔던 연대 군수주임 김형재(金瀅栽) 소령이 폭우에 막혀 돌아가지 못하고 남아 있다가 행동을 같이 했다.

28일 06시, 지리에 밝은 제1중대장 김성룡(金成龍) 대위가 앞장서서 철수

하기 시작했다. 선두가 삼선교에 이르렀을 때 적 전차가 포격을 하면서 추격했다. 대대는 안암천(安岩川)으로 탈출하여 하천을 따라 뚝섬으로 빠져나왔는데 반 이상의 병력이 없어졌고, 공용화기는 대부분 잃었다.

성학철(成鶴喆) 대위, 박숙청(朴淑淸) 중위, 김종관(金淙寬) 중위를 포함하여 20여 명이 사상한 것을 확인하였다.

철수 제대(梯隊)의 뒤를 따르던 제4중대(김용림 대위)와 제3중대(金昌德 중위)는 선두 중대가 흩어지는 것을 보고 북으로 방향을 돌려 북악산을 넘어 자하문 쪽으로 철수하였다.

▎혼성 제16연대

혼성 제16연대장 문용채 대령은 27일 19시 1개 대대도 못 되는 혼성부대를 지휘하여 돈암국민학교에서 사령부 경계 임무를 맡고 있었다.

22시가 지나면서부터 시내 쪽에서 예광탄이 오르기 시작하였다. 전령을 보내 어느 쪽에서 보내는 신호인지 알아오게 하였는데 전령은 돌아오지 않고 예광탄만 계속 올랐다.

부연대장 이원장(李源長) 중령이

"전선은 조용한데 예광탄이 후방에서 오르는 것을 보면 침투한 적이 올리는 신호로 판단되고, 그렇다면 부대가 적중에 포위된 것으로 보아야 하므로 철수하는 것이 옳다."

는 의견을 제시하였다. 연대장은 명령 없이 철수할 수 없다고 버티고 있었는데 예광탄이 계속 올라가고 주위가 조용하자 불안을 느끼고 한강 남쪽으로 철수할 것을 결심했다.

24시 철수를 시작하여 무사히 시내를 빠져 나와 한강다리를 건넜다. 철수 대열이 노량진 수원지를 통과할 무렵에 뒤쪽에서 '꽝' 하고 천지를 흔드는 폭음이 들렸다.

제3대대장대리 최민섭 대위는 대대정보관 김희석(金熙碩) 대위가 지휘하는 혼성 1개 소대 병력과 함께 제25연대 지역에 배치되어 있었다. 28일 06시 적 전차가 정면을 통과한 후 후속하는 적 1개 대대 규모와 교전하여 30여 명을 사살하였으나 적 기관총에 제압되어 흩어졌다. 철수시기를 놓친 최민섭 대위는 한강을 건너지 못하고 남아서 봉일천, 문산 등지를 무대로 유격 활동을 하다가 9·28수복 후에 복귀했다.

태릉 방면 상황

육군사관학교 생도대대(조암 중령)는 포천 내리에서 철수하여 26일 23시 육군사관학교에 도착하였다. 본대와 떨어져서 척후로 나가 있었거나 정찰 임무를 수행하던 일부 생도는 27일 아침 복귀하였다.

조암 대대장은 생도대대를 재편성한 후 27일 08시 전술 훈련장으로 쓰던 A고지(일명 92고지)~F고지 사이에 부대를 전개하였다.

생도대대는 내리 전투에서 제1기생 27명, 제2기생 2명이 전사했다. 제1기생 희생이 많은 이유는 제1기생이 소대장, 분대장, 반장 등 직책을 맡았는데 철수 명령이 내리자 그들은 부하인 제2기생들을 먼저 철수시키고 이들을 엄호하면서 뒤늦게 철수하다가 희생을 키웠다.

제9연대 제1대대장 류환박 소령은 천주산에서 철수하여 26일 16시 육군사관학교에 도착한 후 육사 교장 이준식 준장에게 육사로 철수하게 된 경위를 보고하였다. 이때 집결된 병력은 약 600명이었다.

이준식 준장은 전 제7사단장이었으므로 과거 부하였던 이들에게 식사를 제공하고 휴식을 취하도록 많은 배려를 해 주었다.

23시, 교장 명령으로 육사에서 제공한 차량을 타고 강릉(康陵)으로 이동하여 210고지에 진지를 편성하였다. 이때 육사교장 이준식 준장은 육사로 철수한 생도대대와 제9연대를 지휘하여 태릉 지구를 방수하라는 총참모장의 명령을 받고 있었다.

제9연대장 윤춘근 중령은 28일 02시 연대지휘부의 소수 병력을 지휘하여 육군사관학교에 도착하였고, 08시에는 의정부지구전투사령부의 작전 회의에 참석하여

"육사교장 이준식 준장의 지휘를 받아 태릉 지역 방어에 임하라."

는 지시를 받고 다시 육사로 왔다. 그리고 09시 이준식 교장의 안내로 강릉에 있는 제1대대와 합류하였다.

▎육사 생도대대

27일 19시 창동선에서 제5연대와 제16연대 제1대대 병력 약 300여 명이 육사로 철수하여 23시에 부근 고아원에 수용되었다.

28일 05시 태릉 지역에 적 포격이 시작되었고, 08시에는 1개 소대 규모의 병력이 정찰을 시도하는 것으로 보였다. 또 경원선을 따라 대부대가 행군하고 있는 것이 보여 이준식 준장이 쌍안경으로 관찰한 결과 남진하고 있는 적임이 확인되었다.

이준식 준장은 육사 부교장 이한림 대령 및 윤춘근 연대장과 협의하여 무모한 희생을 줄이고자 한강 이남으로 철수하기로 결정하였다. 이때 학교본부는 이미 육군본부 및 재경부대와 함께 시흥에 있는 육군보병학교로 이동하였고, 27일 12시 이후 육군본부와는 통신이 두절된 상태였다.

28일 10시 육사생도대대에 철수 명령을 내렸는데 생도들 개인에게 명령이 전달된 것은 12시부터 14시 무렵까지였다. 생도대대는 명령이 전달되는 대로 철수를 개시하여 병력 이동에 많은 시차가 생겼다.

생도대대는 철수 경로와 집결지가 알려지지 않아 일단 학교를 목표로 하였으나 적 포격이 심하여 부대 행동을 취할 겨를이 없어서 각개 약진하였다. 이들이 학교에 도착했을 때는 강당과 일부 건물이 파괴되어 있었고, 연병장에는 적 포탄이 수없이 떨어지고 있었다.

머뭇거릴 여유가 없어서 먼저 집결한 150여 명을 부대대장 손관도 소령이 지휘하여 망우리~용마봉 능선을 거쳐 광장동으로 가서 앞서 이동한 교장 일행을 만났다. 그리고 17시까지 광장동에서 제9연대의 엄호를 받아 한강을 무사히 건넜다.

대대장 조암 중령은 이승우(李承雨) 대위, 최영규(崔英圭) 소령, 최재명(崔載明) 대위 등 참모와 함께 지프를 타고 뒤늦게 출발하여 손관도 소령이 지휘하는 병력이 망우리 고개로 올라갈 무렵에 앞질러 가다가 고개 중턱에서 숲 속에 숨어있는 적 정찰병의 기습 사격을 받았다. 당황한 조암 중령은 반사적으로 차에서 뛰어내렸고, 나머지 참모들은 차를 급히 몰아 위험지역을 벗어났다. 조암 중령은 차에서 내린 후 행방이 묘연해졌다.

한편 늦게 철수한 생도대대의 남은 병력은 학교 교문에서 적의 사격을 받았고, 또 학교 서남쪽 봉화산(烽火山)에서 기관총 사격이 빗발치자 다시 분산되어 일부는 서울로 철수하였고, 일부는 광장동으로 철수하여 본대와 합류할 수 있었다. 이 과정에서 생도대대는 100여 명의 손실을 보았는데 제1기생 한정석(韓正錫) 생도 등 11명이 전사한 것을 확인하였으나 제2기생은 입교한 지 3주에 불과하여 신원을 알지 못하였으므로 누가 언제 어디서 전사하였는지 또는 실종되었는지를 알 수가 없었다.

▎ 제9연대 · 제5연대 · 제16연대

제9연대 제1대대는 14시 생도대대가 철수한 뒤를 따라 진지를 이탈하여 망우리~용마산~광장동 코스로 이동하였다. 도중에 분·소대 규모의 적을 만났으나 그때마다 저들이 퇴각하여 교전은 없었고, 진지를 이탈할 때 적의 포격을 받아 장원순(張元淳), 금강석(琴江錫) 두 중위를 비롯하여 5명이 전사하고 20여 명이 부상을 입었다. 17시 광장동에 이르러 생도대대 도강을 엄호한 뒤 나룻배 3척으로 한강을 건넜다. 이때가 22시였다.

육사 근처로 철수했다가 인근 고아원에 수용된 최창언 중령이 지휘하는 제5연대 200여 명과 유의준 중령이 지휘하는 제16연대 제1대대 약 100명은 육사에서 제공한 주먹밥을 먹고는 쓰러져 잠에 빠져들었다. 일부는 주먹밥을 손에 쥔 채 쓰러져 잤다.

폭우가 쏟아졌고, 서울 상공에는 예광탄 불빛이 수를 놓고 있었다.

제5연대장 최창언 중령은 창동선에서의 적 기세로 보아 지금쯤은 적이 서울에 침입했을 것이라고 판단하였다. 제2대대장 차갑준 소령과 제16연대 제1대대장 유의준 중령 등과 대책을 숙의하였으나 묘안이 나오지 않았다. 최창언 중령은 육사교장 이준식 준장의 지시를 받기 위하여 찾아갔으나 만나지 못하고 돌아왔다. 다시 숙의하여 철수하는 데는 의견 일치를 보았으나 목적지에 대하여

최창언 중령과 차갑준 소령은

"한강 이남으로 철수하여 대처하자."

고 하였고, 유의준 중령은

"서울로 가서 본대와 합류하여 싸우는 것이 옳다."

고 주장하여 의견이 엇갈렸다.

결국 유의준 중령은 제16연대를 이끌고 서울로 갔다.

최창언 중령은 자고 있는 제5연대 병사들을 깨워 새끼줄로 허리를 묶어 연결한 다음 23시에 출발하여 28일 05시 광장동에 도착하였다.

그런데 광진교가 이미 폭파되어 있었다.

최창언 중령은 유의준 중령의 판단이 옳았음을 깨닫고 서울로 길을 잡아 뚝섬 경마장 부근에 이르렀을 때 유의준 중령이 뛰어오면서

"서울은 완전히 적에게 점령됐다."

고 하므로 다시 광장동으로 되돌아왔다. 이때가 08시였다.

광장동에는 피난민들이 몰려들어 3척의 배를 두고 서로 타겠다고 아우성을 치고 있었다. 최창언 중령은

"군인이 먼저 건너가야 반격을 할 수 있지 않느냐?"

고 설득하여 먼저 도강한 후 군인이 통제하여 피난민까지도 도강시켰다.

나룻배 3척은 이날 오후에 도착한 육사교장 이준식 준장이 지휘하는 생도대대에 인계되었다.

불암산 유격대 - 호랑이 부대

생도대대와 제9연대 병력 중 철수 명령을 받지 못하여 적중에 고립된 생도 및 사병 20여 명은 철수를 단념하고 불암산으로 잠입하여 불암사(佛岩寺)와 석천암(石川庵) 등을 근거지로 유격 활동을 폈다.

불암사 주지 윤용문(尹龍文)과 불암동 주민 박태흥(朴泰興), 박용문(朴容文) 등은 이들에게 은신처와 식사 그리고 정보를 제공하여 적극적으로 지원하였고, 이 생도들을 '호랑이 부대' 라고 호칭하였다고 한다.

호랑이 부대는 이들의 적극적인 협조를 바탕으로 적 퇴계원보급소, 창동 수송대, 육사에 설치한 간이훈련소를 습격하여 적 후방 기능을 마비시키고 주민을 보호하면서 국군이 수복하여 오기를 기다리고 있었다.

9월 25일, 퇴각 길에 들어선 적은 주민 100여 명을 동원하여 육군사관학교의 기물과 생도들이 사용하던 매트리스(Mattress) 등을 우마차에 싣고 북

으로 갔다는 사실을 주민이 알려주었다.

  호랑이 부대의 남은 인원은 9명이었다. 이들은 물자는 빼앗기더라도 주민은 구출해야겠다고 결의하고 양주군 진접면 내각리(榛接面 內閣里)로 달려가서 길 옆 산속에 매복하고 있다가 저들이 접근해오자 일제히 사격하여 주민들을 도주시키는데 성공하였다. 그러나 불암산 호랑이들은 적의 추격을 받고 교전 끝에 모두 전사하였다.

  호랑이 부대의 활약상은 주민들의 구전으로 신화처럼 알려졌고, 유일하게 생환한 김원기 생도에 의하여 밝혀졌다.

┃ 불암산 유격대원 명단주)   국방부 『한국전쟁사』 개정판 제1권 p530

육군사관학교
생도 1기   김동원(金東元)   전희택(田熙澤)   홍명집(洪明集)   박인기(朴仁棋)
            김봉교(金奉敎)   박금천(朴今川)   이장관(李壯寬)   조영달(趙永達)
            한효준(韓孝俊)   김원기(金元基)
생도 2기   3명 – 성명 미상
제9연대   중사 김만식(金萬植)   사병 6명 – 성명 미상

3. 적구(赤狗)의 발굽에 밟힌 수도

정부는 수원으로, 육군본부는 시흥으로

  27일 01시에 열린 비상국무회의에서 정부는 수원으로 이동한다는 결정을 하였다. 비상국무회의는 국방부장관과 함께 채병덕 육군총참모장도 참석했다. 회의가 끝나고 신 국방부장관은 곧장 국방부로 돌아왔고 채 총장

은 창동전선으로 가서 전황을 살펴보고 육군본부로 돌아왔다.

27일이 밝았다. 국방부장관 신성모는 비상국무회의에서 돌아와서 정부 이동을 발표하도록 지시하고 채병덕 총장이 돌아온 09시 국방수뇌회의를 소집하였다. 국방부장관 외 국방수뇌회의 참석자는 다음과 같았다.

국방부차관　장경근(張暻根)
제1국장　　손성겸(孫聖兼) 대령
제2국장　　이선근(李瑄根) 대령
제3국장　　김일환(金一煥) 대령
육군총참모장　채병덕 소장
참모부장　　김백일 대령
인사국장　　강영훈 대령*
정보국장　　장도영 대령
작전국장　　장창국 대령
군수국장　　양국진 대령
전 작전국장　강문봉 대령
해군총참모장　김영철 대령(대리)
공군총참모장　김정렬(金貞烈) 준장

회의는 육군총참모장실에서 열렸다.주)　　국방부『한국전쟁사』개정판 제1권 p595

* 인사국장 강영훈 - 국방부『한국전쟁사』개정판 제1권 p545, 595
　인사국장 신상철 - 같은 제1권 p762(1950.6.10 제6사단장에서 인사국장으로)
　인사국장 강영훈 - 1948.8.12~1950.6.10. 신상철 - 1950.6.10~1950.7.20(같은 제1권 p273)
　인사국장 황헌친 - 같은 제2권 1950년 6월 25일 현재 주요지휘관(p41)
　안용현『한국전쟁비사』는 황헌친을 육군본부 고급부관(2권 p157)으로 기술.
　고급부관 황헌친 - 1947.3.6~1950.4.22. 최경만 - 1950.4.22~1950.9.13(제1권 p274)

신 국방부장관은 회의 시작에 앞서 양주 한 잔씩 권한 다음

"충성스러운 장병들이 지금 현재에도 최선을 다하여 싸우고 있다. 조국의 운명은 각자의 양식과 판단에 맡기지 않을 수 없다. 미국의 특별원조가 없는 한 우리의 힘으로 수도를 고수한다는 것은 불가능할 것이다."

라는 요지의 서두를 꺼낸 후

"정부와 함께 국방부와 각 군 본부는 수원으로 이동하니 각 군은 각자의 양식에 따라 행동해 주기 바란다."

고 발표하였다. 채병덕 육군총참모장은

"정부는 남쪽으로 이동하더라도 군은 서울을 고수하자."

는 의지를 보여 국방부와 해·공군 본부는 수원으로 철수하고 육군본부는 서울에 남게 되었다.

채병덕 총장은 곧이어 육군본부회의를 개최하고

"정부는 이동하더라도 육군만은 서울을 고수한다."

는 자신의 의지를 천명하였다.

그때까지도 채병덕 총장은 창동선 방어의 미련을 버리지 못하고 있었다. 서울 사수 결의를 되씹으며 회의가 끝난 09시 30분 창동선 전황을 타진하도록 정보국 김종필 중위를 유재홍 사령관에게 보냈는데 유재홍 사령관은 없어서 못 만나고 이용문 대령이

"창동선은 오늘밤을 넘기기가 어렵다."

고 한 말을 듣고 와서 보고하자 채 총장은 비로소 결심을 바꾸고 11시 재경 부대장을 소집하여 각급 부대를 시흥보병학교 부근으로 이동할 것을 명령하고 각 군 본부가 철수한 후에 한강교를 폭파한다는 계획을 공병감 최창식 대령으로 하여금 발표하게 하였다.주) 국방부 『한국전쟁사』 제2권 p231

공병감 최창식(崔昌植) 대령은 이미 채병덕 총참모장의 지시를 받아 한강

교 폭파 계획을 수립하여 승인을 받아 놓았고, 아울러

한강교 폭파가 실패하면 총살에 처한다는 엄명을 받고 있었다.

공병감 최창식 대령은

"적이 서울시내에 돌입하면 2시간 뒤에 전 교량을 동시에 폭파한다. 지금의 전황으로 미루어 폭파 예정 시간은 16시경이 될 것이다."

라고 설명하였다. 이 설명에는 전선 부대의 철수나 시민들의 소개 문제는 전혀 고려되지 않았다. 다만

"한강 다리가 폭파된 뒤에 철수하는 부대를 위하여 18척의 단정(短艇)을 준비한다."고 덧붙였다.주)

국방부 『한국전쟁사』 제2권 p231

결국 적이 서울시내에 들어오는 시간을 27일 14시로 예정했다.

수도경비사령관 이종찬 대령은

"서울시민의 피난 조치를 강구하지 아니하고 군이 먼저 철수한다는 것은 언어 도단이다. 더구나 시민의 유일한 통로인 한강다리를 조기에 폭파한다는 것은 있을 수 없는 일이다."

라고 이의를 달았다. 이에 대하여 최창식 대령은 서전에서 임진강교 등 많은 교량을 폭파하지 못한 예를 들면서 한강교 폭파가 실패해서는 안 될 것이라고 말하고, 채병덕 총참모장으로부터 받은 명령만을 설명하였다. 격론은 있었지만 회의는 흐지부지 끝나고 말았다.

회의가 끝난 후 채병덕 총장은 군의 서울 철수를 극비에 부치도록 지시하고 일선 부대에 대한 아무런 조치 없이 12시 30분부터 육군본부가 시흥으로 철수하기 시작하여 15시 육군보병학교로 이동을 끝냈다. 육군본부 철수 사실은 미 군사고문단에도 통보하지 않았다. 군사고문단은 육군본부가 시흥으로 철수한 뒤에 알고 뒤따라 시흥으로 이동하였는데 맥아더 원수로부터 고문단장대리 라이트(William H. S. Wright) 대령에게

"친애하는 라이트 대령에게, 중대한 결심을 할 단계에 이르렀으니 원위치로 복귀할 것. 상황을 낙관해도 좋다." 주)

국방부 『한국전쟁사』 제2권 p232

는 지령이 내렸다.

라이트 대령은 이 사실을 채병덕 총장에게 통보하고 서울로 복귀했다.

이때 맥아더 원수는 미 합동참모본부로부터 미 군사고문단을 비롯하여 주한 미군 작전지휘권을 부여받았고, 이에 따라 맥아더 원수는 미 극동군총사령부 전방지휘소를 설치하였다는 내용도 함께 통보한 것으로 알려졌다.

라이트 대령으로부터 이 사실을 통보받은 채병덕 총참모장은 다시 결심을 바꾸어 육군본부와 재경부대에 복귀 명령을 내리는 동시에 참모부장 김백일 대령에게 한강교와 광진교 폭파를 중지하도록 지시하였다.

육군본부와 재경부대는 18시 원위치로 돌아왔다. 그러나 통신 시설을 복구하는데 시간이 걸렸고, 그동안 부대는 기능이 마비되었다. 또 군을 따라 떠났던 일부 시민들이 되돌아오면서 한강교와 용산 일대는 군과 피난민과 차량이 뒤엉켜 혼란이 극에 다달았다.

평양을 점령하겠습니다

육군총참모장 채병덕 소장은 26일 13시 남침 하루 반 만에 의정부가 탈취당했고, 북한군은 그 여세를 몰아 창동선으로 육박하여 수도 서울의 위급이 촌각(寸刻)을 다투는 상황에도 불구하고 적의 진격을 저지하고 반격하려는 고집을 벌이지 못하고 있었다.

전황이 불리해지자 이승만 대통령은 신성모 국방부장관에게

"군사원로들의 의견을 듣고 국난을 타개하도록 하라."

는 지시를 내렸다.

6월 26일 10시경 국방부에서 '군사경력자회의'가 열렸다.

이 회의에 초치된 사람은 각 군 총참모장을 비롯하여

김홍일 소장(육군참모학교 교장),

류동열(柳東悅, 전 통위부장),

송호성 준장(청년방위대 고문단장, 전 조선경비대총사령관),

이범석(전 국무총리 겸 국방부장관),

이청천(李靑天, 전 광복군 총사령관),

김석원(전 제1사단장) 등이었다.

이 자리에서 신성모 국방부장관은

"서부전선에서는 해주를 점령했고, 동해안에서는 적 300명이 투항했고, 동두천에서는 반격 중에 있어 전황은 유리하게 전개되고 있다."

고 말했다.

채병덕 총장은 조금 전 의정부지구전투사령관 유재홍 장군으로부터 동두천을 공격 중이라는 보고를 받고 신성모 장관에게 보고했던 참이다.

채병덕 총장은 앞에서 말한 바와 같이 현재 투입된 병력이 의정부에서 반격작전을 펴서 현 전선을 유지해 준다면 후방사단을 투입하여 38선을 회복할 수 있다고 믿고 있었는데, 동두천을 공격 중이라는 보고를 받고 고무되어 북진론으로까지 비약하게 된다.

이 말을 들은 김석원 장군은

"내가 알기로는 그것은 허위 보고일 것이니 다시 확인해 보시오."

라고 하였다.

김홍일 소장은 의정부에서의 반격이 위험함을 지적하고 한강 이남에서의 결전을 주장하였고, 이범석과 김석원 양 장군도 이에 동조하였다.

그러나 신성모 장관과 채병덕 총장은 "반격, 북진한다."는 결심을 굽히지 않았다고 한다.주)

국방부 『한국전쟁사』 개정판 제1권 p587

신성모 장관과 채병덕 총장은 군사원로회의가 끝나고 11시 중앙청에서 열린 비상국회에 참석하여 전황을 설명했다. ▶ 다음 서울의 비극 「비상국회」 참조

신성모 장관은

"5일 안에 평양을 점령할 수 있는 만반의 준비와 군대를 가지고 있다."

고 하였고, 채병덕 총장은

"적을 의정부 밖으로 격퇴했다. 후방에서 3개 사단이 올라오면 3일 이내에 평양을 점령해 보이겠다."

고 낙관론을 펴면서

"군의 고충은 명령이 없어서 38°선을 넘어 넘어 공격 작전을 펼 수 없는 것이다. 공세를 취한다면 1주일 이내에 평양을 탈취할 자신이 있다."

고 큰소리를 쳤다.

신성모 국방부장관은 1950년 1월 24일 기자회견에서

"실지 회복을 위한 만반의 준비를 갖추고 우리 국군은 명령만 기다리고 있다."

라고 했고, 그 해 5월 10일 외신기자들과의 회견에서

"북한괴뢰군이 우리에게 공격을 해 올 때는 이북에 대한 행동을 언제든지 개시할 수 있다. 우리 해군은 일조 유사시에는 동·서에서 이북에 대한 행동을 어디까지든지 할 수 있는 힘과 태세를 갖추고 있다."

라고 장담했었다.[주] 　　　　　　　　　　　국방부 『한국전쟁사』 제1권 p750

이는 그 후 북으로부터 '북침설'을 주장하게 만든 빌미가 되기도 했고,

"북이 공격해 온다면 점심은 평양에서 먹고 저녁은 신의주에서 먹는다."

는 유행어를 만들어 내는 요인이 됐었다.

비상국회에서 돌아온 신성모 국방부장관은 3군 총참모장과 육군참모부장 김백일 대령을 불러서

"전황과 미국의 태도로 보아 최후에는 정부가 망명할 경우 안전 대책과 유격전을 벌일 준비를 할 수밖에 없으니 대책을 강구하라."

고 지시하고 27일 03시에 심야 국무회의에 참석했다. ▶ 다음 「비상국무회의」 참조

신 장관은 이때 비로소 비관론을 펴면서

"정부를 수원으로 이동한다."

는 발의를 하여 각료들의 동의를 얻었으나, 채 총장은 이 자리에서도

"서울은 고수하고 반격하여 백두산에 태극기를 꽂을 것이다."

라고 호언장담을 했다.

대한민국 제일 장수의 용맹스러움이 가상할 따름이다.

일본정벌론 – 왜왕의 머리를 바치겠나이다

▌전하! 아직 때가 늦지 않았습니다

"선조 25년 임진(1592년) 4월 13일, 어전회의가 열렸다.

선조는 옥좌 앞에 놓인 너덜너덜한 낡은 지도 한 장을 펴 놓고 좌의정 류성룡(柳成龍)에게 말을 건넸다.

'좌상, 이 지도를 보라. 범옹(泛翁-신숙주)의 문집에서 우연히 찾은 왜국전도요. 농사를 짓고 가축을 키울 만큼 크고 비옥한 땅이 아닌가?'

'그, 그랬사옵니다.'

'왜가 이렇게 큰 땅이라는 사실을 진작 알았더라면 세월을 허송하지는 않았을 것이다. 아니 그렇소. 신 장군?'

선조는 신성군의 장인인 신입(申砬)의 동의를 구했다. ……

'전하. 아직도 늦지 않았사옵니다. 일 년만 말미를 주십시오. 대장군 이일(李鎰)과 함께 왜국 정벌의 선봉에 서겠습니다. 신을 믿어주시옵소서.'

「왜국 정벌!」

류성룡은 두 귀를 의심했다. 지금 대마도에서 왜군이 몰려온다지 않는가. 방비책을 마련해야 할 판에 정벌을 논하는 것은 어불성설이다.

'신 장군이 선봉에 서겠다니 과인의 마음이 든든하오. 헌데 왜국을 치려면 바다를 건너야 할 것이 아니요?'

'이런 일이 있을 줄 알고 신이 미리 경상우수사 원균에게 언질을 주었사옵니다. 언제든지 왜를 칠 수 있도록 군선을 준비하라고 일렀으니 겨울이 오기 전에 채비가 끝날 것이옵니다.'

'군사는 어느 정도면 되겠소? 또 며칠이면 왜국을 점령할 수 있겠소?'

'4만 명만이면 충분하옵니다. 경상, 전라 양도의 군졸만 모아도 그 정도는 족히 됩니다. 소장에게 한 달만 주시옵소서. 왜왕의 머리를 바치겠나이다.'

'4만 명에 한 달이라······. 과인도 그렇게 생각하고 있었소. 좋소. 이 일은 신 장군이 책임지고 추진하도록 하시오."

'알겠사옵니다. 전하!'"

▎이날 왜군은 부산에 상륙했다. 임진왜란이다

"선조 25년(임진년-1592년) 4월 17일

선조가 편전에 모습을 드러낸 것은 오시(午時)가 훨씬 넘어서였다.

도승지 이항복이 지체하지 않고 박홍(朴泓)의 장계를 올렸다. 대신들은 머리를 조아린 채 선조의 진노한 음성이 들려오기를 기다렸다. 전쟁, 전쟁이 시작된 것이다. 그런데 예상과는 달리 선조의 목소리는 그 어느 때보다 맑고 고요했다.

'도승지!'

'예, 전하!'

'고작 이 일 때문에 호들갑을 떨었느냐? 왜구 몇 놈이 절영도 앞바다에 나타난게 어쨌다는 건가? 경상좌수사와 동래부사가 물리치면 그만인 일이다.'

'저, 전하!'

이항복의 얼굴이 흙빛으로 변했다. 선조는 변명을 용납하지 않고 이산해(李山海)에게 눈길을 주었다.

'영상! 영상도 이 장계 때문에 온 것인가?'

'그, 그게 말씀이옵니다.……'

이산해도 제대로 대답을 못했다. 맞은편에 앉아 있던 류성룡이 나섰다.

'전하! 절영도 앞바다에 나타난 왜군의 동태가 심상치 않사옵니다. 저들의 군사가 만 명을 넘는다는 소문도 있고 2만 명을 넘는다는 소문도 있사옵니다. 속히 대책을 세워야 할 것이옵니다.'

'그러니까 좌상은 경상좌수사와 동래부사가 왜구에게 질 것이라고 생각하는 것인가?'

'아, 아니옵니다. 신은 다만 만일을 대비하는 것이…….'

'만일은 무슨! 설령 경상좌수사와 동래부사가 패한다고 하더라도 경상도 병마사가 막으면 된다. 도대체 이까짓 일로 조정을 어지럽힌 자가 누군가? 나서랏! 썩 나서지 못할까?'

대신들은 선조의 불호령에 꿀먹은 벙어리가 되었다. 그때 도승지 이항복이 방금 도착한 박홍의 두 번째 장계를 올렸다.

'승전보리라.'

선조는 빙긋 웃으며 장계를 폈다. 그러나 그의 얼굴은 곧 놀람과 분노로 뒤범벅이 되었다. 선조의 표정 변화를 살피던 신하들도 전황이 심상치 않음을 눈치챘다.

'부산첨사 정발(鄭撥)이 어떤 놈이냐? 하루도 버티지 못하고 전멸하다니! 에잇, 어찌 이런 일이 있을 수 있단 말인가? 동래부사 송상현(宋象賢)은 또 어떤 위인이야? 도대체 그곳 장수들은 무얼 하고 있었단 말인가? 버러지만도 못한 놈들!

나라의 체면을 이렇게 구겨버릴 수가 있는가? 구족을 멸해도 시원찮을 놈들! 어찌 조선의 군대가 금수만도 못한 오랑캐 놈들에게 질 수 있단 말인가?'

「부산첨사 정발과 동래부사 송상현의 전사」"

"선조의 분노는 장계를 올린 경상좌수사 박홍에게 쏟아졌다.

'장계만 올리면 그만인가? 왜선들이 건너오는 동안 경상좌수사는 어디 있었단 말인가? 한심한 놈! 어찌 이런 자가 조선의 장수일 수 있겠는가?'

류성룡이 침착하게 호흡을 가다듬은 후 끼어들었다.

'전하! 하루 빨리 방책을 마련해야 하옵니다. 부산이 뚫렸으니 저들은 대구를 지나 곧장 한양으로 쳐들어올 것이옵니다.'

'뭣이! 왜놈들이 이곳까지 온단 말인가?' "

"한성판윤 신입이 류성룡의 주장을 힐난하며 나섰다.

'좌상! 도대체 무슨 근거로 저들이 한양까지 쳐들어온다고 하시는 겝니까? 조선에는 장수가 없는 줄 아시오? 하룻강아지 범 무서운 줄 모르고 덤빈다면 저들을 기다리는 건 죽음 뿐이외다. 전하! 성심을 편히 하시옵소서.

차라리 잘된 일이 옵니다. 저들이 겁도 없이 건너왔으니 이 참에 소장이 부산으로 내려가서 왜놈들을 쓸어버린 후 대마도와 본토로 건너가겠사옵니다. 철저히 응징해서 다시는 이따위 헛된 짓을 못하도록 가르친 뒤 전하의 위엄과 덕을 저들의 가슴에 똑똑히 새겨놓겠사옵니다.'

선조의 표정이 밝아졌다."

▌개돼지를 잡는 데는 명검이 필요 없습니다

" '전하! 개돼지를 잡는데 명검까지 휘두를 필요는 없사옵니다. 신 장군은 조선의 기둥이니 한양에 머무르게 하시고 소장을 보내주시옵소서.'

대장군 이일이었다. 정여립의 잔당을 색출하지 못해 선조의 핀잔을 받은 후로 내내 침울하게 하루하루를 보내던 그였다. 왜군의 침입은 군왕의 마음을 붙들 수 있는 더없이 좋은 기회였다. 이일이 콧김을 푸욱푸욱 내뿜으며 출정을 간청하자 선조와 대신들의 마음은 한층 더 밝아졌다. 왜군을 상대하는 데는 이일만으로도 충분하리라. 선조는 잠시 신입의 표정을 살폈다. 신입 역시 이일이 나선 것을 내심 반기는 눈치였다. 대마도까지 건너가겠다고 큰소리는 쳤지만 아직까지 제대로 준비된 것이 하나도 없었던 것이다.

'자신 있는가?'

'전하, 소장을 믿어 주시옵소서.'

'이 장군은 패할 것이오.' (좌상 류성룡의 말이다)

이항복이 놀란 토끼 눈으로 되물었다.

'패하다니요? 천하의 용장이 아닙니까? 여진족과의 전투에서 단 한 차례도 물러선 적이 없는······.'

'천하의 용장? 바로 그 뜬구름 같은 명성과 자만심이 화를 부를 것이오. 이 장군은 용기는 있으되 슬기가 없소. 자신의 능력만 과신하고 주위의 조언을 듣지 않는 장수라오. 나아가지 않고 지형지물을 이용하여 지킨다면 능히 왜군과 대적할 수 있겠지만 속전속결로 승리를 재촉한다면 단숨에 무너지고 말 것이오. 우린 아직도 왜군의 수가 어느 정도인지조차 정확하게 모르오. 동래가 하루 아침에 무너진 걸 보면 그들이 결코 만만치 않은 상대임을 알 수 있소. 쉽게 덤비다가는 큰 낭패를 당할 것이오.'" (일본정벌론 : 김탁환 『불멸』에서 발췌)

4월 13일 왜군은 부산에 쳐들어왔고, 부산포는 당일 함락되었다. 부산포 첨사 정발이 전사했고, 15일 동래부가 함락되었으며 동래부사 송상현도 전사했다.

4월 25일 상주에서 왜군을 맞은 이일은 하루도 버티지 못하고 패전하여

수하 장졸들은 대부분 전사하고 이일은 단신으로 충주로 도망쳤다.

　4월 28일 신입은 왜군 한 사람도 죽이지 못하고 수하 장졸 3,000여 명과 함께 충주 탄금대에서 장렬하게 전사했다.

　조선 제일의 장수는 이렇게 최후를 마감했다.

채병덕 총참모장 – 신념이 없고 즉흥적이다

　채병덕 총장은 작전지도에 신념이 없었고, 전선이 붕괴되자 강박관념에 사로잡혀 즉흥적으로 전선을 지휘했다.

　밑 빠진 독에 물 붓는 격으로 무너진 전선에 대책 없이 병력을 투입하였다. 특히 제7사단은 반수가 넘는 병력이 희생된데다가 나머지는 분산되어 소재도 파악되지 않은 상태였고, 제2사단은 1개 대대밖에 도착하지 않았는데 이들 두 사단에 의정부 반격 명령을 내렸다.

　26일 14시, 의정부 남쪽 4km 지점 도로상에서 독전하고 있다가 제2사단장 이형근 준장이 금오리에서 철수해 오는 것을 보고 격노하여 그 자리에서 제7사단장 유재홍 준장을 의정부지구전투사령관에 임명하여 두 사단을 통합지휘하게 하고 이형근 준장을 사단장직에서 해임하였다. 이렇게 해서 졸지에 전투사령부가 생겨났고, 현장에 없었던 유재홍 준장은 그 명령을 5시간이 지난 뒤에 통고받았다.

　또 사단장과 함께 철수해 오는 제2사단 참모장 최창언 중령을 제5연대장에 임명하고 전임 연대장 박기성 중령은 해임하였다.

　제1연대장 함준호 대령이 제3대대를 철수시키기 위하여 오봉산으로 떠났고, 연대장의 위임에 의하여 부연대장 이희권 중령이 연대를 지휘하고 있었는데, 함준호 대령이 전사하자 이종국(李鍾國) 중령(참모학교요원)에게 제1연대를 지휘하라고 했다.

제16연대장 문용채 대령은 금오리 북방에서 부대를 수습하다가 퇴로가 차단되어 창동에 늦게 도착했다. 눈앞에 제16연대장이 보이지 않자 제5연대장 최창언 중령에게 제16연대를 통합지휘하라고 했다.

제5사단장 이응준 소장이 도착하여 보고하자 "미아리로 가서 전 부대를 지휘하여 서울을 방수하라."

이희권 중령

고 하여 의정부지구전투사령관은 슬그머니 사라졌다. 유재흥 준장이 의정부지구전투사령관으로 지휘권을 행사한지 12시간만이다.

최고지휘관이 한 일이라고는 상상할 수 없이 즉흥적이다.

도로상에서 헌병을 지휘하여 낙오병을 수습하고 철수 부대의 후퇴를 막는 것도 총참모장이 할 일은 아니다.

제2사단장에서 해임된 이형근 준장은 지휘권은 없으나 전선을 떠나지 않고 창동선에 남아서 관전하고 있었다.

이형근 준장이 채 총장의 이와 같은 무모한 지휘에 시정을 촉구하자 노발대발하면서 "반격하여 북진한다."고 큰소리를 쳤다.

이형근 준장은

"자신 있으면 해 보시오. 서울 함락이 눈앞에 닥쳤는데 왜 안 하시오?"

핀잔을 주고 육군본부로 가서 국방부장관에게 채 총장의 무모함을 개진하였더니 그 역시 채 총장과 같은 생각을 하고 있었다.

이형근 장군은 국회로 가서 신익희(申翼熙) 의장에게 서울 철수를 종용했다. 1시간 전에 국방부장관과 총참모장이 서울 사수를 호언했는데 아연실색하면서 누구의 말을 믿을지 황당해 했다.(주) 국방부 「한국전쟁사」 제2권 p149

바위에 부딪쳐 부서진 계란

서울 최후 저지선 미아리전선 외에도 서울시내에는 적 전차가 시내로 진입할 것에 대비하여 요소요소에 장애물을 설치하였다. 창경원(현 창경궁) 입구, 안국동 입구, 종로 입구, 광화문, 남대문, 삼각지와 육군본부 앞에 차량 방벽을 설치하였다. 수도경비사령부와 육군본부 장병들이 트럭을 동원하여 도로에 가로로 세워 놓고, 타이어 바람을 빼고 주요 부품을 제거하고, 주위에는 철조망을 쳐 놓았다.

27일 17시, 적은 전차를 앞세우고 대병력으로 화력을 집중하면서 미아리전선을 돌파하고자 시도했다. 다른 한편으로는 편의대를 후방으로 침투시켜 종암동과 돈암동 일대에서 신호탄을 발사케 하여 심리전을 꾀하는 한편 전선부대와 연락을 취하는 것으로 보였다.

전차 10여 대와 일단의 기마대를 앞세운 적 보병부대는 수유리 부근에서 박기병 대령이 지휘하는 제20연대의 저지에 밀려 한걸음 물러섰다가 자정을 전후하여 폭우와 함께 총공세를 취하였고, 파괴하지 못한 길음교를 통과한 전차는 파죽지세로 시내로 돌진했다.

이때가 28일 01시였다.

헌병사령관 송요찬 대령은 참모부장 김백일 대령에게

"전차가 시내에 돌입하였다."

는 급보를 했고, 김백일 대령은 공병감에게

"공병으로 전차 폭파조를 편성하라."

는 긴급 지시를 내렸다.주)

송요찬 대령

국방부 『한국전쟁사』 개정판 제1권 p541

공병감은 제1공병단 전유형(全有炯) 중위, 정인택(鄭麟澤) 중위와 하사관 2명으로 2개 폭파특공조를 편성하고 엄재완(嚴在完) 소령이 급조한 25파운드 폭약 2개를 휴대하여 헌병사령관 지프를 타고 전차 진출로인 창경원 입구로 갔다.

01시 30분, 적 전차가 진출하여 차량 장벽을 제거하려는 순간 폭약을 전차의 무한궤도 옆에 놓고 폭발시켰다. 일대는 불바다가 되었고, 선두 전차는 무한궤도가 끊어져 주저앉았는데 후속하는 전차가 이를 밀어내고 그대로 돌진했다. 더 이상 전차에 대항할 무기가 없는 폭파조는 승용차를 타고 노량진으로 철수하여 본대에 합류했다.

저지선을 돌파한 전차는 청량리, 동대문, 필동, 중앙청, 종로 입구, 한국은행, 마포 등지로 진출했고, 08시에는 삼각지에 3대가 나타났다.

제8연대 제1대대는 주력이 의정부전선에 출동하고 휴가 중 복귀한 병력을 수습하여 시내를 경계하고 있었는데, 시가전을 하라는 수도경비사령관의 명령을 받고, 제1중대를 마포에, 제3중대를 삼각지에 배치했다.

28일 08시경 삼각지에 적 전차가 나타나자 중대장 김상덕(金相德) 중위는 150m 거리에서 57mm대전차포를 사격하여 명중시켰다. 그러나 전차는 아무런 동요 없이 응사도 하지 않고 도로에 가득 찬 바리케이드 차량을 밀어내고 한강 인도교 쪽으로 나아갔다.

제3소대장 강성탑(姜聖塔) 소위는 그대로 지나가는 전차에 화염병과 수류탄을 던지면서 육탄공격을 감행하였으나 전차는 끄떡하지 않았고, 오히려 전차의 응사로 아군의 희생만 늘어나서 철수하고 말았다.

1시간쯤 뒤 민간인을 가득 태운 트럭 1대가 달려오는 것을 보고 중대장은 순간적으로 피난민이 아니라는 판단을 하고 집중 사격을 명령했다. 30여 명을 전멸시켰는데 확인 결과 이들은 다발총과 권총을 소지한 편의대(便衣隊)였고, 국군 복장을 한 3명이 끼어 있었다.

10시경 적 전차 여러 대가 나타났다. 중대장 김상덕 중위는 김중섭(金重

變) 중사 등 6명을 뽑아 특공대를 편성하고, 전차 1대씩을 맡아 수류탄으로 육박공격을 명령했다.

질주하는 전차에 수류탄을 던져 보았으나 소용이 없었고, 전차에 오르려고 하였으나 역시 불가능했다. 이때 전차에 올라가서 공격하던 김중섭 중사가 전차의 기관포 사격을 받아 허리가 반이나 끊어져서 전사했다.

무모한 공격으로 인한 희생을 막고자 마포로 철수하여 도강했다.

한편 중앙청, 마포, 남산 등 3개소에 대공 사격반을 설치했는데, 27일 남산에 배치된 박명웅(朴明雄) 소위조가 내습한 YAK기 1대를 기관총(50mm)으로 사격하여 명중시켰다. YAK기는 검은 연기를 내뿜으며 광장동 방면으로 날아가서 추락했다.

적은 미아리전선을 돌파한지 10시간 만에 한강 북안에 진출하였다. 그런 중에도 다행인 것은 서울 서북쪽 관문인 무악재를 목표로 진출한 적 제1, 제6사단이 우리 제1사단의 저지에 밀려 이날 현재 봉일천에서 발이 묶여 꼼짝하지 못하고 있었다는 점이다. 만약 미아리전선과 같은 시간대에 무악재로 적이 진출했다면 서울은 어떻게 되었을까? 정부기관이나 피난민은 말할 것도 없고, 많은 재경부대와 철수해 온 일선 병력이 한강을 건너지 못하여 비참한 현실을 맞았을 것이고, 서울은 살육의 도가니가 되었을 것이다.

대전차 폭뢰 - 제1공병단 엄재완 소령의 증언

"27일 13:00쯤 육군본부 공병감실로부터 '트럭 2대에 폭약을 싣고 감실로 출두하라.'는 명령이 하달되었다. 그래서 dynamite 궤짝을 트럭 2대에 가득 싣고 공병감실로 가는데 한강 인도교를 지나려고 하니까 그곳에 폭파 장치를 하고 있던 공병학교 교관 구명회(具明會) 대위가 '15:00에 교량을 폭파할 계획이니 빨리 돌아오시오'라고 일러주었다. 14:00에 감실에 도착하였으나 아무도 없었다. 그래서 구 대위의 말이 생각나서 트럭을 돌려 다시 한강을 건넜다. 영등포구청 옆 느티나무 아래 트럭을 은폐시켜 놓고 혼자서 부평에 돌아가 기다리고 있자니까 저녁 때 '한강교의 폭파 계획이 변경되었으니 폭약을 싣고 다시 돌아오라'는 것이었다.

어두울 무렵에 박병순(朴炳淳) 대위와 전유형 중위 등과 함께 트럭을 타고 감실에 다시 들어가니 참모부장 김백일 대령의 지휘를 받으라고 하였다. 그래서 김 대령에게 도착 신고를 했더니 대뜸 '그 폭약으로 대전차용 폭뢰(爆雷)를 제작하라'고 명령하였다. 내용인 즉, 그 폭뢰를 시내 요소에 장치하여 적의 전차를 잡겠다는 것이었다. 어처구니가 없는 일이었으나 실행할 수밖에 없었는데 당시 그 폭약(dynamite)은 한 궤짝의 무게가 50pound씩이나 나가는 것이어서 장병 한 사람이 그 궤짝 하나를 들고도 행동이 부자연스러울 정도였다. 그러나 그것을 나눌 시간이 없어 궤짝 단위로 화구(火具)만 설치하였다.

이렇게 하여 급조된 폭뢰를 전유형 중위가 일부 병력과 함께 차량에 싣고 미아리 쪽으로 나갔다."(국방부『한국전쟁사』개정판 제1권 p714)

서울시내에 진출한 북한군

제1절 서울을 빼앗기면 우리는 어디로? 65

4. 한강교 폭파

한강교 폭파가 가능한가?

채병덕 총참모장은 26일 의정부전선이 무너지고 창동으로 철수할 때 서울을 포기하기로 하고 한강교를 폭파할 결심을 했다.

26일 공병감 최창식 대령을 불러 임진강교 폭파 실패를 상기시키면서 다음과 같은 대화를 나누었다.

"한강교를 폭파해야 하는데 폭파가 가능한가?"

"예, 기술적으로 자신이 있습니다."

"전황은 결정적으로 불리하다. 앞으로 정부를 따라서 어디로 가든지 나를 도와서 일을 잘해 주기를 바란다."

"예, 최선을 다해서 각하를 모시겠습니다."

공병감실로 돌아온 최 대령은 11시에 공병학교 폭파교관 황원회(黃元會) 중위와 이창복(李昌馥) 중위를 불러서 한강교 폭파 문제를 협의하였고, 황원회, 이창복 두 중위는 자신 있다고 대답했다.

이때 김포에 있는 공병학교는 한남동 쪽 남산으로 옮겨와 있었다.

황 중위와 이 중위는 폭파 교관으로 공병사관 후보생을 데리고 한강인도교에서 폭파 실습을 한 일이 있어 기술적으로는 자신이 있었다.

공병감 지시를 받은 두 중위는 다시 현장을 답사하고 인도교, 복선철교 1개소, 단선철교 2개소에 대한 폭파 설계를 하고 재확인했다.

27일 09시 최창식 대령은 공병학교 교장 엄홍섭 중령을 불러서

"적 전차가 5시간 후면 서울시내에 침입하리라고 예측된다. 한강 교량에 폭약을 장치하였다가 전차가 시내에 침입하면 폭파시켜야겠는데 그 작업이 몇 시간이면 가능한가?"를 물었다.

"교량이 4개이므로 3시간은 걸리겠습니다."
라고 대답하자, 최 대령은 엄홍섭 중령에게

"한강교의 폭파 준비를 하라."고 지시했다.

엄 중령은 남한강파출소에 지휘소를 설치하고 폭파 준비에 들어갔다.

11시 육군본부 참모와 재경 부대장회의에서 육군본부를 시흥으로 이동하는 것과 함께 한강교 폭파가 결정되었다. 공병감은 공병학교 교장에게 연락장교를 보내서 15시까지 폭파 준비를 완료하라고 지시했다. 이때가 12시였다.

황원회 중위는 폭파에 소요되는 폭약 7,000파운드를 부평에 있는 제1공병단 창고에서 수령했다. 한강 인도교 폭파에 소요되는 폭약은 2,800파운드로 산정되었는데 여유분을 계산하여 3,600파운드로 잡았고, 철교 폭파에 필요한 부분을 가산하여 산출한 수량이었다.

엄홍섭 중령은 한강대교 폭파 책임자에 황원회 중위, 경부선 복선철교폭파책임자에 이창복 중위, 단선철교 2개 폭파책임자에 제1공병단 임흥순(任興淳) 중위를 지정하고 각 폭파조에 공병 1개 소대씩을 배속하였다.

폭파 준비 작업은 12시에 시작하여 15시 30분에 완료했다.

27일 16시경 참모부장 김백일 대령이 폭파지휘소에 나와서 엄홍섭 중령과 장교들을 모아 놓고 폭파 준비 작업을 중지하라고 지시하고

황원회 중위에게

"폭파장치를 해체하였다가 다시 장치하는데 얼마나 걸리느냐?"
를 물었고 황 중위는

"최대한 40분 걸립니다."
라고 대답했다.

김백일 대령은 황 중위에게

"만약에 폭파 명령이 난 다음에 교량이 폭파되지 않거나 명령이 있기 전에 폭파하면 너는 총살이다."

라고 다짐했다. 황 중위가 물었다.

"누구 명령에 의하여 폭파합니까?"

"총참모장, 나, 공병감, 엄홍섭 중령, 참모학교 교장 김홍일 소장이다."

라고 대답했다.주) 　　　　　　　　　　　국방부 『한국전쟁사』 제2권 p245

　이날 16시로 예정된 한강교 폭파는 중지되었고, 폭파장치를 제거했다.

　이것은 육군본부가 시흥으로 철수하였다가 복귀하면서 내린 결정이다.

　길음교 전방에 적 전차가 나타났고 적의 침공이 재개되어 서울방어를 위한 마지막 저지선이 붕괴되기에 이르자 채병덕 총참모장은 공병감에게 다시 한강교 폭파 준비를 지시했다.

　이때가 27일 23시 30분경.

전차가 시내에 들어왔다. 한강교를 폭파하라!

　채병덕 총참모장은 공병감 최창식 대령에게 한강교 폭파 준비를 확인하고 침대에 누워 있는데 01시 45분경 전방지휘소장 강문봉 대령이 와서

"적 전차가 시내에 들어왔다."

고 보고하자 채병덕 총장은 즉시 전화로 공병감을 불러

"적 전차가 시내에 들어와서 돈암동을 지나 동소문으로 향하고 있다. 이미 배치한 전차 공격조는 그대로 두고 즉시 한강교로를 폭파하라."

고 지시하고 그는 수원으로 가기 위하여 현관을 나섰다.

　현관으로 나와서도 주저하는 채병덕 총장을 따라 나온 김백일 참모부장이 "뒷일은 우리에게 맡기고 속히 남으로 떠나십시오."라고 반 강제로 지프에 태워 출발시켰는데 동승한 사람은 인사국장 강영훈 대령과 부관 장인

폭파된 한강대교

근(張仁根) 대위였다. 그는 차 속에서도 "차를 돌려라."를 반복하면서 미련을 버리지 못하는 것을 만류하여 한강을 건넜다고 한다.

공병감 최창식 대령은 총장 전화를 받고 회의에 간다고 하면서 방을 나온 후 남한강파출소에 있는 폭파지휘본부로 가서 지휘본부장 엄홍섭 중령에게 폭파를 지시했다. 그때가 02시 20분경.

엄홍섭 중령은 다시 황 중위에게 지시했다.

황원회 중위는 중지도와 북한강파출소에 배치된 경계분대에 점화 신호를 하여 차량 통행을 차단하도록 했다.

북한강파출소에는 헌병이 명령 없이 후퇴하는 차량을 통과하지 못하게 저지하고 있었지만 장교가 탄 차량들은 여러 가지 구실을 대면서 헌병의 저지를 뿌리치고 밀고 나갔기 때문에 일대 혼란이 일어났다.

황원회 중위는 차량 행렬이 멈추지 않자 북한강파출소 방향에 대고 카빈 소총으로 위협 사격을 하여 차량 행렬을 저지시켰다. 그러나 막 점화하려는 순간, 이시영(李始榮) 부통령 차가 저지선을 뚫고 지나갔고 이어서 10여

대의 차량이 지나간 후에야 다시 통행이 차단되었다.

엄홍섭 중령 신호로 3개 교량에 장치된 폭약 도화선에 점화했다.

순간 폭음과 함께 화염이 천지를 뒤덮었다. 다리는 철교, 인도교 순으로 폭파됐다. 시간은 02시 28분~02시 30분 사이였다.

이때 복선철교는 뇌관이 노후한 탓인지 불발했다. 이창복 중위는 현장으로 달려가 뇌관을 바꿔 장치하고 다시 점화하였으나 폭약만 폭발하고 교량은 파괴되지 않았다. 중앙에 있는 단선철교 1개도 폭약이 불발하여 파괴되지 않았다.

채병덕 총장이 수원으로 떠난 후 육군본부에는 참모부장과 참모들만 남아 있었는데, 02시경 미아리전선에 있는 이응준 소장이 찾아와서 참모부장 김백일 대령에게

"제1선 병력은 후퇴 명령이 없어 주력이 그대로 남아 있는데 다리를 끊으면 어떻게 하느냐? 병력이 철수한 다음에 끊자."

고 요청했다. 이때 이 자리에 나타난 이형근 준장도 같은 의견을 말했다.

김백일 대령은 두 장군의 말이 타당하다고 판단하고 작전국장 장창국 대령에게 지시하여 한강교 폭파를 중지시키도록 하였다.

장창국 대령은 작전국 정내혁(丁來赫), 공국진 두 중령과 류근창(柳根昌) 대위, 박정인(朴定仁) 중위를 대동하고 남한강파출소로 향하였다. 그러나 육군본부 정문(현 용산우체국 뒤 8군사령부 지역)에서부터 차량 행렬이 3~4열 종대로 들어차서 움직이지 않았다.

헌병이 상부 명령 없이 한강을 건너는 차량 통행을 막았기 때문에 차량들이 빠지지 못하고 있었던 것이다.

사정을 모르는 장창국 대령은 차가 막힌 이유를 알아보고자 차에서 내려 몇 발자국 갔을 때 전방에서 섬광과 함께 폭음이 천지를 진동했다.

한강교 조기 폭파가 남긴 것

폭파 지점에 있던 40~50대의 차량은 폭음과 파편으로 대파되고 차에 탄 사람은 모두 죽었다. 다리가 폭파된 줄 모르고 한강 인도교로 몰려든 차량과 병력 그리고 피난민은 무리로 뭉쳐서 강물 속으로 곤두박질 쳤다. 일순간 한강은 아수라장으로 변했다. 물에 빠진 차량이 50여 대, 빠져 죽은 사람이 500~800명에 이른 것으로 목격자들이 추산했다.

한강교 조기 폭파로 인하여 전선 병력 4만여 명의 행방을 알 수 없게 되었다. 제7사단의 경우 병력 500명에 기관총 4정이 한강을 건넜고, 비교적 건제를 잘 유지하고 봉일천에서 반격 작전을 폈던 제1사단의 경우도 제때 도강한 병력은 2,000여 명으로 보유 병력의 20%에 지나지 않았으며, 각종 포와 차량은 모두 한강 북쪽에 두고 왔다.

제2, 제3, 제5단과 수도경비사령부는 분산된 채 뗏목이나 나룻배로 도강하였기 때문에 부대 건제를 유지할 수 없었다.^{주)} 국방부 『한국전쟁사』 개정판 제1권 p547

이렇게 도강하여 7월 4일 평택에서 재편한 후 8일 전후해서 새로운 전선에 투입된 6개 사단 병력은 19,763명이었다.^{주)} 개전 초 전선에 투입된 병력은 약 62,000명이었다.

국방부 『한국전쟁사』 개정판 제2권 p122

정부 요인을 비롯하여 시민 대부분은 군을 믿고 있다가 피난하지 못하고 적 치하에서 고통을 받아야 했고, 많은 저명인사가 학살되거나 납북되는 등 참상을 겪어야 했다. 또 많은 군수 물자와 함께 정부 재산이 고스란히 적의 수중에 들어갔다.

군 수뇌부의 도강

이응준 장군은 육군본부를 나와 한강으로 가다가 한강교 200m 못 미친 지점에서 한강교가 폭파되자 도하점을 찾아 서빙고와 광장교 방면을 왔다

갔다 하다가 날이 샐 무렵 서빙고에서 작은 배로 강을 건넜다.

제7사단장 유재흥 준장은 미아리에서 철수하여 05시 육군본부에 들렸으나 육군본부에 아무도 없자 날이 샐 무렵 반파된 철교로 도강했다.

참모부장 김백일 대령과 정보국장 장도영 대령은 작전국장 장창국 대령 일행이 떠난 뒤를 따라 육군본부를 나왔다. 그러나 한강교 300m 못 미친 지점에 이르렀을 때 교량이 폭파되는 바람에 서빙고 쪽으로 가서 조각배를 구해서 타고 철모로 배를 저어 도강했다.

한강교 폭파를 중지시키기 위하여 떠난 작전국장 장창국 대령은 도중에 한강교가 폭파되자 정내혁, 공국진 양 중령과 함께 북한강파출소까지 갔다가 서빙고로 이동하여 작은 배로 강을 건넜다.

군수국장 양국진 대령은 육군본부에서 폭음을 듣고 군수국 장교들을 지휘하여 용산역에 이르렀다가 날이 샐 무렵에야 철교 하나가 폭파되지 않은 것을 확인하고 05시쯤 기동차로 무사히 도강했다.

국방부 정훈국 소속 한치환(韓致煥) 중사는 도강하려고 강변을 왔다갔다 하다가 철교 위로 기동차가 지나가는 것을 보고 한강다리 입구에 버려진 차량을 몰고 중간철교 위로 들어섰다. 등화관제 때문에 전조등은 켜지 못하고 점멸하면서 차량과 병력이 뒤따르도록 신호를 보냈고 이를 본 많은 차량과 장병들이 뒤따라 도강할 수 있었다.

단선철교 하나가 폭파되지 않은 원인은 알 수 없지만 이 다리가 강북에 갇힌 국군장병이 도강하는데 많이 기여했고, 아울러 적 도강을 용이하게 해 주는 역할도 했다.

날이 밝은 후 재폭파를 시도했으나 실패했고, 그 후 B-29 폭격기가 폭격을 했으나 폭파에 실패했다.

신성모 국방부장관은 27일 14시 보좌관 신동우(申東雨) 중령 및 수 명의 경호원과 함께 국방부를 출발하여 15시 수원역에 무사히 도착했다.

해군총참모장대리 김영철 대령과 공군총참모장 김정렬 준장은 27일 07시 국방부 수뇌회의가 끝난 뒤 돌아와서 자체 회의를 열고 철수하기로 결정하여 14~17시 사이에 수원으로 이동했다.

육군참모학교장 김홍일 소장은 참모학교 잔류 인원에게 철수 지시를 한 다음 총참모장의 뒤를 따라 한강대교를 건넜고, 강문봉 대령도 그 뒤를 따라 한강대교를 건넜다.

▌미 군사고문단

미군 고문관들은 시흥으로 철수했다가 다시 복귀하여 짐도 채 풀지 못한 채 숙소에서 쉬고 있었다. 그들은 당초에 육군본부와

"한강교는 적 전차가 용산 부근에 이르렀을 때 폭파하는 것이 적당하다."

는 의견 교환이 있었으므로 그렇게 될 것이라고 믿고 있었다.

21시 30분 작전국 임시고문관 스콧(Peter W. Scott) 중령이 육군본부 상황실에 들렀다가 상황실 장교들이 짐을 꾸리고 있는 것을 목격하고

"총참모장으로부터 철수 명령이 내렸느냐?"

고 물었다.

"그렇지 않다."는 대답을 듣고 안심하고 돌아갔다. 그러나 얼마 후 한강교를 폭파한다는 정보를 입수하고 군사고문단 참모장대리 우드(Walter G. Wood, Jr.) 중령이 김백일 대령에게 달려가서

"병력 및 장비가 철수할 때까지 한강교 폭파가 보류되어야 한다."

고 요청하였다고 한다.

김백일 대령은 이때 한강교 폭파를 중지시키기 위하여 장창국 대령이 한강교로 출발한 뒤였으므로 "그렇게 하겠다."고 대답했는데 결국 폭파되고

만 것이다.

미 고문관 일행은 예고 없는 한강다리 조기 폭파에 분통을 터트리면서 라이트 단장 대리 지휘하에 차량 60대에 타고 혹시 끊어지지 않은 철교가 있을지 모른다고 이를 찾아 헤매다가 찾지 못하고 뒷산 숲속에 숨어서 날이 새기를 기다리고 있었다.

작전국 교육과장 이치업 대령은 소속 장병들을 이끌고 안국동에 바리케이드를 친 후 풍문여자중학교에서 낙오병들을 독전하다가 한강교 쪽에서 난 폭음을 듣고 육군본부로 돌아왔다. 육군본부는 텅 비어 있었고 뒷산에 미 군사고문단요원들이 모여 있는 것을 발견하였다. 지리를 모르는 이들을 인도하여 28일 07시경 서빙고 쪽으로 가서 나룻배 1척을 구하여 여러 차례 왕복하면서 모두 도강시켰다.

미 군사고문단은 이치업 대령 주선으로 무사히 도강할 수 있었으나 차량

서울시가를 질주하는 북한군 전차

은 무전 차량 1대만 남기고 모두 버려야 했다.

공병감 총살형

한강다리가 조기에 폭파됨으로써 말로 형언할 수 없는 비극적인 사태로 발전했다. 그 시기와 방법이 잘못되어 시비와 세론이 분분하여 원성이 낙동강에서 일진일퇴를 거듭할 때까지 사그라지지 않았다.

누군가가 책임져야 할 단계에 이르자 폭파 명령을 내린 총참모장이 책임져야 한다는 의견이 지배적이었지만 채병덕 총참모장은 해임된 후 7월 29일 하동전선에서 전사하여 책임을 물을 수 없게 되었다.

8월 25일과 26일 사이 제6사단 전투지구인 군위에서 공병대가 매설한 지뢰가 폭발하여 50여 명의 사상자를 내는 사고가 있었다.

25일 새로 부임한 제5연대장 이영규 중령과 작전주임 등 5명이 폭사하였고, 주변에서 휴식 중이던 장병 10여 명이 중경상을 입었다.

26일 후방으로 철수하던 제2연대 제3대대장 이운산 중령을 비롯하여 7명이 폭사하고 12명이 행방불명되었으며, 20여 명이 중경상을 입었다.

신성모 국방부장관의 지시를 받고, 헌병이 조사하여 최창식 공병감의 지휘감독이 불충분하였다고 결론을 내리고 근무 태만으로 기소하면서 한강다리 조기폭파 책임까지 물어 적전 비행의 죄목을 추가하였다.

9월 10일 육군본부는 계엄고등군법회의를 설치하고 최창식 대령을 군법회의에 회부하였다. 같은 달 15일 군법회의는 근무 태만에 대하여는 무죄를 선고하고, 적전 비행에 대하여는 유죄를 인정하여 사형을 선고하였다. 그리고 다음 날 16일 14시에 부산 교외에서 총살형을 집행하였다.

1961년 9월 최창식 대령의 미망인 옥정애(玉貞愛) 여사가 재심을 청구하였고, 육군보통군법회의는 1964년 10월 23일 무죄를 선고했다.

「3. 한강교폭파」 참고 문헌 : 국방부 『한국전쟁사』 개정판 제1권 「다. 한강대교 및 철교의 폭파와 그 여파」

낙오병들의 처절한 투혼

(1) 제5연대 제3대대는 종암동에 배치되어 있다가 28일 아침에 청량리로 빠져 나왔다. 그때 적 전차 12대가 청량리 방면에서 시내로 들어오고 있었는데, 아군의 저항이 없어서인지 포탑 뚜껑을 열고 상반신을 내놓은 채 사방을 두리번거리면서 의기양양하게 지나가고 있었다.

이때 민간 복장을 하고 있던 백복성(白福成) 상사 등 이등상사 10명이 특공조를 편성하여 각기 수류탄 4개씩을 들고 군중 속에 끼어들었다. 각자 전차 1대씩을 맡아서 그 전차가 앞을 지나갈 때 동시에 전차 위로 올라가 포탑에 수류탄을 집어넣었다. 순간적으로 벌어진 일이라 전차장이 포탑 위에 상반신을 내놓고 보고 있었지만 속수무책이었다.

전차 12대 중 7대가 내부 폭발을 했다. 예정 집결지에 돌아온 사람은 백 상사와 류흥식(柳興植), 남규석(南圭碩) 두 이등상사뿐이었다. 4명은 현장에서 전사했고, 3명은 행방불명이었다.

수류탄 세례를 받은 전차가 파괴됐는지는 확인되지 않았다.

(2) 미아리전선에 배치된 병력 중 도로변에 배치된 병력은 후퇴 명령을 받고 철수했지만 고지에 배치된 병력은 며칠간 못 잔 피로 때문에 폭우 속에서도 잠에 취해 있다가 철수 명령을 듣지 못하고 28일 아침까지 진지를 지키고 있었다.

제16연대 제3대대장 최민섭 대위와 김석희(金碩熙) 대위는 함께 1개 소대를 지휘하여 전선을 지키고 있었다. 28일 새벽 전방에 배치된 병력들이 후퇴해 오자 김 대위가 최 대위에게

"후퇴하자."

고 제의하였다. 최민섭 대위는

"나는 38선을 넘어왔다. 공산당하고는 불구대천의 원수란 말이다. 빨갱이 놈들한테 쫓겨 갈 수는 없다."

고 하면서 권총을 빼들고

"후퇴하는 놈은 총살한다."

고 하는 바람에 혼성편성한 부대지만 꼼짝 못하고 진지를 지키고 있었는데 아침 07시경에 이르러 적 대대 병력의 공격을 받고 분산 후퇴했다.

　최 대위는 연락병과 함께 북악산으로 빠져 나오다가 사복을 입고 있는 다른 대대장 김 모 소령을 만났다. 최 대위는 권총을 들이대고

"당장 옷을 벗어라, 사복을 입고 무슨 대대장이냐? 너 같은 놈이 있으니까 전쟁에 진다."

고 일갈하자 김 소령은 사복을 벗어 던지고 그를 따르던 부하들과 함께 한강 쪽으로 갔다.

　최 대위는 문산, 봉일천 일대에서 그의 형과 경찰관 1명을 데리고 내무서를 습격하는 등 게릴라로 활약하다가 수복 후 복귀하였다.

(3) 참모학교 부교장 이용문 대령은 미아리전선에서 독전을 하고 있었다. 퇴로가 차단되어 한강으로 빠져 나오지 못하고 일부 병력을 지휘하여 남산으로 잠입한 후 유격전을 시도했으나 행동 반경이 좁아 여의치 않아 해산하고 각개 행동을 하게 하였다. 그는 지하에 숨어 있다가 수복 후에 복귀했다.

(4) 제1연대 제4중대장이었던 박찬긍 중위는 한강교가 끊어지자 아현동 집으로 가서 실컷 자고 난 뒤 사복으로 갈아입고 시내로 나왔다. 시내에는

시민들이 "인민군 만세"를 부르고 박수를 치면서 환영하고 있었고, 전차와 사이드카가 왔다갔다 했다. 형무소에서 나온 죄수들이 떼를 지어 다니며 소리를 질렀고 상점들은 문을 열었는데 빙과점에서 적병들이 아이스케이크를 먹고 있었다. 이때까지도 시민들은 자유롭게 왕래를 할 수 있었다.

박찬긍 중위는 29일 뚝섬에서 낙오병 10여 명과 함께 강을 건넌 후 시흥으로 가서 원대 복귀하였다.

(5) 시흥으로 철수한 육군본부 휼병감실 차감 이민우(李敏雨) 소령은 안익섭(安益燮) 중위와 사병 5명을 지휘하여 29일 07시경 감실에 놓고 온 서류를 가지러 공병보트를 타고 한강을 건너갔다. 적 대전차포 사격이 집중되었으므로 교각을 의지하여 차폐(遮蔽)하면서 중지도로 상륙하여 북한강파출소까지 이르렀으나 삼각지에 적 전차가 들어와 있어서 육군본부에 들어가는 것을 포기하고 시흥으로 다시 돌아오고 말았다.

한강 인도교에는 차량이 수십 대 늘어서 있었는데 차 안에는 시체가 보였고 공병대가 보트 3척을 가지고 철수 병력을 도강시키고 있었다.

(6) 제5연대 소속 강종철(姜鍾哲) 하사는 부상당해 서대문 적십자병원에 입원해 있었다. 28일 10시경 적 전차 2대가 병원 정문으로 들어오더니 북한군 3명이 정문에 보초를 서고, 군관 1명은 병실을 돌아다니며 국군 환자를 파악했다.

강 하사 외 5명의 국군 환자가 3층 병실에 누워 있는데 군관이 들어와서 담요를 회수하라고 명령하고는 이렇게 말했다.

"국방군 동무 여러분! 여러분들을 이렇게 만들어 놓은 것은 미 제국주의자의 앞잡이 이승만인데 그는 일본으로 도망갔소. 동무들은 가만히 누워 치료를 받은 다음 고향에 돌려 보내겠소. 앞으로 10일이면 부산까지 완전 해방될 것이오."

병원에 우리 군의관 1명이 있었는데 저들은 자리를 뜨지 말라고 했다.

14시경 인민군 환자가 밀어닥치자 간호원들은 국군환자에게 침대를 내놓으라고 했다.

강 하사는 동료 3명과 함께 수류탄 3발씩을 가지고 변소에 가는 척 하고 병실을 빠져 복도로 나오다가 간호원에게 발견되었다.

간호원은 "우리들이 죽는다."고 애원하여 병실로 돌아왔다.

우리 군의관은 환자를 돌볼 수 없게 되자 탈출하여 병원 안에 숨어 있다가 붙잡혀 끌려갔는데 총살됐을 것이라고 했다.

강 하사 등 3명은 다시 탈출하여 피난민 대열에 끼어 한강을 도하했다.

(7) 서울대학교 부속병원에는 100여 명의 부상 장병이 수용되어 있었다.

28일 새벽 적이 서울시내에 쳐들어왔고, 도처에서 국군 낙오병을 색출하여 즉결 처분한다는 소식이 병원에 들려왔다. 이 소식을 들은 한 부상 장교는 거동이 가능한 80여 명의 부상 장병을 지휘하여 병원 뒷산으로 올라가서 대기하고 있다가 적이 들어왔을 때 교전하다 전원 전사했다. 그 지휘관은 중령이라고 알려졌으나 누군지 확인되지 않았다.

병원에 들어온 북한군은 병실에 난입하여 남아 있는 중상자들에게 다발총을 난사하여 민간인 환자들까지도 무참하게 살해했다고 한다.

박명자(서울대학교 간호학과 학생) 씨 증언

"그날(25일) 밤부터 서울대병원에 차로 실려 온 부상병을 돌보기 시작했다. 밀려든 환자들로 병실은 물론 복도와 바닥까지 가득 찼다. 사흘쯤 지났을까 인민군이 병원에 들이닥쳤다. 병원 경비를 서던 국군들은 몰살됐다고 했다. 그들은 모든 병실을 샅샅이 뒤지며 국군환자들을 찾아 쏴 죽였다. 내가 돌보던 강동원 대위는 복부 총상으로 수술을 받았고 위독한 상태였다. 그냥 놔둬도 죽을 강 대위를 인민군은 '탕', '탕' 두 발을 쐈다. 강 대위가 침대에서 굴러 떨어져 죽는 걸 봤다."

"인민군은 지하실이나 침대 밑에 숨은 국군을 모두 찾아내 병원 모퉁이로 끌고 가 총살시켰다. 인민군들은 의사며 간호사들이 밖에 못 나가도록 병원을 빙둘러 보초를 세웠다. 친구 한 명은 탈출하려고 담을 뛰어넘다 척추를 다쳐 결국 죽었다."

7월 들어 인민군은 후방에 병원을 짓는다고 의사와 간호사들을 북으로 끌고 갔다. 청량리에서 기차로 출발하여 철원까지 갔고 철원에서부터 걸어서 갔다.

"평안도 어디쯤 걷던 중 대장격인 인민군이 외쳤다. '걷기가 어려워서 더 이상 못가겠다고 생각되는 사람들은 이쪽으로 모여 보라우. 달구지에 태워 주갔어.' 지팡이 짚은 노 교수, 다쳐서 몸이 불편한 의사와 간호사들이 한편에 섰다. 그러자 인민군은 갑자기 그 무리를 향해 총질을 해댔고 순식간에 10명 넘게 몰살당했다. 알고 보니 식량이 부족하다며 입을 줄이려고 저지른 만행이었다. 중간에 제대로 못 걸으면 쏴 죽였다."

박명자 씨는 압록강 근처까지 끌려갔다가 탈출하였다. 무작정 남쪽으로 왔고, 평양에서 그때 진주한 국군에 의하여 구출되어 집으로 돌아왔다.

그녀가 돌아왔을 때는 그녀의 아버지가 납치되어 행방을 알 수가 없었는데 그 후 북으로 끌려가던 중 굶주려서 객사했다는 전갈을 받았다.

그녀는 대학교를 그만 두고 간호장교가 되어 복무했고, 제대 후에는 나환자촌을 찾아다니며 봉사했으며, 1980년대에 들어 임종환자를 도왔다. 1991년 국제적십자위원회(ICRC)가 수여하는 나이팅게일장을 받았다.

2010년 4월 6일 《조선일보》 「나와 6·25」에서

(8) 28일 포병학교 연락장교 김정희(金貞熙) 중위가 지휘하는 제1교도대대 일부 병력이 마포나루터에서 105mm포 3문과 포탄 300발을 여의도로 도강 운반했다. 장병들의 투철한 군인정신에 감동한 피난민들이 숨겨둔 나룻배를 제공하여 포(砲)를 건너는데 적극 협조해 주었다고 한다.

서부전선에 배치된 105mm곡사포 45문 중 한강을 건너온 것은 이 3문이 전부이다.

(9) 서빙고 도선장에서 고동철 중위는 어떤 사병이 박격포 포판을 영내에 두고 왔다고 하면서 포판을 가지러 도로 가는 것을 보았다고 했다. 그 후 그가 어떻게 되었는지 아는 사람은 없다.

「낙오병들의 처절한 투혼」 참고 문헌 : 국방부 『한국전쟁사』 제2권 「적 선견부대 서울에 진입」

북한군이 갑자기 서울을 점령하자 많은 전선 부대와 재경부대 장병들 그리고 경찰관들이 퇴로가 차단되어 꼼짝할 수 없는 상황에서도 적에게 투항하지 않았다. 이제까지의 과정을 눈여겨 본 주한 미국대사 무초는

"국군은 집단 투항한 것이 한 건도 없으니 장래가 유망한 나라입니다."

라고 이 대통령을 격려했다.^{주)}
안용현 『한국전쟁비사』 제1권 p252

이렇게 낙오한 장병들은 누구도 원망하지 않고 결사적으로 탈출해 남쪽으로 후퇴해 가고 없는 원대를 찾아 복귀하였다. 중의적삼을 걸치고 고무

신에 밀짚모자를 썼으며, 제대로 먹지 못하여 피골이 상접했고, 수염이 덥수룩한 얼굴에 땟국물이 배인 몰골로 낙동강전선에 있는 원대를 찾아 복귀하는 눈물겨운 광경을 연출했다.

제1사단은 한강다리가 폭파된 후에도 이를 모른 채 28일 봉일천에서 반격작전 중에 있었다.

김홍일 소장은 한강다리가 폭파되자

피난민대열에 끼어 원대를 찾아가는 낙오병. 필요한 것은 다 가졌다. M1소총과 충분한 실탄, 철모와 수통, 군화는 손에 들었다.

"아직도 완전한 전투력을 확보하고 남아있는 국군 최정예 제1사단 소속 5개 연대*와 포병1개 대대가 무참하게 포위 섬멸될 것을 생각하니 비분강개하여 잠을 이룰 수 없었다." 주) 안용현 『한국전쟁비사』 제1권 p268

고 아쉬움을 술회하였다.

* 5개 연대는 제1사단 3개 연대와 증원된 제5사단 2개 대대 및 서울특별연대

이렇게 완전히 고립되어 분산 철수한 제1사단 병력은 7월 5일 평택에서 재편성할 때 2,000명 수준이었고, 그 며칠 후 증평에 이르렀을 때는 5,000여 명으로 늘어났으며, 다시 다부동전선에서는 7,000명 수준으로 늘어났다. 이 숫자에는 통합된 다른 부대 병력이 포함되어 있기도 하지만 시일이 지나면서 복귀한 병력이 그만큼 많았던 것이다.주)   백선엽 『군과 나』

한강 이북 전선에 전 병력이 투입된 사단으로서 6월 30일 현재 한강을

도강한 병력은 다음과 같다.주)　　　　　　　　　　국방부 『6·25전쟁사』 2 p668

한강 도강 병력		( )안은 당초 병력
수도경비사령부	1,774명(9,221명-7월 5일 파악된 병력 약 2,500명)	
제1사단	2,155명(9,715명)	
제2사단	1,197명(7,910명-1개 대대 안동 지구에서 공비토벌 중)	
제5사단	1,111명(7,276명)	
제7사단	1,705명(7,211명)	

수도경비사령부에는 독립기갑연대가 포함되어 있고 전 병력이 한강 이북 전선에 투입되지 않았으므로 당초 병력과 직접 비교할 수 없다.

제2사단은 제25연대 제1대대가 안동 지구에서 공비토벌 중에 있어 미아리전선에 투입되지 않았다. 당초 병력에서 1개 대대만큼 빼서 비교해야 한다.(당초 병력은 제8권 「6. 24. 현재 38선 대치 전력」 참조)

그들은 왜? 그렇게 했나!

▌김현수 대령

27일 자정 무렵 적 전차가 미아리 고개에 침입했다.

채병덕 총장은 그의 사무실에서 정훈국장 이선근 대령을 보고

"또 다시 후퇴하는 수밖에 없다."

고 하였다. 이선근 대령이 물었다.

"방송국을 처리하고 가야 할 것이 아니요?"

"방송국을 어떻게 해야 합니까?"

채 총장이 반문했다.

"저한테 맡겨주시면 처리하겠습니다."

함께 있던 보도과장 김현수(金賢洙) 대령이 대답했다.

이선근 대령과 김현수 대령은 명동에 있는 정훈국으로 돌아왔다.

28일 02시 장경근 국방부차관으로부터 육군본부 철수명령이 내렸다는 연락을 받고 정훈국 요원에게 한강 이남으로 철수하라고 지시했다.

02시가 조금 지난 무렵, 김현수 대령은 방송국을 파괴하겠다고 권총 하

나를 들고 사무실을 나섰다.

김현수 대령은 방송국으로 가는 길에 마지막으로 용산에 있는 관사에 잠깐 들렀는데 부인이 함께 후퇴하겠다고 했다. 이때 김 대령은

"지금 서울 장안 사람들의 눈이 누구만 쳐다보고 있는지 생각해 봐요. 군인 가족이 차를 탈 수 있다고 해서 먼저 도망을 가서야 되겠소. 더구나 싸우러 가는 사람이 처자를 데리고 가서야 되겠소. 친척 집에 피해 있다가 다시 만납시다."

김현수 대령

라고 설득하여 가족을 지프에 태워 친척 집 가는 갈림길에 내려 주고 육군본부에 들렀는데 모두 철수하고 미 고문관과 부상으로 입원 중 전쟁이 일어나자 함께 행동하게 된 동생 김기수(金箕洙) 소위(9기)가 남아 있었다.

김 대령은 동생을 보고

"기수야, 아무래도 마지막으로 서울시민에게 부득이 후퇴하게 된 사연을 알리고 방송국을 파괴해야겠다. 그냥 간다면 내 양심이 허락하지 않는다. 죽는 한이 있어도 그렇게 해야만 내 책임을 벗을 수 있겠다."

라고 하고는

"지금 적이 시내에 우글거리는데 어떻게 사지에 들어가려고 해요?"

라며 말리는 동생에게 고문관과 함께 강을 건너라고 이르고 헌병 2명을 데리고 방송국으로 갔다.

김현수 대령은 방송국 입구에 내려 혼자 들어가고 운전병 김재석(金在錫) 이등상사는 차를 돌렸다. 곧이어

"누구냐?"

하는 수하(誰何) 소리가 들렸고,

"나, 김 대령이다."

라는 말이 떨어지는 순간 다발총 소리가 요란하게 들렸다.

방송국은 이미 적 침투공작요원 3명이 점령하고 있었다.

김현수 대령은 쓰러지면서 권총을 뽑아 응사했으나 적을 죽이지는 못했다. 김재석 상사와 헌병은 당황하여 정훈국으로 돌아왔다. 모두 철수하고 없었으므로 재정과에 있는 현찰 상자를 지프에 싣고 끊어지지 않은 중간 단선철교를 통하여 도강했다.

김기수 소위는 형이 돌아오기를 기다리다가 09시 돌아온 헌병으로부터 형의 전사 소식을 들었다.

김 소위는 수복 후 형의 시신을 찾으려고 백방으로 노력했다. 당시 아나운서를 만나 시신이 덕수초등학교 언덕에 버려졌다는 말을 들었으나 찾지 못했고, 전사 당시 무수한 총탄을 전신에 맞고 신음하면서 절명했다는 말을 들었다.

김현수 대령은 일본국학원대학 재학 중 학병으로 일본군에 출정한 일본군 소위 출신이다. 1946년 3월 군사영어학교를 졸업하고 참위(소위)로 임관하여 제15연대장과 육군본부 작전국 방위과장을 지냈다.

준장으로 추서됐다.

훈장 하나 받지 못했다고 동생은 아쉬워했다.^{주)}　국방부 『한국전쟁사』 제2권 p242

▎안병범 대령

청년방위대의 수도방위대 고문으로 있던 안병범 대령은 직접적으로는 서울 철수의 책임이 없으나 군인으로서 조국을 지키지 못한 대의에 책임을 느꼈다.

서울시민은 그대로 두고 수도를 사수하겠다고 큰소리치던 군인이 몰래

도망친 것에 대하여 울분을 느끼고 있었는데 전세는 호전될 기미가 보이지 않고 서울을 점령한 인민군에 의한 무차별 학살 등 온갖 만행이 전해지고 있는 가운데 살아있다는 것 자체가 치욕으로 느껴졌다.

후퇴를 포기하고 부인과 동반 자살을 기도했으나 부인은 남아 있을 다섯 아들을 위하여 치

안병범 대령

욕스럽지만 살기로 하고 안 대령만 29일 인왕산에 올라가서 비수로 할복자살을 했다. 그는 유서에서

"구원(久遠)한 의(義)에 살기를 원하는 자의 주검을 슬퍼 말아라. 의를 쫓는 자는 영원히 살 것이며 불의를 따르는 자는 영원히 멸망할 것이다. 싸워 국토를 지키지 못하는 자는 죽어 마땅할 것이니 적구(赤狗)를 물리치고 낙토건설(樂土建設)에 기둥이 되면 너희의 의무는 다 하니라."

라고 심경을 토로했다.^{주)}   앞 같은 p256 ▶ 제8권 「안병범 프로필」 참조

▎송호성 장군

조선경비대 총사령관과 육군총사령관을 역임한 송호성 준장은 인민군이 서울을 점령했을 때 북한으로 갔다. 일설에는 북한군 서울 입성을 환영하면서 귀순했다고 하고, 일설에는 납치된 후 강제로 전향됐다고 한다.

송호성 장군은 중국군 대좌와 광복군 참장 출신으로 해방 후 귀국하여 육군사관학교 제2기를 졸업하고 참령(소령)으로 임관했다.

광복군이 국군의 법통을 이어야 한다고 생각한 류동열 통위부장의 배려로 조선경비대 총사령관이 됐고, 조선경비대가 육군으로 개편된 후에 육군총사령관으로 있다가 1948년 11월 20일 물러났다.

그 후 제5사단장과 제2사단장 겸 태백산지구 전투사령관을 역임했고, 1950년 6월 10일 청년방위대 고문단장으로 임명되어 6·25를 맞이했다.

1950년 2월 참모학교를 수료한 후 한동안 보직이 없었다.

육군총사령관을 지낸 그에게 당연히 육군총

송호성 준장

참모장 자리가 보장돼야 하지만 지식, 능력, 통솔력이 부족한 그에게 총참모장은 부적격하다고 판단한 이범석 초대 국방부장관이 이응준 준장으로 교체했다.

청년방위대 고문단장은 할 일이 없는 한직이다. 부하도 없고 전용차도 배정되지 않았다. 전직 총사령관에 대한 예우가 아니었다.

청년방위대는 아무런 기능이 없어서 전쟁이 일어났는데도 할 일이 없었다. 26일 국방부 원로급회의에 참석한 이후 집에서 시간을 보내고 있었다. 누가 와서 전황을 알려 주는 사람이 없었다.

27일 참모학교 학생인 장흥(張興) 대령(중국군 대좌, 7기특별 임관-소장 예편)은 육군본부에 가 보고서야 육군본부가 시흥으로 철수한 사실을 알았다. 문득 송호성 장군의 거취가 궁금하여 집으로 찾아갔는데 송 장군은 집에 그대로 있었다.

장 대령은

"여보 갑시다. 육군본부가 철수했으니 우리도 따라갑시다."

라고 권유했다.

"당장 어디로 가자는 거요?"

송 준장의 대답이었다.

"공산군이 쳐들어오는데 정부를 따라서 가야 할 것이 아니오?"

"그놈들이 다 나를 버리고 갔는데 어디로 간단 말이오? 이범석에게 채이고 채병덕한테 채이고 내가 갈 곳이 어데요? 나는 여기 남겠소. 당신 혼자 가시오."

라고 대답하고는 남아 있었다고 한다.

북한군에 전향 후 북한군 소장으로 임명되어 전선사령부 소속으로 자문역할을 하면서 낙동강전선까지 왔다고 했고, 국군 포로들로 편성한 해방사단장이 됐다는 설도 있으나 확인되지는 않았다.^{주)} 국방부 『한국전쟁사』 제2권 p256

중국군 출신 이성가 소장은 귀순설을 부인했다.

"만일 송호성 장군이 자진하여 북한군에 귀순했다면 중국 출신 부인과 아들도 데려 갔을 것이다. 서울을 북한군이 점령했을 때여서 자유롭게 가족뿐만 아니라 친척들도 데리고 갈 수 있었다. 수복 후에도 부인과 아들이 서울에서 자유중국 대사관의 도움을 받으면서 비참한 생활을 하다가 대만으로 가고 말았다."라고 말했다.

5. 서울의 비극

대한민국을 움직이는 사람들

| 서울중앙방송국

서울중앙방송은 6월 25일 07시 북한군 남침 사실을 처음으로 보도했다.

국민에게 북한군 남침 사실을 알리고, 휴가나 외출 중인 장병들에게 긴급히 원대로 복귀하라는 내용을 보도했다. 그리고

"국군 10만이 건재하니 전 국민은 염려하지 말라."

는 당부를 덧붙였다. 남침 4시간이 경과하여 38선이 무너졌을 때다.

12시에 국방부 정훈국장 이선근 준장의 담화 발표가 있었다.

"38선 전역에 걸쳐서 북괴는 동일한 시각에 일제히 남침을 개시하고 동해안에서는 상륙을 기도하였으나 각 지구의 우리 국군 부대들은 이를 요격(邀擊)하여 적절한 작전을 전개 중에 있으며 특히 의정부 정면에서는 내습하는 적 전차를 대전차포로 격퇴하였다. - 중략 -

전 국민은 우리 국군 장병을 신뢰하여 미동도 하지 말고 각자의 직장에서 만단(萬端)의 태세로 군의 행동과 작전에 적극 협력하기 바란다. 군에서는 명령이 없어 38°선을 넘어 공세 작전을 취할 수 없는 고충이 있으니 전 국민은 안심하고 국부전황(局部戰況)에 특히 동요되지 말라."

26일 06시 미국대사 무초가 국민을 격려하는 방송을 하였고, 08시 신성모 국방부장관이 짤막한 생방송을 하였는데 그 내용은 정훈국장의 담화와 대동소이하였다.

보도 방향은 민심의 동요를 막는데 두었고, 전황을 유리하게 발표하여 시민들의 심리를 낙관적인 방향으로 유도하였다.

이미 옹진에서 철수한 제17연대가 "해주를 점령했다."

의정부까지 밀린 제7사단이 "동두천을 탈환하고 북진 중"

이라는 보도가 잇달았고,

"내일(27일) 미군 비행기 100대가 와서 우리를 지원한다."

는 과장된 보도도 있었다.

27일 06시에 중앙방송은 정부가 수원으로 이동했다는 보도를 하여 시민들을 아연실색하게 하였다. 그동안의 방송을 믿고 안심하고 있던 시민들은 갑작스럽게 정부가 수원으로 이동하였다는 방송을 듣고 불안에 떨면서 절망과 공포에 휩싸였다.

당황한 이철원(李哲源) 공보처장은 즉각 방송국에 지시하여 12시에

"정부 각 기관은 수원 이동을 취소하고 중앙청에서 계속 시무(視務)하는 한편 국회는 국민과 더불어 서울을 사수키로 결의하였다."

라고 발표하여 앞의 보도를 취소하였으나 거리에는 피난민 행렬이 늘어나기 시작하였다.

27일 22시부터 23시 사이에 세 차례에 걸쳐 대통령의 녹음 방송을 실시하였다. 그 요지는 다음과 같다.

"UN에서 우리를 도와 싸우기로 작정하고 이 침략을 물리치기 위하여 공중 수송으로 군기와 물자를 날라 와서 우리를 도우니까 국민은 좀 고생이 되더라도 굳게 참고 있으면 적을 물리칠 수 있을 것이니 안심하라."

이 무렵 한강교 폭파 준비 명령이 내렸고, 미아리전선이 무너졌다. 적 전차가 미아리 고개를 넘어 서울로 들어온 시간은 8월 1일 01시였다.

방송 실무자들이 생각하기에도 실제 상황과 거리가 멀어 걱정하고 있었는데 생방송을 하기 위하여 방송국에 나와 있던 명사들이 이러한 터무니없는 방송을 계속해서는 안 된다고 하여 중단하였다고 한다.

녹음 방송 배경에 대하여 당시 경무대 비서관 황규면(黃奎冕) 씨는 다음과 같이 증언했다.

이승만 대통령은 27일 03시 경무대를 떠나 12시 30분 대구까지 내려갔다가 16시 30분 대전역으로 와서 대전철도국 2층 사무실에 있었다. 이때 미국대사관의 드럼라이트(Evertt F. Drumwright) 참사관이 찾아와서 UN결의와 미국의 공식적인 태도를 밝히면서

"이제는 각하의 전쟁이 아니라 우리들의 전쟁입니다(This is not your war but ours)."

라고 했다는 것이다.

이 말을 듣고 생기를 되찾은 이 대통령은 충남지사 관사로 자리를 옮겼다. 그때 마침 그곳에 도착한 이철원 공보처장을 보고

"국민을 안심시키기 위해서라도 방송하는 것이 좋겠어."

라고 말하고 구술하는 것을 공보처장이 받아쓴 다음 대통령이 전화로 읽어서 녹음을 하였다고 했다.

이 대통령의 녹음 방송은 정오에 공보처가 발표한

"정부는 수원 이동을 중지하고 중앙청에서 시무 중"

이라는 보도에 이어 거듭된 방송이기에 시민들은 피난길을 서두르지 않고 주저하면서 하룻밤을 더 지낸 것이 화근이 되어 발이 묶이고 말았다.

이렇게 허위, 과장, 기만보도로 국민을 현혹시켰고, 서울시민의 발을 묶어 서울을 빠져나갈 수 있는 기회를 놓치게 했다.

설상가상 격으로 서울에 진입한 북한군은

"인민군이 대전, 김천, 군산, 원주 등지를 점령하고 계속 남진하고 있기 때문에 피난을 가도 소용이 없다."

는 유언비어와 함께 반협박으로 시민의 발을 묶어 놓았다.

서울을 떠나면서 한강다리를 부셨는데 정작 그보다 더 중요하고 그보다 먼저 부셔야 할 방송국은 버려두어 서울에 들어온 북한군은 방송국을 백만 대군보다도 더 효과있게 이용하였다.

┃ 비상국무회의

25일 아침, 이승만 대통령은 비원에 있는 반도지(半島池)에서 낚시를 즐기고 있었다. 경무대 경찰서장 김장흥(金長興) 총경이 북한군 남침 사실을 보고하자 곧 경무대로 돌아와서 국무회의를 소집하였다.

11시에야 중앙청에서 비상국무회의가 열렸다. 10시에 국무위원을 소집

하였는데 1시간이 지나서 열렸다.

국무총리 서리를 겸하고 있는 신성모 국방부장관이 회의를 주재했다.

참석한 국무위원은 다음과 같다. (– 다음은 현재의 기구)

외무부장관 임병직 – 외교통상부

내무부장관 백성욱 – 행정안전부

재무부장관 최순주(崔淳周) – 기획경제부

법무부장관 이우익(李愚益) – 법무부

문교부장관 백낙준(白樂濬) – 교육과학기술부

농림부장관 윤영선(尹永善) – 농림수산식품부

상공부장관 김훈(金勳) – 지식경제부

보건부장관 구영숙(具永淑) – 보건복지부

사회부장관 이윤영(李允榮) – 보건복지부, 노동부

교통부장관 김석관(金錫寬) – 국토해양부

체신부장관 장기영(張基永) – 지식경제부

국방부장관 신성모

국방부장관 신성모가 전황을 설명했으나 정확한 내용을 알 수 없었고, 국지전인지 전면적인 도발인지 분간할 수가 없었다.

의정부전선에 나가 있는 채병덕 총참모장이 돌아오는 대로 정확한 상황을 보고 받기로 하고 12시에 휴회했다.

2시간 후에 국무회의는 속개했고 대통령이 주재했다.

의정부전선에서 돌아온 채병덕 총참모장이 보고했다.

"38도선 전역에 걸쳐 4만~5만 명의 북괴군이 94대의 전차를 앞세우고 불법 남침을 개시하였으나 각 지구의 국군 부대는 대전차포로 적 전차를 격퇴하면서 적절하게 작전을 전개 중에 있다. 이러한 북괴의 침공은 그 간에 그들이 벌여온 위장평화공세가 별다른 반응이 없자 조급하게 자행한 그들의 상투적인 수단으로 보이며 후방 사단을 진출시켜 반격을 감행하면 능히 격퇴할 수 있을 것으로 본다."

국무위원들은 보고만 듣고 이렇다 할 결의 없이 15시 30분 산회하였다.

대통령은 사태를 심상치 않게 판단했음인지 긴급명령 제1호 '비상사태 하의 범죄처단에 관한 특별조치령'을 발령하여

반민족적이고 비인도적인 범죄자를 엄중 처단키로 하였다.

26일, 각부 장관들은 소관별로 국민 생활 안정과 후방 치안 확보, 피난민 구호 대책을 강구하는 등 임전 태세를 갖추어 나갔다.

26일 의정부가 함락되고 방어선이 창동으로 밀려 위기감이 고조되자 이날 밤중에 경무대에서 비상국무회의가 다시 열렸다.

신성모 국방부장관은 이때 비로소 비관론을 펴면서

"정부를 수원으로 이동한다."

고 발의하여 각료들의 동의를 구했다.

채병덕 총참모장은 그 상황에서도

"서울만은 고수한다. 그리고 반격하여 백두산에 태극기를 꽂을 것."

이라는 요지의 발언을 하여 그의 망상을 접지 않았다.

이 자리에는 대통령의 특별지시로 이범석 전 국무총리가 참석하였다.

이범석은 전세가 수습할 수 없는 단계에 이르렀다고 판단하고

"문제는 서울을 사수할 것이냐? 서울 주변에서 저항을 계속하면서 지연전을 벌일 것이냐? 이 두 가지를 다 하지 못할 형편이라면 서울에서 철수하여 천도할 수밖에 없으니 이 세 가지 방안에 대하여 시급히 결정하여야 할 것이오."

라고 잘라 말했다.

중앙청 상공에서 귀청을 찢는 비행기의 폭음이 들렸다. 피아를 구분할 수 없었으나 국무위원들에게 사태의 심각성을 일깨우는데 충분하였다.

이범석 전 총리는 계속하여

"지금의 전황으로 보아 서울 사수가 어렵다면 철수 문제로 좁혀야 할 것이며, 시민에 대한 조치와 한강교 폭파 문제가 선결되어야 한다."

고 경고성 발언을 하고 나가버렸다.

갑론을박 격론 끝에 정부를 수원으로 옮기는 것으로 결정하고, 04시 30분 산회했다. 결국 시민의 안전 대책은 말할 것도 없고 각 부처의 철수 대책도 제대로 마련하지 못하고 회의가 끝난 것이다.

이렇게 하여 27일 아침부터 정부가 수원으로 이동하기 시작했다.

정부 이동 결정에 대하여 국무회의 간사로 배석하여 의사록을 작성한 총무처 비서관 김덕보(金德寶)는 그 배경을 다음과 같이 증언했다.

이때 마침 미 해·공군의 참전 결정이 통보되고, 또 지상군의 참전도 가능할 것으로 내다보았기 때문에 군사 지식에 어두운 각료들은 북괴를 과소평가하고 미군을 과대평가하여 서울을 일단 철수한다 하더라도 넉넉잡고 15일간이면 능히 수복할 수 있을 것으로 보고 수원 이동을 결정하였던 것이다.

정부조직법에 의한 기구의 변천

6·25남침 당시 정부 기구는 앞의 12부와 4처가 있었다.

국무위원은 국무총리와 12부장관이고, 국무회의 의장은 대통령이다. 대통령 부재시 국무총리가 대리한다. 부통령은 국무의원이 아니었다.

4처는 총무처, 기획처, 법제처, 공보처가 있었다. 통상 12부 4처라고 했다. 처의 장은 장관급 정무직공무원이나 국무위원은 아니다.

현재 정부기구는 15부 2처다.
초기 조직을 기준으로 정부기구 변천 과정의 대략을 설명해 둔다.

┃ 통폐합되어 존속한 기구

외무부 순수한 외교 업무만을 관장했다. 상공부의 통상교섭 업무를 흡수하여 외교통상부로 개편되었다.

내무부 지방행정(자치), 치안(경찰), 토목, 통계 업무를 관장하였다.

토목 업무는 후에 생긴 건설부에 이관되고, 통계 업무는 후에 생긴 경제기획원통계국으로 이관되었다가 통계청으로 독립했다. 총무처와 통합하여 행정자치부로 되었다가 다시 정보통신부의 전자정부와 정보보호업무를 흡수하여 행정안전부로 개편되었다.

재무부 경제 및 재정정책, 금융정책 및 금융감독, 화폐, 외환 및 국제금융, 국고 및 국가회계, 조세, 국유재산, 국가채무에 관한 업무를 관장하였다.

기획처가 폐지되면서 예산 업무를 흡수하였다가 경제기획원이 신설되어 경제정책 및 예산 업무를 이관하였다. 경제기획원이 폐지되어 경제정책 업무를 흡수하고 금융정책 및 금융감독 업무를 금융위원회로 이관하여 재정경제원. 재정경제부로 개칭. 경제기획원이 관장하던 예산 업무는 신설된 기획예산처로 이관되었다가 다시 통합되어 기획재정부로 개편되었다.

법무부 검찰, 행형(교정), 인권, 출입국관리 업무를 관장. 변화가 없다.

국방부 국방에 관한 업무 관장. 정부수립 후 그대로 존속하였다.

문교부 교육, 학술, 문화예술, 체육, 과학에 관한 업무를 관장하였다.

문화예술은 문화공보부, 과학은 과학기술처, 체육은 체육부로 이관하고 교육인적자원부로 개칭. 과학기술부를 통합하여 교육과학기술부로 개편되었다.

농림부 농업, 산림, 수산, 축산, 식량, 농지관리 업무를 관장하였다.

산림업무가 한때 내무부로 이관되어 농수산부로 개칭하였고, 수산 업무가 새로 생긴 해양수산부로 이관되고, 산림행정이 복귀하여 농림부로 환원하였다가 해양수산부가 폐지되면서 수산 업무가 복귀하였고, 보건복지부에서 관장하던 식품행정을 흡수하여 농림수산식품부로 개편되었다.

상공부 상역(무역), 공업, 광업, 전력과 에너지 업무를 관장하였다.

광업, 전력과 에너지 업무를 분리하여 동력자원부를 신설하고 통상산업부로 개칭. 동력자원부를 다시 통합하고, 통상교섭 업무를 외교통상부로 이관하여 산업자원부로 개편. 정보통신부를 통합하여 지식경제부로 개편되었다.

보건부 의정, 약정, 보건위생 업무를 관장하였다. 사회부와 통합되었다.

사회부 사회보장, 부녀 아동, 노동, 노인 및 장애인보호업무를 관장.

보건부와 사회부는 일찍 통합하여 보건사회부로 개편되었고, 노동 업무가 노동부로, 부녀·청소년(아동) 업무가 여성가족부로 이관되어 보건복지부로 개편되었다.

교통부 육운(육로운송과 철도), 해운, 항공 및 관광 업무를 관장하였다.

해운을 해양수산부로, 관광을 문화관광부로 각각 이관하고, 건설부와 통합하여 건설교통부로, 해양수산부와 통합하여 국토해양부로 개편되었다.

체신부 전신전화, 우편 업무를 관장하였다. 전화 업무는 전기통신공사를 설립하여 독립하고 정보통신부로 개칭하였다가 산업자원부와 통합하여 지식경제부로 개편. 정보통신부 업무 중 정보 업무는 행정안전부로, 영상 업무는 문화체육관광부로 이관되었다.

총무처 정부조직, 공무원인사, 상훈, 정부청사관리 업무를 관장. 국무원사무국으로 축소개편되었다가 다시 총무처로 환원하였고 내무부와 통합하여 행정자치부로, 정보통신부의 정보 업무를 흡수하여 행정안전부로 개편.

기획처 예산 업무를 관장하다가 일찍 재무부와 통합되었다.

법제처 법제 업무를 관장. 국방부, 법무부와 함께 변화가 없는 부처다.

공보처 정부의 홍보 업무와 방송을 관장. 당시 KBS는 공보처가 경영하던 서울중앙방송국이었고 방송국장은 국장급 공무원이 맡았었다.

방송은 한국방송공사로 독립, 방송감독업무는 방송통신위원회가 관장.

총무처에 통합되었다가 공보부로 신설되었고, 문교부의 문화예술 업무와 통합하여 문화공보부, 다시 국정홍보처로 독립, 문화체육관광부에 폐합.

❚ 새로 생긴 기구

통일부 국토통일 및 남북교류 업무를 관장하기 위하여 국토통일원을 신설하였고, 통일부로 개칭하였다.

환경부 자연환경 및 생활환경 보전과 오염방지, 기상 업무를 관장하였다.

각 부처에 분산된 환경보전 및 오염방지 업무를 통합하여 환경처 신설. 환경부로 개칭. 과학기술부가 없어지면서 기상 업무를 흡수하였다.

노동부 보건사회부의 노동 업무(노동정책, 근로자의 복지후생, 노사관계조정 등)를 분리하여 노동청으로 독립하였다가 노동부로 확대 개편하였다.

여성부 여성정책과 여성지위향상업무를 관장하였다.(신설 업무)

국가보훈처 국가유공자 및 유족에 대한 보훈, 제대군인에 대한 보상, 보호, 보훈 업무관장. 군사원호청으로 발족하여 군사원호처, 원호처로 개칭되었다가 국가보훈처로 발전했다. 초기에 보건사회부에서 관장하던 업무다.

❚ 없어진 기구

부흥부 6·25전쟁 후 피폐한 국가 재건을 위하여 설치한 기구로, 경제기획원으로 개편되었고, 건설부를 신설하여 기능을 대체했다.

경제기획원 5·16혁명 후에 경제개발계획을 주관하는 기구로 부흥부를 모체로 하고, 재무부의 경제정책 업무와 예산 업무를 흡수하여 발족하였다. 재무부와 통합하여 재정경제원으로 개편되었다. 재무부 참조

건설부 부흥부를 개칭한 기구로 교통부와 통합하여 건설교통부로 개편되었다가 해양수산부와 통합하여 국토해양부로 개편하였다.

건설교통부 건설부와 교통부를 통합한 기구이다. 교통부 참조

국토통일원 통일과 남북교류 업무를 관장. 통일부로 개칭되었다.

통상산업부 상공부에서 광업, 전력 등 에너지 부분을 분리하여 동력자원부를 신설하고 개칭한 기구이다. 동력자원부를 통합하고 통상교섭 업무를 외교통상부에 이관하여 산업자원부로 개편하였고, 정보통신부와 통합하여 지식경제부로 개편하였다. 상공부 참조.

동력자원부 상공부에서 광업, 전기, 에너지 등 자원 업무를 분리하여 신설하였다가 다시 상공부와 통합하여 산업자원부로 개편되었다.

해양수산부 농림부에서 수산 업무, 교통부에서 해운 업무를 분리하여 신설하였다가 건설교통부와 통합하여 국토해양부로 개편.

정보통신부 체신부를 개칭한 기구로, 산업자원부와 통합하여 지식경제부로 개편되었다.

과학기술부 문교부의 과학기술 업무를 분리하여 과학기술처를 신설. 과학기술부로 개칭, 교육인적자원부와 통합하여 교육과학기술부로 개편되었다.

체육부 문교부의 체육 업무를 독립하여 신설하였고, 보건사회부의 청소년(아동) 업무를 흡수하여 체육청소년부로 개편되었다가 체육 업무는 문화체육관광부에, 청소년 업무는 보건복지가족부에 이관하고 폐지되었다.

기획예산처 경제기획원이 재무부와 통합할 때 예산 업무를 분리하여 신설하였다가 다시 재정경제부와 통합하여 기획재정부로 개편되었다.

감찰위원회 1948년 8월 28일 설치되었다가 1955년 2월 6일 폐지. 1961년 3월 28일 감찰위원회를 설치하여 활동하다가 1963년 3월 20일 심계원과 통합하여 감사원으로 발족.

고시위원회 공무원 임용시험을 관장. 폐지되었다.

❙ 헌법에 의하여 설치한 기구

감사원 국가 세입세출의 결산, 회계검사와 행정기관 및 공무원의 직무 감찰을 관장한다. 정부수립 초기 설치한 심계원과 그 후에 신설한 감찰위원회를 통합하여 감사원이 발족되었다. 감사원장은 부총리격이다.

중앙선거관리위원회 정부수립 초기 중앙선거위원회로 발족하였다가 개칭하였다. 국민투표와 선거관리 업무를 관장. 위원장은 부총리격이다.

정부, 국회, 대법원, 헌법재판소와 함께 5부로 통칭한다.

심계원 1948년 9월 4일 발족. 1963년 3월 20일 감사원으로 개편

❙ 특별법에 의하여 설치한 기구

국가정보원 국가정보원법

금융위원회 금융위원회설치 등에 관한 법률

국민권익위원회 부패방지 및 국민권익위원회설치와 운영에 관한 법률

공정거래위원회 독점규제 및 공정거래에 관한 법률

방송통신위원회 방송법

▎각 부에 소속된 중앙행정기관

통상 외청이라고 일컬어지는 이들 기관은 행정각부에 소속하여 당해 장관의 지휘감독을 받지만 이것은 형식적인 의미이고 실질적으로는 독립적으로 운영하는 기관이다. ( )안은 초기 기구이다.

기획재정부 : 국세청(재무부 사세국), 관세청(재무부 관세국),
　　　　　　 조달청(부흥부 외자청), 통계청(내무부 통계국)
법무부 : 대검찰청(정부 수립 초기부터 있었다.)
국방부 : 병무청(병무국), 방위사업청
행정안전부 : 경찰청(내무부 치안국, 치안본부)
　　　　　　 소방방재청(치안국, 소방본부)
문화체육관광부 : 문화재관리청(구황실재산사무총국)
농림수산식품부 : 농촌진흥청, 산림청(이상 농림부의 국)
지식경제부 : 중소기업청(중소기업국), 특허청(특허국)
보건복지가족부 : 식품의약품안전청(보건사회부 과)
환경부 : 기상청(문교부 중앙 관상대)
국토해양부 : 해양경찰청(내무부 치안국)

▎비상국회

국회는 26일 11시에 신익희 국회의장 사회로 제6차 본회의를 개회하고, 국방, 내무 양 장관과 채병덕 육군총참모장을 출석시켜 전황을 청취하였다.

채병덕 총참모장은

"현재 적을 의정부 밖으로 격퇴했으므로 후방에서 3개 사단이 올라오면 3일 이내에 평양을 점령해 보이겠다."

고 호언장담했다고 한다. 신성모 국방부장관도

"5일 안에 평양을 점령할 수 있는 만반의 준비와 군대를 가지고 있다."
고 호언했다.

국방부 측 보고는 국무회의에서와 같이

"적이 남침을 개시하였으나 반격을 감행하여 의정부를 탈환하고 적을 북으로 격퇴하였으니 조금도 걱정할 필요가 없다. 군의 고충은 명령이 없어서 38도선을 넘어 공격 작전을 취할 수 없는 것이다. 만약에 공세를 취한다면 1주일 이내에 평양을 탈취할 자신이 있다."
고 큰소리쳤다.

국회의원들은 군의 자신에 찬 보고에 안도의 빛을 보이면서도 만약의 사태에 대비하여 다음과 같은 결의를 하였다.

(1) 예산에 구애됨이 없이 군사비 지출 권한을 정부에 부여한다.
(2) UN과 미 의회 그리고 미국 대통령에게 메시지를 보낸다.
(3) 전투 중인 군경과 전투지역 주민을 격려 위문하기 위하여 국회의원으로 위문단을 구성하여 파견한다.
(4) 대미 무기대책위원회를 국회에 구성한다.
(5) 물심양면으로 행정부에 호응하는 동시에 긴밀한 연락을 유지하여 국가의 안전을 기한다.

전황이 불리해지자 27일 01시 비상국회를 소집했다. 비상국무회의에 참석 중인 신성모 장관과 채병덕 총장이 와서 전황을 설명했다. 채병덕 총장은 여전히 오전 회의에서와 같이 호언장담하면서 수도 서울을 사수하겠다고 의지를 보였고, 신성모는 국무총리 서리 자격으로

"전황이 악화될 경우 정부를 이동하는 것이 필요할 수도 있다."
고 완곡하게 우려를 표명했다.

흥분한 의원들이 노발대발하면서 여기저기서 고함소리가 터져 나왔다.

원세훈(元世勳) 의원이 수도를 사수하자고 긴급 동의하여 격론이 벌어졌다.

"다른 사람들은 모두 철수한다고 할지라도 국민을 대표하는 국회만은 서울을 사수하는 것이 옳지 않으냐?" 하는 찬성론과

"서울 사수를 결의해도 전술적으로나 전략적으로 무의미하고 비전투원인 국회의원이 버티고 있을수록 전투요원의 희생만을 강요할 뿐이다."
라는 반대론이 맞서 갑론을박하였다.

격론을 거치면서 분위기는 후퇴를 주장하는 사람은 비겁하거나 비애국자로 인식되기에 이르자 결국

"국회의원은 백만 서울시민과 더불어 수도를 사수한다."
는 수도사수 결의안을 통과시켰다.

신익희 의장과 조봉암 부의장이 밤중에 이 결의문을 전달하러 경무대로 달려갔다. 그러나 대통령은 이미 남쪽으로 떠나고 없었으므로 국회로 돌아와서 산회하였다. 27일 04시였다. 의원들은 개별 행동에 들어갔다.

▮사법부

25일 라디오와 신문호외, 벽보 및 가두방송을 통하여 북한군 남침 사실을 알았다. 숙직을 강화하고 자체 경비를 실시하였다.

26일 09시, 대법관 회의를 소집하여 전날 대통령이 발표한 긴급명령 제1호에 따라 각급 법원은 일반 형사재판은 무기 연기하고 긴급명령에 따른 특별재판에 만전을 기하도록 결의하고 이를 하급법원에 시달했다.

27일 아침에 행정부가 수원으로 이동한다는 통보를 받았다. 김병로(金炳魯) 대법원장을 비롯한 대법관 5명 전원이 수원으로 이동했다. 수원으로 이동하는 것은 요인들만의 일시적인 대피로 알고 각급 법원의 조직적인 철수

지시는 하지 않았고, 따라서 호적 원본과 재판 기록 등 주요 문서의 이전 조치를 강구하지 못한 채 피난하는 결과가 되어 대부분의 법관과 직원 등은 개별 행동을 취할 수밖에 없었다.

대한민국을 지키려는 사람들

재정 금융 조치

국방부 정훈국의 낙관적인 전황 보도에도 불구하고 26일 아침에는 은행 창구에 인파가 몰려들기 시작했다.

27일 재무부는 1인당 예금 지급을 10만 원으로 제한하였다.

정부 보유 외화 2,000만 불이 일본 도쿄에 있는 외국은행에 예치되어 있었고, 인출서명권자는 한국은행 총재를 비롯하여 부총재, 국장, 부장, 대리 등으로 되어 있어 이 중 한 사람이라도 적에게 체포되어 서명을 강요당할 경우 귀한 외화가 적의 수중에 들어갈 수 있는 위험이 있었다.

구용서(具鎔書) 한국은행 총재는 26일 21시에 한은 도쿄지점장 천병규(千炳圭)에게 전화를 걸어 인출서명권을 취소하고 정부보유 불($)에 대한 일체 책임을 도쿄 주재 이사 김진형(金鎭炯)에게 맡기도록 지시하였다.

재무부는 공무원들이 빈손으로 피난하게 할 수 없다고 하여 2개월 분 급여를 가불해 주었다. 당시 공무원 급여일은 20일이었는데 봉급을 탄 지 1주일이 채 안되었지만 외상으로 생활하는 공무원 입장에서는 봉급을 타는 즉시 외상을 갚아야 하기 때문에 이미 다 썼을 것이므로 빈손으로 피난해야 할 처지에 있었던 것이다.

이 문제를 제기한 사람은 은행과장 이치령(李致寧)이었고,

이를 결정하기 위한 국장회의에 참석한 사람은 세관국장 강성태(姜聲邰), 회계국장 박희현(朴熙賢), 사세국장 인태식(印泰植)이었으며,

이를 집행한 주무국장은 이재국장 송인상(朱仁相)이었다.

이때 재무부장관 최순주는 비상국무회의가 끝난 27일 새벽에 피난길에 올라 없었다. 장관이 없는 상태에서 관계국장과 한은 간부가 긴요한 업무를 적절하게 잘 처리한 예이다.

한국은행이 보유하고 있는 금괴(金塊)를 국방부 협조를 얻어 27일 14시에 반출하여 안전지대로 이송하였다. 국방부에서 제공한 트럭으로는 다 운반할 수 없어서 금 1,070kg과 은 2,513kg을 포장한 89상자를 이송하고 나머지 금 223kg과 은 15,788kg 그리고 미 발행 한국은행권(주로 1,000원 권 지폐) 일부는 한국은행 지하 금고에 보관할 수밖에 없었다.

군 트럭으로 반출한 금괴는 헌병 20명과 한국은행 직원 2명이 호송하여 29일 해군진해통제부로 이송하여 보관하다가 8월 1일 부산항에서 선적하여 샌프란시스코를 거쳐 뉴욕에 있는 연방준비은행에 기탁하였다. 이는 그 후 우리나라가 국제통화기금(IMF)과 국제부흥개발은행(IBRD)에 가입할 때 출자금으로 충당됐다.

한편 한국은행 지하 금고에 보관한 금괴와 미 발행 한국은행권은 북한군에게 그대로 넘어갔고, 미 발행 화폐는 북한군이 발행하여 점령지에 유통시켰다.

서울시내 각 세무서에는 지적도 및 임야도와 토지대장 및 임야대장 그리고 이동(里洞)측량원부가 보관되어 있었다. 그때는 지적사무와 국유재산관리 업무를 세무서에서 담당하고 있었다. 이 중요한 문서를 조직적으로 이송할 대책을 마련하지 못하고 세무서 지하 창고에 보관한 채로 셔터를 내리고 자물쇠로 잠근 후 피난을 가야 했었다.

수복 후 확인한 결과 종로세무서에 보관된 남산 임야도 한 장만 없어지고 그대로 남아 있었다. 기적에 가까운 일이었다.

▌구민(救民) - 양곡, 의료, 구호

전쟁이 일어나자 쌀의 가수요가 늘어났고, 지방으로부터의 반입이 급감하거나 중단되어 쌀값이 폭등하였다. 돈을 주고도 쌀을 팔 수 없었다.

농림부는 정부 양곡 수매와 관리를 대행하는 대한금융조합연합회에 긴급 지시하여 용산구 문배동 풍국제분주식회사에 보관되어 있는 정부양곡 전량(4,800석)을 방출케 하고, 또 각 시도에 지시하여 각 지역에 분산 보관하고 있는 정부 양곡과 지방미를 방출하도록 독려하였다.

이와 함께 농림부에 양곡비상대책위원회를 설치하고 1주일 이내에 외국산 잡곡 6만 석을 도입키로 결정했으며 이를 방송과 신문으로 시민에게 홍보하고 호소하여 양곡의 원활한 수급에 협조하도록 하는 한편 쌀값을 소두 한 말에 2,600원으로 제한하였다.

서울을 철수하면서 군량미 조달이 가장 시급한 과제였으나 수원에 이를 때까지 국방부와 이에 대한 협의를 할 겨를이 없었다. 대전에 이른 후부터 국방부 제3국장 김일환 대령이 잘 도와서 국방부에서 필요한 양곡은 각 시도에 할당하여 차질 없이 공급할 수 있었다.

농림부차관과 농정국장 그리고 양정과장 등 양정 담당 공무원은

"우리는 남아서 마지막까지 시민에게 양곡 배급을 계속하겠다."

고 하면서 철수 대열에 끼지 않고 서울에 남아 있다가 차관 주석균(朱碩均)은 남하했고, 양정과장 최규하(崔圭夏-전 대통령)는 고향 강원도로 가서 피신했으나 농정국장은 북한군에 납치되고 말았다.

사회부는 서울시내 서울대학교 문리과대학, 돈암국민학교, 무학국민학

교 등 6개소에 피난민 수용소를 설치하고 침구와 식사를 제공하는 등 구호대책을 마련했고, 서울이 함락된 후에는 전국에 504개 소의 수용소를 설치하여 피난민을 구호했다.

보건부는 서울시내 개업의와 간호원에게 비상 대기령을 내렸다. 동두천 및 의정부 방면에서 오는 피난민 환자들은 서울대학교부속병원, 서울여자의과대학부속병원, 서울시립병원에, 개성 방면에서 오는 피난민 환자는 세브란스병원과 철도병원에, 옹진 방면에서 오는 환자는 인천도립병원에 각각 수용하여 진료하도록 하였다.

전황이 악화되어 피난민이 계속 남쪽으로 내려가자 각 시도 공공의료기관을 개방하고 개업의와 간호원으로 의료반을 편성하여 피난민과 부상병을 진료하면서 방역 활동을 실시했다.

전국에 200여 개소의 의료반이 활동을 했다.

▎교통·체신

교통부는 6월 25일 08시 20분을 기하여 경의선(서울~개성), 경원선(서울~동두천), 경춘선(서울~춘천) 정기 열차 운행을 정지시켰다.

육운국에 전시수송본부를 설치하고 지방철도국을 지방수송본부로 개편하는 한편 일반화물열차와 혼합화물열차(객차와 화차의 혼합) 운행을 중지하고 군수물자 외의 화물탁송을 정지하였으며, 철도공무원을 비상 동원하여 철로와 구내 경비를 강화하고 수송 본부 지시에 따라 군 수송 업무에 적시(適時) 대응할 수 있게 대기시켰다.

병력과 군수 물자 수송을 위하여 25일 하루 동안 동원된 차량은 기관차 30량, 객차 300량, 화차 850량으로 60개 임시 열차를 운행하였다.

26일에는 기관차 40량과 화차 1,000량이 동원되었고, 서울역과 용산역에 피난민이 몰려들자 회송 열차를 개방하여 피난민을 수송하였다.

27일 들면서 전황이 악화되어 더 이상 열차를 운행할 수 없게 되었다. 27일 09시에 떠나는 부산행 급행열차를 마지막으로 일반열차는 전면 운휴에 들어갔다. 철도공무원들은 일반열차의 운행이 중지된 뒤에도 끝까지 남아서 적탄이 떨어지는 전선으로 군을 위한 수송 업무를 서울이 적의 수중에 들어가기 직전까지 수행했다.

교통부는 서울에서 철수한 후에도 수원, 대전, 대구, 부산 등지로 축차이동하면서 전시 수송 업무를 수행했는데 9·28수복 때까지 155명의 희생자를 냈고, 선로 312km와 교량 152개소에 전장 8.6km 그리고 터널 29개소 전장 5km가 파손되는 피해를 입었다.

우체국은 군 통신에 협조하여 군 작전에 크게 이바지하였다.

25일 10시 개성, 장단우체국과 통신이 두절되었고, 26일에는 파주, 동두천, 의정부, 덕정우체국과 통신이 단절되기에 이르렀다. 이러한 상황에서 우체국 직원들은 적이 침입해 오는 순간까지 직장을 지키며 군 통신을 유지할 수 있도록 도와주었다.

서울중앙우체국 한점인(韓點仁) 교환 과장은 교환원 100명을 비상 동원하여 한강다리가 폭파되기 직전인 28일 02시까지 전신 전화 업무를 수행하여 시민의 입과 귀가 되어 주었다. 그러나 우체국을 경비하고 있던 육군 1개 소대 병력이 철수하면서 동력실을 폭파하여 더 이상 교환 업무를 계속하지 못했다. 끝까지 직장을 지키던 이들은 적이 침입하면서 많은 인명이 희생되었고, 한점인 과장은 북한군에게 납치되었다.

서울에 침입한 북한군은 미처 피난하지 못한 체신공무원을 강제로 동원하여 저들의 필요한 통신 유지에 광분하였다. 이렇게 끝까지 직장을 지킨 체신공무원들은 67명이 희생되고 63명이 납치됐으며, 76명이 행방불명되는 등 군인에 버금가는 인명 손실을 보았다.

▌학도호국단

　북한군의 남침을 당한 각급 학교 학도호국단은 휴교 중임에도 학교 운동장에 모여 '남침을 규탄하고 김일성 타도 결의 대회'를 열었고, 서울시내 학생들은 학도결사대를 조직하여 창동, 미아리전선에서 진지 구축과 탄약 운반을 도왔으며, 의과대학생과 여학생은 가운을 입고 부상병을 치료하고 간호하며 자비로 위문했다.

　학도결사대 대표들은 국방부를 찾아가서 참전을 간청했으나 아직은 학생들까지 동원할 때가 아니라고 만류하여 학생들은 피난민 구호와 가두 계몽에 나섰고, 서울 철수 후에는 비상학도대 규합에 나섰다.

　서울이 적 치하에 들어가자 낙오한 부상병을 찾아 지하에 숨겨 주었고, 낙오병에게 사복을 갈아입혀 한강 도하를 돕기도 하였다.

　29일 서울을 탈출하여 수원에 집결한 학생들은 비상학도대를 조직하고 국방부 정훈국의 지도를 받아 일부 학생들은 전투대로 한강전선에 출동하고, 일부는 선전대로 가두 계몽과 피난민 구호에 나섰다.

　7월 1일 대전으로 이동한 비상학도대는 현지 학생들과 합세하여 의용학도대를 조직하고 선무·구호 활동을 벌였다. 일부 학생들이 중부전선으로 출정하여 전투에 참가한 것을 계기로 더 많은 학생들이 학도의용군으로 참전하였고, 급기야는 많은 학생들이 정규군으로 지원 입대하여 학도병이라는 이름을 만들어냈다.

▶ 제8장 「제3절 어린 중학생들의 분기」 참조

「5. 서울의 비극」 인용문헌 : 국방부 『한국전쟁사』 개정판 제1권 「정부지도층의 동향」

인민공화국 만세

서울시민들은 28일 날이 밝으면서 천지가 뒤집힌 놀라움과 두려움으로 절망의 나락에 빠져들었다. 서울은 순식간에 붉은 세계로 변했고, 거리에는 북한 전차가 질주했으며, 인공기를 든 시민들이

"인민공화국 만세!"

를 외치며 발광적으로 환영하는 모습이 도처에 나타났다. 곳곳에

"조선민주주의인민공화국만세!"

"인민군서울진주환영!"

이라고 쓴 현수막이 펄럭였다.

마포형무소와 서대문형무소를 비롯하여 각 경찰서 유치장에 수감된 죄수를 석방시켜 인민의 영웅으로 치켜세우고 북한군 진입 환영의 선봉에 세워 광란의 행진을 하게 했으며, 반동분자색출에 앞장을 세웠다.

설치는 공산주구들. 이들은 남로당 지하단원과 형무소 출소자들이다.

공포와 절망으로 생사의 기로에 선 시민들은 국가의 운명을 걱정하기에 앞서 눈앞에 부닥친 현실을 어떻게 헤쳐 나갈 것인가 하는 생각에 앞이 캄캄하였다. 각자의 처지에서 자기의 운명을 헤쳐 나가야 했다.

공무원과 요인 및 유지들, 지주와 자본가들, 군인과 경찰관 및 우익인사라고 불린 사람들 그리고 그 가족들은 목숨을 부지하기 위하여 숨을 곳을 찾아야 했고, 일반 시민들은 무슨 일이 닥칠지 몰라 불안감을 떨치지 못하고 전전긍긍했다.

재수 없게 걸리면 순간 저 세상으로 가야 한다.

제 세상을 만난 사람은 지하로 잠적해 있었거나 형무소에 갇혀 있던 적색분자들과 이에 동조하는 회색분자(灰色分子)들이었다.

이들은 활개를 치며 날뛰었다.

서울시민의 암울했던 소위 인민공화국 치하의 3개월이 시작된 것이다.

서울에 진입한 북한군이 제일 먼저 한 일은 공포분위기 조성이었다.

군복을 입은 사람은 신분을 따지지 않고 대중이 보는 앞에서 무조건 사살했다. 당시 미군이 군복을 불하하여 많은 민간인 특히 노동자, 농민 등 서민층에서 입고 있었기 때문에 무고한 시민의 희생이 컸다.

저들은 이렇게 공포분위기를 조성해 놓고 앞으로 저들 정책에 무조건 따르게 한 것이다.

행주나루에서 제11연대장 최경록 대령에게 징발되어 장병 도강을 도운 사공 신상호 씨는 국군이 한강을 건너고 나서 곧 뒤따라온 인민군이 강을 건너지 못한 국군을 잡아다가 5~6명씩 묶어서 총살한 후 한강으로 밀어 넣어 수많은 군인 시체가 강물에 떠내려갔다고 증언했다.주)

식량 배급을 준다고 모든 시민을 등록시켜 시민의 코를 꿰어 놓고, 성분에 따라 부려먹었다. 의용군에, 노력 동원에, 선전 선동에, 납북에 그리고 반동분자색출에 활용했다. 배급은 허울뿐이었다. 북한의 기관원이나 의용군 가족에게도 제대로 주지 못한 배급이다. _{안용현 『한국전쟁비사』 1권 p274}

6월 30일 반동분자 자수 포고문을 발표했다. 반동분자는 군·경 및 우익의 정당·사회 단체에 소속된 사람들로 소위 우익 인사들을 총칭해서 붙인 이름이다.

전황이 절망 상태에 빠져 더 이상 다른 방도가 없다고 생각한 일부 인사들이 어쩔 수 없이 자수를 했고, 북한군은 이들을 앞장 세워 다른 인사들을 자수·전향시키는데 이용하기 위하여 방송과 강연에 동원했다.

특히 전 내무부장관 김효석(金孝錫)과 전 민정장관 안재홍(安在鴻)은 저들의 강요에 의하여 다음과 같은 방송을 하였다.

"이승만은 작년 7월 15일을 기하여 북벌 개시를 계획하고 김석원으로 하여금 옹진 방면에서 북진하여 평양을 점령케 하려 하였으며, 채병덕에게는 동부전선

북한군 진주 환영 축하. 많은 시민들이 본의 아니게 환영을 가장하거나 협조를 위장하여 살 길을 모색할 수밖에 없었다.

의 지휘를 명령하였었다. 그러나 빨치산 투쟁이 치열해짐에 따라 이 계획이 중지되었던 것이다. …… 이승만은 금년에 MacArthur의 호출을 받고 일본에 건너간 일이 있다. 이때 MacArthur는 이승만의 군대가 북벌시에는 MacArthur의 지휘하에 둘 것과 국방군 최고군사간부와 일본군의 고급 장교가 공동으로 훈련받도록 명령하였다. …… 이승만은 6월 25일 새벽에 북벌 개시의 명령을 김석원 및 채병덕에게 내린 것이다. ……" (국방부『한국전쟁사』개정판 제1권 p640)

많은 시민들이 환영을 가장하고 협조를 위장하면서 살길을 모색했고, 또 일부 시민은 산중으로 피신했거나 위험을 무릅쓰고 야간에 산길을 이용하여 남행을 강행하는 모험을 했지만 모두 성공한 것은 아니었다. 많은 사람들이 탄로나거나 붙잡혀 목숨을 잃었다.   ▶ 제7장 「인민공화국」 참조

제2절 한강 방어전

1. 패잔병 집단

북한군 전술 구상

6월 28일 수도 서울을 점령한 북한군 선봉부대는 의정부~미아리선으로 침공한 제3사단과 제4사단이다. 이 두 사단은 북한군 최정예 사단으로 주공부대답게 서울에 선두로 입성했다.

서울 점령의 선두 경쟁에 서서 개성~문산 방면으로 침공한 적 제1사단과 제6사단은 우리 제1사단의 강력한 저지에 밀려 봉일천에서 발이 묶임으로써 진출이 하루 늦어 서울 점령 선두 경쟁에서 밀리고 말았다.

서울을 점령한 북한군은 제1단계 목표 달성을 축하하는 분위기에서 30일까지 서울에 머물러 있어 의문을 낳게 하였는데 이 미스터리는 지금까지도 풀리지 않았다.

북한군은 남침하면서 천연 장애물인 임진강, 한강, 금강, 낙동강을 도하하는 것이 가장 큰 전술적인 장애 요소였다. 이 4대 강을 도하하는데 필요한 도하자재 4조(1강 1조)를 소련에 요청하였는데 소련이 1조만 제공하여 나머지 강을 어떻게 도하하느냐의 해결책이 없었고, 특히 전차를 비롯한 자주포와 장갑차 등 중장비 도하가 큰 부담으로 작용하였다.

　이와 같이 전차 등 중장비의 도하 방안을 모색하느라고 시일을 끈 것이 아닌가? 하는 추측을 낳게 했다.^{주)} 　　국방부 『한국전쟁사』 개정판 제1권 p707

　북한군은 제2단계 작전에 들어갔다. 작전 목표는

미군 지원이 있기 전에 한강을 도하하여

평택~안성~충주~제천~영월을 잇는 선까지 진출한다.

　이 목표에 따라 서울을 점령한 북한군 제1군단(김웅 소장)은 영등포~수원~평택의 경부 축선을 돌파하는 것이 제2단계 작전 방침이다.

　북한군은 전술 목표를

'제1군단과 제2군단이 협력하여 국군을 수원 이북에서 포위 섬멸'

하는 것에 두었다.

　적 제1군단이 의정부~서울을 공격하는 시기에 맞추어 제2군단은 춘천을 점령하고 수원으로 우회 진출하여 국군의 퇴로를 차단하고, 양 군단이 남북에서 협공하여 섬멸하는 것이다. 그러나 제2군단이 춘천에서 우리 제6사단(김종오 대령)의 선전에 발목이 잡혀 제때 수원으로 진출할 수 없게 됨으로써 그 기도는 좌절되고 말았다.

　북한군 제1군단은 새로운 작전을 구상하였다.

(1) 제4사단은 우익으로 영등포~안양~수원으로 공격한다.

(2) 제3사단은 좌익으로 말죽거리~판교~풍덕천~수원으로 진격한다.

(3) 제6사단은 경인가도를 차단하고 오류동~인천을 점령한다.

(4) 제1사단은 수원을 점령한 후 후속하거나 선공부대로 나선다.

(5) 제105기갑여단은 계속 경부국도를 지향하여 제4사단을 지원한다.

　북한군은 6월 30일 한강 도하를 시도했다.^{주)} 　국방부 『한국전쟁사』 개정판 제1권 p708

혼성사단이란 이름의 오합지졸

28일 새벽에 적 전차가 미아리를 통하여 시내로 진입하면서 아군부대는 걷잡을 수 없는 혼란에 빠졌다.

사분오산(四分五散)하여 한강을 건너는데 목숨을 걸었다.

의정부와 미아리전선에 투입된 병력은 광나루와 뚝섬, 한남동과 서빙고, 마포와 서강나루터에서 한강을 건넜고,

개성과 문산선에 투입된 병력은 행주와 이산포나루에서 한강을 건넜다.

광나루에서 도하한 병력은 대부분 수원으로 집결하였고,

뚝섬과 한남동 그리고 서빙고에서 도하한 병력은 시흥과 수원으로 분산 집결하였으며,

마포와 서강, 행주, 이산포에서 도하한 병력은 대부분 시흥으로 집결하였으나 일부는 인천과 군산 등 해안으로 철수하였다.

육군본부는 28일 낮에 수원임업시험장에 육군본부지휘소를 설치하고

한강전선에 투입될 국군혼성부대

오후에는 시흥의 육군보병학교에 시흥지구전투사령부를 설치하였다.

참모부장 김백일 대령과 전 작전국장 강문봉 대령이 남행의 길목인 시흥에 낙오자수용소를 설치하고 철수 병력을 수용하였다.

수용된 병력은 소속부대와 병과를 가리지 않고 수습되는 대로 혼성부대를 편성하여 혼성사단에 편입하고, 동쪽 말죽거리에서 서쪽 양화진에 이르는 한강 남쪽 강변에 급조한 방어진지에 투입하였다.

혼성사단은 이름이 좋아 사단이지 대대 규모에 불과한 병력을 수습하여 모아 놓은 패잔병 집단에 불과하였다.

중장비와 차량은 모두 한강 북쪽에 버려 가진 것이 없고, 공용화기는 연대당 박격포 2~3문, 기관총 5~6정이 모두였으며, 통신망이 확보되지 않아 상하간 지휘체계와 인접부대와의 협조체계가 전연 이루어지지 않았다.

결정적 취약성은 지휘관이 부하를 알지 못하여 지휘에 어려움이 있었고, 부하도 지휘관을 따르려 하지 않아 통솔이 제대로 되지 않은 것이다. 한 마디로 공동 의식이 결여되어 있었고, 협동심이 없었다.

"내가 왜 여기에 있느냐?"

하는 생각을 가지고 가능하면 본대를 찾아 이탈해 갔다.

조직은 기계가 아니다. 궁극적으로 사람이 모여서 공동 생활을 함께하며 공통되는 이익을 추구하는 인간관계의 집단이다. 오랫동안 동고동락하면서 정과 믿음이 바탕에 깔려야

"저 사람은 나의 지휘관이다. 나는 저 사람을 따라야 한다."

는 신념이 우러나고 지휘관의 명령이 먹혀들어 조직이 일사불란하게 움직인다. 조직 그 자체가 하나의 생명력이다.

더구나 병사들은 거듭된 전투와 후퇴로 제대로 먹지도 못하고, 자지도 못해 심신이 극도로 지쳐 있었고, 후퇴만 하는 전투를 겪으면서 사기라는

말은 사라진 지 오래였다.

제1공병단 엄재완 소령의 증언

"나는 12:00(28일)에 시흥에 도착하였다. 그때 그곳에는 김백일, 원용덕 대령 등이 병력을 수습 중에 있었는데 병력이 500여 명 정도 집결되었다. 그들은 대부분 전날 한강교 폭파 작업에 동원된 공병단과 공병학교 병력이었는데 소령급 이상 장교를 찾아보니 보병으로 이세호 소령뿐이었고 공병으로서 허필은(許弼殷) 소령과 나 그리고 경리장교로서 제1사단 소속 김 모(金某) 소령 등 네 사람 뿐이었다. 그래서 이세호 소령을 대대장으로, 허필은 소령을 부대대장으로 하는 혼성대대를 편성케 되었는데 그때 각 중대장은 다음과 같다.

제1중대장 공병대위 김희동(金熙童)

제2중대장 공병대위 김품호(金品湖)

제3중대장 헌병대위 석종섭(石鍾燮)

제4중대장 공병중위 최영락(崔永樂)

대대는 지휘소를 대방동 삼거리 파출소에 정하고 병력은 중대 건제 순으로 인도교에서 노량진역을 지나 대방동 정면 강변에 배치하였는데 허필은 소령과 나는 곧 철교 폭파 임무를 맡게 되었다. 대대가 강변에 투입된 뒤로 대대장 이세호 소령은 다시 혼성제7사단의 참모로 복귀하였으며, 부대대장 허필은 소령도 수원의 공병감실로 가게 되어 결국 내가 그 대대를 지휘하게 되었다." (국방부 『한국전쟁사 개정판』 제1권 p714, 715)

시흥지구전투사령부

육군총참모장 채병덕 소장은 6월 28일 오후 시흥에 있는 육군보병학교에 시흥지구전투사령부를 설치하고 육군참모학교 교장 김홍일 소장을 사령관으로 임명하였다. 또 참모장에 제7사단 참모장 김종갑 대령을 임명하고 참모학교 간부진으로 사령부 참모진을 구성하였다.

철수하는 병력을 수습하여 3개 혼성사단을 편성하고 시흥지구전투사령부가 지휘하여 한강방어선 작전에 들어갔다.

김홍일 소장

혼성제2사단 사단장 보병학교 부교장 임선하 대령

혼성제7사단 사단장 전 제7사단장 유재홍 준장

혼성수도사단 사단장 수도경비사령관 이종찬 대령

전 참모학교 고문관 해즐릿(Robert T. Hazlett) 중령이 그간의 정보를 판단한 결과를 가지고 김홍일 사령관에게 이렇게 조언했다.

"미 지상군 참전은 기대 이상으로 확실시 된다. 그러나 부원군(赴援軍)이 이 땅에 상륙하여 전투 전개를 갖출 시간 여유가 필요하다. 그렇지 않으면 부원 계획이 무위로 돌아가고 말 것이다. 부원군이 도착할 때까지 필요한 시일은 향후 3일간으로 본다. 어떠한 일이 있더라도 3일 동안 한강선을 고수하여 적을 억류하여야 한다." 주)

국방부 『한국전쟁사』 개정판 제1권 p710

김홍일 소장은

"앞으로 3일 동안 이 한강선을 지키느냐, 못 지키느냐에 따라 나라의 운명이 가름난다." 주)

국방부 『한국전쟁사』 개정판 제1권 p710

고 판단하고 이를 각급 지휘관에게 강조하면서 작전 명령을 내렸다.

(1) 혼성제2사단은 신사동~이수교(동작동) 정면을,

(2) 혼성제7사단은 동작동~대방동 정면을,

(3) 혼성수도사단은 신길동~양화교 정면을,

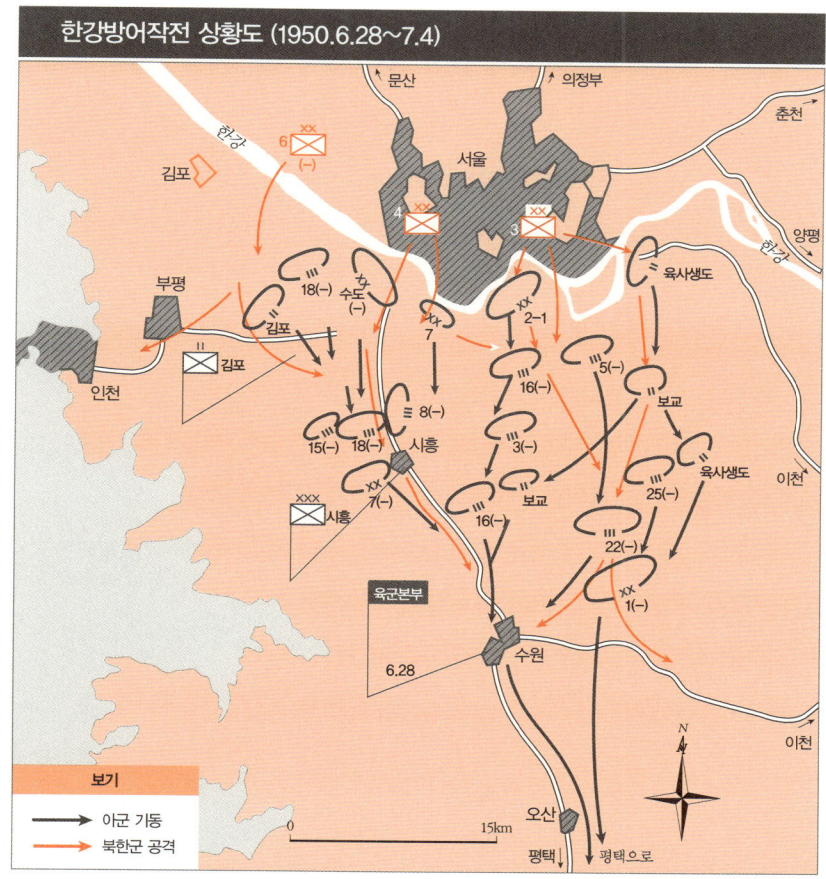

(4) 김포지구전투사령부는 현 위치에서 경인가도를 확보하라.

봉일천에서 철수하여 수원에 집결한 제1사단은 육군본부의 예비로 삼아 수원에 남겨 두었다.^{주)}

국방부「한국전쟁사」개정판 제1권 p710

중동부 방면 제6사단과 제8사단을 제외한 전 육군 전투 병력이 한강방어선에서 총력전을 펴는 양상이 되어 있었다. 그러나 실 병력은 1개 사단 규모에도 미치지 못했다.

시흥지구전투사령부는 통신망 미비로 혼성제7사단과 혼성수도사단만을 지휘하여 노량진~영등포 방면 방어에 치중하였고, 관악산으로 가로막혀 있는 혼성 제2사단은 육군본부가 직접 지휘하였으며, 안양천 건너편 경인가도 지역에는 이미 26일 김포지구전투사령부가 설치되어 독자적으로 전투를 수행해 오다가 시흥지구전투사령부가 설치되면서 그 지휘하에 들어갔지만 실질적인 지휘권은 미치지 못하였다.

28일 15시,

혼성제7사단에 혼성 2개 대대를,

혼성수도사단에 기갑연대 장갑대대와 제8연대 1개 대대를 편입하여 기간으로 삼도록 하였고,

혼성제2사단에는 기갑연대 기병대대를 수용하여 말죽거리 일대에서 전열을 정비하도록 하였다.

2. 노량진~영등포 부근 방어전

6월 28일 - 장갑차로 위력 과시

❙ 혼성제7사단 - 노량진에 전개

제7사단장 유재흥 준장은 28일 이른 아침 폭파되지 않은 하행선 철교의 침목을 밟고 건너서 07시 노량진역에 도착한 후 노량진역에 지휘소를 설치하고 병력을 수습하던 중 혼성제7사단장으로 임명을 받았다.

15시 대방동에 있는 수도육군병원(공군회관 맞은편- 전 공군본부 자리. 지금은 아파트단지)에 사단지휘소를 설치하고 인접한 성남중학교에 수용소를 개설하여 전열 정비에 들어갔다.

이때 시흥에서 공병을 주축으로 편성한 혼성 1개 대대가 대대장 이세호 소령 지휘하에 편입되어 왔으므로 인도교에서 대방동 삼거리에 이르는 한강변에 배치하였다.

　전날 우신국민학교에 집결한 기갑연대에 참모부장 김백일 대령이 와서 "장갑차를 노량진 인도교 입구에 출동시켜 대안에 화력 시위를 하라." 고 명령했다. 장갑차에 장치된 37mm포의 위력을 빌려 강 남쪽에 아군의 방어진지가 구축되어 있다는 것을 강북에 있는 적에게 과시하기 위한 방편이었다고 풀이했다.

　기갑연대장 유흥수 대령은 M-8장갑차 1대와 연대 본부중대 화기소대(81mm 박격포 3문, 2.36인치 로켓포 2문, Cal-50중기관총 수정으로 장비)를 직접 지휘하여 노량진으로 나아갔다. 16시에 수도사무소(水道事務所-한강대교 남단 서쪽) 부근에 장갑차를 포진하고 연대장이 직접 조준하여 대안에 설치된 적 기관총좌를 가격했다. 한강을 방어하겠다는 의지를 적에게 보여준 것이다.

　제5사단 제15연대 제1대대(李存一 소령)가 이날 저녁에 전주로부터 증원되었으므로 혼성제7사단에 배속하여 흑석동 고개 부근 수도고지(水道-105m) 북록(北麓)에 배치하였다. 이 대대는 병력 대부분이 휴가 또는 외출 중이어서 이들의 귀대를 기다려 늦게 진출하였다.

　한편 유재흥 사단장은 자신이 건너온 한강 하행선 철교가 반파 상태로 적이 이용할 우려가 있으므로 허필은, 엄재완 두 소령으로 하여금 공병을 지휘하여 이를 파괴하도록 하였는데 남단 교각 연결 부분이 약간 이탈하는 데 그쳤다. 다시 시도하고자 하였으나 적의 방해도 있었지만 폭약을 확보할 수 없어 그대로 방치하여 하나의 불씨가 남겨졌다.

▍혼성수도사단 - 영등포에 전개

　수도경비사령관 이종찬 대령은 28일 새벽 서빙고에서 나룻배를 타고 한강을 건넜다. 시흥에 도착하여 휘하 병력을 수습하였는데 제8연대(서종철 중령) 제1대대(이철원 소령) 일부 병력이 연대장과 함께 집결해 있었고, 의정부 방면으로 출동한 제3연대(이상근 중령)와 제18연대(임충식 중령)는 행방이 묘연했다.

　이종찬 대령은 이날 15시 혼성수도사단장으로 임명되어 영등포 정면 방어 임무를 맡게 되었고, 우신국민학교에 사단지휘소를 개설하였다. 이때 제8연대 제3대대(朴泰云 소령)가 합류했는데 대대 건제가 정연하여 이 대대를 사단의 기간으로 삼았다.

이종찬 대령

　이 대대는 27일 김포지구전투사령부에 배속되어 김포 지구에서 작전을 펴다가 시흥으로 온 것이다.

　혼성수도사단은 제8연대 제1, 제3대대를 신길동~안양천에 이르는 강변에 방어진지를 편성했다. 이와 함께 제8연대장 서종철 중령은 우신국민학교 북쪽 300m 지점에 있는 영등포구청 부근에 OP를 설치하고 연대장은 강변 참호 속에서 사병들과 같이 밤을 새웠다.

6월 29일 - 맥아더 원수 전선시찰

▍혼성제7사단 - 제1차 도하저지

　13시, 미 극동군총사령부 전방지휘소장 처치 준장 요청으로 오키나와 카데나(嘉手納) 기지에서 출격한 미 제5공군 B-26폭격기가 파괴하지 못한 한강 하행선 단선 철교를 폭격했으나 성공하지 못했다.

폭격기가 돌아간 직후 정찰대로 보이는 분대 규모의 적이 목선을 타고 흑석동~본동 사이 능선(도당재-육탄십용사기념탑이 있는 곳)과 동작동~흑석동 사이 능선으로 도하했다.

혼성제7사단에는 제1연대(이희권 중령), 제9연대(윤춘근 중령), 제20연대(박기병 대령), 제25연대(김병휘 중령)에서 혼성으로 편성한 1개 대대씩이 예속되었고, 제15연대(최영희 대령) 제3대대가 증원되어 있었다.

사단장 유재홍 준장은 제1연대 혼성대대를 어제 노량진~대방동 삼거리에 배치한 공병혼성대대 지역에 보강하고 나머지 대대를 동작동~노량진 간을 중심으로 다음과 같이 배치했다.

제9연대 혼성대대(류환박 소령) : 동작동~흑석동 사이 능선

제20연대 혼성대대(김한주 소령) : 흑석동~본동 사이 능선

제15연대 제1대대(이존일 소령) : 수도고지 북록(한강대교 남쪽)

제25연대 혼성대대(裵雲龍 소령) : 수도고지 서록(사육신묘 남쪽)

제15연대 제3대대(최병순 소령) : 수도고지 서쪽 당산(76m)

제1, 제9, 제20, 제25연대는 의정부 방면에 투입되었던 부대로 전날 아침에 주로 광나루에서 강을 건넌 후 수원에 집결하여 밤새 재편성을 마치고 이날 열차 편으로 시흥에 도착하였고, 제15연대 제3대대는 문산으로 진출하였다가 제1사단과 함께 수색에서 도하하여 영등포에서 밤을 새우고 이날 아침에 시흥에 집결하였으며, 제15연대 제1대대는 어제 전주에서 진출하였다.

제9연대 혼성 제1대대는 증강된 대대였다. 상도동으로 진출하여 무명고지(중앙대학교 뒷산~㉮고지)를 점령하였는데 한강에 닿아 있는 동북으로 뻗은 능선 끝자락 무명고지(현 명수대초등학교 동쪽 江畔구릉~㉯고지)에 소대 규모의 적이 진출하여 진지를 구축하고 있는 것을 발견하고 단숨에 공격하

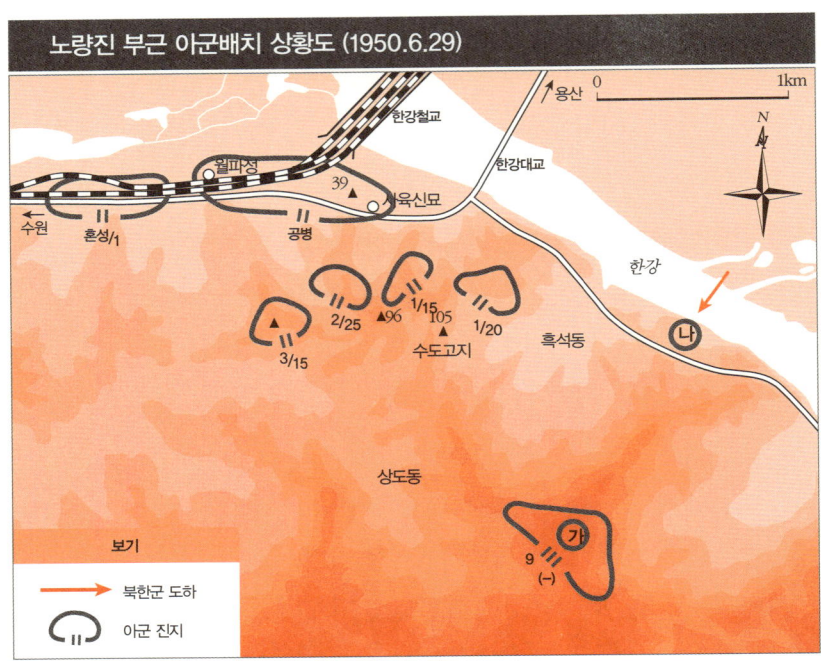

여 대부분 섬멸하고 일부가 도주했다. 곧이어 강북에서 포화가 집중되었으므로 대대는 포화를 피하여 ㉠고지로 물러나 있었는데 밤중에 적이 다시 도하하여 ㉡고지를 확보하였다.

　제20연대는 26일 미아리에 투입되었던 제1대대(김한주 소령)가 주축이었으나 전날 도하 과정에서 병력이 분산되어 실 병력은 2개 중대 밖에 되지 않았다. 대대가 수도고지 정상에 진출하여 강변을 살펴보았더니 도당재 일대에 증강된 소대 규모의 적이 호를 파고 있는 것을 확인했다.

　대대장 김한주 소령은 병력을 횡대로 전개하고 나팔수로 하여금 우렁차게 공격 나팔을 불게 하면서 "돌격 앞으로"를 크게 외쳤다. 2개 중대 병력이 함성을 지르며 돌진하여 순식간에 적병을 강물 속으로 밀어 넣었다. 여기서 처음으로 소련제 맥심(Maxim) 기관총과 체코식 기관총 등 여러 정의 총기류를 노획하였다.

곧이어 강 건너 마주 보이는 대안에서 전차포와 야포가 집중되었다. 탄약이 떨어진데다가 유일한 통신 수단인 무전기가 고장이 나 지원을 받거나 지휘하기가 어려워 더 이상 강안 사면을 지탱하지 못하고 사단수용진지(성남중학교)로 철수하였다.

제15연대 제1대대가 있는 수도고지 북록에는 별다른 상황이 없었다.

제15연대 제3대대는 수용 병력 400여 명으로 화기중대 없이 3개 중대를 편성하여 수도고지 서쪽 당산에 진지를 편성하였다.

한강대교~대방동 삼거리선 도로를 방수하던 공병혼성대대는 제1연대 혼성대대가 증원되자 한강대교 입구~노량진역으로 진지를 축소하고, 제1연대 혼성대대가 그 나머지 노량진역~대방동 삼거리를 맡았다.

제1연대 혼성대대는 제3대대가 기간이었다. 대대장 김황목 소령이 혼성수도사단 작전참모로 전보되자 부대대장 강완채 대위를 대대장에, 작전관 김상옥(金祥玉) 대위를 부대대장에 임명하고, 병력을 2개 중대로 개편하여 김기영(金基榮) 중위와 유상재(兪象在) 중위를 중대장에 임명하였다.

▍인천 치안 확보

이날 인천에서는 형무소에 수감 중인 공산계 죄수들이 탈출하여 무장폭동을 일으켰다. 이 소식을 접한 육군본부는 19시 시흥지구전투사령관에게 이를 진압하라는 명령을 내렸고, 전투사령관 김홍일 소장은 혼성제7사단에 집결하고 있던 제20연대장 박기병 대령에게

"1개 중대를 인천으로 출동시켜 폭동을 진압하라."

고 명령했다.

박기병 대령은 병력 차출을 모색하고 있던 중 마침 26일 밤 제15연대장

최영희 대령이 지휘하여 봉일천에 투입되었던 제20연대 제3대대 제12중대(康永傑 중위)가 이날 새벽 행주에서 강을 건너 18시 시흥역 부근에 집결하고 있는 것을 알았다. 중대를 점검한 결과 중화기는 강북에 버리고 왔으나 병력과 개인 장비는 대체로 건제를 유지하고 있었다.

이 제12중대를 트럭 5대에 태워 인천으로 출동시켰다. 인천은 무법천지가 되어 있었다. 인천형무소는 파괴되었고, 죄수들은 모두 탈옥했으며, 도처에 붉은 벽보가 나붙어 있었다. 탈옥한 죄수들은 지방공산당과 합세하여 난동을 부리고 있었다. 마침 옹진에서 철수한 경찰과 합세하여 벽보를 제거하고 적색분자를 색출하여 질서를 유지하였다. 다른 한편으로는 부두에 저장된 유류와 피복창에 보관되어 있는 피복을 트럭으로 후송하였다. 7월 2일까지 인천 질서를 확보하고 있다가 명령에 따라 7월 2일 소사로 이동하였고, 다시 다음 날 평택으로 철수하였다.

이날 맥아더 원수가 전용기 바탄호를 타고 10시 수원에 도착하여 한강전선을 시찰하였다. ▶ 제4장 제1절 「4. 맥아더 사령관」 참조

혼성수도사단 – 밤섬 혈전

제8연대는 신길동~안양천에 이르는 강변에 진지를 편성하고 있었다. 맥아더 원수가 다녀간 뒤 제18연대 제1대대와 57mm대전차포 1개 소대가 증원되었다.

제18연대 제1대대(박철용 소령)는 6월 25일 전 대대가 휴가 중이어서 연대 주력과 함께 출동하지 못하고 용산 연대 본부에 남아 있다가 28일 새벽 강을 건너서 시흥에 집결한 후 휴가에서 복귀한 병력을 수습하여 같은 수도경비사령부 소속인 제8연대를 부원하였다. 제8연대장 서종철 중령은 제

18연대 제1대대를 연대 좌 일선으로 안양천 동안에 배치하여 제8연대의 부담을 줄이고, 대전차포소대를 제3대대 화기중대장이 지휘하게 하여 동양맥주공장 남쪽 고개에 포진시켰다.

정오를 넘긴 시각, 적이 뗏목을 타고 산발적으로 밤섬으로 건너왔고 대안 당인리(唐人里) 방면에서 이를 지원하는 포격이 가세하였다. 이 포화를 제압하고자 하였으나 연대 중화기 81mm 박격포의 사정이 미치지 못하였으므로 낮 동안 적이 여의도 비행장으로 접근하는 것을 저지한 다음, 날이 어두워지면 대전차포로 이를 제압하기로 하였다.

해가 진 뒤 중화기 중대장 김인식(金仁植) 중위는 대전차포 4문을 이끌고 여의도로 건너가서 서북쪽 구릉지대에 포진한 후 적 포진지에 제1탄을 발사한 것을 시작으로 장병들의 환호성을 받으며 10여 발을 연속으로 작렬시켰다. 미처 그 성과를 헤아릴 겨를도 없이 적 포화가 집중하여 2시간 동안 여의도 서북단이 불바다가 되었고, 김인식 중위 이하 포대원은 한 명도 돌아오지 못했다.

밤섬으로 도하한 적은 포격 지원을 받으며 김포가도 쪽으로 공격을 시도하여 밤새도록 백사장을 피로 물들이는 공방전이 계속되었다. 경인가도 제방에 1m 간격으로 포진한 제8연대 병사들은 허리띠로 옆 사람과 연결하여 설렁줄을 만들어 놓고 격려하면서 밤새 적을 막아냈다.

6월 30일 - 북한군 도하 개시

▎혼성제7사단 - 노량진 도하저지전

날이 밝자 제9연대 정면으로 적이 도하했다. 전날 밤 도하하여 확보한 강반의 ㉯고지를 발판으로 삼고 포병 지원을 받으면서 많은 병력이 도하하여 ㉯고지의 거점을 강화한 후 ㉮~㉯고지의 능선 일부를 장악하고 제9연대 혼성대대가 있는 ㉮고지 정상으로 기어 올라왔다.

제9연대는 능선을 오르는 적을 선제공격하여 일진일퇴를 하던 중 미 공군 B-29 15대가 출격하여 강 북안 제방을 따라 집결한 병력과 도하용 주정에 집중하여 폭탄 세례를 퍼부었다. 이 틈에 연대는 침공하는 적을 강반의 ㉯고지로 밀어 놓고 하루 종일 격전을 벌였다.

이 전투에서 잡은 포로 진술에 따르면 저들은 제3사단 제8연대 소속이라고 하였고, 적 제3사단 주력은 이날 한남동~서빙고 쪽에서 말죽거리로 도하를 시작하였다고 했다. 결국 노량진 방면으로 도하한 적은 저들 주력의 도하를 엄호하기 위하여 아군을 견제하기 위한 수단으로 취한 양동작전으로 판단되었다.

수도고지 정면에는 어제 저녁 흑석동~본동 사이에 포진했던 제20연대 혼성대대가 철수한 틈으로 밤중에 1개 중대 규모의 적이 인도교 교각 주위로 배를 타고 도하하여 흑석동 고개(도당재)에 달라붙었다.

제15연대 제3대대(최병순 소령)와 제25연대 제2대대(배운룡 소령)가 상도동에서 대오를 가다듬고 저들이 도당재에 거점을 확보하기 전에 선제공격하여 10시 전후에 이들 적을 강물 속으로 쓸어 넣었다.

물속으로 뛰어들지 못한 10여 명을 포로로 잡았고, 소총류 100여 정, 기관총 4~5정, 권총 10여 정, 수류탄 300여 발 등 트럭 2대 분의 무기류를 노획하여 성남중학교에서 전시한 다음 15시 수원으로 이송하였다. 모처럼 통쾌한 개가를 올렸다. 아군도 30여 명의 사상자를 냈다.

인도교 부근에서 야간에 노량진 주변으로 도하한 적은 잘 막아냈다.

이날 또 하나의 통쾌한 개가는 미 공군이 가져다 주었다. 이른 아침 미 제5공군 소속 폭격기가 서울 북쪽 근교의 교통망 차단 공격을 하던 중 파괴되지 않은 한강 하행선 단선 철교에 판자를 깔고 건너는 전차와 차량 종대를 발견하고 이를 폭격하여 철교 남쪽에서 3번째 경간을 절단하였다. 이로 말미암아 많은 적 전차와 차량이 함께 파괴되거나 물속으로 곤두박질 쳤을 것이나 그 전과는 확인되지 않았다.

적 보병부대가 수도고지에 거점을 확보하려 한 것은 전차를 도하시키기 위하여 실시하는 철교 교판 작업을 엄호하기 위한 것으로 판단되었다.

이날 제15연대장 최영희 대령이 오류동 방면 방어 책임을 맡게 되었다. 이에 따라 제1대대를 오류동으로 전진시키고 사단 수용지로 철수했던 제20연대 혼성대대(김한주 소령)를 수도고지 부근으로 추진시켰다.

▌혼성수도사단 - 여의도비행장 쟁탈전

지난 밤새도록 여의도를 사이에 두고 공방전을 벌였다. 적은 종내 정면 제8연대를 돌파하지 못하고 여의도비행장만을 장악하였다.

제3대대 제11중대(金光海 대위)가 비행장을 공격하였다. 제11중대는 여의도비행장으로 돌입하여 격전 끝에 적을 격퇴하고 비행장을 탈환한 다음 호를 파고 경계진지를 마련하였다.

이어서 강 건너 마포와 신촌 일대에서 적 포화가 불을 토하기 시작하였다. 그 위력이 얼마나 강렬했던지 사람이 움직일 수 없었다.

"전쟁 전 기간을 통하여 적으로부터 받은 가장 치열한 포격의 하나."
라고 연대장 서종철 중령이 술회했다.

제11중대를 철수하여 본대로 복귀시키고자 하였으나 움직일 수가 없어서 격납고로 대피시켰다. 그러나 포격의 열화가 격납고까지 화염으로 덮어 중대장 김광해 대위를 비롯하여 많은 장병이 산화했다.

결국 종일토록 포화만 주고받았지 여의도의 주인은 가리지 못하였다.

사단본부에도 적의 포화가 치성을 부려 사단지휘소를 동양맥주공장으로 이동했다.

7월 1일 - 한강도하 저지전

❙ 혼성제7사단 – 노량진 전투

10시 무렵 제9연대는 강반의 적 거점 ㉯고지를 공격했으나 대안으로부터 포화가 집중되어 병력 손실만 가져오고 공격은 성공하지 못하였다.

제25연대 제2대대는 ㉮고지~수도고지 능선을 공격하여 능선에 진출한 1개 분대 규모의 적을 섬멸하고 목표 능선을 점령하였다. 그러나 대대가 능선 위에 올라서는 순간 강 건너에서 쏟아지는 적 박격포탄에 대대장 배운룡 소령이 전사하고 많은 사상자를 냈다.

제8중대장 김백영(金白泳) 대위가 대대를 지휘하여 우측 제9연대와 좌측 제15연대 제3대대와 연계하여 진지를 확보하고 날을 보냈다.

노량진~대방동 간에 진지를 편성한 공병혼성대대(엄재완 소령)는 지휘소 월파정(月波亭-장택상 씨 별장)에 아군 복장을 한 분대 규모의 적이 잠입하여 기습 공격을 했다. 불의의 습격을 받고 격전 중 대대장 엄재완 소령이 흉부 관통상을 입어 대대가 혼란에 빠지자 안양으로 철수하였고, 제20연대 혼성대대가 사육신묘를 중심으로 전개하여 적이 철교를 통하여 도강하는 것은 막았다.

사육신묘지 정상에 제20연대 관측소가 있었는데 적 포탄이 집중하여 정보주임 김상칠(金尙七) 중위가 전사하고, 작전주임 박정식(朴禎植) 중위가 부상을 입었다.

혼성공병대대와 함께 노량진~대방동 선에 방어진지를 마련한 제1연대 혼성대대(강완채 대위)는 혈전을 벌이면서 여의도비행장 쪽에서 침투하는 적을 막았는데 이 과정에서 중대장 유상재 중위가 전사했다.

이날 밤 복선철교 위에 무장한 기관차가 나타나서 교관 부설 작업을 한다는 정보를 입수하고 60mm박격포 2문으로 포격하여 작업을 방해했다. 전날 전차와 차량을 하행선 단선 철교로 통과시키다가 미군 항공기의 공격으로 철교가 절단되어 실패한 적은 서울시민과 철도선로반을 동원하여 파괴된 복선철교 남쪽 경간에 교관 부설 작업을 하고 있었다.

혼성제7사단지휘소가 있는 수도육군병원에 적 포화가 집중되어 사단지휘소를 그 600m 후방인 서울공업중학교로 이동했다.

▌혼성수도사단 - 영등포 전투

04시, 적 제4사단은 마포와 하중리(賀中里)에서 거룻배와 뗏목에 병력과 장비를 싣고 여의도로 도하하였다. 강 중간에 있는 밤섬에 전진 거점을 마련하고 백사장을 휩쓸면서 김포가도 제방으로 육박해 왔다.

제8연대 제3대대(박태운 소령)는 도로 제방 전 사면에 호를 파고 호 속에 엄폐하고 있었다. 수적인 우세를 믿고 개활지로 밀려드는 적을 유리한 지형 조건에서 여지없이 격파하여 공격 일파를 격퇴했다.

공격에 실패한 적은 제방에 연한 아군 진지에 포격을 집중하여 대응 사격을 지휘하던 중화기 중대장 김인식 중위가 부상을 입고 후송되었고 제10중대장 나병서(羅秉緖) 대위가 중화기 중대를 통합지휘하여 끝내 진지를 고수하고 적이 제방 위에 한 발짝도 들여놓지 못하게 하였다.

7월 2일 - 용하게 버틴 하루

▌혼성제7사단 - 노량진 공방전

사단 우 일선 동작동~흑석동 부근 제9연대와 제25연대는 적의 한정된 공격으로 일진일퇴를 거듭하면서 진지를 고수하고 있었다.

전날 ㉯고지~수도고지 능선에서 많은 피해를 입은 제25연대 제2대대는 남은 병력을 수습하여 1개 중대로 재편성하였다.

제3소대장 이익수(李益秀) 소위의 증언 요지

"이날 아침 제3소대는 동작동의 한 고지를 점령하고 있었다. 그 고지는 1개 소대를 겨우 수용할 수 있는 작은 만봉(巒峰)이었다. 소대가 고지를 점령하자마자 적의 포화가 집중되었고, 화력이 중대와 소대를 차단하여 소대는 고립되었다. 계속된 포격은 조그마한 고지에 50여 발이 작렬했고, 소대는 2개 분대의 사상자를 내어 12명만 남았다. 각자 실탄도 50여 발씩 밖에 남아 있지 않았다. 그러나 어쩔 수 없이 고지에 버티고 있었다.

해가 넘어가는 것과 때를 맞추어 소대 규모의 적이 공격했다. 적이 공격하는데도 포탄이 계속 쏟아져서 고개를 들 수가 없었으므로 사격 한 번 해 보지 못했다. 적을 진전으로 바싹 끌어들인 다음 수류탄으로 사생결단을 내기로 하였다. 병사들에게 수류탄 2발씩을 나누어 주고 '하나, 둘, 셋' 하는 구령에 따라 수류탄을 던지며 함성을 함께 지르게 하였다. 이윽고 적이 진전에 바싹 접근했을 때 함성과 함께 수류탄 두 발씩을 연달아 던졌다. 요란한 폭음과 함께 함성에 놀란 적은 퇴각했는데 부상자를 끌고 가는 것이 보였다. 그러나 적은 곧 다시 공격할 것이 확실했으므로 이번에는 기지를 발휘하여 '제1소대 우로! 제2소대 좌로! 적을 포위하라'고 외쳤다. 허장성세에 놀란 적은 소대가 중대 규모인 줄 알았는지 해가 진 후에도 나타나지 않았다." (국방부 『한국전쟁사』 개정판 제1권 p731)

▌혼성수도사단 – 영등포 공방전

사단지휘소를 동양맥주공장에서 시흥 보병학교로 옮겼다. 여의도 공방은 이날도 계속되었다.

전날 밤 적 일부가 여의도비행장을 점거하였다. 제8연대는 제1대대(이철원 소령) 제1중대(金仁杰 대위)로 하여금 이 적을 격퇴케 했다.

제1중대는 포화가 작렬하고 총탄이 빗발치는 속을 뚫고 비행장으로 진격하여 종일 혈전을 벌여 적을 밤섬으로 격퇴했다. 격전 중에 대대장 이철원 소령과 중대장 김인걸 대위가 전사했고, 박격포 사격을 지휘하여 중대 공격을 지원하던 제10중대장 나병서 대위가 적 포화에 산화했다.

대대장 1명에 중대장 2명 전사는 엄청난 피해다.

사단 좌 일선 제18연대 제1대대(박철용 소령)는 난지도 쪽에서 양화진 쪽으로 도하하는 적과 화력을 교환하면서 잘 버티고 있었다.

제4중대는 중대장 이수찬(李秀燦) 중위가 보병학교 교육 중이어서 비상소집으로 휴가 중 복귀한 최규현 중위가 중대를 지휘하였다. 그는 이날까지 행적을 비망록으로 남겼다. 이를 보면 혼성부대 편성의 편린과 전황의 단면을 볼 수 있고, 낙오한 장병들이 전선에 복귀하기 위하여 처절하게 몸부림친 흔적을 엿볼 수 있다.

최규현 중위의 비망록

"6월 25일, 휴가 중 집(靑丹)에서 전쟁을 만났다. 제12연대 제11중대장 한보석 중위와 함께 연안으로 집결하려다가 여의치 못하여 청룡에서 배수진을 치고 함께 싸웠다. 바닷물이 빠지자 용매도(龍媒島)로 건너가 제17연대 일부 병력을 수습하여 배를 모았다. 백석포(白石浦) 일대에 적선이 보인다고 하여 배를 띄워 덕적도(德積島)로 지향하였다.

6월 28일 16시 30분 덕적도에서 제17연대 병력은 동 연대의 김삼만(金三萬) 중위에게 인계하였는데 수효가 63명이었다. 다시 배를 저어 22:00에 인천 앞바다에 이르렀다. 사람을 보내본 즉, 무슨 까닭인지 인천으로는 상륙할 수 없다고 하였다. 다시 4시간을 노를 저어가니 ○○도에 도착하였다.

6월 29일 09:30 ○○도를 출발하여 13:25에 화성군 반월면 봉오리(華城郡 半月面 本五里) 부근 해안에 도착하였다. 뭍에 올라 민가의 주선으로 점심 식사를 하였다. 21:00 수원 육군본부에 집결하여 100명으로 편성된 혼성 중대장으로 임명되었는데 병력이 모두 비무장이었다.

6월 30일 12:25에 명령에 따라 시흥전투사령부에 가서 신고를 하니 비무장이라 하여 다시 수원으로 돌려보냈었다.

7월 1일 04:00 수원 육군본부에 도착하였다. 무료(無聊)하니 견딜 수가 없었는데 마침 노량진으로 증원된다는 연대가 있기에 합세하여 다시 시흥으로 갔다. 안양에 이르니 역시 비무장이라 하여 헌병이 앞을 가로막는 까닭으로 뜻을 이루지 못하고 수원으로 되돌아갔다.

12:00 수원에 도착하여 무장 병력 95명을 얻었다. 몸이 날아갈 듯 기뻤다. 밤중으로 다시 시흥에 갔다.

7월 2일 05:00 시흥에 집결하여 잠시 쉰 뒤 알아보니 대대가 영등포에 있다고 하였다. 12:00 영등포에 이르러 비로소 대대장(박철용 소령)의 지휘하에 들게 되어 김포가도에 나가게 되었다. 먼저 다른 사람들이 파 놓은 호 속에서 강 건너 땅을 바라보니 보이는 것은 오직 붉은 불덩어리와 검은 연기뿐이었다.

이날 종일 앉아서 적의 포탄을 맞았다. 어떤 병사는 호 속에 포탄이 떨어져서 형체도 없어지고 말았다. 병사들이 할 수 있는 일이란 오직 한 가지, 적의 포탄에 맞지 않게 해 주십사 기도하는 것뿐이었다.

이날 김동준(金東俊), 이홍식(李洪植), 이관영(李觀永), 장종진(張鍾鎭), 표준철(表俊喆), 김영록(金永錄), 김경포(金京布), 정석웅(鄭錫應), 이용환(李龍煥), 김형산(金亨山) 등 병사 10명이 전사하고 중대 선임하사 김휘익(金輝益)이 실종되었으며 김대성(金大成), 장찬규(張瓚奎) 두 병사가 부상을 입었다. 모두 적의 포탄에

의한 것이다."(국방부 『한국전쟁사』 개정판 제1권 p732, 733)

7월 3일 – 적 전차 한강을 건너다
| 혼성제7사단 – 노량진에서 철수

서울이 유린되고 6일째 되는 날. 적 전차는 한강을 짓밟았다.

전날 밤중에 경부선 하행선 철교 남쪽 부서진 경간을 보수한 적은 이날 04시 전차 4대가 요란한 굉음을 울리며 철교 위에 모습을 나타냈다. 철교 남단 수도고지~사육신묘 부근에 진지를 점령하고 있는 부대가 화력을 총집중하여 전차의 진출을 막고자 안간힘을 썼으나 공용화기 하나 제대로 갖추지 못한 혼성부대의 화력으로는 전차를 막을 수 없었다.

적 전차는 아군의 총탄 세례쯤은 모기에게 물린 정도로 생각하는지 끄덕

한강철교를 건너는 북한국 T-34전차

도 하지 않고 노량진으로 들어선 후 도로를 따라 전차포를 좌우로 휘두르며 유유히 영등포 쪽으로 진출했고 그 뒤에 보병 주력이 따랐다.

전차가 지나가는 것을 본 병사들은 하나 둘 진지를 빠져나가기 시작했고, 곧 전선은 와해되고 말았다.

상황을 보고받은 김홍일 사령관은 사태가 심상치 않음을 깨달았다. 더이상 현 전선을 지탱할 수 없다고 판단하고 혼성제7사단과 혼성수도사단을 안양으로 철수하도록 명령을 내렸다.

그러나 통신망 불비로 철수 명령은 제대로 전달되지 않았다.

대방동 정면에 있던 제1연대 혼성대대(강완채 대위)는 정면 여의도 쪽에만 정신을 쏟고 있었던 까닭에 적 전차가 한강을 건너온 사실을 알지 못했다. 도로에 지나가는 전차를 보고 아군인 줄 알고 반기다가 기관총사격을 받아 사상자가 난 뒤 비로소 적 전차가 도하한 사실을 알았다.

철수해야 할 상황이지만 상부로부터 명령이 없는데다가 대대장이

"여기서 죽어야지 어디로 가느냐?"

고 사수의 의지를 보였고, 대다수의 병사들도

"여기가 딱 싸우기 좋은 곳인데 이처럼 방어하기 좋은 곳을 버리고 어디로 철수합니까?"

라고 철수에 부정적인 의사를 보였다. 상부 지휘를 받기 위하여 사단지휘부에 연락병을 보냈는데 연락병은 돌아오지 않았다.

비로소 사태가 심각함을 깨닫고 사병들을 설득하여 11시에 철수하기 시작하였으나 영등포 방면은 이미 퇴로가 차단되었으므로 관악산을 넘고 과천을 거쳐 안양으로 빠졌다.

대체로 혼성제7사단은 부대별로 분산되어 이날 낮 중으로 일부는 시흥~안양으로, 또 일부는 관천~군포장(軍浦場)으로 철수하였다.

▎ 혼성수도사단 – 영등포에서 철수

이날 새벽부터 적 포탄이 영등포 일대에 작렬하기 시작했다.

영등포구청 부근 연대 전방지휘소에서 밤을 새운 제8연대장 서종철 중령은 연대관측소 주변에 적 포탄이 떨어지자 적의 도하 공격이 시작되었다고 판단하고 지프를 타고 김포가도 제방으로 달려갔다. 제방에 이르기 전에 날아온 적 포탄이 지프를 강타하여 지프가 대파되고 연대장은 머리에 파편상을 입었다.

연대후방지휘소에서 포성을 듣고 심상치 않게 여긴 부연대장 이현진(李賢進) 중령이 전방지휘소로 달려가다가 이 광경을 목격하고 연대장을 구출하여 시흥으로 후송하였는데 이때 이미 삼삼오오 분산하여 남쪽으로 걸음을 재촉하는 장병들이 전황이 기울었음을 대변해 주고 있었다.

부연대장 이현진 중령이 연대를 지휘하기 위하여 전방지휘소가 있는 영등포구청 부근에 왔을 때는 연대 본부요원 수 명이 쓰러져 있었고, 지휘소는 적이 휩쓸고 간 흔적이 역력했다.

전선이 파탄 났다고 판단한 이현진 중령은 시흥 쪽으로 가서 안양천 지류인 마장천(馬場川) 교량에서 병력을 수습하기 시작하였다.

제8연대 제3대대장 박태운 소령의 증언

"이날(7월 3일) 아침 우리 등 뒤쪽인 영등포구청 쪽에서 전차소리가 나더니 해가 뜰 무렵, 우측 노량진~영등포~김포가도 삼거리에 전차 1대가 나타나서 제방 위에 오르더니 포신을 대대진지로 돌려 사격을 했다. 대대는 특공대 2개 조를 편성하여 육박공격으로 전차를 파괴하고 기어 나오는 전차병 2명을 사살하였다. 얼마 후 기적 소리가 들려 쌍안경으로 살펴보니까 한강 철교 위에 기차가 건너오고 있는데 무개화차(無蓋貨車) 10여 량을 기관차가 뒤에서 밀고 있었고,

화차에는 전차 13대가 실려 있었다. 기차가 노량진 쪽으로 들어선지 2시간쯤 지났을 때부터 영등포시내가 차량 소음으로 요란했다.

　일이 틀어졌다고 판단하고 철수하였다. 박격포는 땅에 묻고 가벼운 군장으로 안양천변을 따라 남쪽으로 발길을 잡았다. 얼마 가다가 말 울음소리를 듣고 주위를 살폈더니 제방 밑에 야포가 보였고, 비옷을 입은 병사가 있어

　'어느 부대냐?' 고 물었더니

　'18연대다.' 라고 대답했다.

　'제18연대가 건재하고 있구나?' 하고 생각했다.

　다시 살펴보니까 인민군 복장을 하고 있었다. 적 제4사단 제18연대였었다.

　여기서부터 대대는 대오가 흩어져서 분산되었는데 시흥에 이르렀을 때는 시내가 텅 비어 있었고, 병력을 수습해 보았더니 50여 명이 없어졌다. 안양을 거쳐 오후 늦은 시간에 수원에 도착했다." (국방부 『한국전쟁사』 개정판 제1권 p735~737)

3. 말죽거리~금곡리 부근 방어전

기갑연대 말죽거리 진출

　6월 28일 기갑연대 기병수색대대는 시흥에 집결하였다.

　기갑연대 기병수색대대는 27일 낮 기갑연대 전용나룻배로 비교적 수월하게 한강을 건너서 대방동에 집결하여 밤을 새우던 중 한강교가 폭파되는 소리를 들었다.

　기병수색대대가 한강을 건너는 도중 YAK기 공습을 받았다. 천우신조로 이때 미군 F-80 전투기가 나타나 YAK기를 요격하여 격추시켰다. YAK기는 말죽거리 부근 논바닥에 떨어졌고, 기병수색대대 제5중대 제2소대장 김형

식(金亨植) 소위가 몇 명을 데리고 말을 타고 가서 확인했는데 조종사는 즉사했고, 통신사가 부상을 입은 채 기적적으로 살아있었다.

저들은 한강 차단 임무를 띠고 함경남도 연포비행장에서 출격하였다.

이날 오후 기병수색대대는 김홍일 사령관의 명령을 받고 안양~과천을 거쳐 말죽거리로 진출하여 한남동 나루가 마주 보이는 신사동 일대에 방어진지를 편성했다. 이 지역은 기병수색대대 승마훈련장이 있었던 곳이라 지형을 잘 알고 있었다.

혼성제2사단 남태령에 전개

6월 28일 혼성제2사단장 임선하 대령은 사단지휘소를 과천에 개설하고 사단 편성에 들어갔다.

제3연대장 이상근 중령은 한강교가 폭파되기 전에 강을 건넜다. 이상근 연대장은 연대 병사(兵舍)가 서빙고에 있었음을 감안하여 연대 철수 병력들이 필경 서빙고 쪽 나루를 이용하여 도하할 것이라고 생각하고 그 맞은편 과천에서 병력을 수습하기로 하였는데 과연 그의 예상대로 부연대장 최수창(崔秀昌) 중령과 제3대대장 김봉상 소령이 연대 일부 병력을 지휘하여 과천으로 집결하였고, 일부 병력은 수원으로 철수하였음을 확인하였다.

임선하 사단장은 제3연대가 본래 수도경비사령부 소속이었으나 이 연대를 혼성제2사단 기간으로 삼기로 하여 과천에서 수습된 제3대대를 과천 북쪽 남태령(南泰嶺-사당동으로 이어지는 도로상)에 배치하고, 이날 저녁 때 수원에 집결한 제1대대(임백진 소령)를 불러 올려 전력을 정비하였다.

임선하 대령

한편 본래 제2사단 건제 부대인 제5연대(최창언 중령)는 이날 낮에 광나루에서 강을 건넜고, 제16연대(문용채 대령)는 새벽에 한강교가 폭파되기 전 한강교를 통과했다. 그리고 제25연대(김병휘 중령)는 이날 현재 연대장의 생사를 알지 못하는 가운데 병력이 분산된 채 한강을 건너서 수원으로 집결 중에 있는 것으로 알려졌다.

이들 연대는 이때까지 제2사단장의 장악하에 들어오지 않았다.

14시, 유해준 중령이 지휘하는 보병학교연대가 혼성제2사단에 증원되었다. 보병학교연대는 25일 문산으로 출동하였던 교도연대와 26일 김포로 출동한 후보생대대 중에서 보병학교로 철수한 병력을 수습하여 1개 대대를 편성하고 하갑청(河甲淸) 중령을 대대장으로 임명하였다.

대대 규모에도 미치지 못하는 병력을 연대라는 단대 명칭을 붙여 연대장이 지휘하여 증원한 것이다.

제16연대는 전날 수원에 집결한 병력으로 제1, 제3의 2개 대대를 재편성하고 유의준 중령과 윤태호(尹泰晧) 소령을 대대장으로 임명하여 이날 혼성제2사단에 배속하였다.

제5연대는 28일 낮 광나루에서 강을 건넌 후 종일토록 천호동에서 후속하는 병력을 수습하고 29일 낮 수원에 집결하여 제1대대(李敬燾 소령)와 제2대대(차갑준 소령)을 편성하였다. 연대는 다음 날 혼성제2사단에 배속되어 말죽거리 방면에 투입되었다.

이날 현재 혼성제2사단은 명목상 3개 연대의 구색을 갖추었으나 실 편성은 7개 대대에 불과했고 대대 병력은 기준 인원에 많이 모자랐다.

제3연대(최수창 중령, 이상근 중령 와병으로 부연대장이 지휘)를 말죽거리 기병수색대대 쪽에 보강하여 우 일선으로 삼고 제16연대를 남태령으로 추진하여 좌 일선으로 삼았다. 보병학교연대는 과천에 예비로 남겼다.

한남동 도하 저지전

26일 김포 지구로 출동하였던 기병수색대대 임시 제7중대(金村成 중위)의 2개 소대가 과천에 합류하여 기병수색대대 전력이 보강되었다.

6월 29일 해질 무렵 기병수색대대는 기마로 강안을 수색정찰하고 있었는데 제3중대(박익균 중위)가 뚝섬에서 출발한 것으로 보이는 적 1개 소대 규모를 태운 거룻배가 청담동 부근으로 접안해 오는 것을 포착하고, 기다렸다가 하선하는 순간 공격하여 모조리 한강물에 처넣었다.

마주 보이는 강 건너 한남동에 기병수색대대의 정든 병사(兵舍)가 있다. 하염없는 향수에 젖어 있는데 그 병사가 적 수중에 들어가 도하기지로 이용되고 있는 것이 밝혀졌다. 흥분한 대대 장병들은 복수심을 불태웠다. 해가 저물자 60mm박격포 6문을 사정이 미칠 수 있는 강변 백사장으로 추진하여 22시 정들었던 내 집 안방에 대고 포탄 60발을 퍼부었다. 병사는 한동안 화광이 하늘로 치솟더니 곧 검은 연기로 뒤덮였다.

강 건너 멀리서 장병들은 정든 병영이 화염에 사라져가는 광경을 바라보며 울분을 달래야 했다.

채병덕 총참모장은 이준식 육군사관학교 교장에게 지시하여 광나루 도선장을 폐쇄하고 남쪽으로 통하는 길은 차단하라고 명령했다. 광나루를 건너면 판교~오산으로의 통로가 열린다.

이준식 준장은 어제 오후 늦은 시간에 광나루에서 도하하여 수원에 집결한 사관생도 300여 명으로 대대를 편성하였다.

대대장에 손관도 소령을 임명하고 이승우(李承雨), 조덕수(趙德守), 송인률, 박정서 등 대위를 중대장에 임명하였다.

대대는 육군사관학교 생도대대장 장두권(張斗權) 대령이 지휘하여 풍덕천~판교를 거쳐 광나루 대안 천호동에 방어진지를 편성하였다.

말죽거리 전투

30일 날이 새면서 적의 도하 공격이 본격적으로 이루어졌다.

이날 아침 적은 남산에 방열한 포로 신사동 부근에 있는 기병수색대대진지에 포격을 집중하여 기병대대를 꼼짝 못하게 해 놓고 10시 거룻배를 이용하여 20~30명 단위로 도하한 다음 기병대대진지로 진출했다.

이에 앞서 적은 새벽에 선견대가 은밀하게 도하하여 반포동(盤浦洞) 부근 야산에 거점을 확보하고 저들 주력의 도하를 엄호하면서 일부가 공격에 가세하여 기병대대 서 측방으로 진출했다.

순식간에 적 도하 병력이 강 남안에 올라붙었고, 좌 측방에서는 언제 숨어들었는지 알 수 없는 적이 기관총을 쏘면서 돌진하자 총소리에 놀란 말이 먼저 달아나기 시작했다. 이때까지 승마 훈련만을 끝냈을 뿐이고 말에 대한 전투 소음 훈련이 안 된 상태라 말이 놀랄 수밖에 없었다.

달아나는 말을 붙잡으랴, 쳐들어오는 적을 막으랴 우왕좌왕 정신 차릴 겨를이 없었다. 진내는 적이 들어왔고, 대대는 와해되고 말았다.

기병대대는 정오에 군포장으로 철수하여 인마를 수습하였다.

기병수색대대 제6중대장 박익균 중위 증언 요지

"전장에서 달아난 말들이 귀소본능(歸巢本能)으로 한강을 헤엄쳐서 역으로 건넌 후 기병수색대대의 병사로 찾아갔다. 적이 이용할 것을 알면서도 정든 말을 사살할 수가 없었다고 했다. 특히 박익균 중위의 말은 한남동 연대 부근에 있던 집으로 찾아갔는데 미처 피난하지 못하고 있던 가족들이 그 말을 보고 매우 놀랐다고 했다." (국방부 『한국전쟁사』 개정판 제1권 p741)

제3연대(최수창 중령)는 기병수색대대 우 일선 역삼동에 있었다. 좌측 기병수색대대진지가 유린되는 것을 보고 그 예봉이 연대진지로 연신(延伸)되기 전에 선제공격하여 제압하고자 제1대대(임백진 소령)가 선두로 출진하였다. 신사동을 향하여 돌진하다가 마침 그곳에 미리 진출하여 본대를 기다리고 있던 중대 규모의 적 선견대를 일격에 격멸하고, 뒤따르던 일부 병력까지 강변 백사장으로 몰아냈으며, 도강을 추진하던 76mm야포 5문을 비롯하여 장갑차 등 지원 부대 장비를 모두 파괴하였다.

연대는 선제공격으로 많은 전과를 올리고 기선을 제압했으나 결국은 우세한 포화를 투지만으로는 감당할 수는 없었다. 시간이 가면서 전력의 열세는 드러났고, 저지선을 지탱하기는 어려웠다.

임선하 사단장은 16시에 이날 수원에서 증원된 제5연대(최창언 중령)를 말죽거리 동쪽으로 추진하여 서쪽 제16연대의 우면산 진지와 연결하는 선에서 새로운 진지를 편성케 하고 제3연대는 과천으로 뽑았다.

금곡리 전투 - 혼성 제3사단 투입

6월 30일 사관학교생도대대는 어제 광나루에 진지를 편성한 후 종일 적이 도하할 것을 노리고 있었으나 적은 보이지 않고 피난민 대열만 줄을 잇고 있었다. 피난민을 가장한 적 오열(五列) 3명을 붙잡았는데 이들로부터 적의 주 도하지점이 한남동~서빙고라는 사실을 확인했다.

생도대대장 장두권 대령은 병력 배치가 적이 계획하고 있는 진로와는 맞지 않다고 판단하고 사관생도대대를 판교 쪽으로 철수하였다.

생도대대의 철수 보고를 받은 이준식 교장은 25일 문산으로 출동하였다가 수원에 집결한 육사교도대대 병력을 이끌고 판교로 갔다.

이준식 교장은 판교에서 철수하는 사관생도대대를 직접 지휘하여 17시 판교 남쪽(광나루~풍덕천과 군포장~판교의 삼거리) 구릉지대에 진지를 마련하고 지휘소를 금곡리(金谷里-판교 남쪽)에 설치하였다. 이곳은 말죽거리를 통과한 적이 어느 쪽으로 진출해 오던 그 길목인 것이다.

육군본부는 말죽거리 상황이 심상치 않게 돌아가자 판교~풍덕천~수원에 이르는 길목의 방어력을 강화하고자 제22연대를 주축으로 혼성제3사단을 편성하여 투입하고, 여기에 이응준 소장이 지휘하는 수원지구부대를 해체하여 그 일부 병력과 제25연대(김병휘 중령)를 배속하여 사관생도대대 방어진지를 보강하였다.

혼성제3사단장에 육사교장 이준식 준장을 임명하였다.

제25연대는 28일 미아리전선에서 철수할 때 연대장이 연대 주력과 이탈하여 홀로 삼각산을 헤매다 전날 낮 광나루에서 도강하여 수원에서 연대 철수 병력과 합류하였다. 이때 제2대대(배운룡 소령) 일부 병력이 혼성제7사단에 배속되어 노량진전선에 투입되어 있었으므로 제2대대 부대대장 나희필 대위를 제2대대장으로 임명하고, 제3대대장에 고동석 소령을 임명하여 2개 대대를 재편성한 후 혼성제3사단에 배속한 것이다.

제25연대 병력은 800명 수준이었다.

7월 1일까지 수원비행장을 확보할 수 있는가?

미 극동군총사령부 전방지휘소(ADCOM)는 육군본부와 함께 수원농업시험장에 있었다. 고문단 소속 장교들을 한강전선에 파견하여 전황을 파악하고 국군의 작전을 도우면서 도쿄의 극동군총사령부와 긴밀한 연락을 유지하는 것이 그 임무였다.

6월 30일 한강전선으로부터 전방지휘소장 처치 준장에게

"한강방어선이 마침내 파탄을 보게 되었다."

는 보고가 왔다. 이는 말죽거리로 일부 적이 도하하였고, 동작동 부근에 일

부 적이 도하하여 거점 ㉯을 확보한 것을 두고 과장 보고한 것이다.

16시에 처치 준장은 전반적인 전황을 도쿄에 보고한 다음 19시에 오산에 있는 통신 중계소로 가서 극동군 참모장 아몬드(Edward M. Almond) 소장과 직접 통화를 했다.

아몬드 소장은

"내일(7월 1일)까지 수원비행장을 확보할 수 있다면 JCS(Joint Chiefs of Staffs-합동참모본부)가 승인한 2개 대대의 지상군을 그곳에 공수할 것."
이라고 하였다.주)

국방부 『한국전쟁사』 개정판 제1권 p744

낭보를 접한 처치 준장이 흥분을 감추지 못하면서 어떠한 일이 있어도 내일 정오까지 수원비행장을 고수할 것이라는 결의를 다지고 있을 때 뜻하지 않은 마가 끼어들었다.

수원 상공을 선회하던 미군 정찰기로부터

"적 행군 종대가 수원 동쪽에서 서진하여 목하 수원으로 접근 중."
이라는 정보를 알렸다. 이 정보는 앞의 한강방어선 파탄 정보와 함께 미 전방지휘소 미군에게 큰 암영을 드리워 준 것이었다. 때마침 전방지휘소 동쪽 500m 지점 철로에서 불길이 솟았는데 이를 본 미군들은

"적이 이미 수원을 포위했다."
고 속단하고 걷잡을 수 없는 혼란에 빠졌는데 뒤에 확인된 바로는 그 불길은 단순한 철도 신호였던 것이었다.

공교롭게도 처치 준장이 오산 통신소에 가서 부재중인 데다가 고문단장 라이트 대령마저 한강전선에 나가고 없어서 동요된 미군을 지휘할 사람이 없었다. 미군은 저마다

"촌각을 지체하지 말고 수원을 빠져 나가자."
는 심리가 확산되어 발길을 재촉했고, 당황한 통신병이 소이탄으로 통신장

비를 파괴하였는데, 그 불길이 마침내 지휘소 건물을 태우고 말았다.

자중지화를 초래한 미군들은 차량에 장비를 싣고 수원비행장으로 몰려들었고, 이 혼란은 비행장의 대공포요원까지 가세하여 비행장마저 혼란의 도가니로 몰아넣고 말았다. 결국 미군들은 비행장을 포기하였다.

22시, 전방지휘소와 군사고문단 및 비행장 대공포대 차량들이 줄을 이어 경부국도로 몰려나왔고 대전에 누가 먼저 가나 경쟁을 벌였다.

처치 준장은 오산통신소에서 아몬드 소장으로부터 철수와 후퇴로 이름 붙은 전쟁의 전기를 마련할 수 있는 호재를 얻어 가벼운 마음으로 발길을 재촉하여 수원으로 오다가 철수하는 차량 종대와 마주쳤다.

경위를 전해들은 처치 준장은 대경실색하여

"당장 수원으로 돌아가라."

고 호통을 쳤다.

차량 대열이 수원으로 다시 돌아왔으나 지휘소는 잿더미로 변해 있었고, 통신 장비는 모두 파괴되었으며, 비행장을 경비하는 대공포는 쓸모없는 고철로 변해 있었다. 처치 준장은 말문이 막혀 한숨만 내쉬었다.

비행장을 확보한다는 보장을 할 수가 없게 되었고, 더 이상 수원에 남아 있을 수도 없게 되었다. 처치 준장은 다시 오산으로 가서 아몬드 소장에게 상황을 보고하고 전방지휘소 철수 승인을 받았다. 비가 내리는 밤중에 대전으로 옮겼다.

"내일까지 비행장을 확보할 수 있다면 전투부대를 공수할 것"

이라는 계획은 무위로 돌아갔다. 최초의 미군 전투부대로 참전한 스미스특수임무부대는 7월 1일 오후 부산(수영비행장)으로 공수되었고 열차를 이용하여 대전을 거쳐 오산에 투입된 것이 7월 5일 새벽이다. 7월 1일 수원으로 공수되어 당일 한강전선에 투입될 수 있었던 전투부대가 4일이나 늦게, 그

것도 남쪽으로 늘어진 오산에 투입되었다.
길거리에 버린 4일간이 대세를 그르치고 말았다.

적 보급부대 섬멸

7월 1일, 전날 밤중에 소장 진급과 동시에 육군총참모장 겸 육해공군총사령관으로 임명된 정일권 장군이 이날부터 지휘권을 행사했다.

혼성제2사단 공병대대 작전관 양수철(梁秀哲) 중위가 지휘하는 제16연대 수색중대 75명이 말죽거리로 가서 제5연대와 제16연대의 전투지경선에 있는 도로 경계에 들어갔다.

새벽어둠 속에서 적 차량 5대가 말죽거리~시흥동(성남시) 간 도로를 따라 남쪽으로 오고 있는 것을 포착하고 급습하여 차량을 노획하고 이를 지휘하던 군관 4명을 붙잡았다. 차량은 한남동에서 나룻배로 도하한 것으로 확인되었고, 차량에 싣고 있는 보급품은 건빵 등 비상 식량으로 차량과 함께 모두 우리 것을 노획한 것이었다.

이 차량은 우리 방어선을 돌파한 저들 선견대에 추진하는 보급품 운반 차량이라고 하였는데 이로 미루어 보면 적은 상당한 병력이 밤사이 양 중대의 간격을 뚫고 말죽거리를 지나 판교 방면으로 깊숙이 들어간 것으로 추측할 수 있었다.

새로 군 지휘를 맡게 된 정일권 소장은 육군사관학교 부교장 이한림 대령을 혼성 제2사단장에 임명하고 임선하 대령은 미 지상군 부원에 따라 한미 양군의 유기적인 협조를 도모하기 위하여 만들어진 한미연락장교단장에 임명하였다.

이한림 대령

이한림 대령은 부관 전승철(全承鐵) 소위를 대동하고 금곡리에서 과천으로 가던 중 미군 항공기의 기총 사격을 받아 부관 전승철 소위가 전사했다. 이한림 대령은 18시에 과천 사단지휘소에 도착하여 지휘권을 행사했다.

사관생도대대의 혈투

7월 1일 새벽 사관생도대대는 박영징(朴永澂) 중위의 수색대로부터

"적이 시흥동에서 남하 중임"

이라는 보고를 받았다.

04시 1개 대대 규모로 추산되는 적 선견대가 새벽안개 속을 뚫고 판교에 있는 낙생국민학교에 집결하여 대오를 정비하고 있었다. 이렇듯 적은 지난 밤중에 대병력이 한남동에서 도하하여 말죽거리~시흥동~판교 통로를 따라 아무런 저항을 받지 않고 이곳까지 왔고, 앞으로도 전도가 탄탄할 것으로 믿고 아무런 경계심 없이 후속 부대를 기다리고 있었다.

사관생도대대는 황금어장을 만났다. 어제 17시부터 그 길목을 지키고 있었던 것이 행운이었다. 중대장 박정서 대위는 쾌재를 불렀다. 60mm 박격포 2문을 지휘하여 선제 철화를 운동장으로 날렸다. 불의의 일격을 당한 적은 많은 사상자를 내고 한동안 전열이 흩어져 우왕좌왕 갈피를 잡지 못하였다. 그러나 시간이 흐르고 사관생도대대의 포탄 250발이 동이 나면서 전세는 뒤바뀌기 시작하였다. 황금어장에 쳐 놓은 그물이 찢어진 것이다. 동천에 해가 솟을 무렵 적이 진전으로 접근하였다. 적은 120mm박격포를 대대 후방에 쏘아 화력으로 후방을 차단하였고, 기관총의 엄호를 받은 산병은 진내로 몰려들어 백병혈전이 벌어졌다.

3시간 여 혈전을 치르면서 생도대대는 몇 차례 적의 광파를 물리쳤으나 전력이 한계를 드러내 더 이상 버틸 수가 없었다. 08시 중대장 조덕수 대위

가 부상을 입은 것을 비롯하여 사상자가 늘었고, 탄약이 바닥을 드러냈다. 대대는 철수 명령을 내려 오전 중에 금곡동으로 물러났다.

남상선(南相瑄) 생도(1기)는 철수 과정을 다음과 같이 증언했다.

"세궁역진(勢窮力盡)하여 철수 명령이 내려지자 생도 김해선(金海善)은 부상을 입고 있던 터라

'이 몸으로 살아남은들 다만 전우의 짐만 될 뿐이라.'

고 수류탄을 뽑아 자폭하고 말았는데 이를 본 생도 강주봉(姜周奉)이 비분강개(悲憤慷慨)한 나머지

'어찌 여기서 모두 사생을 용(決)하려 하지 않고 또 물러난단 말이며, 여기를 떠난들 또 갈 곳이 어디란 말이냐!'

하고 그 역시 자기의 소총으로 자결하고 말았다.

김해선 생도는 교장 이준식 준장의 처남이오, 강주봉 생도는 강문봉 대령의 재종(再從) 동생이다. 일이 이 지경에 이르니 김희운(金熙運), 손동조(孫東祚), 박권영(朴權榮) 등 세 사람의 생도는

'이 길로 관악산으로 들어가 유격전을 벌이면서 권토중래(捲土重來)할 날을 기다릴 것이라.'

라고 관악산을 찾아 가기도 하였다." (국방부『한국전쟁사』개정판 제1권 p748)

제25연대(김병휘 중령)는 생도대대 좌측에 있었다. 생도대대진지가 유린되자 연대는 즉시 역습하여 적 주력이 증원되기 전 그 구릉지대를 탈취했다. 연대 기세가 충천하자 대병력으로 과대평가하였는지 적은 직사포 5문을 연대가 점령한 진지 코 밑에까지 추진하여 포화를 퍼부어댔다.

적 포화가 진지를 뒤덮고 사상자가 속출하였다. 야포 지원은 고사하고

박격포 지원조차 받을 수 없는 연대로서는 적 포화를 제압할 방도가 없었다. 생각 끝에 김병휘 연대장은 제2, 제3대대장과 함께 특공대를 편성하고 이를 직접 지휘하여 적진으로 들어갔다. 특공대가 적 포를 파괴하려는 순간 지휘부가 적의 공격을 받아 제3대대장 고동석 소령이 전사하고 연대장과 제2대대장 나희필 대위가 다발총탄을 맞고 부상했다.

제25연대도 맥없이 무너져서 사관생도대대의 뒤를 이어 금곡리로 철수했다.

금곡리 부근에는 혼성제3사단 제22연대(姜泰敏 중령)가 이날 08시 30분 수원을 출발하여 114고지(금곡리 남쪽)에 진지를 마련하고 있었는데 사관생도대대와 제25연대가 철수해 오자 이를 수용하여 새로운 저지진지를 편성하였다.

제22연대 제2, 제3대대는 김포가도 저지전에 참가하였다가 6월 30일 수원에 집결하였는데 제2대대장이 김포비행장 공격 중 전사하고, 병력이 많이 감소하였으므로 두 대대를 합쳐 증강된 1개 대대로 재편성하였다.

미군기의 오폭으로 연대지휘부 사상 - 제13연대

7월 1일 어처구니없는 일이 발생했다.

제1사단은 육군본부 예비로 수원에 있었다.

제13연대는 이날 아침 버스를 징발하여 이동지휘소를 설치하고 창룡문(蒼龍門-수원성 동문) 아래 위치해 있었다.

08시를 전후하여 미군 항공기가 이동지휘차량을 적으로 오인하고 기총 소사 공격을 하였고, 총탄을 맞은 연료 탱크가 폭발하여 차량이 화염에 싸였다. 순식간에 일어난 일이었다. 차 안에 있던 지휘부가 긴급히 대피했으나 연대장 김익렬 대령과 부연대장 김진권 중령, 정훈장교 홍승범(洪承範)

중위가 중화상을 입었고, 이동지휘차량은 전소하였다. 작전주임 최대명 소령만이 무사했다. 부상한 부연대장 김진권 중령과 정훈장교 홍승범 중위는 후송 중에 운명했다.주)

국방부 『한국전쟁사』 개정판 제1권 p749

보병학교연대 적 차량부대 섬멸

7월 2일 밤이 깊어지자 신사동 부근으로 도하한 적 일부가 말죽거리에 있는 제5연대(최창언 중령) 진지를 공격하여 격전이 벌어졌다. 적세가 거세어 근접전으로 겨우 버티고 있었는데 연대장이 다리에 부상을 입고 쓰러지면서 전세는 균형을 잃었다.

연대는 과천으로 철수하여 병력을 수습하였고, 연대장 최창언 중령은 대전으로 후송되었다.

말죽거리~시흥 간 도로는 적에게 개방될 위기에 처했다.

혼성제2사단장 이한림 대령은 제5연대가 적의 공격을 받자 그동안 과천에 예비로 있던 보병학교연대(유해준 중령)를 적이 침입할 것으로 예상되는 말죽거리~시흥 간 도로로 추진시켰다.

보병학교연대가 밤중에 말죽거리 상공에 충천하는 화광을 길잡이로 삼아 새벽에 목표지점 193고지 동록(말죽거리 남쪽)에 이르렀을 때 시흥으로 진출하는 차량 종대를 발견했다. 차량 종대는 트럭 30여 대로 편성된 보급품 수송대로 장갑차가 엄호하고 있었다. 이로 미루어 적 보병부대가 제5연대를 돌파하여 시흥 쪽으로 깊숙이 진출했음을 알 수 있었다.

보병학교연대는 60mm박격포로 선두와 후미에서 차량 종대를 엄호하는 장갑차를 단발필격으로 격파하여 주저앉히고 차량 부대를 공격하였다. 전투력이 미약한 호송 대원은 차량을 버린 채 길 건너 평촌 마을로 도주했고, 연대는 마을을 포위하여 수색전을 벌인 끝에 20여 명을 사살했다. 적 차량 종대를 일망타진하고 차량은 모두 파괴한 후 193고지로 반전하여 진지를 편성하였다. 그러나 낮 동안은 피아를 분간 못하고 무차별로 공격하는 미군기가 겁이 나서 옴짝달싹 못하고 못이 박힌 채 적이 나타나기만을 기다렸다. 낮 동안 적의 움직임은 보이지 않았다.

혼성제2사단장 이한림 대령은 저간의 상황으로 미루어 적이 금곡리 방면으로 진출하고 있다고 판단하고

보병학교연대는 193고지에서 시흥동으로 향하는 도로 길목을,

제16연대는 우면산을 고수하여 과천으로의 진로를 각각 지키게 하고

6월 30일 말죽거리 방면에서 철수한 제3연대를 과천동 남쪽으로 전진시켜 349고지(응봉~청계산 서록) 서북록에 전개하였다.

이는 말죽거리~금곡리 축선상은 혼성제3사단에 맡기고 혼성제2사단은 과천~군포장 간 도로를 확보하여 한강방어선상에서 역전 중인 시흥지구전투사령부 주력을 측방에서 엄호하기 위한 전술이었다.

사단지휘소를 과천에서 군포장으로 이동했다.

4. 김포반도 전투

김포지구전투사령부

김포비행장을 중심으로 그 주변에

육군정보학교인 남산학교(桂仁珠 대령), 육군공병학교(엄홍섭 중령),

공군항공기지사령부(張德昌 대령), 공군사관학교(崔用德 준장),

공군보급창(서현규 대위), 공군병원(張德昇 중령)

이 있었고, 인근 부평에

육군 제1공병단(尹泰日 중령), 제1병기대대(김창배 소령),
　　육군병기학교(심언봉 대령), 육군경리학교(元泰燮 대령),
　　제1육군병원(李達浩 소령)
이 위치하고 있었다.

　개성 방면에서 철수한 제12연대 제2대대와 연안 방면에서 철수한 제12연대 제3대대는 대오를 잃고 각개 분산하여 한강 하류에서 도강하였는데 그 일부 병력이 김포반도로 상륙하였다.

　이렇게 해서 비록 분산된 패잔병력이지만 전투부대의 일부가 김포반도로 옮겨 온 것이다.

　개성~연안선이 무너지면서 김포반도가 위험해졌고, 그 주변에 위치해 있는 각종 학교와 병원 등 비전투부대가 무방비 상태로 노출되었다.

　26일 육군본부는 남산학교장 계인주 대령을 사령관으로 하는 김포지구전투사령부를 급편하고 김포 일원에 위치한 부대를 통합지휘하여 김포반도로 상륙하는 적을 저지하도록 임기응변적인 봉합 처방을 내렸다.

　그날 저녁까지 사령부가 장악한 부대는 다음과 같다.

제12연대 제2대대(600명)

독립기갑연대 일부(3개 중대)

보국대대 1개 중대(100명 미만)

보병학교 후보생대대(500명 남짓)

공병학교 학생 일부

　김포지구전투사령부는 병력이 김포 지구에 도착하는 대로 수습하여 한강 연안에 배치하였다. 그러나 통신 수단이 전무한 데다가 지휘체계가 확립되지 않았고, 부대 간 횡적 연락망이 미비하여 전투력을 발휘할 수가 없었다. 오직 병사 개인들의 저항 능력에 의지할 수밖에 없었다.

제12연대 제2대대장 한순화 소령이 지휘하는 병력 600여 명으로 4개 중대를 편성하여 26일 14시경에 문수산을 중심으로 진지를 점령하고 적의 도하저지작전에 들어갔다.

　기갑연대는 25일 오전에 육군본부로부터 1개 장갑소대를 김포반도 한강하구로 보내어 도하점을 경계하라는 명령을 받고 신태범(申泰範) 중위가 지휘하는 제1장갑수색대대 제1중대(朴吉龍 대위) 장갑차 1개 소대가 19시 김포반도 서북단 강령포(康寧浦)에 진출하였다.

　이 지역에 주둔하고 있는 공군사관학교, 공군기지사령부, 보급창과 헌병대 등 공군은 자체적으로 김포경비사령부를 편성하여 공군사관학교 교장 최용덕 준장을 사령관으로 추대하고 2개 중대 병력을 김포읍으로 추진하여 김포~통진(通津-月串面 郡下里) 간 길목에 배치하였다.

　정오에 YAK가 김포비행장을 공습하여 연료 창고가 화염에 휩싸였다.

　한강 하구는 개성 방면으로 침공한 적이 상륙할 수 있는 길목이다. 서부전선으로 침공한 적 제1, 제6사단 일부가 김포반도로 도강하여 노량진으로 진출한다면 전선부대와 재경부대의 후방이 차단되어 남북으로 협공을 당하게 되는 것은 필지의 사실이다. 그럼에도 불구하고 이 방면이 무방비 상태로 노출되어 있는 것은 한강 하류의 강폭이 2~3,000m에 이른 점에 기대를 걸고 감히 이 넓은 강을 도하할 것이라고는 생각지 않았기 때문에 미온적인 대처를 하였던 것이다.

　계인주 대령은 육군보병학교 고급반 교육 중 26일 복귀하여 남산학교 부교장 최복수(崔福洙) 중령을 참모장으로, 남산학교 참모를 참모로 임명하여 사령부를 구성한 후 김포경찰서에 사령부지휘소를 개설하였다.

　전날 개화산에 배치했던 남산학교와 공병학교의 혼성 병력을 김포반도 북단 조강리(祖江里)로 이동시켜 도하점을 경계하도록 하였다.

전날 남산학교 기간요원과 공병학교 기간요원 40여 명을 부교장 최복수 중령이 지휘하여 개화산(開花山-130고지, 김포비행장 맞은 편)에서 경계임무에 들어갔고, 두 학교 주력은 15시경 남산(장충동 쪽)으로 이동하여 전선지원태세에 들어갔었다.

26일 13시 기갑연대 혼성기갑대대가 김포 지구로 증원되었다.

혼성기갑대대는 기갑연대 예비로 경무대와 남산 경계 임무에 들어갔던 장갑수색대대 제2중대(박도경 대위)와 새로 편성한 제7중대(김촌성 중위)로 혼성 편성하여 장갑수색대대장 박무열 소령이 지휘하였다.

제7중대는 주력이 퇴계원으로 출동하고 예비로 남아 있던 기병수색대대 제5중대 제1소대(邊龍甲 소위)와 제6중대 제2소대(崔泳華 소위)로 편성하였고, 보병학교 교관으로 있다가 이날 배속된 김촌성 중위를 중대장으로 임명했다.

또 도보수색대대장 강문헌 대위는 제9중대(이붕직 중위)에 대대 본부중대 화기소대(李炳基 소위)를 배속하고 이를 지휘하여 선행한 혼성기갑대대를 따라 16시 김포 지구로 급진했다. 도보수색대대 제8중대는 가평으로 출동해 있었다.

이렇게 김포 지구로 출동한 혼성기갑대대는 강화도 갑곶(甲串-강화대교 서단, 통진대안)나루 대안 도하점을 경계하였다. 선견대로 출동한 강령포의 제1중대 1개 장갑소대는 제2중대장 박도경 대위가 지휘했다.

육군 보국대대(方圓哲 소령)는 귀순 장병 174명으로 3개 중대를 편성하고 1950년 2월 1일부터 제3사단에 배속되어 밀양 지구에서 공비선무공작을 벌이다가 영등포로 복귀한 후 2개 중대를 제6, 제7사단에 1개 중대씩 정찰대로 파견하고 1개 중대가 본부에 남아 있다가 전날 6·25남침 소식을 듣고 자원하여 김포 지구 방어임무를 맡게 되었다. 병력은 100여 명이 채 못되었고, 장비는 일제 99식 소총에 1인당 실탄 20발씩과 수류탄 1개씩을 가졌다. 13시경 증발한 차량으로 출발하여 15시경 통진 남쪽에 도착하였고, 갑곶나루를 바라보는 대안에 배치되었다.

시흥에 있는 육군보병학교(민기식 대령) 간부후보생이 김포 지구로 출동 명령을 받았다. 보병학교는 전날 교도대(김병화 소령)를 학생연대장 유해준 중령이 지휘하여 제1사단이 있는 문산으로 출동한 데 이어 이날 다시 간부후보생으로 후보생대대를 편성하여 김포로 출동하였다.

보병학교 후보생은 각 병과의 간부 후보생으로 선발된 후보생들이 각 병과 교육을 받기 전에 보병 기본 훈련을 이수하기 위하여 보병학교에서 교육을 받고 있었다. 지난 2월 입교하여 8월에 임관 예정인 갑종간부후보생 제1기는 전날 문산으로 출동했다.

후보생대대의 구성을 보면

갑종간부후보생   제2기 149명(4월 21일 입교)
                  제3기 150명(6월 2일 입교)
포병사관후보생   제1기 70명(5월 15일 입교)
병기사관후보생   제4기 124명(4월 3일 입교)
공병사관후보생   제5기 52명(4월 10일 입교)
등 500여 명이었다. 주)   국방부 『한국전쟁사』 개정판 제1권 p670, 671

후보생대대는 4개 중대로 편성하여 대대장에 일반전술학반 교관 장영문(張泳文) 소령을, 부대대장에 김광순(金光淳) 소령을 임명하고

제1중대장 황의선(黃義善) 대위(학생연대 중대장-이하 같다)

제2중대장 이춘배(李春培) 대위

제3중대장 하범수(河范壽) 대위

화기중대장 이승준(李承俊) 대위를 각각 임명하였다.

이날 현재 각과 후보생들은 M1소총 훈련을 끝냈고 갑종간부 3기를 제외하고는 실탄 사격 훈련까지 마쳤다.

갑종간부 3기생은 26일 사격 훈련이 예정되어 있었다.

육군보병학교가 보유한 M1소총은 전날 출동한 병력과 함께 모두 문산으로 추진하고 남아 있는 것이 없어서 이들에게는 일제 38식과 99식 소총을 지급하여 새로 조작 훈련을 실시하여야 했다. 그래서 밤늦은 시간에야 김포로 출발할 수 있었다.

김포에 도착한 후보생대대는 보국대대진지 동쪽(통진~김포 간 도로 우측) 야산 지대에 진지를 점령하였다. 화기중대는 교육용 81mm박격포와 기관총으로 장비하고 보병중대를 지원하였다.

김포반도에 전개된 병력은 제12연대 1개 대대, 기갑연대 1개 대대, 후보생대대 등 명목상으로는 1개 연대 규모의 모양새를 갖추었다.

김포반도에 적 상륙

26일 어두워질 무렵 작은 발동선이 예인(曳引)하는 도하 주정을 이용하여 소대 규모의 적이 석류포에서 조강리로 상륙을 기도했다.

때마침 조강리에 증원되어 있던 곽응철(郭應哲) 소위가 지휘하는 장갑소대 장갑차의 37mm포가 강을 반쯤 건너온 주정을 격침시켰다. 이후 적은 도하를 포기한 듯 움직임 없이 밤을 새웠다.

밤중에 서쪽 갑곶에서 도하한 적이 강안으로 침투하여 보국대대진지를 유린하였고, 북쪽 강령포로 도하한 적은 강령포 동남쪽 강안에 상륙하여 제12연대 제1중대와 제3중대 사이 강안에 거점을 확보하였다.

27일 먼동이 트면서 적은 강 북안 영정포(領井浦)에서 122mm야포로 조강리와 강령포 일대를 강타했고, 때맞추어 영정포에서 각종 선박에 병력과 중장비를 싣고 강령포로 도하를 시작했다. 이와 함께 지난밤에 강안에 거점을 확보한 적이 강령~통진 간 도로를 차단하고자 하였다.

제12연대 제1중대와 장갑소대가 앞뒤에서 협공 위협을 받았고, 집중되는 적 포화를 견딜 수 없어 통진으로 철수하고 말았다. 적은 강령포에 상륙하였고, 우측 가금리(佳金里)의 제3, 제4중대마저 철수하였다.

08시 대대장 한순화 소령은 강령포에서 철수한 장갑소대와 보국대대 일부 병력을 수습하고 예비 제2중대를 주축으로 도하한 적을 격퇴하기 위하여 강령포로 진격했는데 도로가 좁아서 장갑차의 회전이 자유롭지 못한데다가 적 포화가 치성을 부려 고전 중 고막리(古幕里) 부근에서 문수산 동쪽으로 진출한 일단의 적이 밀어닥쳐 통진으로 물러났다.

한편 적은 갑곶 일대에서도 도하를 시도하면서 강화 부근에 추진한 120mm박격포로 대안 도선장과 통진 일대를 포격했다.

갑곶 대안에 배치된 기갑연대 도보제9중대와 기병제7중대 그리고 장갑소대는 적으로부터 배후 교란 포격을 받는 외에 강령포로 상륙한 적으로부터 압박을 받아 09시 통진으로 철수하였다.

통진에 집결한 제12연대와 기갑연대의 혼성병력은 11시 장림(長林-통진면 道沙里, 통진 남쪽 6km)으로 철수하여 새로운 저지진지를 점령하였다.

통진 동남쪽 야산 지대에 진지를 마련하고 있던 보병학교 후보생대대(장영문 소령)는 08시 정찰대로 보이는 1개 소대 규모가 좌 일선 제1중대진지에 나타나 교전이 벌어졌고, 대대 좌측과 후방 중화기중대에도 적이 침공하여 무장이 조잡한 후보생대대는 힘 한번 제대로 써 보지 못하고 11시 장림으로 물러나 제12연대와 합류했다.

후보생대대가 소지한 일제 38식과 99식 소총은 일일이 한 발씩 장전하고 격발해야 하는 불편함과 오랫동안 사용하지 않고 방치하여 격발이 제대로 안 되는 등 고장이 잦아 맨 주먹으로 싸운 거나 마찬가지였다.

문수산을 점령한 적 1개 대대 규모가 통진에서 김포가도를 따라 진출했다. 장림에 진지를 마련한 제12연대 제2대대와 후보생대대가 이를 저지하고자 안간힘을 쏟았으나 중과부적으로 13시경 저지선이 무너져서 후보생대대는 김포읍으로, 제12연대 제2대대는 양곡으로 철수하였다.

김포읍 상실

장림에서 물러난 후보생대대는 김포평야를 지나 27일 15시 운유산(雲遊山, 110m, 김포 서북쪽 5km) 북록에, 제12연대 제2대대는 양곡 부근에 각각 저지진지를 편성하였다. 기갑연대 혼성병력은 김포읍으로 이동하였고, 보국대대는 영등포 본대로 복귀했다.

후보생대대를 추미해 온 적 일부가 채 진지 편성을 끝내지도 못한 후보생 대대를 공격했다. 빈약한 장비에 전투경험이 전연 없는 후보생들은 적의 중압에 전의를 잃고 진지를 이탈하는 자가 속출하였다. 대대장 장영문 소령은 이러한 후보생들을 독려하면서 진지를 고수하고자 진두에서 지휘하다가 두부에 적탄을 맞아 그 자리에서 전사하였다.

후보생대대는 완전히 전열이 흩어졌다. 이 틈을 타 적 기마대가 김포가도를 따라 돌진하여 김포읍이 적의 수중에 떨어질 위험에 직면했는데 이때 기갑연대 장갑중대와 도보중대가 김포읍으로부터 부원하여 적 기마대를 격퇴하였다.

김포지구전투사령부는 흩어진 후보생대대 병력을 김포읍에서 수습하고 부평 제1병기대대 병기고에서 M1소총을 가져다가 개인화기를 모두 교환하여 심기일전케 하였는데 이때 분산된 일부 병력이 시흥에 있는 보병학교로 이탈해 갔고, 기갑연대와 제12연대의 경우도 부평으로 이탈해 간 병력이 적지 않았다.

　김포 지구로 출동 명령을 받은 제22연대 제3대대(孫永乙 소령)가 제3사단 참모장 우병옥(禹炳玉) 중령 지휘하에 26일 저녁 김포에 도착하여 운유산 동쪽 일대 진지를 점령하였다.

　이 무렵 가평으로 추진하였다가 반전해 온 제8연대 제3대대(박태운 소령)와 기갑연대 도보 제8중대(김일록 중위)가 후보생대대와 함께 운유산 서쪽에 진지를 편성하여 김포방어 최후 저지선을 형성하였다.

　제12연대 제2대대는 병력이 150명 수준으로 감소하였으므로 김포읍으로 철수하여 재편성에 들어갔다.

　이날 김포 지구 주둔 부대 잔류 병력을 김포 방어전에 투입하였다.

　제1공병단(윤태일 중령) 산하의 일부 병력을 계양산(桂陽山-395고지, 김포-부평 사이) 동록 방축리(防築里) 부근에 배치하고,

　병기학교(심언봉 대령)는 기간장교로 장교특전대(金仁泰 대위)를 편성하여 한강변 전호(錢湖-행주도선장 맞은편) 부근에 배치하였다.

　장교특전대는 강변 백사장에 수류탄 100여 발을 인계철선(引繼鐵線)으로 연결하여 폭발장치를 해 놓고, 따로 수류탄 300발을 확보하고 있었다.

　28일 새벽, 적으로 보이는 일단의 병력이 대안에서 배를 타고 도강을 시도하는 것을 보고 수류탄을 투척하여 인계철선에 연결된 수류탄을 폭발시켰다. 수류탄이 연쇄폭발하여 도강은 저지된 듯 날이 밝을 때까지 강안에 적의 그림자가 보이지 않았다.

　주전선 운유산 일대는 밤이 깊어지면서 비가 내리기 시작하더니 곧 폭우로 변하여 밤새 전장을 침묵시켰다.

　28일 06시, 어선을 타고 김포반도 동쪽 한강으로 역류하여 접근한 적의 한 무리가 선박에 82mm박격포를 장치하고 포격을 하면서 63고지 동북쪽

강안으로 상륙하였다.

　밤새 폭우로 진흙탕이 된 63고지 호 속에서 밤을 새운 기병 제7중대(김촌성 중위)가 전 화력을 집중하여 응수하였으나 전력 열세에다가 말이 포성에 놀라 요동을 치는 바람에 진지에서 철수할 수밖에 없었다.

　63고지를 수중에 넣은 적은 그 남쪽 72고지에 있는 제22연대 제3대대를 공격하였고, 동시에 장림 쪽에서 포화를 집중하여 운유산과 김포 사이 들판을 화력으로 차단하면서 08시 연대 규모의 적이 전차 2대를 앞세우고 장림동 남쪽 개활지를 횡단하여 후보생대대 전면으로 접근했다. 이 전차는 전날 북쪽 한강 하구에서 도강한 것으로 판단되었고 장병들은 말로만 들었던 전차의 위력을 실감하면서 위축될 수밖에 없었다.

　08시, 전날 밤에 철수하여 재정비에 들어갔던 제12연대 제2대대를 운유산으로 추진하여 전력을 보강하였으나 폭우 속에서 밤을 새우고 아침식사마저 거른 상태에서 힘이라고는 투지 하나 밖에 없었다.

　김포읍에 적 포탄이 떨어지기 시작하였다.

　10시, 김포지구전투사령부는 공군경비사령부와 함께 지휘소를 김포읍 동남쪽 도로상으로 이동했다.

　새벽에 천지를 진동하는 폭음을 들었다. 한강교 폭파 소식을 들은 것은 아침이 되어서였다.

　계인주 대령은 전세가 결정적으로 기울어졌다고 판단하였고, 서울을 점령한 적이 영등포 쪽으로 도강한다면 퇴로가 차단당할 것이 자명하였으므로 11시에 부대를 부평으로 철수하라는 명령을 내렸다.

　철수 명령이 내린 거의 같은 시각, 적은 전차와 자주포를 앞세우고 운유산진지 중앙부인 장림~김포가도로 밀고 와서 철수 명령을 받기 전에 이미 병력 일부가 진지를 이탈하여 퇴각하기 시작했다.

후보생대대와 제12연대 제2대대 및 기갑연대 도보 중대는 부평으로 철수하였고, 제8연대 제3대대 및 제22연대 제3대대일부와 장갑대대는 김포비행장으로 빠져나와 장갑대대는 비행장~영등포 가도를 기동경계하고, 보병부대는 개화산에 저지진지를 편성하였다.

공군경비사령부는 13시 비행장을 비우고 수원으로 이동하였고, 김포지구전투사령부는 14시 김포비행장으로 이동하여 흩어진 병력을 수습하고 개화산진지 보강에 주력하였다.

이러는 와중에 사령관 계인주 대령이 행방불명*되어 참모장 최복수 중령이 부대를 지휘하였다.

오후 늦은 시각부터 제1사단 철수 병력이 수색과 행주 방면에서 도강하여 일부는 시흥으로 가고, 일부가 김포비행장으로 모여들었다. 적은 제1사단 철수를 알지 못한 것으로 판단되었다.

시흥지구전투사령부가 편성되어 한강방어에 들어갔다. 노량진~영등포선 방어가 시급하여 김포 방면에는 눈 돌릴 여유가 없었다.

육군보병학교 참모장 김용주(金龍周) 중령과 제3사단 참모장 우병옥 중령 등 일부 고급장교들이 마땅한 소임을 맡지 못하고 김포 지구에 동원되어 독려만 하고 있었다.

---

* 계인주 대령 실종

계인주 대령 실종에 대하여 국방부 『한국전쟁사』는 이렇게 기술했다.

"현재까지 알려진 바로, 그가 전장을 이탈한 것으로 되어 있으며, 자세한 이유와 경위는 밝혀지지 않고 있다. 다만 당시 육군특무부대(장, 김창룡 중령)가 1951년 11월에 육군총참모장(이종찬 중장)에게 제출한 '계인주 건 경위조사서'에 의하면 「1950년 6월 28일 야간열차 편으로 가족과 함께 대구에 도착하였다가 동월 30일 정오에 대구역 구내에서 대구헌병대(장 金弘傑 중령)가 대구지구특무대(장 정인택 중령)의 협조 하에 동 헌병대에 구인 중 미 헌병장교의 요청으로 신병을 인계한 후 행적불명」이라고 하였는데 그는 1950. 10. 21에 파면 처분을 받았으며, 또 그 1년 뒤인 1951. 11. 15에는 다시 복직되어 미극동사령부 정보처에 파견 근무 중인 1953. 3. 20에 예비역에 편입되었다는 기록이 확인되었다."(개정판 제1권 p702)

6·25개전 당시 제13연대장을 지낸 김익렬 대령 증언에 따르면 계인주 대령은 부산에 은신 중 김종원(金宗元) 중령이 지휘하는 은신자 수색대에 체포되어 군법회의에서 사형 선고를 받았으나 친구인 미군 모 고급장교가 빼돌려 일본으로 피신시켰다고 했다.(제11장 제3절 4.「도망갈 궁리를 하는 사람들」참조)

위 기록에도 불구하고 계인주 대령은 인천상륙작전을 앞두고 9월 1일부터 9월 15일 까지 영흥도(靈興島)를 거점으로 확보하고 미극동해군 클라크(Eugene F. Clark) 대위를 도와 상륙에 대한 정보 수집 활동을 한 기록으로 보아 일본으로 간 후 미극동해군 정보부대에서 근무한 것으로 보인다.(제10장 제1절 3.「클라크 대위」참조)

5. 경인가도 전투

김포비행장 공방전

28일 김포를 침탈한 적은 날이 저물 무렵 선견대가 김포비행장으로 진출했다. 김포비행장에 수용된 병력은 말이 좋아 전투사령부지 패잔병과 비전투원으로 편성된 오합지졸에 불과하여 조직적인 저항을 펴기는 불가능했다.

전투사령관대리 최복수 중령은 무모하게 저항하다가 희생만 강요당하느니 뒷날을 기약하기로 단안을 내리고 지휘부와 집결 병력을 비행장에서 철수하여 경인가도에 있는 소사(素砂)로 이동하였다.

김포비행장은 이날 밤 군수품을 소각하는 불길이 하늘로 치솟아 부평평야를 대낮같이 밝혔고, 이 불빛 속에서 부평평야는 적의 수중에 들어갔다.

최복수 중령(임관 전)

김포지구전투사령부는 주민 협조를 얻어 장병들에게 충분한 급식을 하고 밤을 새워 부대를 정비한 후 후보생대대 및 기갑연대 도보대대와 부평 경찰대(金億淳 경감)를 계양산(桂陽山) 동쪽 능선에 배치하여 김포~부평 간 도로를 차단케 하고, 제12연대와 제22연대를 비행장 남쪽 구릉지대에 배치하여 비행장~소사 간 통로를 차단하게 하였다.

제8연대 제3대대는 영등포로 전진시켰다.

전호(錢湖)에서 밤을 새운 병기학교 장교특전대는 이날 하루 종일 열사의 강변에서 잠복하고 있다가 적정이 없고 날이 저물자 부평 본대로 돌아갔다. 자정 무렵 비행장 남쪽 들판에 적 정찰대가 나다니고 있었다.

시흥지구전투사령관 김홍일 소장은 계인주 대령 실종으로 공석이 된 김포지구전투사령관에 제3사단 참모장 우병옥 중령을 임명하고 병력을 수습하여 김포비행장을 탈환하라고 명령하였다.

김포지구전투사령부는 병력을 총동원하여 비행장 탈환 계획을 세웠다.

(1) 기갑연대 도보대대는 우 일선으로 비행장 동남쪽을 공격한다.
(2) 제22연대 제3대대는 중앙 일선으로 비행장 남쪽을 공격한다.
(3) 제12연대 제2대대는 좌 일선으로 비행장 서북쪽을 공격한다.
(4) 남산학교와 보병학교는 예비로 우 일선을 후속한다.
(5) 기갑연대 장갑중대는 공격 선봉에서 화력을 지원한 다음 비행장을 점령하면 영등포~김포가도로 전진하여 제1사단의 도하를 엄호한다.

이렇게 보면 대단한 전투력을 가진 것처럼 보이나 제12연대 제2대대는 중대 규모에 불과하고, 남산학교와 보병학교는 비전투원이며, 장갑중대는 일부가 영등포로 철수하여 2개 소대만 남아 있었다. 게다가 각 제대가 모두 철수 중에 이탈자가 많아 실 병력은 당초 출동한 수에 많이 모자랐다. 기마중대는 마초가 공급되지 않아 안양 본대로 복귀했다.

공격 지휘는 참모장인 남산학교 부교장 최복수 중령이 자원하여 맡았다.

그는 공식적으로는 통신수단 미비로 현지 사정에 어두운 우병옥 사령관이 상황에 적응하여 지휘하기가 힘들 것이라는 이유였으나 내면에는 남산학교를 수복하겠다는 일념과 교장 계인주 대령 실종에 일말의 책임감을 느껴서일 것이라고 보는 견해가 있었다.

29일 06시 최복수 중령이 지휘하여 공격개시선에 부대를 전개하고 마지막 전열을 점검하고 있는데 비행장 북쪽에서 요란한 총성이 아침 안개 속을 뚫고 울려 퍼지는 뜻하지 않았던 돌발 상황이 벌어졌다.

전날 오후 행주나루에 집결한 제18연대(임충식 중령) 제2, 제3대대와 제22연대(강태민 중령) 제1*, 제2대대 그리고 제13연대(김익렬 대령) 제1, 제2대대가 거룻배를 이용하여 밤새도록 한강을 건너왔다.주)

이들 철수 부대는 모두 김포지구전투사령부에 배속되어 김포가도 전투에 투입되었다.

국방부 『한국전쟁사』 개정판 제1권 p682, 683

> * 제22연대 제1대대는 이후 전투기록에 보이지 않는다.

제18연대는 건제를 유지하고 있었다. 부연대장 한신 중령이 1개 중대를 지휘하여 먼저 전호로 건너온 후 무명고지에 교두보를 확보하고 도하를 엄호했다. 30여 척의 거룻배를 반복 운행하며 행주에서 전호쪽으로 건제순에 따라 제2, 제3대대의 순으로 도강했다. 범선이 수차례 왕복하면서 제2대대는 밤중에 도하를 끝냈고, 제3대대 제11중대가 건널 무렵에 날이 밝았다.

이때 적의 박격포가 도하지점을 강타하여 마지막 제12중대는 강을 건너지 못하였다.*주)

국방부 『한국전쟁사』 개정판 제1권 p683, 684

> * 중화기중대가 제일 뒤에 도하한 것은 큰 실수였다.
> 제12중대는 덕정에서 행주까지 오는 동안 단 한 정의 기관총도 버리지 않고 모든 중화기를 가지고 왔다고 한다. 그런데 한강을 건너지 못하여 1개 대대의 중화기를 고

> 스란히 적지에 버려야 했다. 중화기중대는 보병중대와는 다르다. 장비의 중요성 때문이기도 하지만 기동성에서도 차이가 있다. 마땅히 중화기중대가 최우선적으로, 그것도 제2대대의 소총중대에 앞서 건넜어야 했다. 그리고 소총중대가 후속하는 것이 원칙이다. 만약의 경우 보병이 엄호할 수도 있다.
> 하찮은 건제순이라는 명분 때문에 중요한 장비를 모두 버려야 했던 것은 두고두고 되새겨야 할 과제로 남는다.(국방부 『한국전쟁사』 개정판 제1권 p702)

연대는 05시 전호에 집결한 부대를 이끌고 부평을 향하여 김포~영등포 가도로 나섰는데 이때 서북쪽 옥녀봉(玉女峰-79고지, 개화산에서 김포 방면 4km)에서 기다렸다는 듯이 적 박격포가 날아와 앞을 가로막았다. 연대는 급히 방향을 영등포 쪽으로 바꾸어 개화산 서록에서 한강수리조합 간선수로 제방을 타고 비행장 쪽으로 갔다. 이때 비행장 망루에 기관총좌를 설치하고 있던 적 기관총이 다시 진로를 가로막았다.

연대는 2.36인치 로켓포로 망루를 격파하고 제5중대(金炳哲 중위)를 비행장으로 돌진시켜 적의 주의력을 끈 다음 제6중대(金珽雲 중위)와 제7중대(李圭大 중위)가 동 측방으로 우회하여 비행장에 돌입했다.

제5중대는 비행장 북단에서 철조망을 넘어 들어갔고,

제6, 제7중대가 비행장 입구에 이르렀을 때 다른 막사에서 기관총 사격이 집중되었다.

저들이 아군 복장을 하고 있어 이를 확인하고자 제8중대장 이수봉(李秀峰) 대위가 단신으로 접근해 가다가 다발총 사격을 받고 전사했다. 09시경이었다.

이 상황을 목도한 제2대대가 지체 없이 적진에 돌진하려는 순간 B-29편대가 구름 속에서 은빛 날개를 번쩍이며 나타나더니 사정없이 비행장에 폭탄을 퍼부었다. 비행장은 순식간에 화염에 휩싸였다. 이 틈을 타 제5중대는 비행장에 돌입하여 적을 제압하고 포로가 되어 억류되어 있는 아군 동료를 구출하여 본대에 합류하였다.

　제2대대장 장춘권 소령은 대대를 진두지휘하여 기관총 2정을 앞세우고 비행장 남쪽 활주로가 있는 눌언리(訥言里)로 돌진하여 진로를 타개했다. 제2대대의 감투에 힘입어 제18연대는 11시를 전후하여 큰 손실 없이 비행장 부근 적진을 돌파하였고, 14시경 소사 부근에 집결하였다.

　김포지구전투사령부는 격렬한 총소리와 비행기 폭음을 듣고 함께 비행장 일대가 화염에 휩싸인 모습을 보면서도 상황을 알지 못하였다.

　제18연대가 눌언리 부근에서 마지막 돌파를 시작한 10시 30분을 전후하여 비행장 서남쪽으로 공격을 시작했다.

　최복수 중령은 공격에 앞서 적 동태를 살피기 위하여 남산학교 S-1 안영조(安永祚) 대위를 들여보냈는데 비행장 남쪽 1km 지점에 있는 안오쇠(內五釗) 부근에서 복병의 저격을 받고 전사했다.

　비행장을 적이 확보하고 있는 것으로 확인한 최복수 중령은

　기갑연대 제3도보수색대대(강문헌 대위)를 장갑차 엄호 아래 활주로 동남단으로 돌입케 하고,

　제22연대 제3대대(손영을 소령)는 안오쇠 부근의 적을 격파한 후 비행장 남쪽으로 진입케 하며,

　제12연대 제2대대(한순화 소령)를 비행장 서북쪽으로 우회하여 장산(獐山)을 점령함으로써 적의 퇴로를 막도록 하고,

　자신은 지프로 안오쇠 부근까지 진출하여 진격을 독려키로 하였다.

　제3도보수색대대는 장갑 제2중대(박도경 대위)의 엄호를 받으며 활주로 입구를 향하여 돌진하던 중 안오쇠 동북쪽 도로 배수로에 잠복하고 있는 적이 화력을 집중하여 대대장 강문헌 대위와 작전관 김수동(金壽童) 소위가

쓰러졌다. 이를 구하기 위하여 장갑중대 제2소대장 김정운(金貞雲) 소위가 장갑차를 몰고 달려가다가 적 반전차포의 공격을 받고 김정운 소위가 장갑차와 함께 산화하였다.

장갑중대 제1소대장 곽응철 소위는 제2소대를 뒤따르다가 이를 보고 장갑차의 산탄을 사격하여 적 군관 1명을 포함하여 분대 규모의 적을 사살하고 체코식 기관총을 비롯하여 총기 수 정을 노획하였다.

도보수색대대는 대대장이 전사하자 선임 중대장인 제8중대장 김일록 중위가 대대를 지휘하였다.

도보수색대대 제8, 제9중대가 장갑중대 제1, 제3소대의 엄호를 받아 활주로로 돌입했다. 그러나 맞은편 건물 안에 숨어 있는 적이 사격을 하여 교전이 벌어졌는데 시간이 갈수록 노출된 대대의 손실만 늘어났다.

전황이 불리함을 지켜보던 대대장대리 김일록 중위는 백병 돌파를 결심하였다. 그리고는 일본도를 뽑아들고

"돌격 앞으로!!"

를 외친 다음 몸을 일으키려는 순간 적 총탄이 그의 다리를 관통했다. 달려온 위생병의 치료를 거부한 채 다리를 끌며 돌진하여 장검으로 닥치는 대로 적을 베었다. 그러나 결국 용감한 그도 날아오는 적탄은 피할 수 없었는지 쓰러지고 말았다.

전황은 급전했고 그를 따라 돌진했던 용사들은 활주로 밖으로 물러나고 말았다. 다른 방면으로 공격한 다른 부대들의 사정도 비슷했다. 결국 비행장 탈환은 실패했다.

전투를 지휘하던 최복수 중령은 끓어오르는 분을 참지 못하고

"이 대역부도한 김일성 도배들아! 하늘이 무섭지 않느냐?"

고 외치더니 갑자기 기관총을 장착한 지프를 몰고 활주로로 돌진하면서 좌

충우돌 기관총을 난사했다. 곧이어 적의 화력이 집중되었고, 최복수 중령은 지프와 함께 화염에 휩싸이고 말았다.㈜ 국방부 「한국전쟁사」 개정판 제1권 p686

　김포지구전투사령부의 비행장 공격은 무위로 돌아갔다. 공격부대는 16시 소사로 집결하였고, 장갑중대는 김포~영등포가도로 진출하여 행주 방면에서 철수하는 제1사단의 도하를 엄호하였다.

　김포지구전투사령관 우병옥 중령은 소사로 철수한 공격 부대를 맞았다. 전투 지휘를 자원했던 참모장 최복수 중령의 최후를 들었고, 도보수색대대장 김일록 중위의 분전 소식도 들었다. 다른 날 다른 곳에서, 그리고 사령관이 아닌 위치에서 들었으면 그보다 더 감동적인 무용담은 없었을 것이다. 그러나 그에게는 그런 감상적인 여유가 없었다. 많은 장병이 돌아오지 못했고 부대는 만신창이가 되어 있었다. 만감이 교차했다. 비통함을 금할 수 없었고, 책임을 통감했다. 그는 원미산(遠美山-소사동 북쪽)으로 올라갔다.

　멀리 불길에 싸여 있는 김포비행장을 원망스레 바라보며 비분의 눈물을 머금었다. 그는 분신처럼 차고 다니던 권총을 뽑아들었다. 그리고 총구를 입에 물고 방아쇠를 당겼다. 6월 29일 17시다.

오류동 전투

　29일 시흥지구전투사령관 김홍일 소장은 제18연대장 임충식 중령에게 김포지구전투사령관의 소임을 맡겼다.

　임충식 중령은 우병옥 중령과 육군사관학교 동기생이다.

　자신의 총으로 자신을 쏘는 그의 심정이 어떠했을까?

　왜 그렇게 하지 않으면 안 되었을까?

　동기생의 자결은 그에게 큰 충격을 안겨주었고, 새로운 소임은 큰 중압감으로 다가왔다.

그는 심기일전하여 사령관으로서의 임무 수행에 들어갔다. 동기생의 원혼을 달래기 위해서도 잘 해야겠다고 다짐했다. 지휘소를 소래(蘇萊-소사 남쪽 4km)로 옮기고, 그가 장악하고 있는 제18연대 2개 대대를 우선 비행장~소사가도를 감제하는 원미산을 중심으로 하는 고지군에 배치하여 적 진출을 막는 한편 26일 이래 혈투를 계속하여 지리멸렬한 김포지구전투사령부의 기존 부대 정비에 착수했다.

기갑연대 도보수색대대는 대대장이 전사하고 대대장대리를 맡았던 제8중대장마저 전사하여 가장 큰 타격을 입었다. 제8중대와 제9중대를 통합하여 6개 소대로 재편성하고 제9중대장 이붕직 중위가 지휘했다.

보병학교 후보생대대는 제2중대(이춘배 대위)가 명맥을 이어가고 있었고,

제12연대 제2대대는 1개 소대 병력이 남아 있었으며,

제22연대 제3대대도 남아 있는 병력이 200명에 못 미쳤다.

이들은 저녁 무렵까지 부대 정비를 마친 후 보병학교, 기갑연대, 제12연대 순으로 비행장~소사가도 서북쪽 107고지(소사 북쪽)에 전개하여 제18연대와 함께 적 진출을 저지하게 하고, 제22연대 제2대대를 소사 부근에 전개하여 경인가도 확보와 후방 경계 임무를 맡겼다.

제22연대 제2대대장 신면호(申冕浩) 소령은 이날 늦은 시간에 대대를 지휘하여 개화산~비행장가도로 진출하다가 개화산을 점령하여 길을 차단하고 있던 적과 조우전을 벌였다. 이 전투에서 선두에서 대대를 이끌던 대대장 신면호 소령이 전사했다. 그러나 적의 규모가 크지 않아 쉽게 격퇴하였고, 이로 말미암아 이때 전호에서 비행장 쪽으로 진입하던 제18연대 진로가 열렸다.

제22연대 제2대대와 제3대대 그리고 제13연대는 함께 김포가도를 따라 양화교를 거쳐 오후 늦은 시간에 시흥으로 이동하여 다음 날 수원에 집결

하였다.㈜ 국방부 『한국전쟁사』 개정판 제1권 p748, 749

30일 날이 밝았다.

김포지구전투사령부의 전선은 비행장에서 한걸음 물러나 소사 북쪽 고지군에서 경인가도 방수에 들어갔다. 김포에서 진출하는 적을 이 선에서 저지하지 못하면 한강방어선을 펴고 있는 시흥지구전투사령부 후방이 차단된다.

날이 밝으면서 적은 전차 2대를 앞세우고 비행장~소사가도를 따라 107고지로 진출했다. 이곳에는 후보생대대와 기갑연대 도보수색대대가 진을 치고 있었다. 양 대대가 보유하고 있는 2.36인치 로켓포로 전차를 집중 공격하여 한동안 전차와 철환을 교환하면서 호각의 전세로 다투었지만 결국 로켓포로는 전차를 당해 낼 수 없었다. 시간이 가면서 전차포에 의한 아군의 희생만 늘어갔다. 반면 적 전차도 과감하게 진출해 오지 못하고 머뭇거리고 있었는데 이로 보면 전차도 상당한 타격을 입었거나 아니면 아군의 완강한 투지에 겁을 먹고 있었음이리라.

그러나 결국 적 전차는 그 위력을 과시하며 진출하여 이날 오전 소사 북쪽 2km 지점까지 진출한 후 경인가도를 차단할 직전에 다다랐다.

김포지구전투사령관 임충식 중령은 중앙 일선을 맡고 있는 제18연대 제2대대로 하여금 138고지를 확보케 하고 좌 일선 부대로 하여금 원미산 북록의 적을 섬멸하도록 하였다. 원미산은 오류동 방면에서 가장 높은 산으로 피아간 감제고지가 되는 전략 요충이다.

11시 제2대대가 공격을 개시했다. 제7중대가 138고지 남쪽에서 정면을 공격하고 제6중대는 그 동쪽 계곡으로 우회하여 협공하였다. 제5중대는 예비대로서 이들 공격중대를 지원했다.

공격은 적의 완강한 저항에 부딪힌 데다가 지원 화력이 열세하여 고전 중 제7중대장 이규대 중위가 복부에 적탄을 맞아 전사하였고, 소대장 3명이 모두 부상하는 등 손실만 냈을 뿐 공격은 좌절되고 말았다.

문산 제1사단을 부원하였던 제5사단 제15연대장 최영희 대령이 28일 오후 행주에서 도강하여 29일 아침 시흥전투사령부에 도착하였다.

김홍일 소장은 김포지구전투사령부의 혼성부대 전력이 한계에 이르렀음을 감지하고 최영희 대령을 그 사령관에 임명한 후

"제5사단 병력을 수습하여 통합지휘하고 오류동~소사의 경인가도방어선을 확보한 연후에 김포비행장을 탈환하라."

고 명령을 내렸다.

제5사단 병력을 수습하는 것이 급선무였다.

제15연대는 전주에 주둔 중 출동 명령을 받았다. 이때 제1대대는 전원이 위로 휴가 중이었으므로 26일 휴가에서 복귀한 대대장 이존일 소령이 병력을 수습하여 28일 오후 열차 편으로 영등포에 도착하였고, 곧 혼성제7사단에 배속되어 한강 인도교 부근에 배치되어 있었다.

제2대대(안광영 소령)는 제20연대 제1대대와 함께 제20연대장 박기병 대령이 지휘하여 미아리전선에 투입되었다가 28일 새벽 독도(纛島-뚝섬)에서 한강을 건너 안양에 집결해 있었다.

제3대대(최병순 소령)는 연대장 자신이 직접 지휘하여 제1사단에 부원하였다가 28일 오후에 봉일천에서 철수 중 연대장과 헤어져 대대 독자적으로 난지도에서 도강하였고, 영등포를 거쳐 시흥에 집결한 후 혼성제7사단에 배속되어 한강철교 부근 사육신묘 남쪽에 배치되어 있었다.

최영희 대령은 안양에 있는 제2대대를 시흥으로 불러올려 이를 이끌고 오류동으로 가면서 한강 인도교 부근에 있는 제1대대를 오류동으로 합류하도록 하였다. 제3대대는 그대로 두었다.

미아리전선에서 철수한 제5사단 공병대대(양종익 소령)와 제20연대 제1

대대의 일부 병력도 장악했다.

제20연대 제1대대는 미아리에서 철수하던 중 병력이 분산되었다. 대대장 김한주 소령이 지휘하는 본대는 시흥으로 집결하였고, 부대대장 오태영(吳泰泳) 소령이 지휘하는 일부 병력이 수원으로 집결하였다가 다시 시흥으로 왔는데 이때 최영희 연대장을 만났다.

최영희 대령은 오태영 소령을 제1대대장으로 임명하고 집결한 병력으로 2개 중대를 편성하여 오류동 지구에 투입하였다. 이때 제1대대장 김한주 소령은 제20연대장 박기병 대령과 함께 노량진 부근에서 방어전을 펴고 있었다.

결국 제20연대 제1대대는 2개 대대로 나누어졌다.

최영희 대령의 김포지구전투사령부가 장악한 부대는

제15연대   제1, 제2대대

제20연대   제1대대(2개 중대)

제5사단   공병대대

제18연대   제2, 제3대대

등 6개 대대였다.^{주)}   국방부 『한국전쟁사』 개정판 제1권 p692

오류동에 도착하여 사령관으로 부임한 최영희 대령은 기존의 예하 부대 제12연대와 후보생대대 및 기갑연대 도보수색대대를 원대 복귀시키고 기갑연대의 장갑차 지원을 강화하도록 하였다.

7월 1일, 민족의 수난은 아랑곳하지 않고 염량(炎凉)이 때를 알아 어김없이 여름은 찾아들었다.

'전화에 짓이겨진 강산에도 세월은 가는가?'

이상화의 시 "빼앗긴 들에도 봄은 오는가"를 연상케 한다.

13시, 김포지구전투사령부는 138~107고지선을 확보하기 위하여

제15연대 제1대대가 좌 일선으로 107고지를,
제15연대 제2대대가 중앙 일선으로 138고지를,
제20연대 제1대대는 우 일선으로 77고지~63고지 일대를
목표로 공격을 개시하였다.

장갑대대의 장갑차는 좌 일선 107고지를 지원하고 81mm박격포는 중앙 138고지를 집중 지원하였다. 전날 밤부터 아침까지 부평 제1병기대대에 보유하고 있는 재고 박격포탄과 각종 실탄을 모두 옮겨다가 도로가에 쌓아놓고 각 부대가 소요하는 실탄을 무제한 공급하였다.

공격 개시 신호탄이 오른 뒤로는 통신 수단이 없어 공격제대를 적절하게 지휘하거나 통제할 수 없어 지휘에 많은 어려움을 겪었다. 총소리의 멀고 가까움에 따라 부대 위치를 가늠할 따름이었다. 또 일선 각 대대 역시 장병들은 소총으로 앞만 보고 쏘면서 전진할 뿐 좌우 인접 상황은 살펴볼 겨를이 없었다. 악조건 속에서도 그동안 날마다 후퇴의 쓴잔만을 들이켰던지라 진격이라는 말 한마디에 사기가 충천하여 물불 가리지 않고 나는 기분으로 전진해 갔다.

17시 좌 일선 제15연대 제1대대가 107고지를 점령한 것을 비롯하여 각 제대는 가벼운 적의 저항을 물리치고 일몰 전에 목표를 모두 점령하였다. 적은 공격이 시작되면서 천지를 진동하는 공격 부대 함성에 기가 꺾인 듯 전의를 잃고 동북쪽 능선을 따라 퇴각했던 것이다.

이렇게 하여 경인가도의 요충 77~138~107고지선을 확보함으로써 경인가도의 위협이 제거되었다.

이 전투에서 제20연대 제1대대 혼성중대장 김주명(金周鳴) 중위가 머리에 총상을 입은 것을 비롯하여 사상자가 있었으나 큰 손실을 보지 않고 목표를 점령함으로써 김포지구전투사령부 최초이자 최대 전공을 세웠다.

경인가도가 적의 수중으로

7월 2일에 들어서서도 오류동전선에서는 전투가 계속되었다.

날이 밝자 제15연대 제2대대가 126고지를 공격했다. 어제 138고지선을 확보한 여세를 몰아 적을 126고지 너머로 몰아내기 위해서였다. 그러나 통신 수단의 미비로 공격제대 간 횡적 연계가 이루어지지 않았고, 적정을 파악하지 못하여 적과 접촉하는 정도에 그치고 말았다.

오후, 난지도에서 적이 본격적으로 도하하여 공격에 합류했다. 수세에 몰린 아군은 제18연대 제2, 제3대대를 투입하고도 수세를 면치 못하여 138고지로 물러나고 말았다. 이후 전선은 소강상태가 이어졌다.

7월 3일 적 전차부대가 한강을 건너왔다. 그리고 지난밤 난지도 쪽으로 한강을 건넌 1개 연대 규모의 적이 오류동 쪽으로 밀고 왔다.

날이 밝자 태극기를 단 전차가 경인가도상 덕현(德峴-고척교 서쪽)에 모습을 나타내더니 고척교를 지나 영등포 쪽으로 진입했다. 우리 병사들은 인천 쪽에서 지원된 미군 전차로 잘못 알고 환영하다가 저들의 기관총세례를 받아 많은 사상자를 냈고, 오류동과 고척교 사이 노상에 있던 제18연대 제3대대와 제20연대 제1대대의 보급소가 유린되어 보급품이 저들 손에 들어갔다.

이들 전차에 의하여 경인가도가 돌파되었고, 영등포 지구에서 저지전을 펴고 있던 혼성수도사단은 해가 뜨기도 전에 들이닥친 이들 전차에 의하여 배후를 찔리고 말았다.

때를 같이하여 신촌 부근에서 중포가 고척교 부근과 오류동 일대 경인가도에 포격을 집중하였고, 비행장 쪽에서도 각종 포화가 138고지 일대에 집중되었다. 이로 말미암아 안양천 서안 고지 일대에 포진하고 있는 제18연대 제3대대장 안민일 소령과 작전관 김재후(金在厚) 중위가 파편상을 입었고, 제11중대장 원치남(元治男) 중위가 전사하는 등 사상자가 발생하여 전열에 균열이 생겼는데도 인접 제20연대 제1대대(오태영 소령)와 함께 분전하여 힘겹게 적을 물리치고 오전을 버텼다.

10시경, 김포지구전투사령부의 철수가 불가피하게 되었다.

이날 새벽에 적 전차부대가 대거 한강철교를 건너오면서 노량진 방면을 방어하던 혼성제7사단 전선이 무너졌기 때문이다. 이와 같은 전황을 알 길이 없는 김포지구전투사령부는 당면한 적과의 전투를 계속하고 있었고, 시흥지구전투사령부는 통신망 미비로 철수 명령을 전달할 방도가 없었다.

김홍일 소장은

"한강선이 무너진 지금 김포가도 확보는 더 이상 필요하지 않다. 이대로 시간을 끌다가는 영등포~시흥가도에 적이 먼저 들어와 김포지구전투사령부는 퇴로가 차단될 것이다."

라고 판단하고 전 제5사단 참모장 박병권 대령을 오류동으로 급파하여 철수 명령을 전달하게 하였다.

박병권 대령은 단신으로 지프를 몰고 시흥에서 안양천 서안으로 돌아 철산리(鐵山里) 지휘소로 가서 최영희 대령에게 수원으로 철수하라는 명령을 전달하였다. 이때는 이미 적 일부 종대가 시흥으로 남하하고 있어 수원으로의 퇴로가 위협을 받았다. 촌각의 지체도 허용되지 않았으므로 일선 대대를 안양으로 집결하도록 철수 명령을 내렸다.

6월 27일 김포반도에 적이 상륙한 것을 계기로 임기응변으로 이에 대처하고자 편성한 것이 김포지구전투사령부이다. 38선에서 패퇴하여 온 패잔병과 비전투원으로 급조된 오합지졸에 불과한 전투사령부, 그들은 통신 수단이 미비하여 지휘계통이 제대로 가동되지 않았고, 인접 부대와 연계가 되지 않아 상황을 알지 못하였다. 앞만 보고 총을 쏘는 장님과 같은 전투를 치렀다. 장비가 빈약한 것은 고사하고 소총 실탄도 충분히 갖지 못했다. 지원 포병도 없었다.

오직 울분과 투지에서 우러난 저항력이 있었을 뿐이다. 그들은 1주일을 버텼다. 한강을 건너온 철수 부대가 숨을 고를 수 있는 충분한 시간이다.

한강과 오류동 저지선을 돌파한 적은 이날 밤 자정 무렵에 전차 6대를 앞세우고, 1개 대대 규모가 경인가도를 따라 진출하여 인천을 점령하였다. 경인가도는 완전히 적의 손아귀에 들어갔고, 일부 적 선견대는 이날 중으로 시흥에 진출하였다.

김포지구전투사령부의 철수는 순탄치 않았다. 철수 명령을 받고 부대가 전선에서 이탈했을 때는 이미 퇴로가 차단된 뒤였다. 일부 부대는 소래를 거쳐 해안선을 타고 수원으로 빠졌고, 일부는 양지산(陽支山-오류동 남쪽 6km) 기슭을 타고 안양으로 빠졌다. 또 많은 산병호 속 병사들에게는 철수 명령이 전달되지 않았다. 적 전차가 경인가도를 지나가는 것을 보고서야 진지를 이탈하여 전차 사이를 뚫고 각개 분산된 상태에서 남쪽으로 길을 잡았다.

6. 수원 철수

안양 저지진지

7월 3일 아침 적 전차가 한강철교를 건너 노량진으로 진입하는 것과 때를 같이하여 노량진~영등포 저지선은 무너졌다.

전날 새벽 원주에서 이천으로 전진한 제6사단 제19연대로부터

"가평~양수리로 남향한 듯한 적 제2사단(이청송 소장)의 일부가 금량장(金良場-용인시, 수원 동쪽 18km) 부근으로 가고 있다."

는 충격적인 보고가 있었다. 결국

수원은 동쪽 이천~용인,
동북쪽 금곡리~풍덕천,
서북쪽 경부국도 등

세 방향으로부터 집중 공격을 받게 될 암담한 형편에 빠졌다.

그런 중에도 지난 1일 부산으로 공수된 미 지상군 선견대인 스미스특수임무부대가 대전을 거쳐 목하 북상 중에 있어 더 이상

"철수와 후퇴라는 이름으로 일관한 작전에 종지부를 찍게 되는구나!"

하는 희망을 동시에 갖기도 했다.

시흥지구전투사령관 김홍일 소장은

(1) 혼성수도사단은 시흥에서 철수 병력을 수습하여 시흥 남쪽 2km 지점 국도 좌우 고지대에 저지진지를 점령하고 경부국도로 진출하는 적을 견제하라.

(2) 혼성제7사단은 안양으로 집결하라.

는 명령을 내렸다.

영등포~시흥가도가 적에게 개방될 경우 오류동 김포지구전투사령부의 퇴로가 막힐 것이므로 이 사령부를 당면한 적과 이탈하여 안양으로 철수하도록 하고 14시 시흥지구전투사령부를 안양으로 이전하였다.

14시경 혼성수도사단 제8연대(이현진 중령)가 시흥 남쪽 국도 좌우에서 기갑연대 장갑수색대대(박무열 소령)의 엄호 하에 새로운 저지진지를 마련하던 중 때 마침 상공을 날던 미군 항공기가 이를 적으로 오인하고 도로에 방열한 M-8 장갑차를 기총으로 공격했다.

순식간에 벌어진 사고에 제1중대장 박길용 대위가 전사하고 많은 피해

를 입었다. 미처 대피하지 못한 장갑차는 차 위에 기름 묻은 수입포(手入布)를 놓고 불을 질러 검은 연기를 내뿜게 함으로써 장갑차가 불타는 것처럼 가장하여 위기를 모면하기도 하였다.

이런 어려움을 겪으면서도 혼성수도사단은 15시를 전후하여 시흥 남쪽에 제1선 저지진지를 마련하였다.

혼성제7사단은 안양과 군포장에서 수습한 병력으로 안양천 남쪽 고지대에 제2선 저지진지를 마련하였다. 그러나 일부 병력이 시흥~안양으로 철수하지 못하고 관악산~과천으로 철수하여 곧장 수원으로 집결하는 혼선을 빚었다.

김홍일 사령관은 이날 김포지구전투사령부를 해체하고, 그 예하의

제18연대는 제8연대진지 일부(182고지, 忠勳府 부근)를 맡게 하고,

제8연대는 국도 동쪽 284고지(시흥동 남쪽) 서록을 전담케 하여

방어 부담을 줄였다.

제15연대는 제18연대 서쪽(142고, 충훈부 부근 무명고지 서쪽)에 배치하여 오류동 방면에서 오는 적을 견제하게 하였다.

혼성제2사단은 군포장에서 시흥지구전투사령부 철수를 엄호한 다음 군포장 남쪽 2km 지점으로 옮겼다.

부상한 제5연대장 최창언 중령 후임에 전에 연대장대리를 한 바 있는 박기성 중령을 임명하고, 안양 남쪽 2km 지점 국도 서쪽에 있는 426고지를 중심으로 진지를 편성하여 경수국도를 견제하도록 하였다.

우면산에 있는 제16연대를 군포장으로 뽑아 과천~군포장 도로와 안양~군포장 도로를 견제케 하고,

옥녀봉 북록 193고지에 있는 보병학교연대를 군포장 도로에 배치하여 국도 차단에 주력하도록 하는 한편,

과천동 남쪽 349고지 서북록에 있는 제3연대는 제16연대와 보병학교연대의 전진을 엄호한 다음 그대로 남아 과천 쪽을 견제하도록 하였다.

수원 철수

7월 4일 06시, 영등포를 석권한 적 제4사단이 전차 12대를 앞세우고 경수가도를 따라 남쪽으로 진출하기 시작하였다.

선두 전차는 YAK기 3대의 엄호를 받으며 시흥을 지나 삼막리(三幕里) 284고지에 있는 제8연대 진전에 모습을 나타냈고, 같은 무렵 적 보병부대는 안양천을 따라 진출하여 중박격포와 전차포의 화력 지원을 받으며 제18연대의 진지를 공격하였다.

양 연대가 사력을 다해 저지하였으나 적 전차는 연대의 대전차공격에 아랑곳하지 않고 양 연대전투지경선 도로를 돌파하여 남쪽으로 진출하였으므로 양 연대는 10시경 각개 분산하여 수원으로 발길을 재촉하였고, 그 충격으로 안양에 있던 전투사령부와 일부 재편성 중이던 병력이 덩달아 철수를 서두르게 되었다.

정오 무렵에는 적 선두부대가 제2저지선에 있는 혼성제2사단과 혼성제7사단 진전까지 파고들어 안양 읍내를 휘저었고, YAK기 4대가 이들을 엄호하면서 아군 철수를 방해하였는데 때마침 미군 항공기 편대가 나타나서 적기 1대를 격추하고 나머지를 쫓아버렸다. 이 때문에 내닫던 적의 발길이 한동안 주춤거렸고, 그로 말미암아 적이 안양에서 군포장에 진출한 것은 14시가 넘어서였다.

안양 남쪽 426고지에 진지를 점령한 제5연대(박기성 중령)와 수원에서 재편성하여 투입된 보병학교 김병화 소령이 지휘하는 보병학교 일부 병력이 도로를 점령하고 다가오는 전차에 모든 화력을 집중하였으나 전차는 유유히 국도를 따라 군포장의 제3선을 돌파했다.

사령관 김홍일 소장은 직접 공병을 지휘하여 지지대 고개(군포장 동남쪽 5km)마루 도로에 통나무와 반궤도차를 가로질러 대전차 장애물을 설치하는 등 전차 진출을 저지하고자 백방으로 노력했으나 허사였다.

적이 군포장을 돌파하자 349고지에 있는 제3연대는 퇴로가 차단되었다. 제3연대는 그 고지를 동남쪽으로 너머 판교로 진로를 잡고 철수하기 시작했다. 연대장 최수창 중령이 선두에서 퇴로를 개척하던 중 사기마골(판교 서쪽 4.5km) 부근에 이르렀을 때 앞을 가로막은 적이 저격하여 연대장이 전사하고 병력은 분산되었다.

상황이 이에 이르자 육군본부는 평택으로 이동하였다.

육군본부 차량제대가 오산~평택 간 국도를 따라 철수하는 동안 후위 부대가 수원 북문(장안문)에 저지진지를 폈는데 이때 공병감 최창식 대령이 전차 진입을 막기 위하여 공병에게 북문을 파괴하여 도로를 폐쇄하도록 명령했다.

박후준(朴厚俊) 중위가 지휘하는 공병폭파조가 북문 폭파 작업에 착수하였다.

이때 안양에서 철수하여 북문을 지나던 혼성수도사단장 이종찬 대령이 이 광경을 보고 아연실색하여

"현 시점에서 북문을 파괴한다고 하여 전술적으로 아군에게 큰 도움이 되지 못한다. 오히려 귀중한 문화재만 훼손시킬 뿐이다. 후일 국민의 지탄을 어찌 받을 것이냐?" 주)

국방부 『한국전쟁사』 개정판 제1권 p757

고 하면서 공병감으로 하여금 폭파를 중지하도록 종용하였다.

공병감은 폭파 명령을 철회하고 대신 일본에서 공수해 온 대전차지뢰 20발을 문 주위에 매설하게 한 후 병력을 문루(門樓)에 배치하였다.

시흥지구전투사령부는 이렇게 북문에 저지진지를 마련해 놓고 육군본부 뒤를 이어 오후 늦은 시간에 수원을 빠져나갔다.

이윽고 적 전차가 북문 가까이 접근하여 전차포를 휘두르자 루상에 있던 전투병들은 크게 저항하지 못하고 철수하였다. 그러나 침공한 적 전차 2대가 문 앞에서 지뢰를 촉발(觸發)하여 폭음과 함께 전차가 주저앉았다. 대전차지뢰가 개전 이래 처음으로 전차를 파괴한 쾌거였다.

일몰과 더불어 수원이 적의 수중에 들어갔고, 적은 이날 하루 영등포에서 수원까지 40km의 거리를 단숨에 돌파하는 기록을 과시하였다.

풍덕천 전투 - 제1사단

제1사단(백선엽 대령)은 봉일천에서 철수하여 수원에 집결한 후 육군본부 예비로 있었다.

제11연대는 수색에 예비대로 있다가 문산으로 출동하여 전투 중 손실은 크게 입지 않았으나 한강을 도하하는 과정에서 많은 병력이 분산되어 낙오하였다가 대부분의 병력이 수원에 집결하였다.

제12연대는 개성~청단 지구에서 전투 중 손실이 가장 많았다. 연대는 산산조각이 났고 건제를 잃었다. 전선에서 분산된 제2, 제3대대 병력은 대부분 한강 하류에서 도하하여 일부가 김포반도로 상륙하였고, 일부는 인천에서 배를 타고 군산으로 상륙하여 한참 후에 합류하였다.

제1대대와 연대본부는 문산으로 철수하여 행주와 이산포나루에서 한강을 건넌 후 시흥을 거쳐 수원에 집결하였고, 대대장 신현홍 소령과 일부 병력이 범선을 타고 한강 하류를 거쳐 인천으로 철수했다.

김포반도로 상륙한 병력은 제2대대장 한순화 소령이 지휘하는 제2, 제3대대 병력 약 600여 명이었는데 이들을 제2대대로 편성하고 김포지구전투사령부에 예속하여 한강방어선전투에 투입되었다가 안양을 거쳐 수원에 집결하였다. 전투 중 분산된 대대장 한순화 소령과 일부 병력은 인천으로 가서 배를 타고 표류하다가 보름 만에 군산으로 상륙하였다.

제13연대 제1, 제2대대는 행주에서 한강을 건넌 후 김포지구전투사령부에 예속되었고, 제3대대는 수색에서 분산하여 시흥에 집결 중이었다.

7월 3일 오후, 제1사단은 총참모장 명령을 받고, 시흥지구전투사령부 철수로를 엄호하기 위하여 풍덕천(수원 북쪽 5km)으로 진출했다. 육사생도대대를 배속받았고, 저녁 무렵 제22연대를 수용하여 통합지휘하였다.

제1사단은 풍덕천 서남쪽 188고지~237고지선에 다음과 같이 진지를 점령하고 풍덕천~수원 간 도로 방어에 들어갔다.

제11연대(최경록 대령)를 우 일선 신갈 도로,

제22연대(강태민 중령)를 중앙 우측 188고지 북쪽 능선(풍덕천 삼거리 남쪽),

제13연대(대리 김진위 소령)를 중앙 좌측 풍덕천~수원가도 남쪽,

제12연대(김점곤 중령)를 좌 일선 풍덕천~수원가도 북쪽.

제13연대와 제12연대는 국도 남북에서 역팔자형(逆八字形) 진지를 구성하였고, 육군사관생도대대를 예비로 확보하여 237고지에 두었다.

사단의 실 병력은 1개 연대 규모였다.

사단은 자동화기로 도로상에 십자화망을 구성해 놓고 적이 접근하기를 기다렸으나 밤이 깊도록 적의 움직임은 보이지 않았다.

7월 4일 날이 밝자 적 대군이 4열종대로 의기양양하게 풍덕천~수원 가도를 따라 진출했고, 2개 대대 규모의 병력이 제13연대와 제12연대가 형성해 놓은 역八자형 호구로 깊숙이 들어왔다. 도로 좌우에 배치된 Cal-50기관총 등 자동화기가 일제히 불을 뿜어 일진을 섬멸했다.

뒤따르던 적 주력은 풍덕천 삼거리 남쪽 제22연대진지로 몰려들어 188

고지에서 격전이 벌어졌다. 절대 열세의 전력에도 불구하고 선제한 여세로 일진일퇴 접전을 벌이면서 우세한 병력과 화력으로 밀어붙이는 적을 견제하여 풍덕천~수원 간 도로를 잘 지켜내다가 적 전차가 수원 북쪽 가까운 곳에 나타났을 때 육군본부 뒤를 따라 평택으로 철수했다.

금량장 전투

제8연대 제2대대(고백규 소령)는 청량리에서 광나루로 도하하여 29일 수원에 집결한 후 연대 주력과는 합류하지 못하고 농과대학 교정에 대기하던 중 육군본부의 명령을 받고 수원으로 진출하는 적을 견제하기 위해 금량장으로 출동하였다.

금량장 전방 2km 지점 마을 입구에 병력을 공격 대형으로 전개하여 마을로 진입하였다. 마을에는 적 대대 규모가 진입하여 휴식 중에 있었.

대대는 60mm박격포 6문을 집중 사격하면서 선제공격하여 많은 적을 사살하고 76mm야포와 수냉식 기관총 4정을 노획하였다. 남은 적병은 경안천 북쪽으로 퇴각했고, 대대는 금량장 북쪽에 있는 234고지를 점령하였다.

오후에 적이 역습하여 격전이 벌어졌다. 탄약 보급이 뒤따르지 못하여 그 고지를 지탱할 수가 없었으므로 서쪽 2.5km 지점으로 물러나 수려선(水驪線) 철도를 끼고 남북에 방어진지를 편성하여 적이 수원 쪽으로 진출하는 것을 막기로 하였다. 그러나 그 이후 적은 나타나지 않았다.

다음 날에도 적정이 없었으므로 오후에 오산으로 철수하였다.

수원 철수 이후의 상황

7월 4일 적 제4사단은 경부국도를 돌파하여 수원에 진입하였고, 적 제3사단은 금곡동~풍덕천 도로로 우회하여 수원에 진출했다.

7월 5일 북한 인민군최고사령부는 서울 점령에 수훈을 세운 적 제3, 제4사단과 제105기갑여단에 각각 '서울사단' 이라는 명예 칭호를 부여하여 그들의 전공을 치하하고 사기를 진작시켰다.

  적 제1군단(김웅 중장)은 5일 새벽부터 제3, 제4사단이 전차를 앞세워 남진길에 들어섰고, 적 제6사단은 인천으로 우회하여 인천을 점령한 뒤에 예비로 후속한 것으로 보인다.

  적 제1사단은 수원에서 용인~청주로 전진하여 제2군단으로, 이천 부근으로 진출한 제2사단은 제1군단으로 예속을 바꾼 것으로 알려졌다.

  북한군은 저들의 제2단계 작전 목표인 평택~안성선으로 지향하였고, 이날 이른 아침 오산 북방 죽미령에는 미 지상군 선견대인 스미스특수임무부대가 진출하여 우리의 기대를 부풀게 하였다.

  육군본부는 차량으로 이동하여 평택에 집결하였다. 시흥지구전투사령부는 안양~군포장 사이에서 분산되어 일부는 서해안으로 갔고, 일부는 국도를 따라 남하하였으며, 일부는 풍덕천~오산도로를 따라 저녁에 오산에 집결하였는데 오산에서 스미스대대를 만나 그곳에 미군과 함께 잔류한 사람도 있었다.

  오후 늦은 시간에 보급 물자를 가득 실은 화차가 육군본부와 함께 평택역에 도착하였는데 미군 항공기가 화차와 육군본부 철수 차량을 공습하여 군수 물자를 모두 소실시켰다.

  미 극동군 정보담당자가 미군 조종사에게

  "한강 이북지역은 적지다!"

라고 알려주었고, 한국 지리에 익숙하지 못한 조종사는 금강을 한강으로 잘못 알고 그 북쪽에 있는 평택을 공격한 것으로 알려졌다.

  이때는 미군 항공기가 참전한지 며칠 되지 않아 우리 지상부대에 대공표지판이 공급되지 않았고, 달리 지상군과의 연락 방법을 마련하지 못하여 국군이 오폭을 당하는 사례가 자주 있었다.

4일 평택에서 밤을 새운 육군본부는 미 지상군 참전에 힘을 얻어 전면적인 전열 정비를 서둘렀는데 그 제1차적인 작업이 육군 개편이다.

한강방어선에 투입된 부대

▎한강방어선에 투입된 병력 규모

시흥지구전투사령부의 지휘를 받아 한강방어선에 전개된 병력을 정리해 본다.

7월 5일 시흥지구전투사령부 소속 제1사단과 제2, 제3, 제7, 수도의 4개 혼성사단을 제1, 제2, 수도의 3개 사단으로 재편성하였다.

3개 사단이 재편성을 마치고 새로운 전선으로 이동할 때 파악한 병력은 총 8,100명으로, 제1사단 약 4,000명, 제2사단 약 1,600명, 수도사단 약 2,500명이었다.

7월 7일 새로운 전선에 도착하여 파악한 병력은 총 19,763명으로, 제1사단 5,063명, 수도사단 7,855명, 제2사단 6,845명이었다.

11,000명 이상이 늘어났다. 이 병력은 당초 한강을 건너지 못하여 낙오하였다가 복귀한 병력이 대부분이고, 일부 한강방어선에서 분산된 병력이 포함되어 있다.

제1사단의 경우 7월 4일 평택에서 재편성할 때 파악한 병력은 약 2,000명(백선엽 장군 『군과 나』)이었고, 흡수된 제5사단 병력이 약 1,500명이었으므로 약 1,500명이 늘어났다. 새로 합류한 병력이다.

나머지 2개 사단도 같다고 보이니 이럴 경우 한강방어선 전투 이후 새로 합류한 병력은 적게 잡아도 약 5,000명은 될 것이다.

한강방어선에 투입된 병력은 최대 15,000명 수준으로 보면 된다.

한강방어선에는 초기에 투입되었다가 빠져나간 병력이 있고, 새로 투입된 병력이 있으며, 보병학교후보생대대와 교도대, 공병학교 학생, 김포 지구 주둔 비전투부대 등 사단개편에 포함되지 않은 병력이 있었다.

다른 경우의 계산을 해 보면 한강 방어전에는 명목상 30개 대대가 전개하였다. 완전한 건제를 유지한 대대는 없고, 많은 경우 대대당 병력이 600명 수준, 적은 경우는 100명 수준이다. 평균 500명으로 계산할 경우 15,000명 규모가 된다. 이것은 최대한으로 잡은 것이다.

결국 한강방어선에 투입된 병력은 15,000명을 넘지 않았다고 보면 무리가 없을 것으로 여겨진다.

다음에 표시한 한강방어선에 전개한 부대 규모를 참고하기 바란다.

한강방어선에 투입된 부대

김포 지구 전투사령부	편성 당시 - 7개 대대 제12연대 제2대대(약 600명) 기갑연대 도보수색대대(3개 중대) 제18연대 제2, 3대대 제22연대 제2, 3대대 보병학교 후보생대대(약 500명) 보국대대 1개 중대(약 100명)	해체 당시 - 8개 대대 제15연대 제1, 제2대대 제20연대 제1대대 제18연대 제2, 제3대대 제13연대 제1, 제2대대 제5사단 공병대대
혼성제2사단 - 6개 대대	공병학교 학생 일부 제3연대 2개 대대(제1대대, 혼성대대) 제5연대 혼성대대 제16연대 혼성대대 기갑연대 기병수색대대 보병학교연대(1개 대대-교도대와 후보생 일부)	
혼성제3사단 - 3개 대대(+)	제25연대 제2, 제3대대(약 800명) 제22연대 1개 대대(제2, 제3대대통합 - 김포지구전투사령부에서 이동) 수원지구부대(규모 미상)	
혼성제7사단 - 6개 대대	제1연대 혼성대대 제9연대 혼성대대 제20연대 혼성대대 제25연대 혼성대대 제15연대 제3대대 혼성공병대대	
혼성수도사단 - 4개 대대	제8연대 제1, 제3대대 제18연대 제1대대 기갑연대 장갑수색대대 대전차포 1개 소대	
제1사단 - 약 2,000명	제11연대 제12연대 제13연대 - 김포지구전투사령부 해체 후 합류	

제4장
미 지상군 참전

"공산주의자들이 자행한 한국에 대한 침공 행위는 과거 히틀러, 무솔리니, 일본이 벌인 침략 행위와 같다."
만약 한국을 공산주의자들의 발굽에 짓밟히게 버려둔다면 어느 국가가 강한 인접 공산주의 국가의 위협과 침략에 맞설 수 있는 용기를 가지겠는가? 그리고 평화를 유지하기 위하여 설립된 UN의 권위는 어떻게 되겠는가? 생각이 여기까지 미치자 공산주의자에 의한 한국에서의 침략 행위를 그냥 두지 않겠다고 다짐했다.

- 미국 트루먼 대통령

제1절 워싱턴의 경악

1. 6월 24일의 급보

놀라지 마시오! 공산군이 전 전선을……

6월 24일 늦은 밤(현지 시간-이하 같다) 워싱턴.

밤 9시 30분경 국무부는 주한 미국대사 무초로부터

"북한군이 전면 남침하였다."

는 전신 보고를 받았다.

이 보고는 무초 대사가 서울 시간으로 6월 25일 11시에 발송한 것이다.

무초는 한국 시간 6월 25일 아침 이른 시간에 전화벨 소리에 놀라 잠에서 깨어났다. 공사 드럼라이트로부터

"놀라지 마시오. 공산군이 전 전선을 덮치고 있다고 합니다."

무초는 전화를 받고 반도호텔에 있는 대사관으로 나갔다. 그곳에는 연합통신(UPI)기자 제임스(Jack James)가 대사관 직원과 서성거리고 있었다.

무초 대사는 미 군사고문단의 확인을 거쳐 북한공산군의 전면 남침(an All-out offensive) 소식을 국무부로 보냈고, UPI 기자도 이 사실을 본사에 타

전했다. 워싱턴에는 기자가 보낸 뉴스가 정식 외교 경로를 통한 보고보다 먼저 도착했다.

워싱턴 시각 같은 날 21시 04분, UPI 통신사 곤잘레스(Donald Gonzales)는 미 국무부 극동국 섭외관 코너스(W. Bradley Connors)에게 전화를 걸어 서울주재 특파원 제임스가 발송한 기사 내용을 확인하고자 했다. 아무것도 모르고 있는 국무부 직원은 사안이 중요하기 때문에 워싱턴 조지타운 지역에서 언론인 앨숍(Joseph Alsop)과 저녁 식사를 하고 있는 러스크(Dean Rusk) 국무부 극동담당차관보에게 이 사실을 알렸고 러스크는 곧 자리를 떠서 국무부로 갔다. 러스크가 자리를 뜰 즈음 무초 대사가 보낸 전문이 도착했고, 러스크 차관보는 밤 10시쯤 국무부에 도착했다.

이 무렵 UN한국위원단에서도 같은 내용을 UN본부에 보고했다.

서울에서 7,000마일 이상 떨어진 워싱턴 시각은 서울보다 13시간이 늦은 6월 24일 토요일 저녁이었다.

이 시간 트루먼 대통령은 고향 미주리(Missouri)주 인디펜던스(Independence)에서 가족과 함께 휴가 중이었고,

국무부장관 애치슨은 워싱턴 교외 메릴랜드에 있는 그의 목장에서 주말을 즐기고 있었다.

국방부장관 존슨과 합참의장 브래들리는 극동 지역 순방에서 돌아와 집에서 쉬고 있었고,

육군참모총장 콜린스(J. Lawton Collins)는 체스피크만(Chespeake Bay) 별장에서 휴가 중이었다.

모두가 미국의 주말 모습이었다.

육군부장관 페이스(Frank Pace Jr.)는 국방부장관 존슨에게 전화로 남침 사실을 보고했다. 극동 지역 순방 중 어떠한 브리핑에서도 북한 공산군의

남침 징후가 있다는 보고를 들은 바 없는 존슨 국방부장관은 이 사건에 대한 모든 정보를 수집할 것을 지시하면서 당분간 육군부장관이 책임을 지고 일을 처리하도록 권한을 위임했다.

페이스 육군부장관은 상황을 상세히 알아보고 어떠한 조치를 취해야 할 것인지를 상의하기 위하여 국무부로 갔다. 러스크 극동담당차관보와 국무부에서 만난 시각은 밤 10시 30분.

"북한군의 전면 공격."

이라는 무초 대사의 전문을 해독한 직후다.

러스크는 애치슨 국무부장관에게 남침 사실을 알렸고, 10시 40분에 국무부로 나온 UN담당 국무부차관보 히커슨(John D. Hickerson)은 러스크 및 페이스 육군부장관과 협의 한 후 국무부장관에게 전화를 걸어

"UN사무총장에게 긴급안전보장이사회를 소집케 하여 어떠한 조치를 취해야 한다."

고 건의했다.

이것은 UN 헌장 위반이야!

애치슨 장관은 히커슨에게 국방부와 협의하여 구체적인 대책을 마련할 것을 지시한 다음, 밤 11시 20분 트루먼 대통령에게 전화를 걸었다.

트루먼 대통령이 있는 미주리주 인디펜던스의 시각은 저녁 9시 20분. 대통령은 막 저녁 식사를 끝내고 있었다.

"대통령 각하, 지극히 중대한 뉴스입니다. 북한군이 남한으로 침입했습니다." 주) 전쟁기념사업회 『한국전쟁사』 제3권 p121, 손세일 역 『트루먼 회고록』 하 p308

함께 무초 대사의 보고를 근거로 한 상황을 설명했다.

트루먼 대통령은 즉시 워싱턴으로 돌아오겠다고 하였다. 국무부장관은

다음 정보가 있을 때까지 기다리도록 만류하고 UN을 통한 문제 해결과 함께 UN안전보장이사회를 긴급 소집할 것을 건의하여 승인을 받았다.

애치슨 국무부장관은 히커슨 UN담당 차관보에게 안전보장이사회를 긴급 소집하는 절차를 밟도록 지시하였다.

밤 11시 30분쯤 히커슨 차관보는 UN주재대사 오스틴(Warren R. Austin)이 휴가 중에 있었고, 부대사 그로스(Ernest A. Gross)와는 연락이 닿지 않자 직접 UN사무총장 리(Trygve Lie)에게 전화를 걸어 상황을 설명하고

"한국문제를 UN안전보장이사회에 상정할 것."

이라고 알렸다. 리 사무총장은

"이것은 UN헌장 위반이야!(That's a Violation of the United Nations Charter)" 주)

신음하듯 첫 마디를 내 뱉었다.　　　전쟁기념사업회 『한국전쟁사』 제3권 p121

리 사무총장은 한국에 있는 UN한국위원단에 한국 사정에 대한 충분한 보고를 요청하는 전문을 발송하였다.

이 무렵 주미 한국대사 장면은 국무부를 방문하여 국무차관보 러스크와 20분간 회담한 다음 기자들에게 이렇게 말했다.

"미국이 우리를 외면한다고는 생각할 수 없다. 북한괴뢰의 공격은 결정적인 침략 행위다. 그들은 38선을 넘어 분쟁을 야기한 것이다. 소련의 명령 없이는 그와 같이 할 수는 없었을 것이다."

2. 트루먼 대통령

제1차 블레어하우스 회의

트루먼 대통령은 현지 시각 6월 25일 오후 2시 휴양지 캔자스 공항을 이

륙했다. 비행기 안에서 트루먼 대통령은 많은 상념에 사로잡혔다.

지난날 강자가 약자를 괴롭혔던 역사적 사례를 더듬으면서

"공산주의자들이 자행한 한국에 대한 침공 행위는 과거 히틀러, 무솔리니, 일본이 벌인 침략 행위와 같다." 주)   전쟁기념사업회 『한국전쟁사』 제3권 p121

트루먼 대통령

고 결론짓고 만약 한국을 공산주의자들의 발굽에 짓밟히게 버려둔다면 어느 국가가 강한 인접 공산주의 국가의 위협과 침략에 맞설 수 있는 용기를 가지겠는가? 그리고 평화를 유지하기 위하여 설립된 UN의 권위는 어떻게 되겠는가? 생각이 여기까지 미치자 공산주의자에 의한 한국에서의 침략 행위를 그냥 두지 않겠다고 다짐했다.

트루먼 대통령은 무전으로 애치슨 국무부장관에게 주요정책 입안자 및 결정자들을 그 날 저녁 대통령 관저 블레어하우스(The Blair House-백악관은 수리 중)에 모이도록 지시했다.

애치슨 국무부장관은 몇 가지를 생각했다.

첫째, 이번 공격이 소련에 대한 개전 이유(ca·sus bel·li)는 되지 않는다는 것.

둘째, 이번 공격은 한국의 후견인으로서의 UN과 미국의 권위에 대한 직접적인 도전이라는 것.

셋째, 이번 공격이 결코 성공할 수 없다는 점을 확실히 해 둘 필요가 있다는 것.주)   전쟁기념사업회 『한국전쟁사』 제3권 p121, 122

특히 애치슨 장관은, 한국은 미국이 일본을 점령하는데 중대한 영향을 미칠 수 있는 지역으로 미국에 직접적인 이해관계가 있는 지역이라고 생각

하였다. 따라서 애치슨 장관은 UN과 미국의 권위 그리고 미국의 대일본정책의 필요에서 한국에 대한 공산주의자의 침략이 결코 성공적인 결과로 매듭짓도록 방치해서는 안 되겠다는 명쾌한 입장을 가지고 트루먼 대통령을 맞이하기 위하여 공항으로 나갔다.

워싱턴 시각으로 1950년 6월 25일 이른 아침, 콜린스 육군참모총장은 운전하사관이 노크하는 소리에 잠이 깼다. 그리고 북한 공산군이 한국을 침략했다는 보고를 받고 할 말을 잊었다.

"이것은 미국에 대한 직접적인 공격이 아니고, 또 미국이 한국 방어에 대하여 직접적으로 정책 의지를 밝히지 않았다고 하더라도 이러한 명백한 침략 행위를 보고 미국이 가만히 앉아있을 수만은 없다."

는 생각이 들었다.

콜린스 총장은 급히 워싱턴으로 돌아왔다.

미국의 주요정책 결정자들은 소련의 지원을 받을 수밖에 없는 상황 하에서 일어난 북한의 남한 침공을 매우 괘씸하게 생각하였다. UN과 미국의 권위를 위해서 그리고 극동에서의 미국의 이익을 위해서 단호한 조치를 취해야 한다는 생각을 같이 하고 있었다.

트루먼 대통령이 탄 전용기 '인디펜던스'는 워싱턴 시각으로 6월 25일 오후 늦은 시각에 워싱턴에 도착했다. 공항에 나와서 대통령을 영접한 국무, 국방 두 장관은 대통령과 함께 대통령 관저로 갔다.

오후 7시 30분, 애치슨 국무, 존슨 국방, 페이스 육군, 매슈(Francis p. Matthews) 해군, 핀레터(Tomas K. Finletter) 공군 및 제섭(Jessup) 무임소 등 관련 장관과 브래들리 합참의장, 콜린스 육군, 셔먼(Forrest p. Sherman) 해군, 반덴버그(Hoyt S. Vandenberg) 공군 등 참모총장 그리고 국무부차관 웹

한국 문제를 토의하기 위하여 블레어하우스로 들어가는 트루먼 대통령(중앙). 왼쪽은 맥그레스 법무, 오른쪽은 존슨 국방부장관

(James E. Webb), 국무부차관보 히커슨 및 러스크 등 주요정책 입안자와 결정자들이 모인 가운데 대책 회의를 가졌다.주) 국방부 『한국전쟁사』 개정판 제1권 p880
이것이 제1차 블레어하우스 회의다.

애치슨 국무부장관은 UN안전보장이사회에서 통과된 결의안(다음 3 참조)을 설명하고 대통령이 고려해야 할 몇 가지 사항을 제시했다.

첫째, 맥아더로 하여금 한국에 추가로 탄약을 공급하도록 할 것인가?
둘째, 대만이나 다른 지역에 대해서 취해야 할 예방조치는 어떠한 것인가?
셋째, 한국에 있는 미국인들을 안전하게 철수하기 위해서 미 해·공군의

작전은 어느 수준까지 허용해야 되는가?

이와 관련하여 몇 가지 건의 사항을 제시했다.
(1) 맥아더에게 주어진 할당량 이상의 탄약 공급
(2) 제7함대의 대만해협 파견
(3) 인도차이나에 대한 원조 증가 등이었다.
콜린스 육군참모총장은 맥아더와의 통화 내용을 보고하고,
(1) 일본에 있는 F-51(무스탕) 전투기를 한국군에 공급하는 것
(2) 한국에 조사단을 파견하는 것을 건의하였다.
해군참모총장 셔먼은 육군참모총장 의견에 동조하면서 행동을 빨리 취할 것을 강조하였다.

브래들리 합참의장은 한국군이 잘 다룰 수 없는 전투기를 국군에 제공하기보다는 필리핀 수빅(Subic Bay)만에 있는 함대를 한국에 보내어

"북한 침략군을 놀라게 해서 쫓아버리는 것이 어떠냐?"

고 건의했다.

공군참모총장 반덴버그는 극동에 있는 소련 공군력을 상세히 보고했다.
트루먼 대통령은 공군참모총장에게

"미 공군은 극동의 소련공군기지를 무력화(knock out)시킬 수 있느냐?"

고 물었다. 반덴버그 총장은

"만약 우리가 핵을 사용한다면 가능합니다."

페이스 육군부장관은 한국에 미 지상군을 보내는 방안에 회의적인 견해를 보였고, 국방부장관과 공군부장관도 이에 동조하는 발언을 했으며, 합참의장도 대규모 지상군 투입은 바람직하지 않다고 의견을 제시했다.

자연스러운 분위기 속에서 제시된 의견을 경청한 트루먼은 애치슨 장관

의 건의를 토대로 다음과 같이 결정하고 즉각 시행하도록 했다.

(1) 한국군에게 군 장비와 탄약을 보급하고,

(2) 한국에 있는 미국인 철수를 엄호하기 위하여 해·공군을 사용한다.

(3) 전쟁이 자유 중국에 파급되는 것을 막기 위하여 제7함대를 대만해협에 파견한다.

(4) 소련 극동공군의 무력화(無力化) 계획을 작성하도록 하라.주)

이 결정은 대통령 명령으로 다음 날(도쿄시간 26일) 맥아더 사령관에게 하달됐다.

전쟁기념사업회 『한국전쟁사』 제3권 p124

이어서 트루먼 대통령은 같은 날 맥아더에게 어떠한 원조가 필요한가를 규명하기 위하여 한국에 현지 시찰단을 파견하도록 지시했다.

워싱턴은 분주하게 움직였다.

합동참모(이하 합참)본부는 필요한 정보를 수집하고 명령을 시행하기 위하여 부산하게 움직였고,

육군참모총장은 참모차장과 리지웨이(Matthew B. Ridgway)에게 맥아더와 또 다른 텔레타이프 회의를 갖도록 지시하였다.

해군참모총장은 당시 워싱턴을 방문 중인 제7함대사령관 스트러블(Arthur D. Struble) 제독과 한국 사태를 논의하면서 결국 미 지상군이 투입될 것 같다는 그의 직감을 말하기도 하였다.

공군참모총장은 극동에 있는 미 공군에게 적기에 대하여 공세 행동(aggressive action)을 취할 것을 지시했다.

제2차 블레어하우스 회의

6월 26일 밤 9시 전날 제1차 블레어하우스 회의에 참석했던 정책 입안자 및 결정자들은 다시 대통령 관저에 모여서 제2차 블레어하우스 회의를 가졌다.

이 자리에서 트루먼 대통령은 한국의 이승만 대통령과 한국 국회가 보낸 긴급지원요청서한을 받았고, 맥아더 사령부로부터

"북한군 탱크는 서울 교외를 침공하고 있음. 국군의 전면 붕괴는 목전에 다다름."

이라는 급보를 받았다.주)　　　　　　　　　　서울신문사 『주한미군 30년』 p142

애치슨 국무부장관은

"한국에서의 모든 해·공 작전수행상의 제한을 철폐할 것."

을 건의하였다.주)1

이 자리에서 공군참모총장은 미군기가 최초로 YAK기 1대를 격추했다고 보고했고, 트루먼은

"이것이 마지막이 되지 않기를 바란다."

고 말했다.주)2　　　　　　　1. 2. 전쟁기념사업회 『한국전쟁사』 제3권 p124

트루먼 대통령은 인도차이나와 필리핀에 원조를 증가하고, 대만의 장개석이 또 다른 불장난(the ball game)을 하지 않도록 하라고 지시하였다.

UN담당 국무차관보가 UN에서 통과시킬 결의안에

"UN회원국 모두에게 침략 격퇴를 위한 원조를 요청할 계획."

이라고 보고하자 대통령은

"우리는 모두가 동참하기를 원한다. 여기에는 홍콩까지 포함된다."

고 말했다.주)　　　　　　　　　전쟁기념사업회 『한국전쟁사』 제3권 p125

트루먼 대통령은 지상군을 파견할 경우 국가적 차원의 동원이 필요하다고 인식하고 합동참모본부에 그 계획을 작성하도록 지시하였다.

제2차 블레어하우스 회의는 1시간 만에 끝이 났고, 합동참모본부는 맥아더에게 다음과 같이 통보했다.

(1) 맥아더 사령관 휘하 해·공군을 국군 지원에 사용하라. 그러나 38도

선 이남지역에 국한한다.

(2) 제7함대를 대만해협으로 파견하여 동 해협을 봉쇄하라.

(3) 한국민의 사기를 고무하기 위하여 미국은 한국을 지원할 준비를 갖추고 있음을 홍보하라.주) 서울신문사 『주한미군 30년』 p142, 국방부 『한국전쟁사』 개정판 제1권 p883

3. UN안전보장이사회

한국과 UN

제2차 세계대전이 끝난 후 한반도는 북위 38° 선을 경계로 미국과 소련이 남과 북을 각각 분할 점령하여 군정에 들어갔다.

한반도 문제를 해결하기 위한 미국의 정책 구상은 과거 한반도가 주변국의 세력 쟁탈의 대상이 되어온 점과 이러한 소용돌이 속에서 스스로 독립을 지키지 못한 한국 국민의 처지를 고려하여 미국, 영국, 중국, 소련의 4대국에 의한 신탁통치를 상당 기간 실시하겠다는 방침을 세웠다. 이에 반하여 소련은 미국의 영향을 받을 수밖에 없는 영국과 중국을 포함한 네 나라 중 하나가 되는 것보다는 미국과 직접 1:1로 상대하는 것이 낫다는 판단 아래 미·소공동위원회를 설치하기를 원했다.

이 구상은 1945년 12월 모스크바 외상회의에서 구체화되었다.

이렇게 구성된 미·소공동위원회는 1947년 초까지 한반도의 장래를 결정할 실마리를 풀지 못했다. 미·소는 한국임시정부 구성을 위해서 한국의 누구와 협의를 해야 하느냐 하는 문제에서부터 근원적인 의견 차이를 보였다. 소련은 모스크바 3상회의가 결정한 신탁통치에 대하여 반대한 인사나 조직은 협의 대상에서 제외시켜야 한다는 입장을 취했고, 미국은 '표현의 자유'를 내세워 어떤 이유이던 협의 대상에 제한을 가하는 것은 있을 수 없다는 입장을 고수하였다.

소련이 주장하는 배경에는 당시 신탁통치안을 포함한 모스크바 선언에 대하여 공산당만이 찬성하였으므로 반대한 측을 제외하면 자연히 공산당만이 협의 대상이 되고, 이들과 협의하여 임시정부를 수립하면 그것은 곧 공산당 정부가 될 것이라는 속셈이었고, 이를 간파한 미국이 이를 받아들일 수 없었으니 양자 간에 타협이 이루어질 수 없었던 것이다.

미·소공동위원회가 계속 교착 상태에 빠지자 미국은 다음과 같은 제안을 했다. 미국과 소련 군정당국이 그 점령지역에서 인구 비례에 따라 보통·비밀·평등·직접선거를 실시하여 각각 대표를 뽑아 서울에서 임시국회를 구성하고, 국회와 미국, 영국, 중국, 소련 대표가 한국의 장래 문제를 논의하여 통일정부를 수립한 후 양국 점령군을 철수하자는 것이었다. 그러나 소련은 아직 논의의 여지가 많은데 구태여 4개국이 협의하자는 것은 모스크바 결정과 부합되지 않는다는 이유를 들어 거부했다.

1947년 9월 17일 미국은 한국통일정부수립에 관한 문제를 UN에 상정하게 하였다. 미국의 제안을 받은 UN은 그해 9월 23일 한국 문제를 의제에 포함시키기로 결정하였다. 상황이 이렇게 되자 소련은 양국의 주둔군을 철수시키자고 제안했고, 미국은 한국 문제를 UN에 상정한 이상 주둔군 철수 문제도 UN에서 의결할 문제 중 하나라고 말했다. 이렇게 해서 한국 문제가 미·소공동위원회에서 UN총회 의제로 넘어가게 되었다.

UN에서도 양국의 입장 차이는 미·소공동위원회에서만큼 컸다.

소련은 한국 문제를 UN에 상정한 자체가 모스크바협정 위반이라는 것이다. 먼저 한반도에서 미·소 양군이 철수한 후 통일 정부를 수립하는 것이 순서라고 주장했다. 소련은 미국의 입김이 강한 UN에서 한국문제를 논의하는 것 자체를 부정하는 입장을 고수했다.

　미국은 UN감시하에 양 지역에서 1948년 3월 31일까지 선거를 실시하여 인구 비례에 의한 대표를 선출하고 한국 정부를 수립한다.

　한국 정부 주도하에 국가방위군(a nations security force)을 창설한다.

　한국 정부와 양국 점령군 간에 점령군 철수에 관한 협정을 체결하여 양국 점령군이 철수한다는 제안과 함께

　선거를 감시하기 위한 한국임시위원단(UN Temporary Commission on Korea : UNTCOK)을 구성할 것을 제의했다.

　UN총회는 미국의 제안을 받아들여 1947년 11월 14일부터 1948년 3월 31일까지 남북한에서 인구 비례에 의한 선거를 실시하여 대표를 선출하고 이들에 의하여 통일 정부를 수립하도록 하는 안과 이 일련의 과정을 감시하기 위한 UN한국임시위원단을 구성하는 결의안을 통과시켰다.

　위원단은 오스트레일리아, 캐나다, 중화민국, 엘살바도르, 프랑스, 인도, 필리핀, 시리아, 우크라이나공화국 대표로 구성하도록 하였다.

　1948년 1월 8일 UN한국임시위원단이 남한에 도착하여 그달 12일 첫 모임을 가졌다. 우크라이나공화국은 대표를 보내지 않았다. 위원단은 활동을 개시하였고, 북한지역에 들어가고자 했으나 소련군정 당국이 거부하여 들어가지 못했다.

　UN한국임시위원단은 UN총회임시위원회(the Interim Committee of the United Nations General Assembly : 일명 the Little Assembly)에 어떻게 할까를 문의하였다.

　1948년 2월 26일 UN총회임시위원회는 가능한 지역에서만이라도 선거를 실시하도록 지시하였고, 그해 2월 29일 UN한국임시위원단은 그해 "5월 10일 남한에서 총선거를 실시한다."

고 공포하였다. 이렇게 선출된 대표가 제헌국회의원이다.

제헌국회에서 그해 7월 17일 헌법을 제정 공포하였고 8월 15일 대한민국정부(Republic of Korea)를 수립했다. 그해 12월 12일 UN총회는 대한민국이 한반도에서 유일한 합법정부(The Only Such Government in Korea)라고 인정하기에 이르렀고, 1949년 1월 1일 미국이 한국 독립을 승인한 것을 비롯하여 볼리비아, 쿠바 등 27개국이 승인하였다.

북한을 점령한 소련은 저들이 기도한 공산주의정부 수립 야욕이 무위로 돌아가자 이미 설정한 수순에 따라 같은 해 9월 9일 조선민주주의인민공화국(The Democratic people's Republic of Korea)을 수립하였고, 소련을 비롯한 몽고, 폴란드, 체코슬로바키아, 루마니아, 유고슬라비아, 헝가리, 불가리아, 알바니아 등 공산권 국가들이 모두 승인하였다.

이렇게 해서 한반도에는 융화될 수 없는 두 개의 국가가 탄생하였다.

대한민국은 전후 UN이 탄생시킨 신생아가 되어 당초부터 UN과는 불가분의 관계를 유지할 수밖에 없었다.

참고문헌 : 전쟁기념사업회 『한국전쟁사』 제3권 「한국과 UN」

6월 25일 안전보장이사회 결의안(제1차 결의)

히커슨 차관보로부터 전화를 받은 리 UN사무총장은 한국에서 평화를 회복하기 위하여 그가 할 수 있는 한 최선을 다하겠다는 의지를 나타냈다.

미국의 요청을 받은 리 UN사무총장은 신속하게 움직였다.

6월 25일 오후 2시(뉴욕 시간) UN안전보장이사회가 긴급 소집되었다.

UN안전보장이사회는 거부권을 가진 상임이사국 미국, 영국, 프랑스, 중화민국, 소련과 비상임이사국 인도, 이집트, 유고슬라비아, 노르웨이, 쿠바, 에콰도르 등 11개국으로 구성되어 있었다.

1950년 6월 25일 UN안전보장이사회의장에서 장면 주미대사(왼쪽)와 리 UN사무총장

UN주재 미국 대사는 지금까지의 상황을 설명하고,

"북한의 불법적 도발적 공격(This Wholly Illegal and Unprovoked Attack By The North Korean Forces)은 국제 평화와 안전에 위협이라는 점과 이러한 공격은 UN의 기본 목적에 위배된다는 점을 분명히 밝히고."

북한에 대하여는 즉시 적대 행위를 중단하고 병력을 전쟁 전의 위치로 철수할 것을, UN회원국에게는 UN의 평화 유지 노력을 지원하고 지역의 평화를 깨뜨리는 북한의 지원을 삼가도록 당부하는 내용의 결의안을 상정하여 채택했다.주) 전쟁기념사업회 『한국전쟁사』 제3권 p134

이때는 서울에 있는 UN한국위원단으로부터 UN사무총장에게 보낸 보고전문이 도착해 있었다.

공산침략행위 정지 명령에 관한 결의안(1950. 6. 25 뉴욕)

안전보장이사회는 1949년 10월 21일자 총회 결의안의 조사 보고한 바와 같이 대한민국정부가 UN임시한국위원단이 조사 협의할 수 있었던 대다수의 한국 주민들이 거주하는 한반도의 지역에서 유효한 지배 및 법적 관할권을 가진 합법적으로 수립된 정부라는 것과 이 정부가 한반도의 해당지역의 선거민들의 자유의사의 정당한 표현이며 한국위원단이 감시한 선거에 근거하고 있다는 것과 이 정부가 한반도의 합법정부라는 것을 상기하면서 또한 총회가 1948년 12월 12일자 및 1949년 10월 21일자 결의안에서 표명한 대로 UN이 한국의 완전한 독립과 통일을 가져오기 위하여 추구하는 성과에 해로운 조치를 회원국들이 삼가지 않을 경우 초래될 결과에 대한 우려와 UN한국위원단이 그 보고에서 진술한 사태가 대한민국 및 대한민국 국민들의 안전과 안녕을 위협하며 한반도에서 군사분쟁을 야기할지도 모른다는 우려를 유의하면서, 또한 북한군의 대한민국에 대한 무력공격을 심각한 우려로 주목하면서, 이러한 행동이 평화를 파괴하는 것이라고 결정하며

1. 적대 행위의 즉각 중지를 요구하고 북한당국이 그들의 군대를 즉각 38° 선으로 철수시킬 것을 촉구하고
2. UN한국위원단이
    가. 충분히 검토된 사태에 대한 보고를 지체 없이 보낼 것과
    나. 북한군의 38° 선으로의 철수를 감시할 것과
    다. UN안전보장이사회에 이 결의안의 집행에 대하여 계속 보고할 것을 요청하고
3. 모든 회원국들은 UN이 이 결의안을 집행하는데 지원을 아끼지 말며 북한당국을 지원하는 것을 삼가도록 촉구한다.　　　▶ 원문 「제8권」 참조

UN안전보장회의 11개 이사국 중 찬성표를 던진 나라는 미국, 영국, 중국, 프랑스, 쿠바, 에콰도르, 이집트, 인도, 노르웨이 등 9개국이고, 공산주의국가인 유고슬라비아와 소련은 기권했다.

거부권을 가진 상임이사국 중 하나인 소련은 1950년 1월 10일 중공의 UN가입 문제가 그들의 뜻대로 되지 않자 소련 UN대표 안드레이 그로미코(Andrei Gromyko)가 퇴장한 이래 계속 안전보장이사회 소집에 불응해 왔기 때문에 이날 한국 문제에 관한 결의안이 쉽게 통과될 수 있었다. 또 이집트와 쿠바는 혁명 전이었으므로 서방 진영이었다.

안전보장이사회의에 소련이 불참하여 한국 문제 처리에 거부권을 행사하지 않음으로써 아무런 방해 없이 일사천리로 의결하게 되어 편리한 점이 있었지만 다른 한편으로는 소련이 불참함으로써 북한으로 하여금 남침을 자행케 하여 한국의 적화를 기도한 저들의 흉계를 감출 수 있었고, 동시에 그 책임을 모면할 수 있었다.

소련의 불참은 주도면밀하게 계획된 저들의 흉계일 수가 있다.
결국 UN은 한국을 탄생시킨 산모로서 신생아를 보호한다는 책임과 세계평화를 유지한다는 명분
그리고 국제기구의 권위를 가지고 한국전쟁에 직접 참여하게 된다.

6월 27일 안전보장이사회 결의안(제2차 결의)

북한이나 배후에서 이를 지원하고 있는 소련이 UN안전보장이사회의 '경고성' 결의안 하나로 이미 시작한 행동을 멈출 상대는 아니다. 전선에서의 상황은 UN이 결의한 내용과는 정반대 방향으로 전개되고 있었다.

남한 내에서 활동하고 있는 게릴라를 상대로 작전을 할 수 있는 수준의 장비밖에 갖추지 못한 국군이 소련에서 공급해 준 T-34전차와 대포 등으로

중무장한 북한군을 상대하기는 너무 빈약했다. 듣지도 보지도 못한 '굴러오는 쇳덩이(T-34전차)'를 막기 위하여 특공대를 조직하고 이들의 손에 수류탄과 화염병을 쥐어 주었지만 몇 대의 전차는 몰라도 200대에 가까운 전차를 모두 멈추게 할 수는 없었다.

38°선을 따라 전 전선이 붕괴되었고 서울의 운명이 풍전등화가 되었다. 이 위험을 UN의 경고만으로 막을 수는 없었다.

UN한국위원단은 한국의 사태를 그대로 UN안전보장이사회에 보고했다.

내일의 서울 상황을 예측하기 어려울 지경이라고 전제하고 북한이 전투를 중지하거나 UN결의안에 따라 군대를 철수시킬 것을 기대하는 것은 탁상공론에 불과하다고 밝히면서 북한의 결정적인 작전은 며칠 안에 끝날 것이라는 비관적인 견해를 함께 보고했다.

6월 27일(워싱턴 시간) 트루먼 대통령은 의회 지도자들과 회동한 후에

"한국에서의 전쟁 상태에 대처하기 위하여 미국과 UN이 무슨 조치를 취했는가?"를 알리는 성명서를 발표했다.주) 전쟁기념사업회 『한국전쟁사』 제3권 p135

트루먼 대통령은 UN이 통과시킨 6·25결의안 내용과 이를 이행하지 않는 북한 침공군의 행동을 지적하면서

미국이 한국의 방위 노력을 지원하고 있다는 점,

대만을 보호하기 위하여 제7함대를 대만해협에 파견하는 한편 대만이 중국 본토에 대하여 해·공 작전을 수행하지 않도록 조치했음을 밝혔고,

필리핀에 대한 군사 원조가 증가되고,

인도차이나의 프랑스군에 대한 지원도 강화될 것임을 명백히 했다.

트루먼 대통령은 모든 UN회원국이

"세계평화 유지와 한반도 평화회복을 위해 노력하는 UN을 지원할 것."

을 알고 있다고 말했다.

대통령의 성명서가 발표되자 국민들은 전폭적인 지지를 보냈다. 전투행위를 개시하면서 의회 승인을 받지 않은 것은 의회 권한을 침해했다는 일부 의원들의 비난이 있었으나 하원은 대통령의 성명서를 기립박수로 지지했고, 상원도 대통령이 취한 행동에 지지를 표명했다. 뿐만 아니라 상·하 양원은 대통령에게 21개월간 주방위군을 소집할 수 있는 법안을 만장일치로 통과시킴으로써 대통령의 입장을 강화시켜 주었다.

이 과정에서 민주·공화 양당은 초당적인 지지를 보냈다.

1949년 8월 한국에서 미군 철수를 주장했던 재야인사 래티모어(Owen Lattimore)까지도 "현재 상황에서 자발적인 철수는 물론 고려할 수 없다(Under the present conditions, voluntary is, of corse, unthinkable)"고 말했다.주)1

트루먼 행정부가 내린

"한국에서 공산 침략을 그대로 두지 않겠다."

는 결정은 미 국민의 전폭적인 지지를 받았고, 이 결정에 대한 명분은 미국 의회가 아닌 UN안전보장이사회가 제공해 주었다. UN안전보장이사회는 미국의 주말 국회의 역할을 훌륭하게 수행한 셈이다.주)2

트루먼 대통령 성명에 대한 소련 반응을 《프라우다》는 이렇게 전했다.

"한국 사태는 남한이 북한을 침공하여 시작되었고, 북한의 반격에 의하여 진척되고 있다."

1, 2. 전쟁기념사업회 『한국전쟁사』 제3권 p125

고 밝혔고, 미국이 취한 행동에 대하여

"UN헌장을 짓밟고 있으며, 마치 UN이라는 기구가 존재하지 않는 것처럼 행동하고 있다(is grossly trampling on the United Nations Charter, acting as though the United Nations did not exist at all)."고 비난하면서

"미국은 UN이 위임하지 않은 행동을 취하여 UN에게 기정사실화(fait accompli)된 현상을 안겨주려는 목표를 스스로 설정해 놓고 있다."

고 덧붙였다.주) 전쟁기념사업회 『한국전쟁사』 제3권 p136

소련이 미국이나 UN이 취한 조치를 긍정한다면 전쟁은 애초에 일어나지 않았을 것이다.

한반도 사태가 수습이 불가능한 상태에 이르자 한국은 UN에 원조를 요청하게 되었고, 미국 정부는 UN안전보장이사회에 새로운 결의안을 제출하기에 이르렀다.

6월 27일(뉴욕 시간) UN안전보장이사회는 미국이 제안한 제2의 결의안을 통과시켰다. 이 결의안은

'북한이 6 · 25결의안을 이행하지 않고 있다.' 는 것과

'한국 정부가 UN에 지원을 요청했다.' 는 사실을 상기시키고

한국이 침략을 격퇴하고 이 지역에서 국제 평화와 안전을 회복하는데 필요한 원조를 한국에 제공해 줄 것을 전 회원국에게 권고하였다.

이로써 미국을 포함한 전 UN 회원국은 한국이 싸우는데 필요한 모든 원조를 제공할 수 있게 되었다.주) 전쟁기념사업회 『한국전쟁사』 제3권 p136

UN안전보장이사회의 한국 군사원조에 관한 결의문(1950. 6. 27 뉴욕)

UN안전보장이사회는 북한군대의 대한민국에 대한 무력공격을 평화의 파괴행위로 규정하였으며 북괴당국에게 전투를 즉각 중지하고 그들의 군대를 즉시 38선으로 철수시킬 것을 촉구하였으며,

UN한국위원단으로 부터 북한당국이 전투를 중지하지 않고 있다는 사실과 국제평화와 안전을 회복시키기 위하여 군사적 조처가 시급히 요청되고 있다는 사실을 보고 받고, 대한민국이 평화와 안전을 보장할 효과적인 조처를 즉각 취하여 줄 것을 UN에 호소하였음을 감안하여

대한민국이 무력침략을 격퇴하고 그 지역에서 국제평화와 안전을 회복하는

데 필요한 원조를 제공하여 줄 것을 UN회원국에게 권고하는 바이다.

▶ 원문 「제8권」 참조

4. 맥아더 사령관

각하! 무슨 명령이라도 없으십니까?

1950년 6월 25일 도쿄 미국대사관에 있는 맥아더 미 극동군총사령관 숙소 전화벨이 요란하게 울렸다. 이른 아침 정적을 깨는 소리였다.

맥아더는 잠이 덜 깬 채 수화기를 들었다.

"장군! 서울에서 들어온 지급 전보에 의하면 북한괴뢰군 대부대가 오늘 새벽 4시에 38선 전역에 걸쳐 공격을 개시하였답니다." 주)

구범모 역 『맥아더 회고록』 p398

당직 장교의 흥분된 목소리가 귓전을 때렸다. 악몽을 꾸는 것 같았다.

1941년 12월 8일 일본이 진주만을 공격했던 그날도 거의 같은 시간에 마닐라 호텔에서 요란한 전화벨 소리에 잠을 깬 경험이 있었다.

"각하 무슨 명령이라도 없으십니까?" 주)

구범모 역 『맥아더 회고록』 p395

이어서 걸려온 아몬드 참모장의 침착하고도 또렷한 목소리의 전화였다.

맥아더는 한국에 대하여 군사적으로나 정치적으로 아무런 권한과 책임이 없기 때문에 아무 것도 할 수 없었다.

맥아더는 이때의 충격을 이렇게 술회하였다.

"어쩌다가 미국은 이와 같이 통탄할 만한 사태가 벌어질 때까지 한국을 내버려 두었단 말인가? 나는 이렇게 나 자신에게 물어 보았다. 미국이 세계 어느 나라보다도 군사적으로 강한 나라였던 불과 5년 전의 일을 되돌아보았다.

미국은 5년 전 George C. Marshall(마셜)이 호언한 막강한 힘이 흔적도 없이 사라지고 적극적이고 용기 있는 지도력이 파산되고 말았다.

"도대체 미국의 아시아 정책은 무엇인가?"

순간 내 머리에 떠오르는 생각에 한동안 등골이 오싹해지는 것을 느꼈다.

미국은 뚜렷한 아시아 정책을 가지고 있지 않았다.

맥아더 원수

대한민국을 방문하고 도쿄에 돌아와 있던 덜레스는 국무부장관에게 다음과 같은 전문을 보냈다.*

'만약 대한민국이 자력으로 공격을 저지하거나 격퇴하지 못하는 경우에는 소련이 개입할 위험을 무릅쓰고라도 미군을 사용하여야 할 것으로 생각한다. 한국이 정당한 이유 없는 무력 공격으로 석권당하는 것을 좌시한다면 세계대전이 일어나게 될 것이다.'" (구범모 역 『맥아더 회고록』 p395)

* 국방부 『한국전쟁사』 개정판 제1권(p889)은 "Dulles는 귀국 즉시 Acheson 장관에게 보고"한 것으로 기술하였다.

맥아더가 할 수 있는 일이란 대전(大戰)이 발발하였을 경우에 대비하여 1949년 6월에 작성한 이른바 「Chow Chow」라고 명명된 주한 미국인 철수계획을 실천하는 것 뿐이었다.

26일 워싱턴으로부터 긴급 명령이 하달됐다.

한국군에게 장비와 탄약을 보급하고, 한국에 있는 미국인 수송을 엄호하기 위하여 해·공군을 사용하라. 그리고 어떠한 조치가 필요한지를 파악하기 위하여 한국에 시찰단을 파견하라. ▶ 제1차 블레어하우스 회의 결정사항 참조 맥아더는 이 긴급 명령에 따라 미국인 수송을 위해서 극동공군 수송기와 극동해군 함정을 긴급히 한국으로 보냈고, 27일 밤부터 국군에 대한 탄약 수송 작전을 전개했으며, 현지조사단을 파견했다.

현지조사단은 오후 7시 수원비행장에 도착했다.

현지조사단은 극동사령부 제4부(G-4) 부부장 처치 준장을 단장으로 하고 장교 12명과 사병 2명으로 구성했다.

현지조사단이 도쿄를 떠난 후 맥아더는 합동참모본부로부터 한국에 있는 모든 미군을 지휘할 권한을 부여받았다.

이 조치에 따라 맥아더는 현지조사단을 극동군총사령부전방지휘소(ADCOM)*로 개칭하고 전방 지휘 및 연락반의 성격을 띤 이들에게 미 군사고문단을 지휘하도록 하는 한편 국군에 대한 원조 임무를 부여하였다.주)

처치 준장

국방부 『한국전쟁사』 개정판 제1권 p892

> * 미 극동군 전방지휘소(ADCOM)의 명칭
>   Advance Command and Liaison Group - 전방지휘소 및 연락단(국방부 『한국전쟁사』 개정판 제1권 p891)
>   Advance Command General Headquarters, Far East Command - 극동군총사령부 전방지휘소(앞 같은 초판 제2권 p336)
>   The General Headquarters Advance Command and Liaison Group - 총사령부 전방지휘소 및 연락단(전쟁기념사업회 『한국전쟁사』 제3권 p139)
>   서울신문사 편 『주한미군 30년』(p144)은 '한국 전선사령부' 라고 기술했다.
>   '미극동군총사령부 전방지휘소 겸 연락반' 이라야 옳다.

전방지휘소는 수원 농업시험장에 설치했다.

6월 29일 오후(워싱턴 시간)에 트루먼 대통령은 존슨 국방부장관과 다른 지도자들을 만난 후 다음과 같이 새로운 지령을 내렸다.

(1) 맥아더 사령관은 한국군을 위한 보급과 수송 기관을 유지하기 위하여 미 육군 근무부대를 사용할 것

(2) 육군 전투부대로 부산과 진해 지역의 해·공군 기지를 확보할 것

(3) 북한에 있는 군사 목표에 해·공군을 사용하라. 그러나 소련이나 중공의 국경선을 넘지 말 것

(4) 중공의 침략으로부터 대만을 방어하는 동시에 장개석군에 의한 본토 공격을 방지할 것

(5) 한국군이 필요한 보급품과 탄약을 한국 정부에 보내 줄 것.주)

국방부 『한국전쟁사』개정판 제1권 p898

맥아더 한국에 오다

6월 29일 06시(한국 시간) 맥아더 원수는 참모 5명과 기자 4명을 포함한 수행원 15명을 대동하고 그의 전용기 바탄(Bataan)호*를 타고 하네다 공항을 출발했다. 하네다 공항에는 비가 내리고 있었다.

> * 바탄호 : 제2차 세계대전 중 필리핀 바탄에서 치른 혈전을 잊지 않겠다는 뜻으로 맥아더는 전용기의 이름을 바탄호라고 지었다. 맥아더 휘하의 미·비연합군은 바탄에서 패퇴하여 필리핀을 일본군의 수중에 들어가게 했다.

수행원은

참모장 아몬드 소장,

정보참모 윌러비(Charles A. Willoughby) 소장,

정치부장 코트니 휘트니 준장,

극동 공군사령관 스트래트메이어(George E. Stratemeyer) 중장 등이다.

바탄호가 동해 상공에 이르렀을 때 맥아더는 기상작전 회의를 열었다.

스트래트메이어 공군사령관은

"38선 이북의 군사목표를 폭파할 수 없는 것이 작전상 가장 큰 애로."
라고 말했다. 맥아더는

"북한이 안전한 곳에서 병력과 보급 이동을 마음대로 한다면 한국군을 효과적으로 지원할 수 없다."
고 판단하고 북한지역 폭격을 명했다.

08시경 극동공군사령관 스트래트메이어는 그의 직무를 대행하고 있는 제5공군사령관 파트리지(Earl E. partridge) 소장에게 전문을 보냈다.

"북한의 비행장을 폭격하라. 비밀임. 맥아더 승인했음." 주)

이 명령에 따라 B-29가 이날 평양을 비롯한 북한의 군사 목표를 처음으로 강타했다. 대통령의 지시를 벗어난 것이다.　　　　서울신문사 「주한미군 30년」 p145

6월 26일(워싱턴시간) 제2차 블레어하우스 회의 후 트루먼 대통령은 38선 이남지역에 한하여 해공군을 사용하라는 지시를 한 바 있었다.

극동공군은 미국 해외 주둔 공군으로서는 가장 규모가 큰 전투비행단이었다. 제5, 제20, 제13의 3개 공군사령부가 있고, 그 밑에 10개 공군기지를 두고 있으며, 총 1,172대의 각종 비행기를 보유하고 있었다.

가동기수는 350대였다.

6월 29일(워싱턴시간) 트루먼 대통령은

"이북에서의 작전은 군사 목표에만 국한해야 한다."
는 조건을 붙여 맥아더의 북폭(北暴) 결정을 추인했다.

두 사람의 관계는 이때부터 미묘해지기 시작하였다.

맥아더가 탑승한 바탄호는 일본 영역을 벗어나면서 10시에 이다쓰께기지에서 출격한 F-82전폭기 4대의 호위를 받았고, 11시 15분* 목적지 수원 비행장에 도착하였다. 비행장에는 이승만 대통령과 무초 대사 및 처치 준

장이 영접했다.주)　　　　　　　　　　　　국방부 『한국전쟁사』 개정판 제1권 p894

> ＊ 맥아더 수원비행장 도착 시각이 문헌에 따라 30분 이상의 시차가 있다.
> 　전쟁기념사업회 『한국전쟁사』(제3권 p139)는 11시 15분,
> 　『정일권 회고록』(p146)은 10시 30분,
> 　임병직 외무부장관(중앙일보사 『민족의 증언』 1 p265)은 "12시가 다 돼서"

　수원비행장은 맥아더가 도착하기 전 북한 YAK 전투기 2대의 공격을 받아 활주로에 있던 C-54수송기 1대가 파손되었는데 그때까지 소연(燒煙)에 쌓여 있었다.주)　　　　　　　　　　　국방부 『한국전쟁사』 개정판 제1권 p894

　맥아더 전용기는 기체 안전과 재급유를 위하여 11시 30분 수원비행장을 떠나 후쿠오카(Fukuoka)에서 대기하였고, 수원비행장에는 일본에서 급파된 X분견대로 불리는 제507고사포대대 소속 장병 33명이 4문의 M-55고사포를 가지고 활주로를 경비하고 있었다.

　이들은 16시 15분 이곳을 공습한 4대의 적기와 싸워 그 중 1대를 격파하고 1대를 반파하였으며 20시 05분에도 3대의 적기를 맞아 대공사격을 집중하였다.주)　　　국방부 『한국전쟁사』 개정판 제1권 p895, 전쟁기념사업회 『한국전쟁사』 제3권 p140

맥아더를 환영하는 YAK기

> 정일권 장군의 회고(『정일권 회고록』 p146, 147)

　정일권 준장은 참모차장이었다. 미국 시찰길에 올랐다가 귀국 명령을 받고 6월 30일 수원비행장에 도착하였다. 곧바로 수원에 있는 육군본부 전방지휘소에서 강문봉 대령으로부터 전황 보고를 받고 채병덕 총참모장과 함께 한강전선으로 가서 전황을 살폈다. 그 자리에서 전날 있었던 일을 채병덕 총장으로부터 듣고 이를 정리하여 회고록에 기술했다.

맥아더가 비행장에 내리는 장면을 정일권 장군은 이렇게 묘사했다.

"예정대로 바탄호는 오전 10시 30분에 착륙했다.

기다리고 있던 이 대통령이 걸어 나가

'어서 오시오! My friend General.'

하고 환하게 반겼다.

'제가 왔습니다. Mr. president.'

맥아더 장군도 두 손을 벌리고 이 대통령을 껴안았다."

"마침 그 시각, 비행장을 덮고 있는 운해(雲海)의 상공 일각에서는 공중전이 전개되고 있었다(처치 준장의 증언).

YAK 전투기가 몰려오는 것을 초계 중인 미기 편대가 요격한 것이다. 승부는 물으나 마나였다. YAK 4대가 순식간에 불을 내뿜고 추락했다.

헌데, 그 공중전의 틈바구니를 타고 구름 밑으로 숨어든 별동(別動) YAK 2대가 있었다. 별안간, 비행장 북각(北角) 정면에 나타난 것이다.

'적기다!'

고함 소리가 울렸다.

마침, 이 대통령과 맥아더 장군이 막 걷기 시작하던 때였다.

YAK 2대는 일직선으로 기수를 쳐 박아 왔다.

'사격 개시!'

비행장 주변에 설치한 대공 기관총이 일제히 불을 내뿜었다. 바로 그 순간, 또 다른 기총소리가 '뜨르르륵' 하고 울렸다. F-80 슈팅·스타기의 4기 편대였다. 비행장 상공을 내지르면서 YAK를 향해 총탄세례를 퍼부은 것이었다.

YAK가 비틀거렸다. 반전하면서 2개의 검은 덩어리를 던졌다. 폭탄이었다.

'각하가 위험하다!'

수행원들이 저마다 외치면서 이 대통령과 맥아더 장군을 감싸고 일제히 엎드렸다. 그 순간 폭발음이 연발했다. 100미터도 안 되는 아주 가까운 거리에서 2개의 폭탄이 작렬한 것이었다.

한편, 상공에서는 YAK 2대가 불덩어리로 떨어지고 있었다. 지상에서 지켜볼 수 있었던 사상 초유의 제트기 대 프로펠러기의 대결로서 이 공중전은 뜻 깊게 기록돼 있을 줄 안다.

맥아더 장군이 이 현장에 있었다는 것은 하나의 기연(奇緣)이지만, 그로서는 6·25의 심각성을 뼈저리게 절감한 최초의 경험이었을 것이다.

두 분은 몸을 일으켜 먼지를 털면서 농담을 주고받았다.

'My friend General, 스탈린과 김일성의 환영 인사로 받으시지요.'

'그렇군요. 그 두 사람에게 고맙다고 말(斗)로 되갚을 때가 오겠지요. 무사하시니 다행입니다. Mr president.'

맥아더 장군은 유명한 원수 모자를 가볍게 털면서 노(老) 대통령을 위로했다."

▌임병직 당시 외무부장관의 증언

이승만 대통령과 함께 수원비행장에서 맥아더 원수를 환영한 임병직 당시 외무부장관은 당시 상황을 다음과 같이 증언했다.

"맥아더 원수가 온다기에 이 대통령, 무초 대사, 드럼라이트 참사관 그리고 한국 각료 몇이 비행장으로 마중 나갔습니다. 이 대통령은 그때 대전에서 무초 대사가 직접 운전하는 차를 타고 왔는데 생기가 도는 표정이었습니다. 위급한 판에 원수가 오니 모두 기뻤지요.

이날따라 적 야크기의 내습이 심해서 오전 중에도 비행장 안에서 C-54 수송기 1대가 불타서 원수가 무사히 내릴까 매우 걱정을 했어요. 12시가 다 돼서 맥아더 원수가 일행 15명과 함께 비행장에 내려서 대통령과 서로 얼싸안으며 인사를 했습니다.

아침에 야크기의 공습을 받은 C-54에서는 아직도 연기가 나고 있고요.

일행이 비행장을 막 벗어나 차를 타려는데 또 두서너 대의 야크기가 갑자기 달려들었어요. 이때 맥아더 원수는 재빠르게 대통령을 부축해서 땅에 엎드리며 오른팔로 대통령 등 뒤를 감싸더군요. 두 분의 우의는 참 놀랄 만 했어요. 무초 대사는 엉겁결에 논두렁에 엎드려 흙탕물로 양복을 죄다버리고요.

이 공습으로 다행히 인명 피해는 없었지만 비행장 안 수송기 1대가 또 망가졌다더군요. 맥아더 원수는 한강으로 전선 시찰차 가고, 우리 일행은 대전으로 돌아와서 각료 간담회를 열었는데 동석했던 무초 대사가 더러운 옷차림으로 이 자리에 나와 미안하다고 사과하던 일이 지금도 기억납니다." (중앙일보사 『민족의 증언』 1 p265)

한강전선 시찰

맥아더 원수는 마중 나온 이승만 대통령, 무초 대사, 처치 준장과 함께 수원농업시험장에 있는 전방지휘소로 갔다.

무초 대사는

"현 상황에서 국군 병력은 도합 25,000명에 지나지 않는다."

고 알렸고, 이승만 대통령은

"우리는 지옥 같은 곤경에 처해 있다."

고 심경을 토로했다.

맥아더는 수원에서 처치 준장으로부터 브리핑을 받고 곧 서울로 가서 한강전선을 시찰했다.

맥아더 원수 일행은 지프 3대에 나누어 타고 1시간을 달려 한강 남안에 있는 흑석동 뒷산으로 올라갔다.* 가는 동안 그는 아무 말이 없었다. 짐을 잔뜩 지고 남쪽으로 발걸음을 옮기는 피난 행렬, 이미 적의 수중에 들어가

전선을 시찰하는 맥아더 원수(왼쪽에서 3번째) 사복을 입은 사람은 무초 미국대사

불타고 있는 서울 그리고 한강선을 지키겠다고 호 속에 앉아 지쳐 있는 가상한 군인들을 지켜보면서 많은 구상에 잠겼다.

맥아더 원수는 쌍안경으로 한강 북쪽 서울을 한참 살펴보았다.

미그기에 이어 이번에는 적의 박격포탄이 그를 환영하고 있었다.

맥아더는 이곳에서

"미 지상군이 투입되어야만 한국을 구출할 수 있겠다."

고 판단했다.주)　　　　　　　　　　　　　　　　서울신문사 『주한미군 30년』 p145

이어서 산병호 안에 있던 국군 병사와 유명한 대화를 나누었다.

맥아더는 정오 무렵에 수원으로 돌아갔고, 18시경 수원을 떠났다.

> ＊ 인용문헌은 "한강남안 소구(小丘)에 도착하여 전황을 살폈다."고 기술.
> 　본문은 맥아더 원수가 시찰한 전선을 흑석동 뒷산으로 정리했다.(다음 「5. 맥아더 원수가 시찰한 전선?」 참조)

I 김종갑 대령의 증언

맥아더 원수를 안내했던 시흥지구전투사령부 참모장 김종갑 대령은 다음과 같이 증언했다.

"그때 내가 안내를 맡게 된 까닭으로 원수와 한 차에 동승하게 되었는데, 차량은 검은 Sedan*이었으며 운전병 옆 앞좌석에는 미 고문단장대리인 Wright 대령이 그리고 뒷좌석에는 원수와 미극동군 참모장 Almond 소장 그리고 내가 자리를 잡았다. 그리하여 시흥에서 영등포로 북향하여 우신국민학교의 수도사단본부에 들렸다가 사단장과

김종갑 대령

함께 고개를 넘어 동양맥주공장 부근에 이르니 적의 120mm박격포탄이 난무하기 시작하였는데 길 옆에 서 있는 버스 1대가 포탄에 맞아 박살이 나기도 하였다. 이에 Wright 대령이

'위험하니 돌아가는 것이 어떻습니까?'

하고 원수에게 권유하였으나 원수는 단호히

'아니, 나는 한강을 보아야겠다(No, I Want to see Han River).'

하고 한강행을 강행토록 하였다. 그러나 포탄의 집중으로 더 이상 차량의 진행을 허락하지 않았으므로 부득이 차에서 내려 옆의 맥주공장으로 잠시 대피케 되었다. 적의 박격포탄 사격이 뜸하여 진 틈을 타서 제8연대 일부가 진지를 점령 중인 공장 옆 언덕 위에 올라가 쌍안경으로 한강을 관찰하였다. 이때 원수는 그곳의 개인호 속에서 진지를 지키고 있던 일등중사의 계급장을 단 어느 병사를 보자 가까이 다가가서 그 유명한 대화를 나눈다.(국방부 『한국전쟁사』 개정판 제1권 p722, 723)

▶ 대화 다음 『정일권 회고록』 참조

* **맥아더가 탄 승용차**
  국방부 『한국전쟁사』 개정판 제1권(p895)은 "3대의 Jeep에 분승",(앞 본문 참조) 전쟁기념사업회 『한국전쟁사』 제3권(p139)은 "세대의 지프차에 나누어 탄 일행", 『맥아더 회고록』은 "징발한 지프차에 몸을 싣고 한강으로 향하였다."라고 기술했다.

맥아더는 그의 회고록에서 이렇게 술회했다.

"나는 징발한 지프차에 몸을 싣고 한강으로 향하였다. 가는 도중에 우리는 끊임없는 적의 공습을 받았으며, 군대가 싸움에 패배하여 사방으로 흩어진 뒤의 모습은 두렵기만 하였다. 국군은 완전히 분산되어 후퇴하고 있었다. 우리가 한강둑에 도착하였을 때는 마침 그 다리를 지키기 위한 최후의 후위전(後衛戰)이 벌어지고 있었다.

서울은 이미 적의 수중에 들어가 있었고 불과 1마일 떨어진 다리 건너에서도 14세기에 창건된 이 낡은 도시의 폐허에서 연기가 솟아오르고 있는 것이 보였다. 나는 조금 앞에 있는 언덕에 올라가 강 건너를 바라보았다. 거기 보이는 광경은 참으로 비참하였다. 파괴의 소용돌이 속에서 신음하고 있는 서울은 연기를 내뿜고 있는 불길에 싸여 있었다. 괴뢰군은 쉴 새 없이 박격포를 쏘아대면서 한강다리를 향하여 쇄도하고 있었다. 내가 서 있는 언덕 양쪽 기슭에서는 조직을 잃은 부대 대열이 후퇴하기에 바쁘고 우중충한 다갈색 제복을 입은 패잔병 대열 사이에는 팔다리가 부러져 신음하는 군인들을 가득 실은 앰뷸런스의 붉은 적십자 표지가 선명하게 보였다. 하늘은 총알이 내는 날카로운 금속성으로 가득 차고, 격전이 휩쓸고 지나간 뒤 황량하기 짝이 없는 싸움터에서는 코를 찌르는 고약한 냄새가 풍기고 있었다.

도로라는 도로는 먼지를 뒤집어쓰고 비참한 모습을 한 피난민의 물결로 가득 차 있었지만 히스테리를 부리거나 애통하게 울부짖는 모습은 찾아 볼 수 없었다. 거기에는 몇 세기를 두고 침착하게 난국을 극복해 온 자랑스럽고 강인한 민족의 후예들이 가고 있었다. 그들은 될 수 있는 대로 많은 가재도구를 등에 짊어지고 겁에 질려서 눈을 크게 뜨면서도 울지 않는 어린이들을 데리고 남쪽을 향하여 무거운 발길을 옮기고 있었다. 나는 한 시간 동안이나 내가 이어받은 파국의 비참한 현실을 바라보았다. 피에 젖은 이 언덕에 서 있는 짧은 시간 동안 나는 작전을 짜내었다. 물론 그것은 궁여지책에 지나지 않는 작전이었지만 한국뿐만 아니라 아시아 대륙 전체를 상실하게 되는 패배를 감수하지 않으려면 다른 방도가 없었던 것이다.

한강연변에서 벌어지고 있는 전투는 대한민국의 방위 능력이 이미 소멸되었다는 것을 확신시키고도 남음이 있었다. 괴뢰군이 그들의 탱크부대를 앞세우고 서울에서 반도 남쪽 끝에 있는 부산까지 몇 안 되는 도로를 따라 밀고 내려오는 것을 아무도 막을 수 없는 형편이었다." (구범모 역 『맥아더 회고록』 p398, 399)

맥아더와 병사의 대화 – 자네는 언제까지 그 호 속에……
┃정일권 장군 회고

『정일권 회고록』(p141~143)에 기술한 내용을 발췌해 본다.

"브리핑을 받고 나서 채병덕 참모총장과 함께 한강으로 직행했다. 6월 30일 현재, 임시로 급편한 시흥지구전투사령부 예하에는 이종찬 대령이 지휘하는 혼성수도사단과 유재흥 준장이 지휘하는 혼성 제7사단을 주력으로 하고 있었다.

마지막으로 「가」고지(지금의 중앙대학교 뒷산. 제3장 한강전선 제2절 2. 「6월 29일 혼성제7사단 제1차 도하저지전 상황도」 참조)에 들렸다. 서종철 중령의 제8연대가 포진하고 있었다. 고지에 올라서면서 채 총장이 물었다.

'연대장, 어제 그 하사관은 지금 어디 있는가?'

잠시 후 일등중사 한 사람이 달려왔다.

'멸공!'

그는 씩씩하게 구호를 외쳤다.

'오! 자네였지. 어제는 참으로 훌륭했어.'

채 총장은 그를 내게 소개하며 바로 어제 맥아더 장군을 감격시킨 우리 국군의 영웅이라고 했다. 이 일화는 6·25를 회고할 때마다 빼놓을 수 없어 여기서도 소개하고자 한다.

수행원 10명을 대동하고 고지에 올라선 맥아더 장군은 한강 너머로 바라보이는 서울 남산과 그 주변 일대를 한참 동안 망원경으로 보고 나서 무슨 생각이 들었는지 갑자기 산병호 쪽으로 걸어갔다. 일등중사가 개인호 안에서 잔뜩 긴장된 자세로 서 있었다.

맥아더 장군이 말을 걸었다.

'하사관, 자네는 언제까지 그 호 속에 있을 것인가?'

맥아더 장군을 수행한 김종갑 대령이 통역했다. 김 대령은 이때 시흥지구전투사령부의 참모장이었다.

하사관은 부동자세로 또박또박 대답했다.

'옛! 각하께서도 군인이시고 저 또한 대한민국의 군인입니다. 군인이란 명령을 따를 뿐입니다. 저의 상사로부터 철수하라는 명령이 있을 때까지 이곳을 지킬 것입니다.'

'그 명령이 없을 때엔 어떻게 할 것인가?'

'옛! 죽는 순간까지 여기를 지킬 것입니다.'

'오! 장하다!'

맥아더 장군은 크게 끄덕이면서 또 물었다.

'자네 말고 딴 병사들도 다 같은 생각인가?'

'옛! 그렇습니다. 각하!'

'참으로 훌륭하구나. 여기 와서 자네 같은 군인을 만날 줄은 몰랐네. 지금 소

원은 무엇인가?'

'옛! 우리는 지금 맨주먹으로 싸우고 있습니다. 소총뿐입니다. 북괴군의 전차와 대포를 까부술 수 있는 무기와 탄약을 도와주십시오.'

'음! 그리고 또 없나?'

'옛! 그뿐입니다.'

'알았네, 하사관. 여기까지 와 본 보람이 있었군.'

맥아더 장군은 하사관의 손을 꼭 쥐고 나서 김 대령에게 말했다.

'대령이 씩씩하고 훌륭한 병사에게 전해 주시오. 내가 도쿄로 돌아가는 즉시로 미국 지원군을 보내 줄 것이라고. 그리고 그 때까지 용기를 잃지 말고 훌륭히 싸우라고……'

나는 유감스럽게도 이 하사관의 朴이라는 성만 기억하고 있다. 기회 있는 대로 이름을 알아야겠다면서 이제까지 알아내지 못하고 있다."

전쟁기념사업회 『한국전쟁사』 제3권(p138)과 안용현 『한국전쟁비사』 제1권(p323)도 앞의 김종갑 대령의 증언과 같은 요지로 간략하게 기술하였다.

5. 맥아더와 대화한 병사는 누구인가?

50년이 지난 어느날 갑자기 나타난 육군일등병

▎《국방일보》 - 2004년 10월 20일 보도

"'명령 없인 후퇴하지 않습니다. 죽어도 여기서 죽고 살아도……'"

6 · 25 때 맥아더와 대화한 일등병 신동수 씨

"그때 우리는 사흘을 굶은 상태였지만 머릿속에는 오직 적을 무찔러야겠다는 생각뿐이었지. 갑자기 어떤 미군이 찾아와 왜 후퇴하지 않느냐고 하기에 그냥 내 생각을 말했을 뿐인데 그게 맥아더 장군이 연합군 지원을 결심하게 된 계기가 되다니……."

18일 서울 영등포구 양화동 인공폭포공원 한강선방어 전투 전적비 앞에서 열린 한강방어 전투 추모식 행사에서 만난 신동수(76) 씨가 바로 산 증인. 당시 18연대 1대대 소속 일등병으로 6·25전쟁 한강선방어 전투에 참전했던 이 평범한 노병은 전투가 한창이던 어느 날 뜻밖의 방문자를 만났다.

"참호에 있는데 지프 한 대가 오더니 네 명이 내렸지. 미군이었는데 계급장이 없어 누군지 알 수가 없었어. 그 중 한 명이 '왜 후퇴하지 않느냐. 이곳은 적군이 포위하고 있지 않느냐'고 하기에 이렇게 대답했지. '우리는 중대장님 명령 없이는 후퇴하지 않습니다. 죽어도 여기서 죽고 살아도 이곳에서 살 것입니다.'라고."

필요한 것을 묻는 질문에 …… 적을 '까부술' 무기와 탄약을 보내달라는 말을 들은 그 미군은 '그렇다면 물자와 무기를 지원해 주겠다. 7일만 버텨 달라'고 당부했다. 이름 없는 일등병의 눈빛과 말 속에서 적에게 포위된 암담한 상황에 처해서도 퇴색하지 않는 강력한 전투 의지를 읽은 더글러스 맥아더 장군이 6·25전쟁에 연합군을 지원하겠다는 결심을 굳히는 순간이었다. 정작 신 씨 자신은 그 미군이 유명한 맥아더 장군인 것도 몰랐지만…….

▎《조선일보》 – 2006년 6월 24일 보도

「6·25 직후 맥아더를 감동시킨 일등병을 찾았다.」

그는 다리 절단된 '77세 영웅'

"병사! 다른 부대는 다 후퇴했는데 자네는 왜 여기를 지키고 있나?"

"저는 군인입니다. 상관 명령 없이는 절대 후퇴하지 않는 게 군인입니다. 철수 명령이 있기 전까지 죽어도 여기서 죽고 살아도 여기서 살 겁니다."

1950년 6월 29일, 당시 스무 살의 한 일등병은 서울 영등포에서 있던 한 진지(陣地)에서 맥아더 미 극동군사령관과 이런 대화를 나눴다.

'싸워 이길 자신이 있다.' 고 자신 있게 말한 젊은 군인에게 감동받은 맥아더 장군이 참전을 결심했다는 것은 유명한 일화다. 수십 년째 묻혀 있던 그 일등병의 존재가 뒤늦게 밝혀졌다. 숨은 주인공은 신동수(77) 옹.

그가 속한 부대는 18연대 1대대 3중대였다. 이들은 영등포구 양화동의 인공폭포공원 인근에 진지를 편성해 놓고 있었다. 다른 중대는 대부분 후퇴해 버린, 외로운 싸움이었다. 사흘째 굶은 채 적을 기다리고 있던 그 때였다.

"4명이 지프에서 내리더라고. 처음에는 소련군인 줄 알고 쏘아 죽이려고 쫓아 나갔어요. 하지만 정모 마크가 소련군 것과 다르더라고. 사령관이라고 했어요."

하지만 그가 그렇게 유명한 인물인지는 전혀 몰랐다고 했다.

대화가 끝난 맥아더 장군은 그에게 연막탄 2개와 대공표지판을 선물로 줬다. 맥아더 장군은 그에게 "정말 훌륭한 군인이다. 내가 일본으로 건너가면 즉시 지원군을 보내주겠다."고 약속했다. 어깨를 툭툭 치면서. 신 옹은 "쌍안경을 댄 채 인천상륙작전을 진두지휘한 장군의 모습을 한참 후에 TV에서 보고는 그가 유명한 맥아더 장군인 줄 알게 되었다."고 했다.

┃《육군》(격월간지) 2007년 5·6(No.287) 보도
「저는 아직 철수 명령을 못 받았습니다.」
6·25 한강방어선에서 맥아더를 감동시킨 주인공 '신동수' 옹

미 극동방위사령관이었던 맥아더는 다급하게 동경에서 서울로 날아왔다. 그리고 한강으로 내달렸다. 그때 통역관으로 수행한 이가 정일권 장군이었다. …… 노량진 부근에 도달하자 그때까지 한강 너머를 주시하고 있던 한 병사를 별견했다. 적기의 기총소사는 물론 적의 기관총까지 날아오는 절박한 상황에서

그것도 모두가 철수한 휑하기까지 한 그 언덕배기에서 둔박하달 수밖에 없는 병사를 향해 물었다. "귀관은 왜 철수하지 않는가?" 그이가 맥아더인지 누구인지 알리도 없었을 뿐더러 오히려 소련군인 줄 알고 사살하려고까지 했던 병사는 옆에 서 있는 국군 통역관을 보고서야 대답했다.

"아직 후퇴 명령을 못 받았습니다. 명령 없이는 후퇴하지 않습니다. 죽어도 여기서 죽습니다."

맥아더는 부관을 불렀다. 대공표지판과 연막탄 2발을 주며 "아군기가 날아오면 이 표지판을 펴라. 그리고 연막탄은 이렇게 사용한다." 그리고 떠나며 던진 말이 그 유명한 '참 훌륭한 군인이다. 동경으로 가면 곧바로 지원부대를 보내겠다.' 이다. 맥아더로 하여금 승전의 확신을 심어준 전설 아닌 실화다. 그 '훌륭한 병사'가 바로 신동수 옹(79)이다.

기사는 "18살이던 4282년(1949년) 국방경비대 2기로 입대한 옹은 6·25 이전에 이미 수차례 전투를 치른 전투 유경험자였다."고 덧붙였다.

※ 밑줄 친 부분은 있지도 않은 사실, 있을 수도 없는 내용을 신동수 씨와 기자가 주관적으로 엮은 내용이다. 이 부분이 스스로 맥아더가 아니라는 사실을 증명하고 있다.

신동수 씨는 맥아더를 만날 수 없었다

| 제18연대 제1대대는 맥아더가 다녀간 후에 진출했다

국방부 『한국전쟁사』 개정판 제1권(p723)은 이렇게 기술했다.

"정오 무렵에 원수 일행이 수원으로 회향한 다음 …… 제18연대 제1대대와 57mm대전차포 1개 소대가 증원되었다."

❚ 맥아더가 시찰한 전선과 신동수 옹이 배치된 진지가 다르다

앞 같은 전사(위 같은 p723)의 기술을 보자.

"연대장(혼성수도사단 제8연대) 서종철 중령은 동 대대를 안양천 동안에 배치함으로써 새로이 연대 좌 일선으로 삼아 이로 하여금 김포 쪽에서 적 침습에 대비토록 하고……."

안양천 동안은 인공폭포 공원 서쪽이다. 조선일보에서 말한 '인공폭포 인근 진지'와 일치한다. 대안은 지금의 난지도 공원이고 당시는 허허벌판이었다. 맥아더가 그곳에 갈 이유가 없다.

맥아더가 시찰한 전선은 중앙대학교 뒷산(「가」고지),
정일권 장군은 「가」고지라고 명시했고(앞 같은 상황도-p725 참조),
국방부『한국전쟁사』제2권(p286)은 '제7사단사령부의 뒤 고지'라고 했다.
곧 중앙대학교 뒷산이다.(같은 p287 한강 부근 작전경과요도)

▶ 다음 「맥아더가 시찰한 전선」 참조

당시 작전지역은 다음과 같다.(앞 같은 문헌 p710, 723)

혼성제7사단 동작동~대방동 정면(중앙대학교 뒷산 해당)

혼성수도사단 신길동~양화교 정면

제18연대 제1대대 양화교~안양천 정면(신동수 씨 초소가 있던 진지)

기사 스스로 맥아더가 아니라는 것을 밝히고 있다

❚ 고립된 진지에 맥아더가 어떻게 갔나?

"다른 중대는 대부분 후퇴해 버린 외로운 싸움이었다. 사흘째 굶은 채 적을 기다리던 그 때였다."《조선일보》

"왜 후퇴하지 않느냐? 이곳은 적군이 포위하고 있지 않느냐?"《국방일보》

"모두가 철수한 휑하기까지 한 그 언덕배기……"《육군》

고립된 진지에 맥아더가 어디로 어떻게 왔겠는가?
맥아더가 아니라 중대장도 갈 수 없는 상황이다.

앞『한국전쟁사』개정판 제1권(p723)은 다음과 같이 기술했다.

"제18연대 제1대대(장 박철용 소령)는 당초 전 대대가 휴가 중이어서 연대 주력과 함께 출전치 못하고 삼각지(용산)의 연대본부에 남아 있다가 전날(28일) 새벽에 강을 건너 시흥에서 휴가 복귀 병력을 수습하였던 것이다. 따라서 제18연대 역시 수도경비사령부의 건제(建制) 부대였으므로 제8연대를 증원케 된 것인데 이에 연대장 서종철 중령은 동 대대를 안양천 동안에 배치함으로써……."

제18연대 제1대대는 당일 전선에 배치된 건제 부대다.

한 끼도 굶을 이유가 없고, 어느 중대도 후퇴할 여건이 아니었다.

한강전선은 28일 편성되었고, 북한군은 7월 3일 새벽에 전차를 앞세우고 한강다리를 건너왔다. 7월 2일까지는 국지적인 도하 저저전은 있었으나 전선은 그대로 유지되었고 절박한 상황도 아니었다.

신동수 씨는 "맥아더가 돌아간 후에도 사흘을 버텼다."고 했다.《조선일보》
사흘을 굶은 고립된 중대가 사흘을 더 버틴 예는 없다.

▎지프 한 대로 갈 상황이 아니다

"4명이 지프에서 내리더라고. 처음에는 소련군인 줄 알고 쏘아 죽이려고 쫓아 나갔어요. 하지만 정모 마크가 소련군 것과 다르더라고. 사령관이라고 했어요."
《조선일보》

"참호에 있는데 지프 한 대가 오더니 네 명이 내렸지. 미군이었는데 계급장이

없어서 누군지 알 수가 없었어.《국방일보》

"그가 맥아더인지 누구인지 알리도 없었을 뿐더러 오히려 소련군인 줄 알고 사살하려고까지 했던 병사는……"《육군》

전사의 기록은 3대의 지프라고 했다.
도쿄에서부터 수행한 사람은,

앞 『한국전쟁사』(p893)는 '5명의 참모와 4명의 기자를 포함한 15명',
같은 제2권(p286)은 '15명의 수행원(……)을 대동하고'
서울신문사 『주한미군 30년』(p144)은 '수행막료는 참모장 아몬드 소장, 정보참모 찰스 A. 윌러비 소장, 정치부장 코트니 휘트니 준장, 극동공군사령관 스트래트메이어 중장 등 이었다.'

라고 각각 기술했다.

이들 수행원은 모두 전선 시찰에 동반했고, 외에 무초 대사와 전방지휘소장 처치 준장이 따라간 것으로 보인다.

한국군 측에서 육군총참모장 채병덕 소장, 이종찬 사단장, 서종철 연대장이 동행했고, 육군헌병사령관 송요찬 대령, 공군헌병대장 김득룡(金得龍) 중령이 경호를 했다. 경호헌병이 따랐을 것이다.

맥아더가 어떤 사람인가를 아는 사람이면 지프 1대로 전선 시찰을 할 상황이 아니라는 것을 알고도 남는다. 앞에 말한 지프 3대는 맥아더를 도쿄에서부터 수행한 사람들을 태운 차량으로 수원에서부터 따라온 차로 봐야 한다.

수행원이 15명이다. 지프 3대에 다 탈 수가 없다. 무초 대사나 라이트 고문단장대리의 차에

김득룡 중령

분승했을 것이다.

한국군지휘부가 탄 차는 별도다.

맥아더는 카키복 깃에 5성 별을 달고 있다. 정모 마크를 보고 소련군이 아니라고 판단한 사람이 왜 계급장은 못 봤을까?

앞에 맥아더가 한강전선을 시찰하는 사진*을 실었다. 정모를 쓴 사람이 5명, 사복이 2명, 철모를 쓴 사람이 있다. 보이는 사람만 8명이다.

* 맥아더가 한강전선을 시찰한 사진은 일본 육전사연구보급회 『한국전쟁』 [1](p137)과 백선엽 『군과나』 화보(p5)에 실려 있고, 국방부 『한국전쟁사』 제2권(p289)에는 다른 각도에서 찍은 사진이 게재되어 있다. 전선 시찰 분위기를 알 수 있다.

맥아더 원수의 전선 시찰은 하나의 큰 사건이다. 온 진지가 떠들썩했을 텐데 누군지 몰랐다니 말이 되는가?

"쏘아 죽이려고 쫓아 나갔어요."

너무 극적이다. 참호에 있는 병사가 다가오는 적을 발견하면 차폐하고 있다가 쏜다. 쫓아나가다니! '죽이려고'가 아니라 '죽으러' 나간 것이다.

"맥아더가 지프에서 내리는 모습을 참호 속에 있는 병사가 보았다."

있을 수 없는 일이다. (기자가) 한번만 더 생각하면 맥아더는 고사하고 사단장 정도의 지휘관도 아니라는 것을 당장에 판단할 수 있다.

맥아더가 연막탄이나 대공포판을 가지고 다니겠는가?

"연막탄 2개와 대공표지판을 선물로 줬다." 《조선일보》

"맥아더는 부관을 불렀다. 대공표지판과 연막탄 2발을 주며 '아군기가 날아오면 대공표지판을 펼쳐라. 연막탄은 이렇게 사용한다.' ……" 《육군》

이 정도에서는 웃음 밖에 안 나온다. 맥아더는 그런 일을 하지 않는다.

모든 문헌이 병사의 계급을 일등중사라고 했다

병사의 계급을 일등병이라고 보도했다.《조선일보, 국방일보》

위 김종갑 대령, 정일권 장군,『한국전쟁비사』, 전쟁기념사업회『한국전쟁사』제3권(p140)은 모두 맥아더와 대화한 병사의 계급을 일등중사로 기록했다.『한국전쟁비사』는 하사로 기록했는데 현재의 계급으로 표시한 것으로 보인다. 당시 일등중사는 현재 하사다.

사실을 왜곡하여 소설을 썼다

▮ 아무려면 일등병의 말을 듣고 미군이 참전했겠나?

" …… '싸워 이길 자신이 있다.'고 자신 있게 말한 젊은 군인에게 감동받은 맥아더 장군이 참전을 결심했다는 것은 유명한 일화다."《조선일보》

"이름 없는 일등병의 눈빛과 말 속에서 적에게 포위된 암담한 상황에 처해서도 퇴색하지 않는 강력한 전투 의지를 읽은 더글러스 맥아더 장군이 이 6·25전쟁에 연합군을 지원하겠다는 결심을 굳히는 순간이었다."《국방일보》

"맥아더로 하여금 승전의 확신을 심어준 전설 아닌 실화다."《육군》

감동적이고 극적으로 상황을 묘사하였다. 뿐만 아니라 일등병을 지나치게 영웅으로 만들었다. 그러나 사실과 다르다.

트루먼 대통령은 25일(워싱턴 시간) 제1차 블레어하우스 회의에서 한국군에게 장비와 탄약을 공급하라고 지시했고, 지상군을 파견할 경우 국가적 차원의 동원이 필요하다는 인식 아래 이에 대한 대책을 수립하도록 합동참모본부에 지시하였다.

27일(워싱턴 시간) 제2차 블레어하우스 회의에서는 미 해·공군으로 하여금 한국군을 지원하라고 지시한 상태다.(작전지역을 38선 이남으로 제한)

이어서 트루먼 대통령은 같은 날 맥아더에게 어떠한 원조가 필요한가를 규명하기 위하여 한국에 현지 시찰단을 파견하도록 지시했다.

맥아더는 처치 준장을 책임자로 하는 현지조사단을 파견하였다.

28일 처치 준장은

"38선을 회복하려면 미 지상군의 참가가 요망된다."

는 보고를 했고, 맥아더는 지상군을 파병할 필요성이 있는지를 직접 판단하고자 한국전선을 방문하였다.^{주)}

국방부 『한국전쟁사』 개정판 제1권 p893

맥아더는 한국으로 오는 비행기에서 제5공군으로 하여금 북한을 폭격하도록 명령하였다.(트루먼 대통령이 지시한 38선 이남의 제한을 넘어서)

국방부 『한국전쟁사』 제2권(p286, 289)은 이렇게 기술했다.

"그가 한강선 시찰에서 얻은 바는

① 한국군은 이미 방어 능력을 상실했으며 따라서 적은 전차부대를 몰아 서울에서 부산까지 단숨에 남하할 수 있게 될 것이다.

② 그렇게 되면 결국 한국 전토는 공산화될 것이다.

③ 공산군의 남하를 저지하기 위해서는 즉각 미 지상군 부대를 투입할 수밖에 없다는 판단과 결심이었다."

"내가 빨리 지원해 줄 터이니 용기를 잃지 말라."는 사령관의 격려를 지나치게 확대 해석하였다.

▌근거도 사실도 모른 채 생각대로 썼다

"학도병으로 6·25전쟁에 참전" 《조선일보》 사진 설명

학도병은 6·25남침 이후 학생들이 지원입대하면서 붙여진 이름이다.

학생 신분을 갖고 참전했다는 뜻이다. 6·25 전에는 학도병이 없었다.

"그때 통역관으로 수행한 이가 정일권 장군이었다." ⟨육군⟩

정일권 장군은 미국에서 30일 귀국했다. 김종갑 대령이 통역을 맡았다.

"국방경비대 2기로 입대" ⟨육군⟩

1948년 8월 15일 정부 수립과 동시에 조선경비대는 육군으로 개칭되었고, 국방경비대 2기라는 것은 당초에 있지 않았다.

남조선국방경비대가 창설된 날은 1946년 1월 14일이다.

다음 날인 1월 15일 제1연대가 창설된 것을 비롯하여 그해 4월 1일까지 제8연대가 창설되어 각도에 1개 연대씩 창설을 마쳤다.

1946년 6월 15일 남조선국방경비대는 조선경비대로 개칭되었고, 11월 16일 제주에 제9연대를 창설했다. 제주도가 도로 승격된 때문이다.

1948년 5월 4일까지 제10연대~제15연대와 기갑연대를 창설하였다. 이때까지가 조선경비대이다.

경비대 또는 육군의 입대기수는 연대 단위로 계산하고 군번도 연대 단위로 부여했다. 곧 제1연대 제1기, 제2연대 제2기 하는 방법으로 계산했고, 군번은 제1연대 110, 제2연대 120, 제9연대는 190으로 시작하는 연대의 고유번호를 부여하고, 다음 1,000단위의 개인 번호를 부여했다.

"미 극동방위사령관이었던 맥아더" ⟨육군⟩

맥아더의 직위는 미 극동군총사령관이면서 연합국최고사령관이었다.

미 극동군총사령관은 미군 사령관이고, 연합국 최고사령관은 일본의 항복을 받고 군정을 실시하는 연합국(미, 영, 중, 소)을 대표하는 사령관이다.

미 극동방위사령관이라는 직위는 없었다.

1950년 7월 8일 한국전쟁을 지휘하기 위하여 UN군총사령관에 임명되어 또 하나의 직위가 추가되었다. ▶ 제8권 「각군 계급과 육군 군번」 참조

신동수 옹이 만난 사람은 군사고문단 일행일 것이다

정일권 장군은 "나는 유감스럽게도 이 하사관의 朴이라는 성만 기억하고 있다. 기회 있는 대로 이름을 알아야겠다면서 이제까지 알아내지 못하고 있다."고 했다.

『정일권 회고록』은 두 사람의 대화를 가장 체계 있고 적나라(赤裸裸)하게 묘사하였을 뿐만 아니라 시찰장소를 정확하게 기록한 문헌이다.

"이 일화는 6·25를 회고할 때마다 빼 놓을 수 없어서 소개한다."고 했다. 그만큼 그의 머릿속에는 상황이 잘 정리되어 있다는 말이다.

안용현『한국전쟁비사』는 "그 후 저자는 물론 국방부전사편찬위원회에서 이 병사를 백방으로 수소문했으나 소속조차 밝혀내지 못했다."고 했다.

앞『한국전쟁사』 6월 30일 전투 상황에 다음과 같은 기술이 있다.

"육군본부와 함께 수원 임업시험장에 임시지휘소를 두고 있는 ADCOM은 고문단 소속 장교들을 한강선으로 파견하여 전황을 파악케 하면서 현지 국군의 작전을 돕게 하는 한편 …… 고문 단장인 Wright 대령마저 Hazlett 중령과 함께 한강전선에 나가 있었던 까닭으로……" (개정판 제1권 p744)

신동수 일등병이 만난 미군은 위 두 장교가 분명하다. 지프에서 내린 4명은 위 두 장교 외에 통역과 운전병 아니면 연락병일 것이다. 그리고 그 날짜는 29일이 아닌 30일이다.

대공포판과 연막탄 2발을 주고 그 사용 방법을 설명해 주는 것이 그들이 한 역할이다. 당시 한국군의 사정이 워낙 열악하니까 고문단에서 전선을 돌아다니면서 그렇게 지도했다.

맥아더 원수가 시찰한 전선은?
▍혼성수도사단에 들러서 흑석동 뒷산으로

맥아더 원수가 시찰한 전선은 흑석동 뒷산이고, 제9연대 작전지역이다. 수원에서 한강으로 가려면 경수가도를 따라 노량진으로 가야하고 여기서 서울이 보이는 곳을 찾는다면 흑석동 뒷산일 수밖에 없다.

정일권 장군은 「가」고지로 갔다고 정확하게 위치를 말했다.

국방부『한국전쟁사』개정판 제1권은 이렇게 기술했다.

"제9연대(장 윤춘근 중령)는 제1대대장 류환박 소령이 통합지휘하는 증강된 1개 대대로써 대방동의 사단수용소로부터 상도동으로 진출하여 무명고지 ㉮(현 국립묘지 뒷산)에 올라 ……"(p719. 같은 상황도 참조)

정일권 장군은 "「가」고지로 갔다."고 하면서 "서종철 중령의 제8연대가 포진하고 있었다."고 했다. 「가」고지는 제9연대진지다.

김종갑 대령은 "제8연대 일부가 진지를 점령 중인 공장 옆 언덕 위에 올라가"라고 했다. 동양맥주공장 옆에는 언덕도 진지도 없다.

맥아더 원수는 수도사단본부에 들렀고, 채병덕 총참모장이 안내했다고 했다. 이종찬 사단장과 제8연대장 서종철 중령이 따랐을 것이고 채병덕 총장은 가깝고 관측이 용이한 흑석동 뒷산으로 안내했을 것이다.

서종철 중령이 수행했으니까 그가 지휘하는 제8연대로 착각했을 것이다.

이상은 맥아더 원수가 수도사단지휘소에 들렀다는 증언을 토대로 추적해 본 상황이다. 제7사단지휘소에 들렀다는 기록이 있어 아닐 수도 있다.

김종갑 대령은 이렇게 말했다.

"시흥에서 영등포로 북상하여 우신국민학교의 수도사단본부에 들렀다가 사단장과 함께 고개를 넘어 동양맥주공장 부근에 이르니……"

우신국민학교에서 동양맥주공장에 이르는 길에는 고개가 없다. 동양맥주공장에서 노량진을 거쳐 한강대교에 이르는 길에도 고개는 없다. 이 길은 경수가도(1번 국도)이다. 중앙대학교 뒷산으로 가려면 노량진역에서 상도동으로 들어서야 한다. 당시에 노량진역에서 장승백이를 거쳐 상도동으로 들어가는 비포장 길이 있었다. 혼성제7사단의 유일한 후방통로다.

대방동 사단수용소로부터 진출하여 흑석동 뒷산(「가」고지)에 진지를 점령한 제9연대 제1대대의 진출로다. 달리 길이 없다.

김종갑 대령은 "제8연대가 진지를 점령 중인 공장 옆 언덕에 올라가"라고 했다. 흑석동 뒷산을 동양맥주공장 옆 언덕으로 착각한 것 같다.

동양맥주공장은 지금의 영등포공원으로 영등포역에서 철로 건너편에 있었다. 근처에서 한강을 볼 수 있는 언덕이나 진지를 편성할 만한 산은 없다. 한강을 볼 수 있는 가장 가까운 언덕이 흑석동 뒷산이다.

맥아더가 갈 수 있는 곳은 그 곳 밖에는 없다.

혼성제7사단에 들러서 흑석동 뒷산으로

국방부『한국전쟁사』제2권(p286)은 다음과 같이 기술했다.

"시흥지구전투사령부를 거쳐 제7사단사령부를 방문하였다. 그때 한국측에서는 김종갑 시흥지구전투사령부 참모장이 장군을 안내하였고……"
"제7사단사령부의 뒤 고지에서 한강을 사이에 두고 전개되는 양군의 포격전을 목격하고……"

혼성제7사단사령부는 대방동 수도육군병원에 있었고, 수복 후에 공군본부가 위치하였다. 경수국도에 접하지는 않았지만 경수가도에서 분기하여 노량진으로 진행하는 도로가 있고, 이 길은 전 공군사관학교(현 보라매공원) 정문을 지나 수도육군병원을 거쳐서 대방동삼거리로 이어져 다시 경수가도와 연결된다.

이 코스는 경수가도가 동양맥주공장~우신국민학교~영등포구청~신길동으로 우회하는데 비하여 노량진으로 가는 지름길이다.

수도육군병원 뒷산(남쪽에서 본)은 곧 흑석동 뒷산(북쪽에서 본)이다.
맥아더 원수가 이 경로를 통하여 전선으로 간 것을 배제하기는 어렵다.
가장 사리와 상황에 맞는 기술인데 왜 달라졌는지 알 수가 없다. 그 후에 편찬된 개정판 제1권은 주관적인 기술을 피하고 김종갑 대령의 증언으로 대신했는데 이 증언이 나오면서 그 상황은 묻혀 버렸다.

김종갑 대령이 '동양맥주공장 옆 언덕'이라고 한 증언을 들은 사람이 지리를 알았거나 현지를 확인했으면 그대로 옮기지는 않았을 것이다.

일본 육전사연구보급회 『한국전쟁』 1 (p137)은
"영등포 동쪽에 있는 고지로 올라갔다."고 했고,
"서울과 파괴된 한강교가 눈 아래 보였으며"라고 했다.
서울신문사 『주한미군 30년』 (p145)은
"한강교 부근에서 차를 멈춘 맥아더는 가까운 언덕에 올라가 20여 분간 사방을 관찰했다."고 했다.

맥아더 원수는 회고록(p398)에서

"한강둑에 도착하였을 때는 그 다리를 지키기 위한 최후의 후위전"

이라고 하여 하나 같이 한강교를 본 것을 강조하였다.

흑석동 뒷산은 노량진역 앞에서 사당동으로 이어지고 한강과 나란히 하는 횡격능선 상에 있다. 한강전선에서 가장 높고, 영등포 동쪽에 있으며, 서울시내와 한강다리가 가장 잘 보이는 고지인데다가 후방에 남북보급로가 연결되어 차량으로 쉽게 접근할 수 있는 곳이다.

맥아더 원수가 시찰한 전선은 흑석동 뒷산이다.

오보를 시인한 신문과 잡지

저자는 거대한 공룡들과 몇 년 동안 사투(?)를 벌였다.

국방일보는 '역사 속의 주인공 찾기'에서 "전선 시찰 중인 맥아더와 만난 주인공은?"이라는 제목으로 기왕의 보도가 잘못되었음을 인정하고 맥아더와 대화한 병사를 찾는다는 형식의 기사를 실었다.

《육군》은 우여곡절 끝에 저자의 반론문을 게재하는 것으로 대신했다.

조선일보는 보도가 잘못되었음을 인정하나 오래된 일이라 새삼스럽게 정정보도하는 것이 적절치 못하므로 정정보도는 생략하고 내부적으로 재발을 방지하는 결의를 다지겠다는 양해를 구해 왔다.

정정기사나 기고문을 처리하는 태도를 보면 보도할 때 그 당당하던 필치와는 달리 그렇게 조심스러울 수가 없고, 마치 독자의 의견이나 반론이 혹시라도 잘못되어 책임 문제가 일어나지 않을까 겁을 잔뜩 먹은 형용이 역역하다. 반론과정에서 공간사에 의한 근거 기록을 제시했음에도 불구하고 책임 있는 태도를 취하지 아니하고 반론한 사람의 의견을 대변하는 수준에서 다루고 말았다.

조선일보기자는 저자가 반론을 하자
"국방부에 확인했습니까?"

반문했다. 어이가 없었다. 저들은 저희들 마음대로 소설을 써 놓고 반론에는 "국방부 확인"을 들먹인다. 우습지 않는가!

정정보도와 기고문이 나간 후 후유증이 심했다.

국방일보 담당기자가 전화를 했다. 괜한 보도를 해서 평지풍파를 자초했다는 투의 못마땅한 불평이었다. 어떻게 해야 좋을지 모르겠다고 했다. 제18연대 전우회의 항의가 대단하다는 것이다.

제18연대 전우회장은 "제18연대전적비에 그 사실이 새겨져 있고, 전적비 제막식에 국방부장관이 참석하여 축사를 했는데 그것은 국방부장관이 그 사실을 인정한 것이 아니냐? 그런데 국방일보가 장관이 인정한 사실을 이제 와서 부정하는 이유가 뭐냐?"고 따졌다.

'육군' 편집장은 현역 중령이다.

"선생님, 일을 못 하겠습니다. 제18연대 전우회장이라는 분이 전화를 해서 1시간 이상 붙들고 놓아주지 않습니다. "근거를 대라.", "이유가 뭐냐?" 하면서 며칠째 시달리고 있습니다."라고 했다.

"다 확인하지 않았습니까? 설명을 해 주면 되지 않습니까?"

"선생님, 사람을 모으면 설명을 좀 해 주실 수 있습니까?

"사람을 보내세요. 내가 설명하지요."

며칠 후 제18연대전우회장의 전화를 받았다.

"무슨 공명심으로 군을 모독하는 그런 글을 썼느냐?"

옹진에서 싸운 이야기(6·25 전)부터 시작해서 근거도 조리도 없이 대하소설을 엮어갔다. 1시간이 넘게 자기 말만 했다.

"계급이 뭐냐? 한강전선에 있었느냐? 사병 출신이 그때 있지도 않았으면서 무엇을 알아서 그 따위 글을 썼느냐?" 기고만장했다.

"근거를 가지고 와서 납득할 수 있는 설명을 하지 않으면 가만있지 않겠다."고 했다.

신동수 씨가 직접 전화를 했다.

제18연대 전우회장이 직접 항의 전화를 하라고 했다면서

"나를 압니까?"

라고 말문을 열었다.

그런 글은 군의 사기를 떨어뜨리는 것이라고 했다.

"면식도 없이 불편하게 해 드려 죄송합니다. 사실을 바로 잡기 위한 것이지 딴 뜻은 없습니다. 이해해 주십시오."

하고 나서

"신 선생이 만난 사람은 맥아더가 아닙니다. 맥아더가 어떻게 그렇게 다닙니까? 4명이 왔다면서요."

"아니, 3명이었습니다. 그러면 누굽니까?"

"미 고문단장일겁니다. 맥아더는 그렇게 안 다닙니다."

"고문단장이 그렇게 뚱뚱합니까?"

"글쎄요, 안 봐서 모르겠는데 뚱뚱할 수도 있지요. 건강도 안 좋으시다고 들었는데 심려 끼쳐 죄송합니다."

"아, 아닙니다. 제가 죄송합니다."

싱겁게 끝났다.

맥아더의 한강전선시찰은 6·25전쟁의 한 획을 긋는 중대한 사건이다. 맥아더는 그 자리에서 지상군 투입을 결심했고, 인천상륙작전을 구상한 것으로 알려져 있다.

도쿄로 돌아간 즉시 워싱턴에 지상군파병 승인요청과 함께 중원군을 요청하기에 이른다.

이와 같은 역사적 사실의 바탕이 된 맥아더의 전선시찰에 많은 오해의 요소가 되어 이를 바로 잡을 필요성에서 길게 다루었다.

첫째, 맥아더가 시찰한 전선을 명백하게 해 둘 필요가 있었다.

둘째, 병사와의 대화는 하찮은 것일 수도 있지만 전사마다 언급할 만큼 관심을 끄는 사안이므로 진실을 밝혀야 했었다.

셋째, "일등병의 말을 듣고 감동을 받은 맥아더가 참전을 결심했다는 것은 유명한 일화다."에서부터 고립된 진지, 며칠을 굶었다, 국방경비대 제2기, 학도병 등 군관련 사실이 잘못 인식되어서는 안 되기 때문이다.

보도내용과 정정기사, 반론문은 제8권 「한강전선에서 맥아더와 대화한 병사」 참조

제2절 UN군 창설

1. 미 지상군 파병 결정

미 지상군 투입

한강전선을 시찰하고 돌아오는 비행기에서 맥아더는 곰곰이 생각했다.

"소련이 공급해 준 전차와 중장비로 중무장한 북한군의 남진을 멈추게 하기 위해서는 미 지상군의 개입이 절실하고 육·해·공의 협동작전에 의한 전투임무수행 없이는 우리의 임무는 최상으로 수행되어 보았자 인명과 재산 그리고 명예 면에서 불필요하게 비싼 값을 지불하게 될 것이며, 최악의 경우에는 실패할지도 모르는 일이다." 주) 전쟁기념사업회 『한국전쟁사』 제3권 p141

맥아더는 도쿄로 돌아온 즉시 합동참모본부에 시찰결과를 보고했다.

"나는 오늘 한국전선을 시찰하였다. 방문 목적은 한국이 처한 상황을 살피고 장차 우리가 지원하여야 할 효과적인 방법을 결정하기 위한 것이었다. 치안 유지 목적으로 경무장한 한국군은 북한의 전차와 항공기의 공격을 저지할 수 없었다. 보급체계나 보급품의 준비 등 종심 깊은 방어 준비가 전혀 없었으며 보급에 대한 체계도 없었던 까닭에 파손되거나 철수시에 군수품 처분 계획도 가지고 있지 못하였다.

그러나 한국군은 망실하거나 포기할 보급품조차도 없었고 중장비도 없었다. 또한 그들은 상호 통신을 위한 수단도 전혀 갖지 못하였으며 남쪽으로 점차 후퇴한 각개 병사는 소총 정도를 소지하고 있을 뿐이고 내가 파견한 ADCOM에 의하여 재편이 이루어지는 실정이었다. 한국군은 곡사포, 박격포, 대전차포도 없이 지형과 지물을 최대한으로 이용하고 고도의 감투정신을 발휘하여 적의 진격을 지연시키기를 바라고 있다.

일반시민의 애국심은 강렬하고 미국을 신뢰하는 마음은 확고부동하였으며, 이들은 동요 없이 공산통치를 반대하고 남쪽 도로를 따라 길을 메워 피난길에 오르고 있었다. 한국군의 가용병력은 25,000명을 넘지 못하는데 반하여 북괴군은 전차로 증강되었으며, 잘 훈련되고 지휘되었으며, USSR 전투기로 무장된 강력한 공군력을 보유하고 있는 것으로 미루어 공산무력침략을 위한 존재로서 육성되었다는 사실이 명백하다.

나는 남쪽 부산항과 수원을 통한 보급로를 확보하기 위하여 최선을 다하려 한다. 수원기지는 현재 중요하지만 적의 끊임없는 공습을 받고 있다. 보급품이나 장비, 인원을 수송하는 모든 수송기를 엄호하기 위하여 제공(制空)의 필요가 있기 때문에 이 목적을 위하여 작전을 펴려한다. 북한 공군은 수원기지 근방에서 그의 공격을 더 강화하고 있다.

적의 진격을 멈추게 하던가 아니면 적의 무력 앞에 굴복하여 한반도 전체를 내어 주던가 하는 기본적인 명제가 우리 앞에 놓여 있는 것이다.

한강선을 방어하기 위하여 전력을 경주하고 있으나 그 결과는 의심스럽다. 한강방어선과 서울~수원간의 통로를 방어한다는 것이 한반도 중부의 유일한 공군기지를 확보하는데 필수적인 요건이라고 본다. 한국군은 반격할 능력이 전혀 없고 오히려 돌파될 우려가 많다. 만약에 적이 진격을 계속한다면 대한민국의 전복될 위험성은 심각하게 증대된다고 본다.

현재의 전선을 고수하고 차후에 실지를 탈환하기 위한 능력을 갖추도록 하는 유일한 방법은 한국전선에 미 지상군을 참가시킴으로써 만이 가능할 것이다. 효과적인 지상전투와 병행하지 않는 해·공군만의 지원은 결코 결정적인 작전이 될 수가 없는 것이다. 만약에 나에게 권한을 부여 한다면 전술한 중요지역에 즉각 미 1개 전투단(RCT) 규모를 급파하여 이 지역을 확보케 하고 일본에 주둔하는 미군 2개 사단을 편성하여 조기에 반격을 준비시킬 생각이다.

효과적인 육·해·공군의 합동작전 없이는 인명 및 재산과 미국 위신에 커다란 불필요한 손상을 입힐 따름이며, 더욱 불리한 사태는 완전히 실패로 끝날 수도 있다는 점이다."* (국방부 『한국전쟁사』 개정판 제1권 p895, 896)

> * 인용문헌과 『맥아더 회고록』(구범모 역)의 내용이 골격은 같으나 세부적인 사항에 대한 표현에 차이가 있어 인용문헌을 따랐다.

현지 사령관의 긴급 보고는 펜타곤의 밤공기를 뒤흔들어 놓기에 충분하리만큼 충격적이었다.

29일 24시(워싱턴 시간) 이 전문을 받은 육군참모총장 콜린스는 맥아더와 텔레타이프를 통한 회담(Teleconference)을 개최했다. 육군참모총장에게는 지상군 파병을 허가할 권한이 없었다. 대통령에게 건의하기 위해서는 좀더 정확한 상황을 파악할 필요가 있었던 것이다.

맥아더는 텔레타이프 회담에서 콜린스에게 다음과 같이 건의했다.

시간은 분초를 다투니 만큼 신속히 결심해야 한다. 국방부의 방책이나 결심이 지연된다면 그 만큼 사태를 악화시킬 뿐이다.^{주)} 국방부 『한국전쟁사』 제2권 p341

일본 육전사연구보급회 『한국전쟁』 [1] (p138)은 이렇게 표현했다.

"시간이 중요하다. 우물쭈물하지 말고 명쾌한 결정을 내려주는 것이 필요하다."

6월 30일 03시 40분경(현지시간-이하 같다) 첫 번째 전문이 도쿄로 날아왔다.

"미 지상군을 전투지역에 보내는 것은 대통령의 재가를 받아야 되기 때문에 시간이 필요하다. 그러나 1개 전투단(Regimental Combat Team)을 부산에 이동시켜 미 국민의 안전한 철수 작전을 지원하는 것은 가능하다."

맥아더는 이렇게 답신했다.

"미 지상군이 한국에서 운용될 수 있다는 식의 지침은 짧은 시간과 명확한 결정이 요구되는 현 상황에서는 부적합하다."

펜타곤에서 두 번째 전문이 왔다.

"6월 29일 오후 블레어하우스 회의에서 받은 인상은 대통령이 미 지상군의 전투지역 투입을 심각하게 고려하고 있는 것 같았다. 현재 상황에서 1개 전투단을 부산 지역에 파견하는 것만으로 충분하지 않은가?"

맥아더는 회답하지 않았다.

최초 요구를 들어달라는 무언의 압력이었다. 맥아더의 전술이다.

맥아더의 의중을 간파한 콜린스 육군참모총장은 깜깜한 새벽에 육군부장관 페이스에게 전화로 보고했다. 맥아더 원수가 요구한 내용의 절박성과 긴급성을 설명하고 대통령의 재가를 받아달라고 요청했다. 페이스는 30일 05시경 전화로 트루먼에게 보고했다.

트루먼 대통령은 즉시 1개 연대 사용을 승인하고 즉시 맥아더에게 통보하라고 지시했다. 콜린스는 맥아더에게 타전했다. 30일 새벽이다.

"1개 전투단을 전선에 투입하겠다는 귀하의 건의는 승인되었다. 추가 파병에 대해서는 차후 지시가 내려질 것이다."

도쿄에서 답신이 왔다.

"잘 알았다. 더 전할 말이 없는가?"

"여기에 있는 요원은 모두 귀하의 신속한 상황 보고를 높이 평가한다. 축하한다. 그리고 행운을 빈다. 우리는 귀하와 귀하의 사령부를 신임하고 있다. 더 이상 보낼 상황은 없다."

고 콜린스는 타전했다.주) 전쟁기념사업회 『한국전쟁사』 제3권 p141, 142

이어서 30일 08시 30분, 6월 25일 블레어하우스 회의에 모였던 정책 입안자 및 결정자들을 다시 모아 협의를 한 후

(1) 맥아더가 요청한 2개 사단 사용을 승인하였고,

(2) 해군참모총장이 권고한 북한 해역 봉쇄를 동의하였다.주) 앞 같은 문헌

트루먼 대통령은 대만의 장개석 총통이 제의한 33,000명의 병력 지원을 받아들일 의향이 있었으나 애치슨 국무부장관이 자유중국군이 한국전에 참전함으로써 발생할 수 있는 정치·군사적 문제와 자유중국군의 능력 문제를 들어 반대 의사를 표시하자 장개석 총통의 제의를 정중하게 거절하기로 하였다.

한국전쟁 발발 5일 만에 한국전쟁에 미 지상군의 투입과 미 해군에 의한 북한해군 봉쇄가 결정되었다.

미 지상군의 파병은 6월 27일 UN안전보장이사회의 결의에 바탕을 둔 것이다. 그 결의안에서 모든 UN 회원국에게 한국을 원조해 주도록 권고한 바 있었다. 이를 근거로 하여 미군의 한국전 참전과 함께 UN 참전국들이 한국전에 참전하게 된 것이다.

맥아더의 증원 요청

맥아더는 한강전선 시찰 직후 도쿄로 돌아가는 비행기에서 뉴욕 헤럴드 트리뷴지의 여기자 히긴스(Marguerite Higgins)* 특파원에게

"나에게 2개 사단만 주어지면 한국을 지켜낼 수 있다." 주)

국방일보 연재 마거리트 히긴스 「자유를 위한 희생」

라는 말을 했었고, 같은 맥락에서 워싱턴에도 같은 요구를 했던 것이다.

> * 마거리트 히긴스 여기자. 도쿄에 주재하고 있다가 6월 27일 한국전선에 왔다. 그해 12월 중순까지 종군했고, 1951년에 『WAR IN KOREA』(번역명 자유를 위한 희생 - 이현표 역)라는 이름의 책을 썼다. 서문을 쓴 날이 1951년 1월 1일이다. 6·25전쟁에 관한 최초의 저술이다. 이 책으로 여성 최초의 퓰리처상을 수상했다.

그러나 맨손으로 중무장한 북한군과 싸우고 있는 국군 전력이 너무 빈약한 것을 전쟁을 치르면서 실감했다. 그는 전쟁이 진행되면서 처음에 구상한 2개 사단으로는 북한군을 격퇴하기에 충분하지 않다는 것이 명백하게 되었을 때 2개 사단이 현 전선을 맡고, 다른 1개 사단을 적 후방지역에 상륙공격부대로 투입할 것을 결심하기에 이른다.

현 전선을 맡을 사단은 이미 승인된 2개 사단(제24사단과 제25사단)으로 하고 후방 상륙공격사단으로 미 제1기병사단을 고려하였다.

7월 2일 맥아더는 합동참모본부에 전술지원용 해병항공부대를 동반한 1개 해병연대전투단을 긴급 파견해 줄 것을 요청하는 전문을 보내면서

"임박한 작전의 압력 때문에 이곳에 조기 도착이 긴요하다."

는 조건을 달았다. 이 요구를 두고 맥아더는 이미 상륙작전을 고려하고 있었음을 나타내 보인 것이라고 했다.

동시에 맥아더는 공군을 전시편제로 편성하기 위하여 약 700대의 항공기를 요청하려는 공군사령관 스트래트메이어의 요구를 승인했다.

7월 3일 합동참모본부는 공중지원부대를 갖춘 해병 1개 연대전투단 파견을 승인하였다. 여기에는 당시 가용한 모든 항공기(B-29 폭격단, B-26 폭격기 22대, F-51 전투기 150대)가 포함되어 있다.

7월 5일 맥아더는 더 큰 증원요구서를 합참에 제출했다.

제2보병사단, 제2특수공병여단, 제11공정사단 1개 연대를 7월 20일과 8월 10일 사이의 어떤 지정된 기간에 계획된 작전에 사용할 수 있도록 증원해 줄 것을 요청했다.

맥아더가 요청한 육군 병력은 육군 일반예비대에서 상당한 비중을 차지하는 것이다. 미국 육군은 일본에 주둔한 병력 외에 6개 사단이 있었고 이 중 1개 사단은 독일점령군으로 있었으므로 미국 대륙에서 가용할 수 있는 사단은 5개 사단이었다. 세계 다른 지역에서도 적절한 군사 태세 유지가 필요하였고, 또 해상수송력 부족으로 7월 20일까지 파견하는 것은 불가능하였다.

7월 6일 합동참모본부는 증원이 곤란하다는 의사를 표시하는 한편 맥아더 사령부에 총군사력 소요판단서를 제출하도록 지시했다.

맥아더 사령관은 북한군이 우수하다는 것을 전제하고 4~5개 상당의 완전 편성된 보병사단, 공수 능력을 완전 구비한 1개 공정연대전투단, 3개 중(中)전차대대로 구성된 기갑연대, 증원포병과 이들 부대를 지원할 근무부대를 요청하였다. 그리고 해·공군은 장래 계획을 위해서 고속항공모함, 특수임무부대, 전투기, 전폭기 등 추가 소요가 예상된다고 밝혔다.

이 전문은 7일 워싱턴에 도착했다.

미 합동참모본부는 이 전문을 받기 하루 전인 6일 맥아더가 요구한 부대를 제공하기 위한 조치에 들어가 합동군수송위원회에 증원부대 수송 소요를 결정하도록 요청하였다.

그리고 108,500명(육군 50,000명, 해군 33,000명, 공군 25,500명)의 병력을 즉각 증원할 것을 존슨 국방부장관에게 요청하여 승인을 받았다.

7월 7일 합동참모본부는 맥아더가 요청한 증원부대를 파견할 것을 건의하여 국방부장관과 대통령의 승인을 받았다.

7월 5일 미군으로 첫 출전한 미 제24사단 스미스대대가 오산 전투에서 대패했다. 7월 8일 미 제24사단장 딘 소장은

"파도처럼 쇄도하는 북한의 보병과 전차를 저지하기 위해서는 전차와 중(重)포로 장비된 강력한 전투 준비를 갖춘 증원부대가 필요하다."

는 서한을 맥아더에게 보냈다. 결국 맥아더가 요청한 4~5개 사단으로는 턱없이 부족하다는 것이 새로이 입증된 것이다.

북한군에 대한 미국의 시각은 이랬다.

"필리핀 수빅만에 있는 함대를 한국에 보내서 북한군을 놀라게 하여 쫓아버리는 게 어떠냐?"

고 한 브래들리 합참의장의 생각과

"미 지상군부대가 전장에 나타났다는 사실만으로 적 사령관의 간담을 서늘하게 하여 적으로 하여금 신중하고 완만한 행동을 취하게 한다는 책략 외에는 다른 방법이 없었다."

고 한 맥아더의 생각에서부터

"미군의 군복만 보아도 도망칠 것이다."

라고 생각한 사병에 이르기까지 미국군 누구도 북한군을 대수롭게 여기지 않고 있었다.

그래서 맥아더는 2개 사단으로 북한군을 저지할 수 있다고 생각했다.

그러한 맥아더가 오산 전투를 치르고 난 후 북한군을 강한 군대로 다시 인식하게 된 것이다.

7월 9일 맥아더는 이 전선 보고를 기초로 추가 증원을 요청했다.

이미 획득된 부대 외에 4개 사단과 해당 근무부대를 갖춘 1개 군을 지체 없이 증원해 줄 것을 요청했다. 그리고 이미 요구한 1개 해병연대전투단을 1개 사단으로 증가해 주도록 요청했다.

맥아더는 미군이 전선에 투입된 지 2일 만에 8개 사단의 투입을 구상하였다. 그의 휘하에 있는 일본의 제8군 외에 또 다른 1개 군의 증원을 요청한 것이다.

참고문헌 : 전쟁기념사업회 『한국전쟁사』 제4권 「맥아더의 증원 요청」 p2

미국 군사력 증강

당시 미국 형편으로는 맥아더가 요청한 4개 사단 증원은 불가능했다.

맥아더는 이미 획득한 부대 외에 4개 사단이라고 하였다. 여기서 이미 획득한 부대는 이미 전선에 투입된 미 제24, 제25의 2개 보병사단, 후방 상륙부대로 지정하여 승선을 대기 중인 제1기병 사단 그리고 미국 본토에서 출발할 제2보병 사단으로 보인다.

새로 4개 사단을 보내려면 일본에 남아 있는 제7보병사단을 마저 보낸다고 보아도 미국 본토에서 3개 사단을 보내야 한다.

미국 본토에 5개 사단이 있는데 이미 증원부대로 결정된 제2보병사단이 출발하면 4개 사단이 남는다. 그 중 1개 사단은 기갑사단으로 한국지형에는 부적합하여 보낼 수 없고, 나머지 3개 사단을 다 보내야 한다.

합동참모본부는 이를 협의하기 위하여 7월 13일 육군과 공군참모총장을 도쿄로 파견하여 맥아더의 견해를 들어보도록 하였다.

두 총장이 도쿄에서 맥아더와 회담하는 사이 합동참모본부는 오키나와에 있는 제29연대전투단과 하와이에 있는 제5연대전투단을 증원하기로 결정하였고, 추가적인 대규모 증원을 위해서 미국 군사력의 대대적인 확장 작업이 필요하다고 판단했다.

제2차 세계대전 후 미국은 전시동원체제에서 평시 체제로 전환하면서 전시동원 해제 계획을 수립하였다. 평화가 왔는데 군대는 필요가 없었다.

1945년 8월 14일(미국 시간) 종전 당시 미군 총 병력은 1,200만 명을 웃돌았다. 이 중에 750만 명이 해외에 주둔하고 있었다.

동원 해제 계획이 끝날 무렵인 1947년 6월 말 현재

총병력   1,583,000명으로
육군   991,000명(육군항공대 306,000명 포함-후에 공군)
해군   498,000명
해병대   93,000명을 보유하고 있었다.

군함, 비행기, 탱크는 모두 퇴역했고 병력은 주로 일본과 독일 등 점령지와 훈련 및 보안 임무 등 극히 제한된 분야에만 남겨 놓았다.

1950년 6월에는 계 146만여 명을 보유하고 있었다.(다음 표)

육군   593,167명,

해군   381,538명,

공군   411,277명,

해병대 74,279명

이와 함께 국방 예산도 종전 당시 총 군사비가 약 900억 불이었던 것이 1946년에는 485억 불로 반감되었고, 1947년에는 181억 불로 감액되었으며 이후 계속 감액 추세를 유지했다.주) 국방부 『한국전쟁사』 제3권 p42

이 무렵 미 육군 전투부대는 10개 사단, 11개 독립연대가 있었다.

일본에 제7, 제24, 제25, 제1기갑사단과 제29연대전투단(오키나와),

독일에 1개 사단과 3개 기갑연대, 2개 독립보병연대,

본토에 제2, 제3, 제82보병사단, 제2기갑사단, 제11공정사단과 제3기갑

제2차 세계대전 이후 미국 군사력 현황

(단위 : 명)

연 도	총 병력 수	육 군	해 군	공 군	해병대
1945년	12,123,455	8,267,958	3,380,817	육군에 포함	474,680
1946년	3,030,088	1,891,011	983,398	상 동	155,679
1947년	1,582,999	991,285	498,661	상 동	93,053
1948년	1,445,910	554,030	419,162	337,730	84,988
1949년	1,615,360	660,473	449,575	419,347	85,965
1950년	1,460,261	593,167	381,538	411,277	74,279
	1,458,100	596,000	379,600	408,000	74,500

자료 : 국방부 『6·25전쟁사』 1 p90 표. 1950년 아래는 다음 자료 ②

문헌에서 병력을 다르게 기술한 내용

시 기	자료 ①	자료 ②
1946년 6월	3,030,088명(앞 표 1946년)	420만 명
1946년 7월	1,582,999명(앞 표 1947년)	150만 명
1950년 6월	1,460,262명(앞 표 1950년)	1,458,100명
	1,461,352명(p91)	

자료 : ① 앞 자료문헌. ② 국방부 『한국전쟁사』 제3권 p42

연대,

하와이에 제5연대전투단,

카리브해 지역에 2개 보병 연대

가 각각 주둔하고 있었다.㈜

국방부 『6·25전쟁사』 1 p91

이 가운데 일본 주둔 4개 사단과 제29연대, 미국 본토 주둔 제2사단, 제11공정사단의 1개 공정연대, 하와이에 있는 제5연대전투단 그리고 2개 해병사단 중 제1해병사단이 한국으로 출전한 부대다.

본토에 있는 제3사단은 일본에 남기로 한 제7사단을 한국으로 투입하고 그 대신 일본으로 진출하였다.

미국은 이와 같은 상황에서 북한군의 남침을 맞이하자 제3차 세계대전의 유발 가능성까지 고려한 군비 동원을 서둘러야 했었다.

7월 13일 합동참모본부는 공군부가 제출한 공군예비병력 강제소집 긴급 동의안을 승인하여 국방부장관과 대통령의 재가를 받았고, 같은 날

현역병력 115,000명(육군 60,000명, 해군 29,000명, 공군 25,500명) 증원

을 건의하여 다음 날 국방부장관 승인을 받았다.주)

7월 18일 합동참모본부는 1952회계 연도 임시 예산에서 전쟁기념사업회 『한국전쟁사』 제4권 p5

육군 834,000명,

해군 718,000명(해병대 138,000명 포함),

공군 569,000명(62개 전투비행단, 16개 독립전투대대 및 20개 수송대대)

의 증강을 요청하여 다음 날 대통령 승인을 받았고, 국회에 병력 규모 제한을 폐지할 것을 요구하여 승인을 얻었다.주) 전쟁기념사업회 『한국전쟁사』 제3권 p256

7월 19일 트루먼 대통령은 이와 같은 증원 요청 내용과 함께 한국 문제에 관한 특별교서를 TV와 라디오 방송을 통하여 전국에 발표하였다. 그 핵심은 자유세계의 공동 방위를 강화하기 위하여 군사 원조를 강화하고 미국의 군사력을 증대할 것을 명시함과 동시에 북한군의 남침에 단호한 행동을 취하겠다는 것이었다.주) 전쟁기념사업회 『한국전쟁사』 제4권 p6

▍특별교서 요지

(1) 한국 사태에 대처하기 위하여 병력·기재·보급품을 가급적 조속히 맥아더 장군 휘하 군대에 보내고,

(2) 세계 사태는 한국에서 필요한 군사력 증강 이상으로 미국 군대의 규모 및 물질적 보급을 대폭 증가시키기를 요구하고 있다.

(3) 공동 방위에서 미국과 협력하고 있는 자유제국을 원조하여 그들의 군사력을 증대시켜야 하며,

(4) 병력 증대의 필요에 응하기 위하여 정부 예산상의 육·해·공군 병력 이상을 징집하는 것과 미국이 소요하는 병력 증가를 획득하는데 있어 필요한 범위로 선발, 징병하여 사용하기를 국방장관에게 허가하였다.

(5) 필요한 최대한도의 많은 주방위군과 육·해·공군 정비병 및 예비역을 현역에 소집하여 병력 증가를 해결하도록 국방장관에게 허가하고,

(6) 국방장관과 합동참모부의장에게 필요에 따라서 더욱 병력 증가를 할 수 있도록 병력의 필요 수요를 부단히 검토하기를 명령하였다.

트루먼 대통령의 특별교서 내용은 급속하게 실천에 옮겨졌다. 대규모인 동시에 고도로 조직화된 국가비상사태의 편성과 정비를 즉각 단행할 수 있도록 사전 준비를 하게 한 것이다.

첫째 단계는 한국 사태 종결을 목적으로 하는 비상사태이고,

둘째 단계는 소련의 태도 여하에 따라 제3차 세계대전이 발생할 수도 있는 초비상 사태에 대비할 국가총동원태세의 확립이다.

첫째 단계 조치로 트루먼 대통령은 병력 동원을 위한 징집 명령과 부분적인 산업 동원령을 내렸다.

7월 20일 최대한 주방위군 및 육·해·공군의 동원을 위하여 예비역 소집령을 내렸고, 19세 이상 25세까지의 장정 975만 명에 대하여 등록을 실시하였으며, 현역 병력을 200만 명까지 확대할 계획을 세웠다.

7월 31일 트루먼 대통령은 2개 해병사단을 완전 편성하는 것과 2개 해병 예비항공대대 소집을 승인하였고, 같은 날 합동참모본부는 콜린스 장군의 건의에 따라 9월 1일경 주방위군 4개 사단과 2개 연대전투단을 소집할 것을 요청하여 8월 10일 존슨 국방부장관의 승인을 받았다.

이와 함께 군사비도 연간 130억 불 수준까지 삭감되었던 것을 350억 불

선까지 증액하였고, 1951회계연도에는 추가군사비 105여억 불을 의회에 요청하여 승인을 받았으며, 또 병력의 법적 제한을 철회하도록 의회에 요청하여 승인받음으로써 한국 사태가 악화될 경우 별도로 예비역과 국방군 250만 명을 동원할 수 있는 권한을 가지게 되었다.^{주)}　국방부 『한국전쟁사』 제3권 p43

　산업 동원 계획은 정부관리 하에 있는 3개 합성고무공장을 군수품 생산공장으로 전환하고, 민간선박회사에 대하여 7, 8월 중 소유 선박수를 정부에 보고하도록 하였으며, 민간항공회사에 대하여는 병력과 무기 그리고 군수품 수송 계약을 정부와 체결하도록 하였다.^{주)}　국방부 『한국전쟁사』 제3권 p44

　미국은 낙동강 방어선이 형성될 시기에 군비 증강을 서둘러 미 증원군을 신속하게 한국전에 투입할 수 있게 하였고, 막대한 군수 물자가 부산항에 양륙되어 반격 작전을 성공할 수 있게 하는 요인을 마련하였다.

　한국전쟁이 일어난 지 2개월이 지난 8월말 현재 미국 인가 병력은

　육군 1,061,000명, 해군은 589,040명, 공군은 579,268명

으로 늘어났다.^{주)}　　　　　　　　　전쟁기념사업회 『한국전쟁사』 제4권 p6

워싱턴 증원 결정

　7월 13일 도쿄에 도착한 육군참모총장 콜린스 대장과 공군참모총장 반덴버그 대장은 극동군총사령부를 방문하고 맥아더 원수에게 UN기를 전달하였다. 그리고 맥아더 원수의 견해를 들었다.

　맥아더 사령관은 두 합참요원에게 다음과 같이 견해를 밝혔다.

　첫째, 북한군은 일본군의 침투 전술과 소련군의 전차 운용 전술을 잘 배합해서 운용하고 있고, 특히 야간 전투에 강한 군대다.

　둘째, 전선이 궁극적으로 안정될 것이나 이는 자신의 예하 병력만으로는

불가능하며, 미 본토에서 신속하고 과감한 증원이 필요하다. 그 규모는 완전 편성된 5개 사단 및 포병과 지원부대로 증강된 3개 전차대대다.

셋째, 좀더 중요하다고 생각되는 지역에서 일어날지도 모르는 화재를 대비하여 덜 중요하다고 판단되는 지역에서 타고 있는 불을 끄지 않고 소방장비를 아껴두고 있다가 불이 크게 번져버리는 경우에는 아무리 많은 장비를 투입해도 그때는 이미 때가 늦다. 미국은 한국 전선에서 이기든지 아니면 모든 지역에서 지든지 하는 선택의 기로에 있다.

넷째, 전선이 안정되는 대로 반격 작전을 개시하여 적을 수원에서 고착시키고, 한강 북쪽에서 배후를 쳐서 적의 병참선을 차단할 것이다.

다섯째, 한국전의 목표는 북한 침공군을 분쇄하고 한반도를 평정하는데 있다.주)

전쟁기념사업회 『한국전쟁사』 제3권 p218

콜린스와 반덴버그 장군은 반격 작전 시기와 38°선 회복 및 유지에 필요한 부대 규모가 얼마인지 물었다.

맥아더 원수는 반격 작전 시기에 대하여는 언급을 회피했고, 부대 규모에 대하여는 이미 투입된 3개 사단으로 전선을 안정시키고, 미국에서 오는 증원부대를 상륙 반격작전에 운용하기를 희망한다고 대답했다.

맥아더 원수는 두 참모총장에게 상륙작전계획을 소상히 설명하고 지원을 요청했다. 맥아더는 이미 인천상륙작전을 구상하고 있었다.

맥아더 원수는 한국을 회복하고 방어하기 위한 병력 투입 규모는 총 8개 사단으로 제8군 외에 또 하나의 군사령부를 추가하는 것이었다.

7월 13일 현재 한국전에는 2개 사단만이 참전하였다. 맥아더는 이 2개 사단으로 북한군을 수원에서 저지하고 미 제1기병사단을 적 배후로 상륙시켜 섬멸할 것을 구상하고 있었다. 그런데 7월 5일 미 제24사단 선발대로 출진한 스미스대대가 오산 전투에서 여지없이 패퇴하여 지리멸렬하고 말

왔다. 당면한 전선이 위협을 받게 되자 7월 22일 인천에 상륙시키기로 하고 승선 중이던 미 제1기병사단을 18일 포항으로 상륙케 하여 20일 영동전선에 투입했다. 블루하트 계획은 10일 취소했다.

10일에 블루하트 계획을 취소한 것으로 보면 이때는 이미 미 제1기병사단을 인천 아닌 영동전선에 투입하기로 결정한 때였으므로 미 제1기병사단을 현 전선에 투입한 3개 사단의 하나로 본 것 같다.

도쿄에서 맥아더와 회담을 가진 두 총장은 14일, 전날 대구에 설치한 미 제8군사령부를 방문하여 워커(Walton H. Walker) 사령관과 딘 소장 그리고 한국 육해공군총사령관 정일권 소장 등과 회담하고 그들의 견해를 들었다.

워커 장군은 이 자리에서 전투부대의 추가 지원을 요청하면서

"낙동강선으로 전환하여 교두보를 편성할 수 있다."

고 설명하였다.

도쿄로 돌아온 두 장군은 다시 맥아더와 최종 협의를 가졌는데 이 자리에서 콜린스 장군은 병력 부족을 고려하여 작전 규모를 확대하지 말고 가용부대 내에서 작전을 계획하도록 권유하였고, 맥아더 원수는 이에 부합하도록 작전을 조정하기로 동의하였다.

콜린스 장군이 밝힌 가용부대는 극동군에 소속된 4개 사단 외에

미 본토에서 증원되는 제2보병사단(워싱턴 Fortlews기지)
　　　　　　　　　　제1해병사단(캘리포니아 pendleton기지)
　　　　　　　　　　제11공수사단 1개 연대(캘리포니아 Stoneman기지)
하와이에서 증원되는 제5연대전투단*과
오키나와 있는 　　　제29연대였다.주)　　전쟁기념사업회 『한국전쟁사』 제4권 p7

---

* 국방부 『한국전쟁사』 개정판 제2권(p132)은 하와이에서 증원되는 연대를 제4전투단으로 기술하였고, 같은 p133, 같은 『6·25전쟁사』 [1] p91, 전쟁기념사업회 『한국전

> 『쟁사』 제4권 p5, 7 등 대부분의 문헌이 제5연대전투단으로 기술하였다.

　콜린스와 반덴버그 두 장군은 14일 워싱턴으로 귀임하여 신속한 증원을 주장하였으나 일반 예비대의 재조정과 미국의 범세계적 공약 평가에 관한 문제로 결정이 지연되었다.

　7월 19일 맥아더 원수는 합동참모본부와 협의 과정에서 다시 한 번 제1해병사단 파병을 강조하면서 이번에는 한걸음 더 나아가 사단 지원 항공대와 함께 9월 10일까지는 도착해야 한다는 조건을 달았다.

　셔먼 해군참모총장은 11월 이전까지는 증원이 불가능하다고 말했다.

　7월 13일 콜린스 대장이 도쿄에 왔을 때 아몬드 소장은 해병 2개 사단을 거느리는 1개 군단이 필요하다고 주장하여 맥아더 원수의 입장을 뒷받침했다. 콜린스 장군은 처음에는 난색을 표했다가 도쿄를 떠나기 앞서 맥아더에게 어떻게든지 해병 1개 사단을 만들어 보낼 수 있을 것 같다는 언질을 남겼다. 그래서 제1해병사단을 앞에 말한 가용할 수 있는 부대로 제시한 것 같다.

　그러나 맥아더의 사정은 9월 15일 인천상륙작전에 투입하기 위하여 9월 10일까지 1개 해병사단의 증원이 불가피했다. 결국 수차례에 걸쳐 논의를 한 후 셔먼 제독은 제1해병사단을 완전 편성하여 인천상륙작전 전까지 증원하기로 하였고 7월 25일 합동참모본부는 제1해병사단 완전편성을 지시하였다. 이와 함께 6일 후에는 대통령의 재가를 받아 제2해병사단을 완전편성케 하여 총 2개 해병사단을 가지게 되었다.

▶ 제10장 인천상륙작전, 제1절 「2. 상륙군 편성」 참조

　중공의 움직임을 파악하기 위하여 트루먼 대통령은 해리먼(W. Averell Harriman) 특사를 맥아더 사령부에 파견했고, 여기에 육군 작전 및 행정참

모부장 리지웨이 중장과 공군 참모차장대리 노스터드(Northtard) 중장이 동행했다.

이들은 8월 6일 도쿄에 도착하여 맥아더 원수와 의견을 교환했다.

리지웨이, 노스터드 두 장군이 워싱턴으로 돌아오자 증원 문제가 급속히 논의되었다.

콜린스 장군은 한국전쟁을 위하여 최대한 7개 사단이 가용될 것이고, 적의 증강이 계속되면 추가로 4개 사단이 소요될 것으로 판단했다.

이미 가용 사단을 6개 사단(극동군 4개 사단, 미 본토에서 증원되는 제2사단과 제1해병사단)으로 결정한 단계에서 추가로 투입이 가능한 제7의 사단은 제3보병사단 뿐이었다. 당시 미국에 잔류한 사단은 제2기갑사단, 제11공정사단, 제82보병사단과 제3보병사단이 있었다. 제2기갑사단은 한국 지형에 맞지 않아 적합하지 않고, 제11공정사단*은 준비가 불충분했으며, 제82보병사단은 파견이 불가했다.주)

전쟁기념사업회 『한국전쟁사』 제4권 p7

* 국방부 『6·25전쟁사』 [1] p91는 제82보병사단을 제2공수사단으로 기술

그러나 제3보병사단은 각 사단의 부족한 병력을 충원해 주는 보충대 역할을 한 때문에 전투준비태세가 갖추어져 있지 않았다. 그래서 맥아더 원수는 제3사단을 일본 점령군으로 운용하고 일본에 있는 제7보병사단을 한국전에 투입할 것을 제의했다.

합동참모본부는 우선 푸에르토리코에 주둔하고 있는 제65연대를 제3사단의 일부로 극동에 파견하기로 하고 병력 부족을 보충하기 위하여 파나마 주둔 제33연대의 1개 대대를 배속하였다. 제65연대 자리에는 연방 근무로 소집된 푸에르토리코 주방위군으로 대체하기로 하였다.

해병대 증원을 위하여 간부는 대서양함대(제2해병사단)에서 차출하고 그

자리는 예비대로 보충하며, 병사는 지중해에 있는 대서양 함대 1개 대대를 직접 극동으로 이동하도록 하였다. 이 대대는 제1해병사단을 완전 편성할 때 제7해병연대에 예속되었다.

다른 한편으로 대서양의 전력 감소 위험을 무릅쓰고 항공모함 레이테(Leyte)호와 전함 미주리(Missouri)호에 임시 임무를 부여하여 극동에 파견하기로 결정하였다.

이렇게 8월 10일까지 증원이 결정되었고, 이들 부대는 1950년 중 한국전에 파견된 최종 부대들이다.

결국 맥아더 원수는 1950년 중에 극동 지역 외로부터 3개 사단(제2, 제3보병사단과 제1해병사단)과 2개 연대(하와이에 있는 제5연대전투단, 제11공수사단 1개 연대)를 증원받았고, 자기 휘하의 4개 사단과 1개 연대(오키나와의 제29연대)를 합쳐 총 7개 사단 3개 연대의 전투력을 가지고 반격 작전을 성공적으로 수행했다. 그 후 중공군 개입으로 1개 사단 규모를 더 지원받은 것을 합하면 총 8개 사단(+3개 연대)이 되어 맥아더 원수가 처음에 제기한 부대 소요 전망은 거의 적중한 것으로 판단되었다.

한편 9월 동원된 4개 주 방위사단은 다음 해에 가서야 가용하게 되었으므로 전쟁 첫 해에는 아무런 기여를 하지 못하였다.

2. UN군총사령부

7월 7일 UN안전보장이사회 결의

7월 7일 UN안전보장이사회는

'한국을 지원하는 미국을 포함한 모든 UN 회원국 군대의 법적 지위와

한국에서의 UN 목적을 규정한 새로운 결의안'
을 통과시켰다. 이 결의안 표결에 소련은 불참했고, 이집트, 인도, 유고슬라비아가 기권했다.

이 결의는 한국에 대한 모든 경제적·군사적 지원을 하고, 그 지원은 미합중국 주도 하의 통합사령부(A Unified Command)가 관장하도록 건의하였다.

UN안전보장이사회는 한국에서의 연합군 작전에 관한 지휘체계에서 미국을 UN의 임무 대행국으로 위촉했고, 트루먼 대통령은 미국 합동참모본부(U. S. Joint Chiefs of Staff-JCS)를 그 임무 수행 기관으로 지명함으로써 UN군총사령관은 미국 합동참모본부의 작전통제를 받게 되었다.

▶ 제8권 「UN통합군사령부 설치에 대한 결의안」 참조

이 결의에 따라 미국은 도쿄 미 극동군총사령부를 UN군총사령부로 지명했고 트루먼 대통령은 8일 맥아더 원수를 UN군총사령관에 임명했다.

UN군총사령부로 지정된 미 극동군총사령부는 종전 후 일본을 점령한 연합국최고사령부(SCAP : the Supreme Commander of the Allied Powers)*를 기간으로 창설되었으며, 연합국최고사령관, 미 극동군총사령관, 극동미육군사령관의 직함을 가지고 있는 맥아더가 UN군총사령관에 임명됨으로써 4개 직함을 동시에 가지게 되었다.주)

전쟁기념사업회 「한국전쟁사」 제3권 p145

* 연합국최고사령부는 제2차 세계대전 종전과 동시에 창설되었고, 맥아더가 최고사령관에 임명되어 8월 30일 일본에 진주하였다. 점령군 최고사령관으로서 일본을 통치하다가 1951년 샌프란시스코 강화조약을 체결하여 군정을 종식하고 일본이 독립함으로써, 연합국최고사령부는 해체되었다.

UN사무총장 리는 UN안전보장이사회가 통합군사령부 설치를 결의하자 같은 날 UN주재 미국대사 오스틴에게 UN기를 수교했고, 이 UN기는 7월 13일 극동군총사령부를 방문하는 미 육군참모총장 콜린스 대장을 통하여

맥아더 원수에게 전달되었다.

한국전에 참가하게 되는 모든 UN회원국 군대는 통합군을 형성하여 UN군총사령관의 지휘하에 들어갔다.

맥아더 원수는 7월 24일 도쿄에서 UN군총사령부를 공식으로 설립하고 극동군총사령부의 참모진들을 UN군총사령부 참모에 겸임시켰다.

UN군총사령부

UN안전보장이사회가 결의한 사령부는 '통합군사령부' 이다.

UN회원국 군대로 구성되었으므로 UN군총사령부라고 한다.

UN(the United Nations)은 제2차 세계대전이 끝난 후 1945년 10월 24일에 창설한 국제기구이다. 그 전신으로 국제연맹(the League of Nations)이 있었다. 이는 제1차 세계대전이 끝난 후인 1920년 1월 10일 창설되었다. 제2차

콜린스 미 육군참모총장(UN기를 잡은 왼쪽)이 UN군총사령관 맥아더 원수에게 UN기를 전달한다.

세계대전을 겪은 세계 열강은 국제연맹으로는 세계 평화를 유지하는데 미흡하다고 보고 대체하여 UN을 창설하였다.

UN을 우리말로 번역하면 국제연합(國際聯合)이고 줄여서 국련(國聯)이다.

UN군총사령관은 국제연합군총사령관으로 번역된다.

UN군총사령부 영문표기

UN군총사령부 : the General Headquarters of the United Nations Forces

UN군총사령관 : Commander-in-chief of the United Nations Forces

미 극동군총사령부

UN군총사령부로 지명된 미 극동군총사령부에 대하여 살펴본다.

미국 정부는 1947년 국가보안법(National Security Act)을 제정하여 새로운 정부기구로 국방부와 합동참모본부 그리고 공군부를 설치하였고, 이와 함께 도쿄에 있는 맥아더사령부 휘하의 부대들과 해군 및 공군지원부대를 기간으로 극동군총사령부(The General Headquarters of Far East Command)를 창설하여 맥아더 원수를 극동군총사령관에 임명(1946년 12월 16일부)하였다.

미 극동군은 한국~일본~유규열도~필리핀~마리아나 군도에 진주하고 있어 그 전술지역은 서태평양 지역을 모두 포괄하고 있었다.

극동군총사령관의 책임과 권한은 합동참모본부 훈령에 의하여 결정지어졌는데 대체로 세 가지의 일반적인 임무가 부여되어 있었다.

첫째, 점령 정책 완수

둘째, 지역 내에서 미 정책에 대한 지원

셋째, 유사시에 대비하는 준비

이와 같은 임무는 1948년 이후 소련을 가상 적국으로 하는 전면전에 대처하기 위하여 동수서공(東守西攻) 정책을 채택하면서 한국이 극동 방위권에서 제외되어 그 관할에서 벗어났고, 그 임무도 변경되었다.

(1) 일본 및 유구열도 보호

(2) 관할지역 내에서 해양 및 항공보급로 보호

(3) 대만 보호

(4) 태평양지구사령부와 알라스카사령부, 전략공군사령부 지원

(5) 필리핀 방어 작전 지원

(6) 주한 미국인의 안전 보호를 위한 제반 지원 조치 강구

극동군총사령부는 참모장(아몬드 소장)
　　　　　　　　　부참모장(Doyle O. Hickey 소장)
　　　　　　　　　일반참모 4명, 특별참모 20명을 두고
극동의 육·해·공군을 지휘하였다.

극동육군

미 극동육군은 극동군총사령부가 육군 요원으로만 구성되어 있었으므로 해군, 공군과는 달리 따로 육군사령부를 두지 아니하고 맥아더 원수가 직접 극동육군사령관을 겸임하였고, 따라서 극동군총사령부 참모부가 극동육군사령부의 참모 기능을 겸임하였다.

극동육군의 주력은 제8군(사령관 워커 중장)

유구사령부(사령관 Joseph R. Sbeetz 소장)

마리아나지역사령부(사령관 Robert S. Beightler 소장)와 그 지원 부대다.

총 병력은

1947년 1월 현재 300,000명에 이르렀던 것이

1948년 1월에는 142,000명으로 줄었고,

1949년 1월에는 120,000명으로 줄었으며,

1950년 6월에는 108,500명에 불과했다.

맥아더 원수는

"휘하 병력을 강화시키지 않는다면 극동에서 미국은 돌이킬 수 없는 손실을 가져올 것이다."

라고 경고했으나 워싱턴은 듣지 않았다.

제8군은 편제 병력이 87,215명이었는데 실 병력은 45,561명에 불과하였고, 그나마 전투 병력은 26,491명뿐이었다.

미 육군은 예산 제한과 신병 모집의 어려움 때문에 보유 중인 10개 사단 병력과 장비 수준을 편제의 100%를 유지할 수 없어서 이를 줄이거나 어떤 부대를 통폐합하여야만 했다.

제8군의 경우 보병 사단은 전차대대를 전차중대로 감축하였고, 대공포대대는 1개 포대로 대신하였으며, 보병연대의 경우 전차중대와 1개 보병대대를, 포병대대는 1개 포대를 각각 감축하여 운영하였다.

맥아더 원수는 극동에 배비된 4개 사단을 유지하기 위하여 사령부요원과 특수부대를 줄였고 중간 지휘 조직인 군단을 폐지하였으며 지원부대의 공백을 매우기 위하여 일본인 150,000명을 고용하였다.

1950년 6월 맥아더 원수는 극동에 당면한 임무를 완수하기 위하여 최소한 완전 편성된 5개 보병사단과 23개 대공포대대, 1개 독립전투단이 필요하다고 건의하였다. 그럼에도 불구하고 극동에 배치된 육군 총세는 일본에 주둔하고 있는 감소된 편제의 4개 사단과 7개 대공포대대 그리고 오키나와에 있는 1개 보병연대와 2개 대공포대대에 불과하였다.

육군 주력은 칸토(關東) 지구에 배치된 제1기병사단

북부 및 혹카이도(北海道)에 있는 제7보병사단

규슈(九州)에 주둔하고 있는 제24보병사단

중부에 있는 제25보병사단

오키나와에 있는 제29연대와 제9대공포여단이었다.

제8군은 인가된 평시 편제의 93% 수준의 병력을 유지하고 있었으나 전시편성 기준 사단병력 18,900명에 비하면 7,000명이 부족하였다.

장비에 있어서는 소총 1,500정과 90mm대전차포 100문이 비어 있었고, 부대 편성에서는 1개 사단당 3개 보병대대, 6개 전차중대, 3개 105mm포대와 3개 대공포대가 감소되어 종합 전력에서 전시보병화력의 62%, 대공화력의 69%, 전차의 74% 수준을 유지하고 있었다.

▎극동해군사령부

사령관은 조이(Charles T. Joy) 중장이다.

극동해군사령부는 상륙작전부대(James H. Doyle 소장)와

지원부대(John M. Higgins 소장)로 편성되어 있고,

상륙작전부대에는 AGC-1척, APA-1척, AKA-1척, LST-1척, ATF-1척,

지원부대에는 순양함 1척(CL), 구축함(DD) 4척, AM 6척

을 각각 보유하고 있었다.

해군 전력은 전쟁을 전혀 고려하지 않은 상태에서 다만 일본 재건을 지원하는데 필요한 최소한의 전력이었다.

극동해군의 주요 업무는 다음과 같았다.

(1) 일본 근해의 소해 작업과 일본 선박 및 조선 사업 감독

(2) 요코스카(橫須賀)와 사세보(佐世保) 해군경비부 유지

(3) 한국과 일본 간 밀수 방지를 위한 대마도해협 경비

(4) 북해도 근해의 주기적인 경비

(5) 일본 항구 친선 방문

(6) 중공 해적에 의한 밀수 방지를 위하여 류큐(琉球) 열도 연안 경비

극동해군과는 별개로 태평양 지역에는 제7함대(사령관 스트러블 중장)가 배치되어 있고, 극동해군과는 워싱턴의 명령에 따라 상호지원과 협동작전이 가능하다.

항공모함(CV) 1척, 중순양함(CA) 1척, 구축함(DD) 8척을 보유하여 태평양 연안에서 함정 세력을 시위하는 것이 주된 임무이다.

함정들은 우수하였고, 특히 항공모함 포지(Valley Forge)는 잘 훈련된 Jet 항공요원으로 구성된 제5항공전대를 가지고 있는 1급 항공모함이다.

1950년 6월 당시 이들 함선은 홍콩과 필리핀 해역에 흩어져 있었고, 사령관 스트러블 중장은 개인 용무로 워싱턴에 가 있었다.

극동공군사령부

극동공군사령부는 제2차 세계대전 중인 1944년 6월 15일 오스트레일리아에서 창설되었고, 종전 후 1945년 9월에 사령부를 도쿄로 옮겼다.

사령관은 스트래트메이어 중장이다.

예하에 제5공군(사령관 파트리지 소장)

　　　　제13공군(사령관 Howard H. Turner 소장)

　　　　제20공군(사령관 Alvan L. Kincaid 소장)

　　　　군수사령부(사령관 John D. Doyle 준장)가 있다.

제5공군은 극동공군의 주력부대이다.

일본 나고야에 사령부를 두고 일본 본토 방위 임무를 수행하고 있다.

예하에 6개 전폭대대, 5개 유격대대, 2개 폭격대대, 2개 공수대대를 보유하고 있다.

제13공군은 필리핀 루손도 클라크(Clark)기지에 사령부를 두고 필리핀방어 임무를 맡고 있으며, 4개 폭격대대와 3개 전폭대대를 가지고 있다.

제20공군은 오키나와 가대나(Kadena-嘉手納)기지에 사령부를 두고 오키나와 및 마리아나 지역 방위 임무를 맡고 있다. 예하에 3개 전폭대대와 1개 공수대대를 보유하고 있다.

군수사령부는 다치가와(Tachikawa-立川)에 위치하여 후방지원업무를 수행했다.

1950년 5월 말 현재 극동공군이 보유한 항공기는 총 1,172대이다.

폭격기 100대(B-29 27대, B-26 73대)

전투기 593대(F-51 47대, F-80 504대, F-82 42대)

각종 수송기 179대, 정찰기 48대, 기타 항공기 252대

병력은 평시 편제의 90% 수준인 33,625명을 보유하고 있었다.

병력은 훈련과 경험 부족으로 정예도(精銳度)는 낮았고, 항법사와 폭격수 및 사격수 등 전문 요원이 부족하였다.

이상이 맥아더 사령관이 지휘할 수 있는 전투력이다. 그러나 이는 어디까지나 일본의 안전을 주 임무로 한 것이기 때문에 이들 전투력을 한국전에 투입하기 위해서는 미 합동참모본부의 승인을 받아야 한다.

참고문헌 : 국방부 『한국전쟁사』 개정판 제1권 제7장 「1. 미군의 극동배치」

미 합동참모본부

합동참모본부는 미국 대통령의 최고군사자문기관이다. 미국은 1941년 12월 7일(현지 시각) 일본이 진주만을 공격함으로써 제2차 세계대전에 발을 들여 놓게 되자 영국과 더불어 원활한 전쟁 수행을 위하여 연합참모본부(Combined Chiefs of Staff)를 구성하였고, 미국은 군사대표기관으로 육군과

해군의 참모총장을 멤버로 하는 합동참모본부(Joint Chiefs of Staff)를 구성하여 여기에 참가하였다.

한국전쟁 시에는 공군참모총장(1947년 공군부 설치)을 구성원으로 추가하고 대통령이 임명하는 합동참모회의 의장이 합동참모본부를 대변하였다.

합동참모본부는 국가안전보장회의(대통령, 부통령, 국무, 국방, 재무 등 장관으로 구성)를 통하거나 직접 대통령 자문에 응하여 군사 작전 전략의 수립과 수행에 중요한 역할을 담당한다.

합동참모본부는 6·25전쟁 전 한국에 주둔한 미군을 철수하는데 주요한 판단을 내렸다. 당시 한국 주둔 군사령관 하지 중장의 정치보좌관 제이콥스(Joseph E. Jacobs)는 한반도가 미국의 세계 전략 구상에 가치가 있다면 좀 더 적극적인 정책을 펴고 그렇지 않으면 아예 손을 떼는 것이 낫다는 최후 통첩 형식의 정책 요구서를 워싱턴에 보냈다.

트루먼 대통령은 국방부장관에게 검토하도록 명령을 내렸고, 국방부장관은 합동참모본부에 미국의 세계 전략적 차원에서 어느 곳에서 주둔 병력을 철수시킬 수 있는가를 평가하도록 지시하였다.

합동참모본부는 한국에서 미군 철수를 건의하는 보고서를 제출했다.

첫째, 극동에서 전쟁이 일어날 경우 현재 한국에 주둔하고 있는 미군은 현저한 증원이 없이는 오히려 군사적인 부담이 되고 전쟁이 있을 경우에도 한국은 우회하게 될 것이다.

둘째, 한국에서 적이 해·공 기지를 설치할 경우에는 만주, 황해, 동해 등의 보급선에 위협이 될 것이나 이러한 적대 행위는 대규모의 지상 작전보다 공중 작전으로 무효화시키는 것이 보다 현실적이고 비용이 덜 드는 작전이 된다.

셋째, 소련이 한국에, 일본을 공격할 정도의 군사력을 주둔시키지 않는 한 한국에 있는 미군 45,000명을 철수시켜 다른 곳에서 운용하는 것이 훨씬 합당하다고 판단된다.

마지막으로 미군을 한국에 주둔시키는 것이 미국 안보에 항구적인 보탬 없이 비용만 많이 든다.주)
전쟁기념사업회 『한국전쟁사』 제3권 p148

합동참모본부는 당시 미군 병력 규모로 봐서 한국에 미군이 주둔하는 것은 미국 안보에 도움이 안 되고 한반도의 전략적 가치도 그만큼 없다는 것이 기본 입장이었다.

이렇게 한국과는 부정적인 인연으로 관계를 맺었던 합동참모본부가 UN이 한국전쟁을 수행하면서 그 임무 수행 기관으로 지명을 받아 한국전쟁에서 UN군의 작전을 지휘하는 긍정적인 관계로 변신했다.

합동참모본부가 가장 먼저 풀어야 할 과제는 한국전쟁을 치르는데 있어서 미국의 군사력을 얼마만큼 투입해야 할 것인가? 하는 것이었다. 합동참모본부는 미국이 제한된 군사력을 가지고 세계 각지에서 벌어질 수 있는 각종 우발 사태에 대비해야 하는 어려운 형편 때문에 가능하면 맥아더 사령관이 지휘하는 극동군만으로 진정되기를 바라고 있었다.

워싱턴의 군 수뇌(합동참모회의 멤버). 왼쪽부터 공군참모총장 반덴버그 대장, 합참의장 브래들리 원수, 육군참모총장 콜린스 대장, 해군참모총장 셔먼 제독

그러나 전선 사태와 맥아더 원수의 요구는 좀더 신속하고 과감한 증원 병력의 투입을 요구하고 있었다.

합동참모본부가 풀어야 할 다음 과제는 만약 제한된 병력만을 증원하여 북한 공산군을 38선 이북으로 몰아낼 수 있을 것인가? 하는 문제와 만약에 한국에서 미군을 비롯한 UN군 철수가 불가피하게 강요되었을 경우 미국 봉쇄 전략의 실효성은 어떻게 되겠는가? 하는 것이었다.

마지막으로 합참본부가 풀어야 할 과제는 한국 사태가 다른 지역 특히 유럽에서의 사태 전개와 어떠한 연관이 있는가, 없는가 하는 것이다.

트루먼 대통령은 이러한 문제에 대하여 현지사령관의 견해를 듣고자 콜린스 육군참모총장과 반덴버그 공군참모총장을 도쿄로 파견했었다.

미 제8군사령부

맥아더 사령관은 자신이 UN군총군사령관에 임명된 날 일본에 있는 제8군사령관 워커 중장을 주한 미 제8군사령관으로 임명하고, 한국에서의 작전을 지휘하게 했다.

7월 8일 워커는 자신의 작전참모부장 콜리어(William A. Collier) 대령에게

"즉시 한국으로 가서 딘 소장과 상의하여 미 제8군사령부의 위치를 선정하라."

고 지시하고 자신도 콜리어 대령과 함께 비행기로 대전에 갔다. 그는 제24사단장 딘 장군을 만나 전선을 시찰하고 자신이 미군을 지휘하게 되었다는 사실을 알리면서 일본에 있는 제8군 산하 4개 사단 전 병력이 증원군으로 한국에 오게 될 것이라고 알렸다.

콜리어 대령은 대전에서 미 제24사단장 딘 소장과 전방지휘소를 지휘하고 있는 처치 준장을 만나 협의한 결과 워커 장군이 희망하는 대전은 이미

적이 금강선에 육박하여 위협받고 있었으므로 부적당하다고 판단하고 대구에 미 제8군사령부를 설치하기로 하였다. 그리고 곧 도쿄에 있는 미 제8군사령부 참모부장 랜드럼(Eugene M. Landrum) 대령에게 전화를 걸어 미 제8군 지휘부를 대구로 옮기도록 하고 다음 날인 9일 13시에 사령부를 대구에 개설하기로 하였다.

그러나 당시 딘 소장이 주한 미군사령관의 자격으로 미 제25사단장 킨(William B. Kean) 소장에게 부대 이동과 운용 방안에 대하여 지시하는 등 권한을 행사하고 있었으므로 군사령부의 기능을 행사할 수 없었다. 미 제25사단은 제27연대가 7월 10일 부산에 상륙한 것을 비롯하여 12일 제23연대가 그리고 12일부터 15일까지 사이에 제35연대가 각각 부산에 상륙하여 전선에 배치되었다.

7월 12일, 전황이 급전하여 금강선 방어에 들어가면서 미 제25사단 주력이 전선으로 전진하기에 이르자 맥아더 원수는 워커 장군에게

"13일 00시 01분에 작전권을 인수하여 통합작전을 수행하라."

는 명령을 내렸다. 이로써 미 제8군사령관 워커 중장은 이미 한국전에 참전한 2개 사단을 비롯하여 앞으로 한국전에 참전하는 UN지상군부대를 통합 지휘하는 주한 UN지상군사령관을 겸하게 되었다.

그동안 주한미군 사령관으로 있던 딘 소장은 미 제24사단장 직무만을 수행하게 되었고, 부사령관으로서 전방지휘소를 지휘하던 처치 준장은 통신 및 정보 요원을 제외한 나머지 전방지휘소요원들을 인솔하고 도쿄의 극동군총사령부로 돌아갔다.

미 제8군사령부는 7월 14일 대구사범학교에 설치했다. 이와 함께 한국 육군본부도 13일 오후 대전에서 대구로 이동하여 14일 중앙국민학교에 자리를 잡고 미 제8군과 통합 작전에 들어갔다.

미 제8군사령관 워커 중장

또 이날부터 국군에 대한 작전지휘권이 UN군총사령관에게 실질적으로 이관되었으므로 맥아더 사령관은 워커 미 제8군사령관에게 국군에 대한 작전지휘권을 행사하도록 지시했다.

이날 현재 워커 장군이 지휘할 병력은 전투력이 반감된 미 제24사단과 새로 도착한 미 제25사단 그리고 개린(Crumph Garrin) 준장이 지휘하는 부산 군수기지사령부를 포함하여 미 지상군 18,000명과 국군 58,000명 도합 76,000명 수준이었다.

미 제8군은 제2차 세계대전 중인 1944년 7월 10일 미 본토에서 창설하여 태평양전쟁에 참가하였다. 당시 사령관 로버트 L. 에이첼버거 중장 지휘하에 태평양 제도에서 60회 이상 공격 작전을 수행하여 수륙양용 8군이라는 별명을 얻었다. 종전 후 일본에 진주하였고, 1946년 1월부터 전 일본을 관장했다.

참고문헌 : 국방부 「한국전쟁사」 개정판 제2권 「UN군사령부 설치와 그 활동개시」(p127)

3. 작전지휘권 이양

작전지휘권 이양에 관한 이승만 대통령 서한

UN군총사령부가 설치되고 한국을 지원하기 위하여 UN회원국에서 파병하는 군대를 UN군총사령부가 지휘하게 됨에 따라 국군도 UN군총사령부가 통합지휘하여 작전의 효율성을 높일 필요가 있다고 보고 국군에 대한 작전지휘권을 UN군총사령관에게 이양하여 14일부터 맥아더 UN군총사령관이 국군을 지휘하게 되었다.

이승만 대통령은 맥아더 UN군총사령관에게 보내는 국군의 작전지휘권 이양에 관한 문서에 14일 서명하고 15일 전달했다. 맥아더 사령관은 이 대통령 서한에 대하여 18일 수락의 뜻을 밝히는 회신을 했다.

7월 14일 작전지휘권 이양에 관한 문서에 이 대통령이 서명을 하는 것과 동시에 정일권 육군총참모장은 대한민국 육해공군총사령관 명의로

"우리 국군은 대통령의 서명에 의하여 7월 14일 UN군의 구성 일원으로 UN군총사령관 지휘하에 들어가 확고부동한 작전을 추진하게 되었다. 그리하여 UN군총사령관의 지시로 본관 이하 군의 주요부대가 작전행동을 하고자 대구로 이동하게 된 것이다. 일선 부대나 지휘 계통에는 추호의 변동도 없는 것이다." 주)

국방부 『한국전쟁사』 개정판 제2권 p133, 134

라는 내용의 담화를 발표하였다.

이승만 대통령이 맥아더 장군에게 보낸 공한(1950. 7. 15)

대한민국을 위한 UN의 공동군사노력에 있어 한국내 또는 한국 근해에서 작전 중인 UN의 육·해·공군 모든 부대는 귀하의 통솔하에 있으며 또한 귀하는 그 최고사령관으로 임명되어 있음에 감하여 본인은 현 작전상태가 계속되는 동

안 일절의 지휘권을 이양하게 된 것을 기쁘게 여기는 바이며 여사(如斯)한 지휘권을 귀하가 직접 행사하거나 귀하가 한국내 또는 한국 근해에서 작전하도록 임명한 기타 지휘관으로 하여금 대행케 할 수도 있습니다.

한국군은 귀하의 휘하에서 복무하는 것을 영광으로 생각할 것이며 또한 한국 국민과 정부도 고명하고 훌륭한 군인으로서 우리들의 사랑하는 국토의 독립과 보전에 대한 비열한 공산침략을 대항하기 위하여 힘을 합친 UN의 모든 군사권을 받고 있는 귀하의 전체적인 지휘를 받게 된 것을 영광으로 생각하며 격려되는 바입니다.

귀하에게 심후하고도 따뜻한 개인적인 경의를 표합니다.

맥아더 장군이 이 대통령에게 보낸 회신(1950. 7. 18)

7월 15일자 공한(公翰)에 의하여 이 대통령이 취하신 조치에 대하여 본관의 사의와 애심(哀心)으로 찬의를 그에게 표하여 주시기 바랍니다. 한국내에서 작전 중인 UN군의 통솔력은 반드시 증강될 것입니다. 용감무쌍한 대한민국군을 본관 지휘하에 두게 된 것을 영광으로 생각합니다.

이 대통령의 본관에 대한 과도한 개인적 찬사에 대한 사의와 그에 대하여 본관이 가지고 있는 존경의 뜻도 아울러 전달하여 주시기 바랍니다.

우리들의 장래가 고난하고 요원할지 모르겠으나 종국적인 결과는 반드시 승리할 것이므로 실망하시지 마시도록 그에게 전언하여 주시기 바랍니다.

이 서한은 주한 미국대사를 통하여 전달되었다.　　　▶ 원문 「제8권」 참조

작전지휘권 이양 시기

도쿄에 있는 미 극동군총사령부는 7월 8일부터 UN군총사령부로서의 기능을 발휘하였고, 대구로 이동한 미 제8군사령부는 동월 13일부터 UN지상

군 작전을 직접 담당하는 통합군사령부 기능을 수행하였다.

이때 국군 작전지휘권은 아직 외교적인 절차를 거치지 않고 있었기 때문에 육해공군총사령관을 겸임하고 있는 육군총참모장이 종전대로 지휘권을 행사하여 단일 작전을 이원적인 체제로 지휘하고 있었는데, 14일 육군본부와 미 제8군사령부가 대구에 동시에 개소하고 합동회의를 가짐으로써 사실상 이때부터 통합작전의 첫 발을 내딛게 되었다.

이날 이승만 대통령은 UN군총사령관 맥아더 원수에게 국군의 작전지휘권을 이양하는 서한을 보냈고, 이날부터 실질적으로 국군에 대한 작전지휘권은 UN군총사령관에게 이양되었다.

국군의 작전지휘권을 인수한 UN군총사령관은 7월 17일 미 제8군사령관에게 일반명령 제3호를 하달하여 국군에 대한 작전지휘권을 행사하도록 다음과 같이 지시하였다.

"워커 중장은 대한민국 대통령의 요청에 따른 UN군총사령관의 지시로 한국지상군의 작전을 지휘한다."

동시에 맥아더 원수는 한국 육해공군총사령관 정일권 소장에게 작전 협조를 요망하는 구두 통보를 하였다. 맥아더 사령관이 이승만 대통령에게 수락 회한을 보낸 일자보다 하루 앞선다.^{주)} 국방부 『한국전쟁사』 개정판 제2권 p133

형식적으로 따진다면 작전지휘권 이양 시기는 맥아더 사령관이 수락한 18일이 되어야 하나 실질적으로 작전지휘권을 행사한 시기는 UN군총사령관이 미 제8군사령관에게 작전 명령으로 하달한 7월 17일이다.

그럼에도 불구하고 7월 14일 미 제8군사령부가 육군본부와 함께 대구에 개설되면서 합동작전에 들어가서 단일 지휘체제를 형성하였다고 보이고 또 이날 대통령이 작전권 이양에 관한 서한에 서명하였으므로 통상적으로 이날을 작전지휘권 이양 시기로 보고 있다.

만약 양 당사국 간에 이해가 상반되는 사항이었으면 국제법상 분쟁의 소지가 충분히 있다. 그러나 이는 한국에서의 작전을 원만히 수행하고자 UN군이 창설되었고, 통합군으로 구성되는 UN회원국의 군을 통합지휘하고 있는 상황이었으므로 이에 부응하여 국군이 UN군의 일원으로 합동작전을 펴야 하는 것은 너무도 당연한 현실이었다. 양 당사자는 침략군을 격퇴해야 하는 대명제 앞에 그 이해가 같았으므로 논란의 여지없이 이승만 대통령이 서한을 보낸 날을 이양 시기로 간주하게 되었다.

작전지휘권 이양의 국제법적 효력

국군에 대한 작전지휘권을 UN군총사령관에게 이양하였으나 이것은 대통령의 편지 한 장으로 이루어진 전쟁기간 중 잠정적인 양해 사항에 불과하였으므로 이를 국제법적인 효력을 갖게 하기 위하여 1955년 8월

'한국에 대한 군사 및 경제 원조에 관한 합의 의사록'

을 작성하고 명문으로 규정하여 그 효력을 추인하는 동시에 지속시켰다.

"국제연합군사령부가 한국 방위를 위한 책임을 부담하는 동안 한국군을 국제연합군사령부의 작전지휘하에 둔다."

"그러나 양국은 상호적 및 개별적 이익의 변경에 의하여 가장 잘 성취될 것이라고 협의한 후 합의되는 경우에는 이를 변경할 수 있다."

이 의사록은 변영태(卞榮泰) 외무부장관과 엘리스 브릭스 주한 미국 대사가 서명하였다.주)

서울신문사 『주한미군 30년』 p170

4. 미 지상군에 출동 명령

맥아더의 작전 구상

맥아더 원수의 구상은 우선 북한군의 남침을 어딘가에서 저지시킨 후 인천에 상륙하여 일거에 적을 격멸시키는데 있었다. 이 착상은 한강에서 생각한 것이고, 결심한 것은 도쿄로 돌아와서 읽은 영·불 간 캐나다전쟁 때 로렌스강을 거슬러 올라간 작전에서 힌트를 얻은 것이었다고 한다. 이 퀘벡 전투는 영국군이 프랑스군의 배후로 기습 상륙하여 일거에 프랑스군을 격멸시킨 전투인데, 태평양에서 무수한 상륙작전을 지휘한 맥아더 원수가 자기의 경험만으로 결심하지 아니하고, 191년 전의 전사의 교훈을 받아들여서 자기의 결심을 부동의 신념으로 삼았다는 것은 대단히 흥미 있는 일이라고 생각한다.(주) 일본 육전사연구보급회 『한국전쟁』 [1] p151

맥아더 원수 지침에 따라 작전참모부장 라이트(Edwin K. Wright) 소장은 다음과 같은 작전 계획을 세웠다.(주) 일본 육전사연구보급회 『한국전쟁』 [1] p151, 152

(1) 미 제24사단과 제25사단의 1개 연대전투단으로 적의 남침을 저지한다. 저지선은 차령산맥~소백산 이북선이 바람직하다.

(2) 미 해병대와 제1기병사단을 7월 22일경, 인천에 상륙시켜 북한군을 협공한다. 이 작전을 블루하트(Blue Hearts)작전이라고 한다.

(3) 미 제24사단과 미 제1기병사단의 공백을 메우기 위하여 미 제7사단으로 북부 일본의 방위를 강화하고 미 제25사단이 규슈 방어까지 담당한다.

(4) 미 제7사단 등에서 병력을 차출하여 출동하는 사단을 증강시킨다.

(5) 일본으로 하여금 자위 능력을 갖추게 한다.

맥아더 원수는 한강을 시찰한 직후 다음과 같이 판단했다.

"남침 병력은 6개 사단과 경비군 3개 여단 그리고 200대에 가까운 소련제 전차다. 그 주공 축선은 중앙접근로(춘천~원주~대구)이며, 조공은 동서 해안도로를 따라 지향되어 있고, 또한 각처에 수륙양용부대가 상륙하고 있다. 국군은 한강선을 돌파당해 급속히 붕괴되기 시작하였다.

따라서 무엇보다도 시급한 문제는 북한군이 한국 전체를 석권하기 전에 그 진전을 늦추는 일이었다. 이 목적을 달성할 수 있는 유일한 길은 비록 소규모 병력일지라도 지상부대를 신속하게 투입하여 미군 개입을 가시화함으로써 적의 사령관으로 하여금 조심스럽고 시간이 걸리는 방법을 취할 수밖에 없다는 전략을 택하도록 하자는 것이었다.*

이와 같은 방법으로 시간을 버는 동안에 나는 장차 작전기지로 사용할 수 있는 부대를 부산에 집결시킬 작정이었다." 주) 구범모 역 『맥아더 회고록』 p402

> * 적 사령관을 오싹하게 만들어 조심스럽고 시간이 걸리는 방법을 택하도록
> – chill the enemy commander into taking precautionary and time-consuming methods(전쟁기념사업회 『한국전쟁사』 제3권 p197)
> 신중하고 완만한 행동을 취하게 한다는 책략(일본 육전사연구보급회 『한국전쟁』 ① p150)

북한군 실제 전력과 공산군 특성에 대하여는 북한군이 남침을 시작한 시점에서도 인식이 크게 부족했었다. 그래서 맥아더 사령부뿐만 아니라 일반적인 미군의 인식이

"미군이 나타나기만 하면 국군은 사기가 오르고 북한군은 철수할 것으로 믿고 있었다."

고 뉴욕 헤럴드 트리뷴지는 소개했다. 주) 일본 육전사연구보급회 『한국전쟁』 ① p150

6·25남침 전 한국 정부와 군이 남침 위험과 함께 전쟁을 준비하고 있는

북한군 전력의 막강함을 수없이 알렸으나 맥아더 사령부나 미국정부는 이를 믿으려 하지 않았었다. <small>제2장 제3절 1.「무슨 일이 일어날 것 같다」 참조</small>

미 극동군총사령관 맥아더 원수는 6월 30일 23시 30분 합동참모본부로부터 미 지상군을 한국 전선에 투입하는 승인을 받고 즉시 미 제8군사령관 워커 중장에게 제24사단과 제25사단 제27연대를 한국으로 출동하라고 명령하고 제24사단 이동에 따라 일본 남부 경비는 제25사단 제24연대에 맡겼다.

7월 6일, 맥아더 원수는 제1기병사단장 게이(Hobart R. Gay) 소장을 사령부로 불러 인천상륙작전을 준비하도록 지시하였다.

6월 30일 밤 워커 미 제8군사령관은 미 제24사단장 딘 소장에게 전화로 한국으로 출동하라는 명령을 내렸다.^{주)} <small>일본 육전사연구보급회 『한국전쟁』 ① p154, 155</small>

(1) 대대장이 지휘하는 2개 소총중대와 4.2인치 박격포 2개 소대 및 75mm무반동총 1개 소대로 편성한 증강한 지연(遲延) 부대를 부산으로 공수하여 처치 장군의 지휘를 받게 하라.

(2) 사단사령부는 1개 대대와 함께 즉시 공수로 부산으로 이동하라.

(3) 사단 잔여 부대는 해상 수송으로 이동하라.

(4) 가능한 한 신속히 공격 작전을 실시할 수 있도록 기지를 설치하라.

(5) 위 증강된 대대 임무는 한국에 도착 즉시 전방으로 이동하여 어떠한 어려움이 있더라고 서울에서 수원으로 남진 중인 적과 접촉하여 이를 지연시키는 일이다.

(6) 딘 소장은 한국에 도착하면 주한 미군의 지휘관으로 임명한다.

7월 1일 미 제24사단은 선발 스미스대대가 한국에 도착하여 7월 5일 오산 전투에 참가한 것을 비롯하여 7월 4일까지 전 사단이 한국에 도착하였고, 미 제25사단이 7월 10일부터 15일 사이 부산에 도착했다.

미 제8군사령부는 7월 14일 대구로 이전하면서 워커 사령관은 그 예하의 2개 사단을 포함하여 한국전에 참전하는 UN군지상부대를 통합지휘하는 UN지상군사령관을 겸하게 되었고, 그동안 미지상군사령관 자격을 가졌던 딘 소장은 미 제24사단장의 기본 임무만 수행하게 되었다.

워커 장군은 미 제24사단이 금강선에서 적을 저지하고, 미 제25사단은 중부 산악 지대에서 국군을 증원한다는 기본 구상을 가지고 있었다.

7월 10일 맥아더 원수는 미 제24사단이 천안까지 밀리는 상황에 부딪히자 2개 사단의 투입으로 북한군을 저지하겠다는 당초 생각을 바꾸어 7월 2일부터 추진해 온 블루하트 계획을 취소하고 상륙작전부대로 지명한 미 제1기병사단을 한국으로 이동하도록 명령을 내렸다.

맥아더는 14일 대구에서 돌아온 콜린스 장군으로부터 극동군 4개 사단 외에 제2사단, 제1해병사단, 제11공정사단의 1개 연대, 제29연대, 제5연대 전투단을 추가로 사용할 수 있다는 언질을 받았다.

맥아더 원수는 작전참모 라이트 소장에게 새로운 상륙작전계획을 수립하도록 지시했는데 이것이 크로마이트(Chromite) 계획이다.

일본 주둔 미군 사단은 다음과 같이 한국으로 출발했다.

제24사단(19, 21, 34연대) 7월 1일부터 3일 사이에 규슈(九州)에서
제25사단(24, 27, 35연대) 7월 10일부터 15일 사이에 오사카 부근에서
제1기병사단(5, 7, 8기병연대) 7월 18일부터 22일 사이에 관동 부근에서
제7사단(17, 31, 32연대) 9월 15일, 혼슈우(本州) 북부 및 북해도에서.

미 제7사단은 인천상륙작전에 참가하기 위하여 직접 인천으로 향했다.

미 제24사단 출동

미 제24사단은 1921년 하와이 스코필드(Schofield)에서 하와이 사단으로 창설되었고, 1941년 10월 1일 제24사단으로 명명되었다. 3년 뒤 태평양전쟁에 참가하여 맥아더 원수 휘하에서 뉴기니~레이테 섬~루손 섬 진격 작전에 참가한 후 종전과 함께 일본 점령군으로 진주하였다.

사단장은 딘 소장이고 사단사령부는 규슈의 코쿠라(小倉)에 있었다.

제19연대(연대장 Guy S. Meloy 대령)는 벳푸(別府),

제21연대(연대장 Richard W. Stephens 대령)는 구마모도(熊本),

제34연대(연대장 Joy B. Lovless 대령)는 사세보(佐世保),

포병부대는 후쿠오카(福岡)의 카스가(春日),

딘 소장

전차부대와 공병대는 야마구치(山口)에 각각 주둔하고 있었다.

미 제24사단은 미군 감축 계획에 따라 감소 편제로 운영하여 보병연대는 1개 대대, 포병대대는 1개 포대씩 감소하였고, 전차대대는 전차중대로 축소 편성하여 운영했다. 한국으로 이동하면서 감소 편제에도 미달한 병력은 미 제7사단에서 충원하여 한국으로 이동할 당시 총 병력은 15,965명이었다. 장비는 M-24전차 17대(그 중 5대는 가동 불능)와 각종 차량 4,773대를 보유하고 있었다.주)

국방부 『한국전쟁사』 제2권 p342, 같은 개정판 제1권 p916

병력은 실전 경험 없는 신병들로 채워져 있었고, 장비는 대부분 제2차 세계대전 때 것을 미 극동군총사령부에서 재생하여 지급한 것이며, 그나마 전차, 무반동총, 박격포는 턱없이 부족했다.

미 제24사단은 한국에 가장 가까이 주둔하고 있었던 인연으로 제1차로 제21연대 제1대대(스미스특수임무부대)가 7월 1일 한국에 도착하였고, 7월 2일 제34연대의 병력이, 3일 장비가 각각 선편으로 부산에 도착하였으며 7월 4일 제19연대와 제21연대가 부산에 상륙함으로써 제24사단 전 병력이 한국으로의 이동을 완료했다.*주) 국방부 『한국전쟁사』 개정판 제2권 p70, 84

제34연대는 평택~안성선에 배치되어 제2전선을 편성하였고, 제21연대는 대전에, 제19연대는 사단 예비로 대구에 주둔하였다.

마침 6월 25일은 사단창설 기념일이라 가면무도회가 한창 열리고 있었는데 한국에서 전쟁이 터졌다는 통보를 받았다. 사단장 딘 소장은 반사적으로

"이것은 제3차 대전의 시작이다."

라고 직감했다고 말했다.

---

* 미 제24사단 한국 도착 일자를 아래와 같이 달리 기술하였다.

　국방부 『한국전쟁사』 제2권(p372)과 같은 개정판 제2권은 "제34연대 잔여 병력이 7월 2일 저녁에, 장비는 3일 오후에 부산항에 각각 입항(p70), 제19연대와 제21연대는 7월 4일 부산항에 입항."(p84)

　본문은 이에 따랐다.

　전쟁기념사업회 『한국전쟁사』 제1권(p197) "7월 5일까지 제24사단 전 병력이 한국으로 이동 완료." 같은 제3권(p387) "7월 6일 제24사단이 한국으로 이동 완료"

　서울신문사 『주한미군 30년』(p151) "24사단은 8일까지 병력과 장비가 모두 도착"

제3절 초전에 박살난 미 지상군

1. 오산 전투 – 스미스특수임무부대

6·25전쟁 참전 최초의 미군 전투부대

미 제24사단 제21연대장 스티븐스 대령은 비상대기 준비에 지쳐 일찍 잠자리에 든 제1대대장 스미스(Charles B. Smith) 중령을 연대본부로 출두시켜 다음과 같은 명령을 내렸다.

⑴ 대대는 7월 1일 중으로 한국에 공수될 것이다.

⑵ 대대장은 A, D중대를 제외한 전 대대를 지휘하여 7월 1일 03시에 이타쓰께 공군기지로 이동하여 사단장의 지시를 받으라.

⑶ B, C중대의 결원은 제3대대에서 충원될 것이다.

맥아더 원수는 제24사단을 한국으로 출동하도록 명령하면서 사단장 딘 소장에게 주력에 앞서 소규모 특수임무부대를 공수로 이동하여 주력이 전선에 투입될 때까지 적의 진격을 되도록 지연시키라고 하였다. 부대 규모는 2개 소총중대로 하고 약간의 대전차방어조와 1개의 경포병대로 할 것을 지시하였다.

미 제24사단 제21연대 제1대대가 특수임무부대로 지정되었고, 이것이 한국전 최초로 참전한 미 육군 전투부대이다. 이 부대를 지휘한 스미스 중령은 1939년 미 육군사관학교를 졸업한 34세의 보병장교이다. 제2차 세계대전 중 제25사단에 소속되어 남태평양에서 전쟁 경험을 쌓은 강인한 성격의 소유자로, 이것이 그가 특수임무부대 지휘를 맡게 된 이유다.

대대장 이름을 따서 스미스특수임무부대(약칭 스미스부대)라고 했다.

스미스부대 병력은 제21연대 제1대대 B, C중대와 본부요원 등 406명(장교 17명)으로 평시 편제 인원에도 모자랐다.주) 국방부 『한국전쟁사』 개정판 제2권 p40

스미스부대는 7월 1일 03시 비가 쏟아지는 가운데 트럭을 타고 구마모토를 출발하여 08시 05분에 이타쓰케에 도착했다.

사단장은 스미스 중령에게 다음과 같이 명령했다.

"부산에 도착하면 대전을 향하여 북상하라. 사단은 가급적이면 부산으로부터 먼 곳에서 북한군을 저지하고자 한다. 그러므로 대대는 경부국도를 따라 북상하여 될 수 있는 한 북방에서 적을 저지하라. 처치 장군과 연락을 취하라. 가능하면 대전보다 더 북방이 좋다. 잘 가게. 자네와 자네 부하에게 신의 가호가 있기를 빌겠네."주) 일본 육전사연구보급회 『한국전쟁』 [1] p156

스미스부대는 7월 1일 11시 일본 이타쓰케 공군기지를 출발하여 당일 부산 수영비행장에 내렸고, 20시경에 열차 편으로 출발하여 7월 2일 08시경에 대전에 도착하였다. 당초 스미스부대는 7월 1일 수원비행장으로 공수될 예정이었다. ▶ 제3장 제2절 3.「7월 1일까지 수원비행장을 확보할 수 있는가?」 참조

스미스부대는 맥아더가 미군 참전 사실을 인식시켜 공산군의 진격을 멈추게 하려는 정책적 고려에서 우선적으로 한국에 보낸 대대 규모가 채 안 되는 전투부대다.

스미스부대의 장비와 훈련은 보잘 것 없었다.

스미스특수임무부대 대전역 도착

장비는 보병소총과 1인당 실탄 120발, 75mm무반동포 2문, 4.2인치 박격포 2문, 2.36인치 로켓포 6문, 60mm박격포 4문이었다.

1인당 C-레이션 2일분씩을 휴대했다.^{주)}　　　국방부 『한국전쟁사』 개정판 제2권 p40

스미스부대 사병들은 정규군 군번은 가졌으나 군복을 입은 민간인에 불과했고, 전투경험을 가진 병사는 6명에 1명꼴이었다. 이들은

"북한군쯤은 미군 군복을 보기만 해도 돌아서서 줄행랑을 칠 것."

이라고 생각했고, 이번 작전은 국제경찰행동이므로 곧 일본으로 돌아가 종전처럼 즐길 수 있을 것이라고 생각했었다.^{주)}　　　안동림 역 『실록한국전쟁』 p99

스미스부대를 지원하기 위하여 페리(Miller O. perry) 중령이 지휘하는 제24사단 소속 제52야전포병대대 A포대가 7월 2일 부산에 도착하였고, 4일 평택으로 진출하여 스미스 중령 지휘하에 들어갔다.

134명(장교 9명, 사병 125명)으로 구성된 A포대는 105mm곡사포(M2 A1) 6문, 0.5인치 기관총 4정, 2.36인치 로켓포 4문, 차량 73대와 포탄 약 1,200

발에 차량 2대 분의 예비 탄약을 가지고 스미스부대 후방 1,800m 지점에 배치되었다. 대전차포탄은 6발밖에 가지고 있지 않았다. A포대가 떠날 때 대대 탄약장교가 대전차 포탄을 전부 모았는데 18발 밖에 없었다. 그래서 6발만을 지급한 것이다.주)

국방부 「한국전쟁사」 개정판 제2권 p41

이렇게 한국전선에서 북한군과 처음으로 대적하게 된 미군 병력은 보병 406명, 포병 134명 계 540명이었다.

전차전 – 우리를 못 알아봤기 때문일 거야?

7월 2일 대전에 도착한 스미스 중령은 처치 준장에게 신고했다.

처치 준장은 지도상의 한 지점을 가리키며 말했다.

"지금 가장 중요한 것은 적의 남진을 저지하는 일이다. 전차를 보고도 도망치지 않는 그러한 군대를 이곳에다 투입하고 싶다. 귀관이 한 번 이곳

오산 부근에 진출한 스미스특수임무부대. 원내는 스미스 중령

에 가서 국군을 지원하여 그 정신적인 지주가 되어 주길 바란다."주)

스미스 중령은 참모를 대동하고 대전 북방 약 136km 지점에 있는 오산 북쪽으로 가서 지형을 정찰한 후 한 곳에 표지를 하고 돌아와서 처치 준장에게 점령할 진지로 건의했다.   일본 육전사연구보급회 『한국전쟁』 [1] p159

이날 밤 스미스 중령은 처치 준장으로부터 그가 건의한 곳과는 다른

"평택~안성선을 점령하라."

는 명령을 받았다. 스미스부대는 기차 편으로 북상하여 평택과 안성에 각각 1개 중대를 배치했다.

미 제24사단장 딘 소장이 3일 이른 아침에 아시야(蘆屋) 공군기지를 출발하여 이날 10시 30분 대전비행장에 도착했다.

딘 사단장은 처치 준장이 보고한 스미스부대 배치 상황에 동의하고, 1개 중대로는 평택이나 안성을 지탱할 수 없다고 판단되었으므로 미 제34연대를 빨리 북상시키기 위하여 이날 밤에 다시 부산으로 갔다.

미 제24사단 주력은 해상으로 수송 중에 있었다. 스미스부대를 직접 지원하게 된 제52포병대대 A포대는 이날 부산에 도착하여 철도수송 중에 있었고, 제34연대는 2일 밤에 부산에 상륙하여 열차에 승차하고 있었다. 미 제21연대는 4일 부산에 도착할 예정이었으며, 미 제19연대도 부산을 향하여 항해 중에 있었다.

딘 소장은 부산에 있는 동안 맥아더 원수로부터 주한 미 지상군 작전지휘권을 위임받았다. 처치 준장은 부지휘관에 임명됐다.

4일 대전에 복귀한 딘 사단장은 이렇게 구상하였다.

북상 중인 미 제34연대를 평택~안성선에 배치하여 주저항선으로 삼고, 스미스부대는 더 북쪽으로 진출시켜 조기에 접적케 함으로써 미군 참전 사실을 적에게 인식시키는 한편 미 제34연대가 진지를 편성할 수 있는 시

간을 갖게 하는 것이다. 말하자면 전초부대이면서 엄호임무를 부여하였다.

딘 사단장은 어디서 적을 저지할 것인가를 골똘히 생각했다. 그리고 평택~안성선에서 적을 저지하기로 구상했다. 그 이유는

아산만이 육지로 깊숙이 들어와 있어서 이 선이 남한에서는 가장 폭이 좁았기 때문이다. 그리고 안성천은 약간의 천연 장애물로 이용할 수가 있고, 또 아산만 남쪽 해안이 서쪽으로 돌출해 있기 때문에 북한군이 평택을 점령하면 전라남북도를 거쳐서 부산으로 향하는 접근로로 이용할 수 있게 되므로 이 접근로를 통제하기 위해서라도 평택을 고수하는 것이 필요할 것이라고 생각했던 것 같다.주) 일본 육전사연구보급회 『한국전쟁』 [1] p164

4일 재편성을 마친 국군은 중부 지역 청주, 진천 방면으로 이동했다.*

> * 7월 1일 육군총참모장에 임명된 정일권 소장은 당일 ADCOM으로 처치 준장을 찾아가서 미 제24사단이 진출한 다음에는 미군은 경부국도를 중심으로 서부 지역을 맡고 국군은 그 이동지역을 맡는 작전 구상을 협의하였다.(제5장 제2절 「1. 총참모장 정일권 소장」 참조)

딘 사단장은 이날 14시 대전에 도착한 사단 포병사령관 바스(George B. Barth) 준장에게 전방에 있는 스미스부대에 그의 작전 계획을 전달하고 사단장을 대리하여 작전을 지휘하라고 위임했다.

평택에 온 바스 준장은 스미스 중령에게

"처치 준장에게 건의한 바 있는 오산 북쪽 진지를 점령하라."

고 명령했다.

5일, 스미스부대는 0시가 조금 지난 시각에 징발한 트럭으로 출발하였다. 적의 기습을 우려하여 전조등을 켜지 않았고, 도로의 모든 교량에는 국군 공병이 폭약을 장치해 놓았으며, 도로상에는 피난민과 철수하는 국군 병사가 길을 메워 진출이 더뎠을 뿐만 아니라 트럭 운전자가 도망치는 바

람에 18km 북쪽에 도착한 것은 03시였다.

　이날 비가 내릴 듯 구름이 낮게 깔려 있어 공중지원을 받을 수 없을 것 같았다. 진지는 겨우 개인용 참호가 마련되었을 정도고, 대전차 장애물은 하나도 설치되지 않았다.

　날이 밝기 시작한 05시에 보병은 시사(試射)를 했다.

　08시경 북한군 최대 전력 소련제 T-34 전차 8대가 수원 쪽에서 일렬 종대로 진격해 오는 것이 시야에 들어왔다. 전차가 1,800m 지점에 접근했을 때 105mm곡사포의 첫 탄을 발사했다. 보병진지에 나가 있는 관측장교가 유도하여 모든 포가 불을 뿜었다. 보병부대 전방으로 돌진하는 전차대열에 고성능 포탄이 강철과 화염과 진흙을 뿜어내며 작렬했다.

"맙소사 그냥 오고 있어." 주)　　　　　　　　　　안동림 역 「실록한국전쟁」 p93

　고성능 포탄에 박살났어야 할 전차가 전혀 개의치 않고 거만하게 전진해 오고 있는 것을 보고 한 병사가 외쳤다.

　전투를 지휘하고 있던 바스 준장은

"곡사포탄은 적 전차에 효과가 없다."

는 전방 관측장교 보고를 받고 평택 상황을 알아보기 위하여 스미스부대를 떠났다.

　적 전차가 630m 전방에 이르렀을 때 스미스 중령은 75mm무반동포 사격을 명령했다. 무반동포 2문이 발사한 각 첫 탄이 선두 전차에 명중했다. 전차는 끄덕도 하지 않고 전차포와 기관총을 난사하면서 경사진 도로를 올라오고 있었다. 75mm무반동포는 T-34전차에 효과가 없었다.

　전차가 보병진지에 다가왔을 때 도로가에 매복한 코너(Ollie D. Connor) 중위가 지휘하는 2.36인치 로켓포조가 15m 거리에서 측면과 배면에 22발의 포탄을 연속으로 퍼부었다. 이 역시 아무런 효과가 없었다.

죽미령에서 초탄을 발사하는 105mm포

08시 30분경, 선두 전차가 죽미령 고개를 넘어섰다. 대기하고 있던 105mm포가 대전차포탄을 가격하여 선두 전차 2대를 주저앉혔다. 한 대는 캐터필러가 끊어졌고, 한 대는 화염에 싸였다. 캐터필러가 끊어진 것은 앞서 사격한 로켓포가 끊은 것인지도 모른다고 했다.

파괴된 전차에서 전차병 2명이 손을 들고 나왔다. 방심하고 있는 사이 세 번째로 나오던 전차병이 갑자기 다발총을 난사하여 부근에 배치된 기관총부사수가 전사했다.

미 지상군 병사의 첫 전사자다.

적 전차병은 모두 사살되었다.

3번 전차는 파괴된 전차를 밀어내고 진출하면서 전차포와 기관총으로 도로상에 있는 트럭을 불사르고는 고개를 넘어갔다. 6발 밖에 없는 대전차포탄을 모두 써버려 전차를 막을 길이 없어졌다.

전차 2대를 파괴한 105mm야포는 세 번째 전차의 포격을 맞아 파괴되고 포수 1명이 부상했다.

이렇게 하여 전차 33대가 보병진지를 지나갔다. 첫 전차가 08시 30분에 통과하였고, 마지막 전차가 통과한 것이 09시경이었다.

미군 병사는 지나가는 전차를 보고 이렇게 말했다.

"아마 저 친구들이 우리들을 못 알아봤기 때문에 지나갔지, 미군이 왔다는 사실을 알면 되돌아 갈 것이다." 주)　　전쟁기념사업회 『한국전쟁사』 제3권 p200

30분간 전투에서 미군은 20명의 사상자를 냈다. 포병대대장 페리 중령도 적 전차병이 쏜 총탄을 맞아 왼쪽 다리에 부상을 입었다. 큰 손실은 아니지만 불과 30분 동안에 당한 피해라는 사실과 미군 장비가 적 전차를 파괴할 수 없다는 사실이 보병에게 큰 충격을 주었다.

포병진지에서는 전방 관측장교 보고에 따라 대전차 전투 준비를 갖추고 있었다. 전차 대열이 고개를 넘어오자 105mm곡사포를 일제히 사격하여 3번째 전차 캐터필러를 끊었다. 많은 전차병들이 떨어져 죽었다.

T-34 전차는 해치를 닫고 전차포와 기관총을 난사하여 주변을 유린하면서 진출했다.

도로가에 5개 로켓포반이 배치되어 있었다. 로켓포의 첫 탄이 전차에 명중하였으나 포탄은 튕겨져 나왔다. 로켓포 사격수 에바 솔 중사는

"전차가 마치 전함같이 보였다." 주)　　일본 육전사연구보급회 『한국전쟁』 [1] p171

고 했다.

선두 전차가 지나간 10여 분 후에 본대로 보이는 전차 대열이 포병진지로 접근했다. 겁을 먹은 포수와 탄약수 등 많은 병사들이 진지를 이탈하기 시작했다. 이들은 전투가 시작되기 전까지

"적 전차는 싸우는 상대가 미군이라는 것을 알면 도망칠 것이다."

라고 생각하고 있었다. 주)　　일본 육전사연구보급회 『한국전쟁』 [1] p172

별 수 없이 장교가 포탄을 장진하고 하사관이 조준을 했다. 대대장 페리 중령과 스콧(scott) 중위도 스스로 사수가 되어 포격을 한 끝에 전차 1대를 파괴했다. 그러나 나머지 전차는 포격에 응사도 않고 오산을 향하여 진출했다.

마지막 전차가 포병진지를 통과한 시각은 10시 15분이다. 2시간 동안 대전차전을 벌였다. 전차 4대를 파괴하였고, 3대가 경미한 상처를 입은 것으로 확인되었다.주)

국방부 『한국전쟁사』 개정판 제2권 p52

이 전차는 적 제105기갑사단 제107전차연대다.

보병 전투

적 전차가 지나간 뒤에 죽미령 고개 보병들은 한동안 조용했다. 곧 적의 후속부대가 올 것이라고 생각하고 호를 파고 있었다.

그로부터 1시간쯤 지난 뒤 비가 오는 가운데 전차 3대를 앞세우고, 뒤따라 트럭과 보병부대의 긴 행렬이 접근하고 있었다.

북한군 제4사단 주력이다.

적 대열이 1,000야드 지점에 이르렀을 때 스미스 중령은 사격 명령을 내렸다. 소총과 박격포, 기관총이 불을 뿜으면서 보병 전투가 시작됐다. 이때가 11시 45분경. 적 트럭에 불이 붙고, 적병이 공중에 튀어 오르는 것이 보였다. 적 보병이 트럭에서 내려서 산개했다.

스미스 중령은 선두 전차 3대를 정지시킬 수단이 없었다. 이로부터 3시간 동안 혈전을 벌였다. 적 포화가 집중됐고, 포위망이 좁혀왔다. 소총실탄마저 떨어지고 전사자는 속출했다. 통신 두절로 지원 포병과 연락할 길이 없었다. 보병이 능선에서 사투하는 동안 포병은 제자리에서 가만히 앉아 있었다. 페리 중령은 보병부대와 통신을 유지하기 위하여 통신 가설병을 두 번이나 보냈으나 모두 적의 공격을 받아 되돌아오고 말았다.

14시경에는 적이 보병진지 양 측면으로 접근하였고 일부가 후방까지 침투하여 완전히 포위되고 말았다. 수원~죽미령 간 국도에는 남하하는 북한군 후속 부대가 길을 메우고 있었다.

비가 내려 공중 지원도 불가능했다.

포나 공중 지원이 있었다면 도로 위에 밀집해 있는 적병을 섬멸할 수 있었는데 스미스에게는 어느 하나도 없었다. 스미스 중령은 포병이 포격 지원을 못하고 있는 것은 포병대대가 적의 전차에 의하여 괴멸되었기 때문이라고 생각하고 있었다.

스미스 중령은 14시 30분에 철수를 결심했다.

스미스 중령은 철도를 따라 포진지 쪽으로 가다가 페리 중령이 보낸 통신 가설병을 만나서 함께 포진지로 갔다. 스미스 중령 생각과는 달리 포진지가 건재한 것을 보고 놀라지 않을 수가 없었다.

페리 중령과 사병 1명이 부상을 입고 있었을 뿐이었다.

포병부대에 철수 명령을 내렸다. 포병부대는 포의 조준경, 마개쇠, 방향틀을 빼서 차에 싣고 대부분의 장병들은 도보로 차량을 대기시켜 놓은 오산으로 갔다. 여러 대의 차량이 파괴되어 있었으므로 성한 차량을 골라 타고 16시에 보병과 함께 오산을 떠났다.

스미스, 페리 두 중령은 이미 적 전차가 오산을 거쳐 평택 쪽으로 남하하였을 것이라고 판단하고 국도를 피하여 좁을 길을 타고 안성 쪽으로 빠지려고 철수부대를 이끌고 갈림길 가까이 이르렀는데 저 멀리 길목에 적 전차 3대가 버티고 있는 것이 보였다. 두 중령은 행군대열을 급히 되돌려 오산 북단으로 가서 안성으로 통하는 흙탕길로 들어섰다.

우회한데다가 길이 좋지 않았고, 도중에 편의대의 사격을 받아 혼란을 겪기도 하였으며 삼삼오오 철수하는 보병을 수습하느라 시간이 많이 걸렸다. 낙오병 100여 명을 수습하여 모두 200여 명이 차량 10대에 타고 일몰 후에 안성에 있는 미 제34연대 제3대대진지에 도착했다.

오산 북쪽에서 분산 패주한 보병들은 2km가 넘는 거리를 적의 포화를 뚫고 산을 넘고 논을 가로 질러 살기 위한 몸부림을 쳤다. 철모와 군화는 벗어 던졌고, 내의조차 입지 않은 병사도 있었다.

안성과 연대지휘소가 있는 성환과는 통신이 여의치 않아 스미스부대의 철수상황을 알지 못하였고, 대대본부와 연대 및 사단지휘소에서는 스미스부대의 행방을 몰라 불안해하고 있었다.

6일 01시 05분경 평택 제1대대지휘소는 오산에서 본대와 떨어져 헤매던 스미스부대원 4명이 찾아왔다. 비로소 스미스부대의 궤멸 소식이 알려졌고, 이어서 01시 10분경에 포병대대장 페리 중령이 도착하여 전황의 전모를 파악할 수 있었다.

스미스 중령은 안성 도립병원에서 부상병을 치료한 후 86명의 부하를 이끌고 6일 02시 성환에 있는 제34연대 본부에 도착하여 그 곳에 중환자 4명을 남겨 놓고 대전으로 철수했다.

미군은 장비와 보급품을 버리고 와서 북한군에게 엄청난 선물을 주었다.

스미스부대는 150명이 전사하거나 실종되었다. 철수 명령이 전달되지 않아 그대로 남아 있었던 B중대 제2소대는 버너드(Carl F. Bernard) 중위 이하 13명만이 살아서 천안으로 돌아왔다. 이들은 철수 과정에서 6번이나 적과 조우하였다고 했다. 그 중 일부는 서해 또는 동해까지 걸어가서 작은 배를 타고 부산까지 갔다가 원대로 복귀한 사람도 있었다.

4.2인치 박격포 2문, 75mm무반동총 2문, 기관총 수 정을 버렸고, 전사자는 물론 부상자 25~30명도 그대로 두고 왔다. 어느 위생하사관이 자진해서 부상자와 함께 남았으나 그 후 그들의 소식은 알 길이 없었다.

포병부대는 장교 5명과 사병 26명이 실종되었고, 화포는 모두 버렸다. 스미스 부대는 조우전에서 첫 탄을 발사하고부터 철수할 때까지 6시간 15분 지탱함으로써 미 제24사단 주력이 전투태세에 들어갈 수 있는 시간을 벌어 주었다.주) 일본 육전사연구보급회 『한국전쟁』 [1] p176, 177

적에게도 큰 타격을 주었다.

적 제4사단 문화담당 부사단장 안동수(安東洙) 총좌 외 45명이 죽고 85명이 부상당했으며 전차 4대를 상실하였다.주) 국방부 『한국전쟁사』 제2권 p367

다부동전선에서 귀순한 북한군 제13사단 참모장 이학구 총좌는

"7월 초에 미 지상군이 오산에 와 있는 것을 보고 몹시 놀랐으며 이 전투는 전례 없이 치열하였다." 주) 국방부 『한국전쟁사』 개정판 제2권 p59

라고 평하여 저들에게 전투적인 면에서 손실 외에 심리적으로 미친 영향이 컸음을 대변했다.

통신이 두절되어 스미스부대의 행방을 몰라 괴멸된 것으로 생각하고 있던 사단장 딘 소장은 부대가 돌아온 후에 생각보다 희생이 적고 적에게도 타격이 컸음을 알고 만족해했다.

북한군은 오산에서 생포한 앰브로스 H. 뉴전트 대위를 서울로 데리고 가서 미군을 상대로 방송을 하게 하였다. 그가 한 방송에서 북한군에게 포로가 된 사람은 모두 72명이었다고 했다.주)1

스미스부대가 철수한 후에 북한군은 곧장 추격하지 않았다. 당시 상황을 목격한 주민의 말에 따르면 저들은 미군을 격퇴한 것만으로 만족한 것 같았고, 전리품 수집에 정신을 팔고 있었다고 했다.주)2

1, 2. 일본 육전사연구보급회 『한국전쟁』 [1] p178

한국군 제17연대

6월 26~27일에 걸쳐 옹진을 떠난 제17연대 철수 병력은 인천, 당진, 군산 등지로 상륙하여 대전에 집결하였다. 수습된 병력은 2,180명이었다.

대전에서 신병(호국군 출신)을 보충 받아 재편성을 마치고 하루 동안 부대훈련과 휴식을 마쳤다. 이때 연대장 백인엽 대령은 옹진 전투에서의 패배를 설욕하겠다는 비장한 각오로 전 장병에게 삭발령을 내렸다. 이것은 장병들 전의를 다지는 데는 도움이 됐으나 그 후 적과의 야간 백병전에서 인민군으로 오인 받아 희생되는 불상사를 낳기도 했다.

7월 1일 제17연대는 새로 임명된 정일권 총참모장의 명령에 따라 제2대대를 금강선에 배치하고 2개 대대(1,412명)는 7월 1일 09시 30분 대전역에서 열차 편으로 출발하여 오후에 평택역에 하차한 다음 도보로 그 북쪽 8km지점 서정리(西井里) 부근으로 이동하여 숙영하고 다음날 진지배치에 들어갔다. 연대지휘소는 평택 성동국민학교에 설치하였다.

3일 평택역에는 한국군에 보급될 탄약 20량, 보급품 7량과 병력을 싣고 온 공차 10량이 들어와 있었고, 하역작업이 한창 진행 중에 있었다.

15시경 오스트레일리아 공군기 4대가 나타나서 화차를 공격하는 바람에 하역 중이던 탄약이 연쇄 폭발하여 순식간에 평택역은 불바다가 되었다. 역과 화차가 모두 파괴되었고 건물과 사람도 많이 다쳤다. 이로써 열차는 성환역까지 밖에 갈 수 없게 되었다.(주)   국방부『한국전쟁사』개정판 제2권 p42

이날 오폭은 평택~수원 간에서 전반적으로 이루어졌고, 진지에 투입 중이던 제17연대 병력 200여 명이 사상하고 차량 30여 대가 파손되었는데 이때 연대장 백인엽 대령이 팔과 다리에 부상을 입고 후송되었다.

미 제5공군 소속의 이 전투기는 적 진출 시점을 예측하고 공격하였는데 그 시간에 적은 오지 않았고 한국군이 그 자리에 있었던 것이다.

제17연대는 부연대장 김희준 중령이 연대를 지휘했다.

이를 계기로 미 제5공군은 2개 전술항공통제반을 편성하여 대전에서 지상작전을 협조하도록 하였고, 육군본부는 5일 일선 작전부대는 흰 광목천을 이용하거나 흰 페인트로 부대의 일선지역을 표시하여 공중에서 아군지역임을 식별할 수 있도록 하라고 지시했다.

제17연대는 미군기 오폭으로 많은 희생을 낸 뒤에 오산 남쪽 1.5km 지점 갈곶리(葛串里)에 배치되었고, 제1, 제2중대는 오산 북쪽 도로 우측에 전진 배치되었다.

5일 10시경, 적 선두전차가 국도를 따라 남하하는 것을 좌 인접 미군 포병이 로켓포와 기관총사격을 집중했고, 미군진지 동쪽 은개부락(오산 북쪽) 구릉에 전진 배치된 제1대대는 적 전차가 진전 300m 거리에 이르렀을 때 구릉 서쪽에 배치된 제1중대(강은덕 대위)가 총유탄(銃溜彈)과 기관총을 사격하여 전차병을 제압하고, 로켓포를 가격하였다. 그러나 로켓포는 사정이 미달하여 아무런 효과가 없었던 반면 적 전차는 전차포와 기관총을 난사하면서 중대진지로 접근했다.

로켓포 사격을 지휘하던 제1중대 제1소대장 이규한(李揆漢) 중위와 사병 2명이 중경상을 입고 사병 2명이 전사하였다.

11시경에는 적 전차 4대가 제17연대 주력이 배치된 갈곶리 500m 전방에 나타났다. 제3중대와 제9중대(한홍 중위)의 2.36인치 로케포 6문이 도로변에 배치되어 있었고, 제4중대(孫昌述 중위)와 제12중대(정규한 대위)의 중화기 대부분이 도로를 지향하고 있었으므로 적 전차는 좋은 표적이 되었다.

제4중대 박격포소대(이홍근 소위)가 선두전차 4대를 81mm박격포로 가격하다가 피난민 대열이 함께 내려오고 있어서 포격을 중지했다. 박격포사격에 놀란 적 전차는 50m 간격을 유지하면서 300m까지 접근하여 아군 진지에 전차포와 기관총을 난사했고, 이에 대응하여 81mm박격포, 2.36인치 로켓포, M-79 총유탄, 중기관총 등을 총동원하여 집중 응사했다. 로켓포는 80m 거리에서 10발을 명중했으나 소용이 없었고, 총유탄이 전차의 무한궤도에 명중했으나 끄떡도 하지 않았다. 오히려 아군의 포진지만 노출되어 적 전차의 집중공격을 받고 로켓포조 4명과 소총병 다수가 전사했고, 대대 OP에도 직격탄이 떨어졌다.

적 전차는 아군 공격에도 아랑곳하지 않고 스미스부대를 돌파하여 서정리 방면으로 진출했고, 이어서 전차 20대가 그 뒤를 따라갔다.

미군 4명이 수건을 흔들면서 진지에 나타났다. 이들은 죽미령에서 후퇴해 온 스미스대대 사병이었다. 평택 길을 물어서 호송해 주었다.

16시경에 적 보병부대가 나타났다. 첫 전투에서 접적한 제9중대 제1소대는 격전 중 소대장 오윤근(吳潤根) 중위가 전사하고 소대는 분산됐다.

보병부대 뒤를 따라 차량중대의 자주포 3대가 측면으로 우회 침투하여 배사면(背斜面)을 공격했다. 포탄은 대전차전에서 다 써버렸고, 미군 공군기 오폭으로 추가 지원을 못 받아 화력지원을 할 수 없었다.

스미스부대가 와해되었고, 적 전차부대가 후방으로 진격한 상황에서 더 이상 지탱할 방도가 없었다.

17시 연대장은 철수명령을 내려 천안에 집결하도록 하였고, 천안에 집결한 연대는 새로운 임무를 띠고 청주 부근으로 이동했다.

2. 천안 부근 전투 – 연대 전투에서도 힘 한번 못썼다

평택, 안성 지구 전투

제34연대는 연대장 러블리스 대령이 지휘하는 병력 1,918명과 장비가 7월 2일과 3일 각각 배편으로 부산에 도착하였고, 장비와 병력이 크게 부족한 상태에서 전선에 투입되었다.주) 국방부 『한국전쟁사』 제2권 p372

스미스부대가 죽미령 전투를 치른 5일 05시에 에이어스 중령이 지휘하는 제1대대는 평택에, 제3대대는 안성에 진출했다. 제2대대는 없었다.

제1대대는 제2차 세계대전 때 이태리전선에서 전투경험이 있는 에이어스(Harold B. Ayres) 중령이 지휘했고, 제3대대는 스미스(David H. Smith) 중령이 지휘했다.

사단장을 대리하여 전선을 지휘하고 있는 포병사령관 바스 준장이 오산에서 평택 제1대대에 도착했다. 그는 스미스부대를 현지 지도하던 중 미군의 화력이 전차를 깨지 못하는 것을 보고 죽미령을 떠나 이곳으로 온 것이다.

바스 준장은 그가 본 오산 전투 상황을 에이어스 중령에게 전하면서

"곧 적 전차가 들이닥칠 것이니 전방을 정찰하여 경계토록 하고 로켓포조를 추진하여 전차에 대비하도록 하라."

고 지시하였다.

대대장 에이어스 중령은 예비 C중대 1개 소대에 2.36인치 로켓포를 장비케 하고 페인(Charles E. payne) 중위 지휘하에 경부국도 전방으로 추진하여 대전차 차단진지를 급편하였다.

페인 중위 소대가 차량으로 북진하여 서정리에 이르렀을 때 진흙 바닥 도로상에 전차궤도 흔적이 보였으므로 병력을 하차시켜 그곳에 대전차 차단진지를 마련하였다. 이때 말을 탄 국군 한 사람이 남쪽으로 달려오면서

"전차다! 전차, 물러가라!"고 외쳤다.

전방을 살펴보았더니 북쪽 1.5km 전방에 전차 1대가 모습을 드러냈다.

전차가 로켓포 사정권에 접근했을 때 1발을 발사했다. 이렇게 하여 미군 소대와 북한군 전차 사이에 화력 대결이 벌어졌다. 18시경이다.

로켓포탄이 명중한 전차는 태연자약했고, 전차에서 발사한 기관총에 섀드릭(Kenneth Shadeick) 일등병이 전사했다. 사단에서는 미군 첫 전사자로 확인했고, 뉴욕 헤럴드 트리뷴지의 여기자 히긴스는

"한국전쟁에서 미군 보병의 첫 전사자."

라는 내용의 기사를 본국에 송고하기도 했다. 주) 국방부 『한국전쟁사』 개정판 제2권 p75

그러나 이때는 북쪽 스미스부대의 전황이 전해지기 전이어서 오산에서 전사자가 있었던 것을 알지 못하여 일어난 해프닝이었다.

페인 중위는 2.36인치 로켓포가 전차의 적수가 되지 못한다는 것을 확인하고 본대로 철수했다.

제1대대 A중대(Leroy Osburn 대위)는 제1소대 1개 분대에 화기소대의 2.36인치 로켓포 3문과 기관총 1정을 증강하여 도로차단조를 편성하고 소대장 드리스켈(Herman L. Driskell) 중위가 지휘하여 A, B중대 사이 도로에 도로차단진지를 구축하였다.

대전에 있는 딘 사단장은 스미스부대의 상황을 몰라 종일 조바심을 치다가 직접 전선 상황을 확인하고자 평택으로 달려왔다. 사단장이 에이어스 대대지휘소에 도착한 것은 20시 전후였다. 그곳에는 바스 준장도 함께 있었다.

딘 사단장이 평택에 와서 들은 소식은

이날 오전에 스미스부대가 죽미령 고개에서 접적하고 있다는 것,

오후에 오산 남쪽 서정리 부근에 적이 출현했다는 것,

그 시각까지 평택으로 철수한 스미스부대원은 없다는 것뿐이다.

사단장은 이러한 사실로 미루어 스미스부대가 너무 북쪽으로 깊숙이 진출한 탓으로 적에게 포위되어 전멸한 것이 아닌가? 하는 우려를 안고 6일 01시경에 평택을 떠나 대전으로 돌아갔다.

사단장이 전선을 떠난 직후 오산에서 낙오한 스미스부대원 4명이 대대지휘소에 도착하여 스미스부대의 궤멸 소식을 알렸고, 곧 이어서 포병대대장 페리 중령이 도착하여 전황의 윤곽을 알 수 있었다.

바스 준장은 에이어스 대대장에게

"최선을 다하여 현 진지를 고수하되 후방 경계를 강화하고 퇴로를 확보하여 스미스부대의 전철을 밟지 않도록 하라."

고 이르고, 연대장과 앞으로의 대책을 협의하기 위하여 01시 30분 평택을 떠나서 02시 30분 성환에 있는 연대지휘소에 들렸다.

바스 준장은 앞으로 급변할 상황에 대응하기 위하여 연대장에게

"연대를 천안으로 집결시켜 안성과 평택으로 나누어진 연대 병력을 한 곳에 집중함으로써 방어력을 강화하는 것이 좋을 것이다."

라고 촉구한 후 천안으로 갔다.

러블리스 대령은 그때까지 바스 준장이 사단장을 대리하여 전선을 지휘하고 있는 사실을 알지 못했다. 그래서 포병사령관이 보병연대장에게 그러한 지시를 할 수 있는가? 하는 의문이 없지 않았으나 눈앞에서 직접 지시하고 있기 때문에 안 들을 수가 없었다.

에이어스 대대장은 적 일파가 곧 들이닥칠 것으로 보고 03시에 C중대 정찰대로 하여금 정면 국도상에 있는 안성천 교량을 폭파하게 하였다.

한편 러블리스 연대장은 04시 전후하여 연대 작전주임 던(John J. Dunn) 소령을 제1대대에 파견하여 다음과 같이 명령을 내렸다.

"대대는 당면한 적과 접촉을 유지하되 위험하지 않을 정도로 현 진지를

확보하다가 천안으로 집결하라."

연대장은 통신 두절로 명령을 전달할 수 없었을 뿐만 아니라 에이어스 대대로부터 아무런 보고를 받지 못하였으므로 대대 상황을 확인 하고자 던 소령을 보낸 것이다.

제1대대는 밤새 내린 비로 호 속에 물이 차서 병사들은 호 밖에서 웅크린 채 밤을 새운 후 휴대용으로 아침 식사를 하고 있었다.

이들에게 스미스부대의 패전 소식이 들려왔다. 그러나 반신반의했다.

A중대 중앙에 진지를 점령하고 있는 제2소대 선임하사관 콜린스(Roy E. Collins) 상사는 엔진 소음을 듣고 정면을 주시하였는데 뿌연 안개 속에서 전차의 윤곽이 드러났다. 곧 전차는 13대로 헤아려졌고 뒤에는 보병이 따라오고 있었다. 곧장 소대장 리들리(Robert R. Ridley) 중위에게 달려가 전차 출현을 보고했다. 이때가 05시. 대대는 전투태세에 들어갔다.

적 전차는 파괴된 안성천 다리 앞에 멈추어 서서 다리를 점검하더니 다리 좌우 하천으로 우회하여 건너기 시작했다.

이때 A중대 지휘소에 나와서 독전하고 있던 에이어스 대대장이 포격을 명령하여 106mm(4.2인치?) 박격포를 작렬시켰다.

제1탄이 적 대열에 낙하하자 전차가 멈칫했고 적병들이 개울가로 흩어졌다. 그러나 조금 있다가 10여 대의 전차가 미군진지 쪽으로 포신을 돌려 집중포격을 했고, 보병들이 벌떼같이 달려들었다. 이때 미군도 대응 사격을 했으나 적 전차포에 단 한 사람뿐인 포병 관측수가 전사하여 아군의 포격은 멎었다. 전투 개시 30분 만에 적 전차는 안성천을 건넜고, 전차의 포격과 함께 적 보병이 진지 앞 능선에 기어오르기 시작했다.

대대장은 중대 철수를 명령하고 B중대의 상황을 알아보기 위하여 대대 지휘소로 달려갔다.

연대장 명령을 가지고 온 연대 S-3 던 소령이 기다리고 있었다.

대대장은 B중대 전황을 확인한 결과 B중대도 A중대와 상황은 같았다.

던 소령이 가지고 온 연대장 명령에

"위험하지 않을 정도로 진지를 지키다가 천안으로 철수하라."

고 되어 있었다.

"대대장의 판단에 따라 결정하라."

는 것으로 해석하고 B중대에도 철수 명령을 내렸다.

대대는 09시에 지휘소를 성환으로 옮기고, 지원 나온 국군 공병 교량폭파조로 하여금 일선 중대가 평택에 집결하는 즉시 평택 북방 통복천(通伏川) 교량을 폭파하도록 하였다.

A중대는 09시 30분 평택에 집결하여 인원을 점검한 결과 수습된 병력은 100여 명이었다. 40여 명의 손실을 입었다.[주1]

드리스켈 중위의 도로차단조는 철수 명령을 받지 못하고 진지를 지키고 있다가 적이 도로 좌우의 중대진지를 석권한 다음에야 위급을 깨닫고 독단으로 철수하였다. 철수 과정에서 드리스켈 중위는 전사하고 조원 대부분은 실종된 것으로 밝혀졌다.[주2]

1, 2. 국방부 『한국전쟁사』 개정판 제2권 p81

러블리스 대령은 제3대대 L 중대(Arechie L. Stith 중위)로 하여금 평택 남방 고지를 점령하고 있다가 제1대대가 철수하고 난 뒤에 적과 교전하면서 철수하도록 명령하였다. 그러나 L 중대장 스티스 중위는 제1대대가 철수하자 그대로 철수하고 말았다.

연대장은 제1대대가 철수한 뒤를 따라 적이 성환으로 밀어닥치자 그동안 적 그림자도 못 본 안성의 제3대대마저 천안으로 후퇴시켰다.

미 제34연대는 연대 단위의 전투에서도 힘 한 번 제대로 써 보지 못하고 이렇게 무너졌다.

북한군은 7월 6일 평택과 안성을 점령함으로써 이날 현재 저들 제2단계 작전 목표인 평택~안성~충주~제천~영월선에 진출했다.

천안 전투

바스 준장이 평택에서 제34연대장 러블리스 대령과 헤어져 천안에 도착했을 때 제21연대(스티븐스 대령) 제1대대 2개 중대(A, D중대. 스미스부대로 선견된 2개 중대 외)가 열차 편으로 천안에 도착했다. 이때 스미스부대 철수 병력이 천안에 도착해 있었으므로 이들을 합류시켜 천안 남쪽 삼룡리(三龍里) 부근 지연진지에 투입했다.

6일 천안으로 철수한 미 제34연대는 천안경찰서에 지휘소를 개설하고 16시에 연대 철수 상황을 사단장에게 전문으로 보고했다.

제34연대 철수 보고를 받은 딘 소장은 천안으로 달려가서

"누가 평택에서 철수해도 좋다고 했나?" *주) 일본 육전사연구보급회 「한국전쟁」 [1] p184

고 책상을 치면서 힐책했다.

아무도 말이 없었다. 잠시 후 에이어스 중령이 말문을 열었다.

"제가 책임을 지겠습니다."

이때는 이미 평택과 안성은 적의 수중에 들어간 뒤였다.

딘 소장은 앞에서 본 바와 같이 평택~안성선을 전략적으로 대단히 중요하게 여기고 그곳에서 적을 저지하기로 구상했었다. 그런데 그 저지선이 힘없이 무너진 것이다.

사단장은

"별명이 있을 때까지 현 진지를 고수하라."

고 이른 다음 밤중에 대전으로 돌아갔다.주) 국방부 「한국전쟁사」 개정판 제2권 p83

* 딘 소장은 후일 당시의 그의 심경을 다음과 같이 술회했다.
 "그 즉시로 연대를 평택으로 북상시킬 생각이었으나 이미 날이 어두워졌으므로 적의 복병을 만날 우려가 있다고 보고 날이 밝기를 기다리기로 하였다." 또 "안성~평택선의 고수에 대한 복안을 휘하 장병에게 확실하게 납득시키지 못한 점을 거듭 자탄했다."고 했다. (국방부 『한국전쟁사』 개정판 제2권 p83)

대전에 돌아온 딘 사단장은 제34연대장에게

"날이 밝은 다음 1개 중대를 경부국도로 북상시켜 적과의 접촉을 유지하면서 적을 억류하여 지연토록 하라."

고 명령하였다.

7월 7일 러블리스 연대장은 해가 높이 뜬 08시 10분 제3대대 L중대에 연대 수색소대를 배속하여 성환으로 북상시켰다. L중대는 전날 평택에서 에이어스 대대를 엄호하지 않고 임의로 철수한 중대다.

사단장은 제34연대장을 바꿀 생각으로 전날 일본에서 막 도착한 마틴(Robert R. Martin) 대령을 천안으로 보내 그곳의 상황을 익히도록 하였다.

딘 소장은 제2차 세계대전 때 유럽 전선에서 제44사단장으로 있으면서 마틴 대령과 함께 싸운 경험이 있어 그의 용감성을 잘 알기 때문에 일본을 떠나면서 전입 요청을 해 놓았었다.

L중대를 북상시킨 얼마 후에 사단장으로부터

"1개 대대를 북상시켜 적과 접촉을 유지하면서 현 진지까지 지연작전을 실시하라."

는 명령이 내렸다.

이 명령에 따라 제3대대장 스미스 중령이 I, K중대를 지휘하여 정오 무렵에 앞서 간 L중대를 따라 북상하였다.

제3대대가 출발한 직후에 마틴 대령이 연대지휘소에 도착했다. 러블리스 대령은 마틴 대령과 함께 제3대대 진출 상황을 지켜보고 있었다.

한낮이 지날 무렵 연락기가 통신통을 투하하여

"귀부대 전진에는 주의를 요함. 연대 동측방과 서측방에서 큰 규모의 적 병력이 확인되었음. 안성 부근에는 전차(40~50대)와 차량들이 집결 중이고 미양(微陽-안성 서남쪽 5km)과 성환 부근에도 많은 병력이 집결 중임. 귀 연대의 측면 포위를 기도할 것임." 주)

국방부 『한국전쟁사』 개정판 제2권 p85

이라고 일렀다.

연대장 러블리스 대령은 이 정보에 따라 안성가도 쪽에 있는 제1대대의 방어 태세를 확인하고 마틴 대령과 함께 연대지휘소로 갔다.

연대지휘소에는 연대장 교체 명령서를 가지고 15시에 대전을 떠난 부사단장 메노허(Pearson Menoher) 준장과 처치 준장이 와 있었다. 그 자리에서 연대지휘권 인수 인계가 이루어졌다. 18시였다.

오전에 북상한 L 중대는 직산역(稷山驛) 동남쪽에 진지를 점령하였는데 이때 서쪽에서 적 화력이 급습하여 교전이 벌어졌다. 급보를 받은 대대에서 지원 사격을 한 박격포탄이 L 중대원의 머리 위에 떨어졌다. 사격 유도가 잘못되었다고 판단한 연대 작전주임 던 소령이 사격을 중지시키고자 대대지휘소로 달려갔다. 그가 대대에 도착했을 때 대대 주력이 적의 공격을 받아 철수 중에 있었다.

연대 작전주임 던 소령은 대대의 진출 상황과 진지편성 상태를 확인하기 위하여 스미스 대대장과 행동을 같이 하고 있었다.

던 소령은 상황이 급전(急轉)하였음을 깨닫고 천안에 있는 연대지휘소로 달려가서 연대장에게 제3대대 철수 상황을 보고했다. 이때는 연대장이 마틴 대령으로 바뀌어 있었다.

마틴 연대장은 던 소령에게

"제3대대를 수습하여 당초의 대대진지를 확보하라."

고 명령한 다음 연대 본부중대를 이끌고 직접 적정 확인에 나섰다.

연대 작전주임 던 소령은 제3대대 작전관 시거스(Boon Seegars) 소령과 함께 천안에 집결한 제3대대 일부 병력을 수습하여 차량으로 북상하였다. 차량 행렬이 목표 진지에 거의 이르렀을 무렵 적의 급습을 받아 선두 차의 던 소령과 시거스 소령이 중상을 입었고, 뒤따르던 병력은 분산되었다. L중대도 철수했다. L중대는 철수하면서 부상한 던 소령과 시거스 소령을 포함한 부상병과 중화기를 버린 채 천안으로 철수했다.

던 소령은 이날 저녁에 포로가 되었고, 시거스 소령은 끝내 숨졌다.

북한군이 나타난 것은 제3대대가 철수하고 나서도 두 시간이 지난 무렵이었다고 했다.

본부중대를 지휘하여 적정 확인에 나섰던 연대장 마틴 대령은 천안 북쪽으로 달려가 제3대대가 버린 장비와 차량 일부를 회수하여 천안으로 돌아왔다.

마틴 대령은 19시에 제3대대를 천안 외곽에 배치하여 결전 태세를 갖추었다. 일본에서 대전차지뢰 800발이 도착하여 전차접근로에 매설했다.

20시 제63포병대대(Robert H. Dawson 중령) A포대와 제78전차대대 A중대 M-24경전차 1개 소대가 부원(赴援)하였고, 제21연대 제3대대가 증원되었다.주)

국방부 『한국전쟁사』 개정판 제2권 p87

미 제24사단 후속 제19, 제21연대는 일본 규슈 벳푸와 구마모토에 각각 주둔하고 있다가 사세보에 집결하여 배편으로 4일 부산에 도착하였다. 제19연대는 대구에 예비로 남고 제21연대는 조치원으로 진출하여 제34연대를 지원하는 동시에 제34연대와 함께 보급로를 확보하였다.

딘 사단장은 사단 전 병력을 대전 전면에 집중하여 사용하고 싶었지만 당시 그는 주한 미군사령관의 직책을 함께 가지고 있었기 때문에 전선 전반을 고려하여 1개 연대를 대구에 예비로 공치한 것이다.

제21연대는 이날 조치원에 도착한 제3대대(Carl C. Jensen 중령)가 경부국도 미곡리(美谷里-전의 동남쪽) 부근에 진지를 점령하였다. 이로써 제21연대는 제1대대(A, D중대)를 6일 천안 남쪽 삼룡리에 배치하였으므로 천안 남쪽 삼룡리와 미곡리 부근에 이중 지연진지가 마련되었다.

7월 8일 06시 성환 쪽에서 전차 6대를 선두로 적 제4사단 제16, 제18 2개 연대가 국도를 따라 천안 읍내로 들이닥쳤다. 대전차지뢰 800발을 매설하였기에 전차의 진출이 쉽지 않을 것이라고 생각하고 있었는데 적 전차는 전연 장애를 받지 않고 유유히 읍내로 들어와서는 아군이 잠복하고 있을 만한 건물과 차량에 무차별 포격을 가하였다.

이날 대전차지뢰는 한 발도 터지지 않았다. 적이 밤중에 제거하였는지 아니면 매설을 잘못했거나 불량품이어서 불발한 것인지 이유는 확인되지 않았고, 지금까지도 수수께끼라고 했다.주)1

제3대대 병사들은 2.36인치 로켓포와 수류탄으로 적 전차를 공격하여 전차 2대를 격파하였다. 히터(Leotis E. Heater) 일등병은 단신으로 전차에 접근한 후 수류탄 5발을 투척하여 전차 1대를 파괴하였다.주)2

1, 2. 국방부 「한국전쟁사」 개정판 제2권 p89

06시경에 적 보병부대가 시가지에 진입하면서 혼전이 벌어졌고, 대대는 큰 혼란에 빠졌다. 2시간 동안 좁은 읍내에서 난전이 벌어졌다.

마틴 대령은 전차를 파괴하는 것이 선결 문제라고 판단하고 직접 2.36인치 로켓포를 들고 읍내 한복판에서 전차가 나타나기를 기다렸다. 이윽고 전차가 8m 거리에 접근했을 때 가격했다. 그러나 동시에 적 전차포가 쏜 85mm 포탄을 맞아 연대장이 전사했다.

연대장 전사 소식이 전해지자 전황은 걷잡을 수 없이 무너져 갔다. 방어선은 혼란에 빠져 수습할 길이 없었고 적이 포위망을 압축하자 포병의 엄호 사격을 받으면서 09시부터 탈출하기 시작했다.

그날 10시에 천안이 적의 수중에 들어갔다.

마틴 연대장 전사(국방부 『한국전쟁사』 개정판 제2권 p90)

연대장이 로켓포로 전차를 공격할 때 탄약수가 되어 연대장과 함께 전차를 공격한 연대 작전과 선임하사관 크리스텐슨(Jerry C. Christenson) 상사는 뒷날 당시 상황을 다음과 같이 전했다.

"연대장은 로켓포 사수가 되고 나는 탄약수가 되어 어느 건물 속에서 적의 전차가 나타나기를 기다리고 있었는데 전차 한 대가 나타나 우리가 있는 건물로 포신을 돌렸다. 그와 때를 같이 하여 연대장이 그 전차를 향하여 포를 조준하고 내가 포탄을 장진하여 피아 양쪽이 거의 동시에 발사하였다. 다음 순간 전차의 85mm포탄을 맞아 연대장은 몸이 두 동강이 나고 뒤에 있던 나는 그 충격으로 한쪽 눈알이 튀어나왔다. 나는 아픔을 무릅쓰고 그 눈알을 도로 주워 넣은 다음 정신을 잃고 말았다."

크리스텐슨 상사는 정신을 잃은 상태에서 포로가 되어 전날(7일) 포로가 된 연대 작전주임 던 소령과 함께 북한에서 포로 생활을 하던 중 50년 12월 어느 날 혹한 속에서 생을 마쳤다.

마틴 연대장의 전사 광경은 크리스텐슨 상사가 던 소령에게 알렸고, 던 소령이 포로 생활에서 귀환하여 사실을 전했다.

던 사단장과 워커 사령관은 삼룡리 제1대대진지에서 마틴 대령 전사 소식을 들었고, 제3대대가 패주해 오는 것을 지켜보고 있었다.

딘 사단장은 전날 밤을 뜬 눈으로 지새웠다. 제34연대로부터

"연대장이 천안에서 돌아오지 않고 있다."

"탄약이 떨어졌다."

는 등의 걱정되는 보고만 받고 있었기 때문이다.

이른 아침에 워커 장군이 비행기를 타고 대전에 왔다.

"제8군 주력부대가 한국에 오기로 되어 있다. 주력이 도착하는 대로 본관이 주한미군을 지휘하게 될 것이다."

워커는 딘 사단장을 격려한 후 천안 전투 상황을 시찰하기 위하여 사단장과 함께 이곳에 와 있었던 것이다.

이때 미군 M-24경전차소대(기본 대수 5대)가 진출했다. 전차소대장이 워커 장군이 서 있는 언덕으로 올라오자 워커가 전차소대장에게 물었다.

"귀관은 무엇을 하려고 하는가?"

"나는 강습할 생각입니다."

라고 대답했다. 옆에서 보고 있는 딘 사단장 눈에는 그가 죽음을 각오하고 있는 모습이 역력했다고 했다. 그래서

"지금은 고지에 대해 돌격을 하거나 강습을 할 때가 아니다. 유리한 장소에서 사격으로 적을 지연시켜야 할 때다."

라고 일러 주고 전차전 요령을 설명해 주었다.주)일본 육전사연구보급회 「한국전쟁」 [1] p195

이 전차가 6·25전쟁에 첫 참전한 미군 전차다.

천안 전투에서 살아서 돌아온 제3대대 병력은 대대장을 포함하여 175명뿐이었다. 마틴 대령과 함께 천안에 있던 연대본부 장교는 한 사람도 돌아오지 못했다. 박격포와 기관총 및 대부분의 개인화기도 상실했다.

이 대대가 한국에 도착했을 때 700명에 가까운 병력을 보유하고 있었는데 하루아침에 70%의 병력을 잃었다. 대대장 스미스 중령은 정신적인 피로

가 심하여 다음 날 후송되었고, 나머지 생존자들도 극도로 심신이 지쳐 있었다. 연대장대리에 부연대장 로버트 L. 워들링턴 중령을, 대대장대리에 대대 선임장교 뉴턴 W. 랜턴(Newton W. Lantron) 소령을 각각 임명했다.

미 제34연대는 한국전 최초 미군 연대 단위 전투에서 패전했고, 한국전 최초 미군 연대장 전사자를 기록됐다.

군복 입은 민간인

트루먼은 한국에 사단을 보내면서 로마군과 여왕(영국 여왕)의 군대를 본뜨려고 했다. 국민이 수락하든 않든 세계에는 언제나 호랑이가 있고 그것은 오직 힘만으로 제재할 수 있기 때문이었다.

그러나 트루먼에게는 그리고 미국에는 진짜 군대가 없었다.

미국은 육군 10개 사단과 구라파 주둔군 그리고 9개 독립연대밖에 없었고 구라파 주둔군을 제외하면 전시 편제 70%의 병력에 불과하였다. 각 연대는 정상적인 3개 대대가 아니라 2개 대대였고 각 포병대대는 3개 포대가 아니라 2개 포대뿐이었다.

또 사단은 전시 무장을 갖추지 못하고 M-24 경전차 밖에 없었다. 그나마 장비는 2차 대전 때 쓰던 낡고 오래된 것이었다.

그러나 미 육군의 최대 약점은 모자라는 병력이나 낡고 부족한 장비에 있었던 것만은 아니었다.

1945년 이후 미 육군은 국민의 요구에 의해서 민간화되었다는 사실이다. 복무병은 징집병들이었고, 이들이 정규군이었지만 군인이 되었어도 민간인의 테두리에서 벗어나지를 못했다.

그들은 미국의 평범한 청년들이었고 군복을 입었을 뿐 정신적으로나 육체적으로나 전투에 맞지 않았으며 나가서 싸우고 죽으라는 명령을 받고 전진할만한 군인이 아니었다.

고대 로마군이나 영국군은 술집 비렁뱅이, 굶주린 자들, 변화를 찾는 시골 젊은이들로 구성되어 있었다. 그들은 모병에 응모하여 쇠뭉치로 훈련을 받고 강철 같은 규율 아래서 무쇠 같은 인간이 되었다. 장교는 모두 직업 군인으로서 죽음이 그들의 일상생활이었다. 이들에게는 군대가 집이었으며 전쟁이 — 어떤 전쟁이든 — 직업이었다.

로마군은 곧 劍(검)이어서 도덕이고 뭐고가 없었다. 도덕은 정부가 그들을 어떻게 명령하였느냐에 달렸을 뿐이었다. 그들은 시키는 대로 하고 曲直(곡직)을 따지지 않았다. 패하지도 않았고, 그저 진군할 따름이었다.

스미스부대 젊은이들은 정규군 군번을 지니고 있었으나 그들은 정규군 신병 복무를 좋아하지 않았으며, 여론의 뒷받침을 얻어 군대 생활은 될수록 시민 생활, 가정생활에 가깝도록 만들어져야 한다고 주장하는 병사들이었다. 훈련은 그들 비위에 거슬렸고, 그들의 출신지 국회의원들은 훈련이 너무 심하지 않도록 만반의 배려를 하고 있었다. 그들은 살이 쪘다.

아마 그들처럼 흐뭇한 미국 군대의 집단이란 일찍이 없었을 것이다. 그들은 어느 곳의 미국 청년과도 다를 바 없었다. 자신만만하고 세상이란 어려운 것이 없는 곳이라고 믿고 있었다.

군대의 근본적인 기능은 전투에 있고 극소수만이 모면할 수 있는 군인의 운명은 고난을 겪는 일이며 필요하다면 목숨을 바치는 일이라는 것을 가르쳐 준 사람이 아무도 없었다는 것은 그들의 잘못이 아니었다.

대전차포탄이 6발 밖에 없다는 사실을 알고 있는 포병이 물었다.

"괴뢰군 탱크가 보병진지를 뚫으면 포는 어떻게 됩니까?"
"걱정 말게 그렇게 내버려두지는 않을 테니까……."
보병 장교의 대답이었다.

미군이라는 자부심이 그들을 자신만만하게 해 주었다.

죽미령에서 대대를 받치고 있던 제52야전포병대대는 7월 5일 상오 10시 쯤 공격을 받았다. 포진지에 적 탱크의 포탄이 떨어지자 병사들은 흔들리기 시작했다.

"전방에 적 탱크다. 포격하라!"

장교들 명령이 빗발치듯 했으나 포수들은 멋대로 자리를 뜨기 시작했고 얼마 안 돼 포진지에는 장교와 하사관만 남았다.

장교들은 욕지거리를 하며 포탄을 장전하고 스스로 포수가 되어 사격을 해야 했다.

적 탱크가 유유히 사라진 뒤 다시 모인 사병들 중 전투로 인한 부상자는 단 1명뿐이었다. 그들은 전투가 벌어지는 동안 싸울 생각은 않고 개인호 속에 숨어 있었던 것이다.

7월 6일 아침 천안에 진을 치고 있던 1대대 A중대장 오스번 대위는 근심스러운 얼굴을 하고 있는 사병에게 안심시켰다.

"걱정할 것 없네. 놈들은 미 군복을 보기만 해도 줄행랑을 칠 테니까……."

싸우는 상대가 누구인가를 알면 북한군은 되돌아가리라는 것이 이들 대부분의 생각이었다.

안개 속에서 갑자기 적 보병들이 달려들어 전투가 시작됐고 사격 명령이 내려졌으나 적을 향해 방아쇠를 당기는 사람은 한 사람도 없었다.

"M1소총은 됐다 뭘 해. 전원 사격 개시!"

소대장들이 아무리 외쳐도 사병들은 입만 벌린 채 얼이 빠진 듯 전진해 오는 공산군을 보고만 있었다. 사병들은 적이 다가오자 개인호 속에서 뛰어나와 달아나기 시작했다.

중대장과 소대장들이 도망치는 병사들에게 정지하라고 고함을 쳤으나 철모와 배낭 심지어는 소총까지 내팽개친 채 줄행랑을 쳤다. 그들에게서 신문 보도대로 '영웅적 전투' 모습은 찾아볼 수 없었다.

달러드는 적을 멍청히 바라보고 있던 병사들의 실태를 알아본 결과 반은 총을 쏠 줄 몰랐고, 나머지는 총을 잘못 다루어 총구에 흙이 끼었거나 총의 결합이 잘못되었던 것으로 밝혀졌다.

대전 전투가 끝난 뒤 J. T. 콜리 중령은 사단본부에 이렇게 요청했다.

"각 부대의 장교를 2배로 늘려야겠습니다. 한 사람은 선두에서 인솔하고 다른 한 사람은 뒤에서 몰아 붙여야겠습니다."

결국 많은 장교들이 최 일선에서 싸우다가 죽거나 포로가 돼야 했다.

제34연대장 마틴 대령은 천안 전투에서 포를 버리고 달아난 부하 대신 바주카포 사수 노릇을 하다 목숨을 잃었고, 작전장교 던 소령은 전진을 꺼리는 소총 소대의 앞장을 섰다가 부상을 당한 채 포로가 되었다.

전승국 군대로서 점령지에서 안일한 나날을 보내던, 군인 정신이나 전투 훈련을 제대로 받아본 적이 없는 그들로서는 어쩔 수 없는 일이었다.

딘 소장이 대전에 끝까지 남았던 이유를 이렇게 말했다.

"사단장 스스로가 적과 싸우는 모습을 병사들에게 보임으로써 허물어져 가는 병사들의 사기를 높일 수 있을 것 같아서였다."

『실록한국전쟁』은 이렇게 평했다.

그들의 행동을 보고 비웃을 자격을 가진 미국인은 없다. 그들이 겪은 일은 미국인이면 누구나 1950년에 겪을 수 있는 일이었다. 왜냐하면 그들은 그들의 사회가 오랫동안 바랜 끝에 마침내 이룩한 호강에 겨운 제멋대로의 평등주의의 군대를 상징했기 때문이다.

그들은 세계에는 호랑이가 없다는 믿음 속에서 양육된 후 막대기를 쥐어져서 호랑이와 싸우도록 세상에 내보내진 사람들이었다. 책임은 마땅히 그들의 사회에 돌아가야 한다.

참고 문헌 : 안동림 역 『실록한국전쟁(This Kind of War)』 제6장, 제7장, 제8장
서울신문사 『주한미군 30년』 「9. 민간인 군대」 (p157)

뉴욕 헤럴드 트리뷴지의 종군기자 마가리트 히긴스는 그의 저서 『자유를 위한 희생(War in Korea)』에서 이렇게 소개했다.

"확실히 미국인은 안락함을 사랑한다. 그리고 너무도 많은 장병이 응석받이로 키워졌다. 미카엘리스(John H. Michaelis) 대령의 설명을 들어보자.

'내가 부산에서 연대지휘를 맡았을 때 착잡했습니다. 나를 비롯해 대부분의 장교들이 신임이었습니다. 병사들도 미숙했습니다. 더구나 우리 장병들은 참전하면서 별의 별 것을 다 갖고 왔습니다. 바이올린, 반조 같은 악기도 있었으니까요. 북진을 시작하기 전에 우리 연대에서 나온 잡동사니가 트럭 8대 분량이나 됐으니 그 규모를 짐작하실 겁니다.

평시 훈련에서 우리는 쓸모없는 일에 열중했습니다. 정보와 교육은 강조했으나 소총사격술, 정찰, 방어진지 구축 등은 소홀히 했습니다. 오히려 귀한 대접을 받으면서 안전하게 운전하는 방법, 전시채권 구입 방법, 집에서 기다리는 어머니에게 편지 쓰고 부치는 방법에 대한 얘기를 들었습니다.'"

3. 조치원 부근 전투 – 사단을 투입하고도!

전의 전투

7월 4일 주한 미군사령관에 임명된 제24사단장 딘 소장은 4일까지 사단 전 병력이 도착하여 비로소 휘하 전 병력을 통할(統轄)하게 되었다.

그러나 이때 딘 사단장이 가용할 수 있는 병력은 제21, 제34 2개 연대 각 2개 대대(제1, 3대대), 사단 수색중대(실 병력 경전차 1개 소대), 공병대대, 경전차 1개 중대, 제63포병대대 및 제11포병대대(155mm)의 각 1개 포대뿐이었다. 더구나 제21연대 제1대대는 선견대대로 2개 중대(스미스부대)가 죽미령 전투에 참전하였다가 궤멸되어 대전에서 재편성 중에 있었으므로 가용 병력은 2개 중대(A, D중대) 밖에 없었다.^{주)} 국방부 『한국전쟁사』 개정판 제2권 p92

제19연대는 1개 대대가 연일비행장 경비 임무에, 나머지 1개 대대는 예비대로 대구에 있었다. 결국 딘 사단장은 사단 전력의 50%에도 미치지 못하는 전력을 지휘하고 있었다.

7월 8일 오전에 천안이 적 수중에 들어가자 미 제24사단장 딘 소장은 제21연대를 조치원~전의에, 제34연대를 공주에 각각 배치하고,

후속으로 합류한 제19연대는 제21연대가 조치원에서 철수하는 동안 예비대로서 금강 남안 대평리(大平里) 부근에 진지를 점령하도록 하였다.

딘 소장은 금강선에서 적의 남진을 저지하고 평택과 천안에서의 패배를 설욕하려고 했다. 그러나 제19연대는 제21연대가 금강 이남으로 철수할 때까지 대평리에 도착하지 못했다.

이 무렵 계속 선두에서 진격하던 적 제4사단은 정면을 제3사단에게 넘기고 공주 방면으로 돌아갔다.

미 제21연대 제1대대는 9일 오후에 비가 그치고 푸른 하늘이 보일 무렵

적 전차 11대를 앞세운 2~300명의 보병 행군 종대가 천안 쪽에서 전의 정면으로 진격해 오는 것이 시야에 들어왔다. 대대장은 즉시 공중지원을 요청하는 한편 보병과 포병의 전 화력을 총 집중시켰고, 지원 나온 전투기의 공중공격이 합세하여 적에게 맹렬한 포화를 퍼부었다.

16시 50분경 155mm곡사포는 전의에 침입한 적 전차 11대 중 5대를 격파했고, 해질 무렵에는 공군기가 평택~전의 간 도로상에서 남진 하는 200여 대의 차량 행렬을 공격하여 100여 대를 불태웠는데 뒷날 귀순한 제105기갑사단 정치군관 오기완(吳基完) 대위는

"천안 남쪽에서 5시간 동안 미군 항공기의 공중 공격을 받아 전차 15대와 차량 30여 대가 파괴되었다."

고 증언하면서 이것은 남침 이래 미 공군에 의한 가장 큰 손실로서 대공 장비를 갖추지 않고 승승장구 내딛기만 하다가 항공기의 좋은 밥이 되었다고 덧붙였다.주)

국방부 『한국전쟁사』 개정판 제2권 p95

10일 07시경 안개가 짙게 깔린 상황에서 적은 박격포 공격을 시작했고, 08시경에는 전차 4대가 우회 침투하여 미군 박격포진지를 유린하였다.

09시에는 미군진지 전면에 무자비한 적의 공격이 가해졌다. 미군 보병은 박격포의 지원을 받을 수 없는 상황에서 고전을 면치 못했다. 11시를 넘기면서 중대장은 연대장에게

"사상자가 증가하고 있습니다. 증원이 없다면 후퇴를 허락해 주십시오."

라고 요청했고, 소대장들은 중대장에게

"소대는 적에게 포위됐고, 소대원 대부분은 부상당했다."

는 최후 보고를 했다. 그런 중에 연대장이 요청한 제트기 2대가 날아와 로켓포탄으로 적 전차를 공격하고 기총사격으로 적 보병을 공격하였다. 전투기가 공격하는 동안 적 공격이 멈칫 했을 뿐 비행기가 돌아간 뒤에는 무자

비한 공격이 다시 시작되었다.

적 포화에 연대지휘소의 무전 차량과 무전기가 파괴되어 후방에 있는 제3대대와 포대에 지원을 요청할 수 없었고 제3대대와 포대 역시 제1대대의 고전 상황을 헤아릴 길이 없었다.

제11포병대대 A포대는 제1대대진지가 무너졌다고 판단하고 제1대대진지에 집중 포격을 했고, 그때까지 주진지에 버티고 있던 연대장과 제1대대 장병들은 피·아의 포화가 함께 집중하는 가운데 호 속에서 속수무책으로 머리를 처박고 버텨야 했다.

연대 좌측면을 맡고 있던 빅슬러(Bixler) 중위가 지휘하는 소대는 고립무원 상태에서 적에게 포위 공격을 받아 전원이 미군 사전에는 없는 옥쇄를 했다. 주진지에서도 적의 압력과 집중되는 피아의 포화에 견디지 못한 병사들이 뿔뿔이 흩어져서 도망가기 시작했다. 누군가가

"우 측방에는 모두 도망갔다."

고 소리쳤다. 연대장은 고함을 질렀다.

"저 돈 덩어리들을 제자리로 돌아가게 해! 봉급은 공짠 줄 아나?"*

그러나 소용이 없었다.주)

안동림 역 『실록한국전쟁』 p113

* 미군은 지원병이었다. 그래서 월급이 많았다. 미국의 젊은이들은 월급을 받기 위하여 군에 간다. 내가 근무한 대대(제1사단 제11연대 제1대대)에 미군 포병연락장교(소위)가 사병 2명을 데리고 파견되어 있었다. 그는 시골 출신인데 자기가 그 시에서 가장 월급을 많이 받는다고 자랑했다. 미군은 월급이 많았다.

결국 연대장과 중대장 그리고 장교와 몇몇 병사들만 남게 되었다.

12시경에 연대장 스티븐스 대령은 퇴각을 결심하고 후퇴 명령을 내렸다.

스티븐스 연대장 일행은 벼가 무성히 자란 들판을 가로질러 제3대대가 있는 미곡리(美谷里-연기군 全東面)로 철수했다. 이때 미 공군 제트전투기

2대가 나타나서 철수 부대를 적군으로 오인하고 기총소사를 퍼부었다. 이 급박한 상황에서 철수 병력들은 물이 정강이까지 차는 논바닥에 얼굴을 처박고 죽은 듯이 엎드려 있어야 했다.*주)   국방부 『한국전쟁사』 개정판 제2권 p97

> * 뉴욕 헤럴드 트리뷴지의 보도
> 전의 전투에서 스티븐스 연대장과 행동을 함께 한 비가트(Bigart) 기자는 7월 12일 뉴욕 헤럴드 트리뷴(Herald Tribune)지에 "From a Foxhole in Korea"라는 제목으로 다음과 같은 기사를 실었다.
> "항공기의 기총소사가 계속되는 동안 썩은 논물이 가득한 논바닥에 얼굴을 박고 죽은 듯이 엎드려 있어야 했으니 이들 철수 병력 가운데 살아남은 사람이 있다면 평생 벼를 싫어하는 마음이 이때부터 생겨났을 것이다." (국방부 『한국전쟁사』 개정판 제2권 p97)

제1대대는 이 전투에서 A중대가 총원 181명 중에서 부상 27명, 실종 30명, D중대가 전사 3명, 부상 8명으로 밝혀져 대대 병력의 20%에 해당하는 손실을 입었고, 대부분의 장비를 버리고 왔다.주)   앞 같은 p98

연대장은 조치원에 있는 제3대대에 제1대대진지를 회복하라는 명령을 내렸다. 제1대대 병사들을 구출하고 사상자를 수습하며 장비를 회수하기 위해서였다.

제3대대(젠슨 중령)는 일부 진지를 탈환하고 제1대대 병사 10명을 구출했고, 박격포중대 병사 6명이 두 손을 뒤로 묶인 채 머리에 타박상을 입고 죽어 있는 것을 발견했다. 이들은 조치원에서 탄약보급을 받아 진지로 돌아가던 중 박격포진지를 점령한 적에게 포로가 되어 살해되었다.주)1

이 전투에서 한국전 최초로 미군 M-24전차가 반격에 가담하여 초탄으로 적 전차 1대를 격파하는 전과를 올렸지만 곧 적 전차의 역습을 받아 미군 전차 2대가 격파되는 손실을 입었다.주)2   1, 2. 일본 육전사연구보급회 『한국전쟁』 [1] p206

M-24전차는 T-34전차의 적수가 되지 못함을 확인하는 순간이었다.

제3대대는 잃었던 장비를 회수하고 돌아와서 운주산(雲住山, 459.7m-미곡리 동북쪽)에 배치됐다.

이날 오후 늦게 미 제5공군은 출동 가능한 모든 전투기를 동원하여 전의 북방 40km 지점에 있는 파괴된 교량 근처 도로상에서 적 전차와 차량 및 보병 행군종대를 공격하였다. 이 공격에서 전차 38대, 자주포 7대 및 차량 117대를 격파하고 많은 적병을 살상하여 한국전에서 단 한 번의 출격으로 최대 전과를 올린 기록을 세웠다.주) 일본 육전사연구보급회 『한국전쟁』 [1] p207

조치원 전투

오산에서 참패한 스미스부대는 대전에서 장비를 갖추고 205명을 보충받은 후 조치원에 있는 제21연대에 복귀하여 제1대대를 재편성했다.

제3대대는 운주산에서 남서로 뻗은 미곡리 능선에 방어진지를 구축했고, 제1대대는 조치원 북방 4km 지점 능선에 방어진지를 구축했다.

11일 06시 30분 적이 공격했다. 적은 미리 부대 위치와 병력 배치 상황을 간파한 듯 먼저 야포와 박격포로 제3대대지휘소 부근을 집중 포격하여 통신취급소와 탄약저장소를 폭파하였다. 이로 인하여 대대 본부요원 반 이상이 사상하고 대대의 지휘기능이 마비되었다.

이어서 적은 전차 4대가 도로를 따라 정면으로 돌파했고, 보병 1,000여명이 진지 좌우 측면으로 포위 공격하면서 일부는 후방으로 우회 침투하여 도로를 차단했다. 대대는 후방 지원을 받을 수 없게 되었고, 부상자를 후송할 길도 끊겼다. 전방 관측병은 눈앞의 좋은 목표물을 두고도 포대에 알릴 길이 없어 발만 굴렀다.

06시 30분 전차 3대가 지뢰지대를 뚫고 도로를 따라 돌관(突貫)함으로써 전황은 급전직하로 악화되어 소용돌이 속으로 휘말려 들었다. 이때도 지뢰는 한 발도 터지지 않았다.

K중대 정면에는 적이 중대본부 근처까지 육박하여 기관총으로 대대의 퇴로를 위협하기에 이르렀다. 스피어(Paul R. Spear) 일등병은 기관총을 제압하고자 권총 하나만 들고 단신 기관총좌로 돌진했다. 적병과 부닥친 뒤에야 권총에 실탄이 장진되지 않았음을 알았다. 순간 권총으로 적 기관총 사수를 내리치면서 격투를 벌여 기어코 기관총을 침묵시켰다. 스피어 일등병은 적 총탄에 중상을 입었다. 그는 D.S.O 훈장을 받았다.주)

어느 장교는 퇴로차단 사격을 하고 있는 기관총을 수류탄으로 제압하고 도로 양쪽 배수로에 숨어있는 병사들에게   국방부 『한국전쟁사』 개정판 제2권 p101, 102

"자 빨리 나와서 가자!"

하고 독촉을 하자 어느 하사관이

"혼자 가십시오. 모든 것을 포기했습니다. 포로가 되어도 좋습니다."

라고 하면서 움직이지 않았다.주)   일본 육전사연구보급회 『한국전쟁』 [1] p208, 209

이러한 혼전은 정오 무렵까지 계속되었다.

대대장 젠슨 중령과 정보관 젝슨 중위가 전사하고, 대대 부관과 작전관 그리고 L 중대장이 행방불명되었으며, M-24전차 2대가 파괴되었다. 대대는 큰 혼란에 빠졌다. 정오 무렵에 이르러 대대진지는 완전히 유린되고 말았다. 살아남은 병사들은 무더위에 무기, 탄약, 수통, 철모를 버렸고, 심지어 상의와 신발까지 벗어 던지고 무작정 남쪽을 향하여 걸어갔다.

이날 늦게 조치원에서 수습된 제3대대 병력은 당초 667명 중에서 장교 8명과 사병 142명이 전부였다. 15일까지 322명이 복귀하여 병력 손실 규모는 줄어들었으나 버리고 온 장비와 보급품은 전날 제1대대가 버린 것을 합하여 2개 보병대대를 무장할 수 있는 것이라고 했다.

그 후 9월 29일 미 제1기병사단 제5기병연대가 미곡리 지역을 수복했을

때 미군진지였던 호 속에서 미군 시체가 그대로 남아 있어 그날의 참상을 실감했다고 한다.주)
국방부 『한국전쟁사』 개정판 제2권 p102

11일 조치원 북방에 배치된 제1대대는 09시에 야포 지원을 받은 약 2,000여 명의 적으로부터 공격을 받고 16시에 금강을 도하하여 새로운 진지로 철수했다.

제21연대는 첫 전투에서 많은 희생을 치르면서 전의에서 조치원까지 막강한 적 2개 사단의 진격을 3일간이나 지연시키는 공을 세웠다.

제34연대는 천안 전투에서 철수하여 7월 11일 공주 북방 수촌리(水村里-공주시 儀堂面, 23번 국도변)에 방어진지를 폈다가 오후에 적의 공격을 받고 12일 제63포병대대와 함께 금강을 도하하여 공주 방어에 들어갔다.

지원하던 전차도 4대 중 3대가 격파되는 피해를 입었다.

미군은 사단 전투에서도 참패했다.

미 제24사단은 7월 13일 현재 잔류 병력이 11,440명이었다. 한국에 도착한 병력이 15,965명이었으므로 한국전에 참전한 첫 1주일 동안의 전투에서 4,525명(행방 불명이 1,500명[*1])의 병력과 3개 대대의 장비를 모두 잃었다.

7월 13일 현재 각 연대병력은

제21연대 1,100명,

제34연대 2,020명,

제19연대 2,276명,

포병부대 2,007명이었다.[*2] 주)
일본 육전사연구보급회 『한국전쟁』 ① p230

한국전 최초로 참전한 M-24전차는 8대였다. 이 전투에서 적 T-34전차 1대를 파괴하고 7대를 잃었다.주)
일본 육전사연구보급회 『한국전쟁』 ① p212

> * 1 국방부 『한국전쟁사』 제2권(p504), 같은 개정판 제2권(p461), 『한국전쟁비사』 1 (p385)은 병력 손실을 1,500명으로 기록. 1,500명은 행방불명된 병력이다.
> * 2 연대별 잔류 병력을 합하면 7,403명이다. 앞의 사단 잔류 병력 11,440명과는 4,037명의 차이가 있다. 비전투요원이 그렇게 많지는 않을 것이므로 숫자 계산에 착오가 있는 것으로 보인다.
>
> 1950년 7월 14일 뉴욕 타임스는 "사실상 가장 영웅적이며 우수한 방어와 후퇴 작전을 전개한 미군의 피해자가 너무 과장되어 보도되어 왔다. 사실상 적의 사상자 수는 미군 사상자보다 비교될 수 없을 만큼 큰 것이었다."고 하면서 미군들의 용맹스런 전투로 전황은 유리한 국면에 접어들고 있다고 보도했다.(서울신문사 『주한미군 30년』 p157)

적 제4사단 제16연대 소속 정찰대원으로 포로가 된 배준팔(裵俊八) 소위의 진술에 의하면 저들 제4사단도 미 제24사단과 교전한 이래 8일 동안 5~6,000명의 병력 손실을 입었다고 했다. 이는 저들 사단 편제의 50%에 해당하는 큰 손실이다.주)

국방부 『한국전쟁사』 개정판 제2권 p461

제4절 대전 방어전 – 미 제24사단

1. 공주 부근 도하저지전 – 미 제34연대

전력에 결함이 많은 제34연대

7월 13일 미 제24사단장 딘 소장은

제34연대를 공주 정면에,

제19연대를 대평리(大平里 – 연기군 錦南面) 금남교 남안에 배치하고,

제21연대를 예비대로 대전비행장에 대기시켰다.

나중에 확인된 사실이지만 적은 제4사단이 전의~공주 간 국도를 따라 제34연대 정면으로, 제3사단이 전의~대전 간 국도를 따라 제19연대 정면으로 진출하고 있었다.

이들 사단은 그동안 전투에서 병력과 장비의 손실이 상당히 컸던 것으로 알려졌고, 병력은 60~80% 수준을 유지하고 있으며 전차 50대를 지원 받아 금강 도하를 노리는 것으로 보였다.주)   국방부 『한국전쟁사』 개정판 제2권 p461

미 제34연대는 전력에 많은 결함을 가지고 있었다.

천안 전투에서 연대장 마틴 대령이 전사하였고, 제3대대장 스미스 중령

은 천안 전투 이후 기력 상실로 후송되었으며, 작전주임 던 소령은 안성 전투에서 부상을 입은 채 포로가 됐다. 또 정보주임과 K중대 40여 명이 정신적 피로로 전투 의식을 상실하여 13일 대전으로 후송되었다.

결국 K중대는 해체되었다.

연대는 부연대장 워들링턴(Robert L. Wadlington) 중령이, 제3대대는 부대대장 랜턴 소령이 각각 대리 지휘하고 있는 실정이었다.

또 제34연대를 지원하고 있는 제63포병대대는 대대장 도슨(Robert H. Dawson) 중령이 일사병으로 후송되어 드레슬러(William E. Dressler) 소령이 지휘하고 있었다.

이렇게 전력에 구멍이 뚫린 데다 통신 장비가 부족하여 대대와 연대, 대대와 포대, 포대와 관측소 간 교신이 되지 않았다.

적 제4사단은 11일 정찰대를 잠입시켜 미 제34연대의 배치 상황과 금강 도하지점을 확인하고 12일 주력을 금강 대안에 집결시켰다.

작은 표적은 사격할 가치가 없다 – 포가 침묵

7월 13일 04시 공주 주변 금강 대안에 적 전차가 이동하는 것을 관측하고 공주 금강교를 폭파했다. 이때 금강 연안에는 제3대대 I, L 2개 중대가 배치되어 있었고, 이들이 적 1개 사단의 도하를 막아야 할 처지에 있었다.

14일 밤새 내리던 비가 그치고 하늘에는 뭉게구름이 높게 드리웠다.

06시경에 금남교 동쪽 I 중대진지에 전차포로 보이는 포탄이 쏟아졌고, 그 서쪽 L 중대진지에는 시한포탄이 고공에서 폭발하고 있었으나 너무 높은 곳에서 폭발하여 위력은 없었다. 포격은 점점 거칠어져 갔다.

바야흐로 적 도하가 임박하여 전 연대의 관심이 공주 북안에 쏠리고 있을 때 연대의 두 주역이 자리를 떴다. 연대장을 대리하고 있던 워들링턴 중령은 딘 사단장 지시로 제1대대장 에이어스 중령을 데리고 다음 지연진지를 선정하기 위하여 논산을 정찰 중에 있었다.

얼마 후 검상리(檢詳里, 금강교 하류 약 6km) 나루에서 30여 명이 탈 수 있는 부선(艀船) 2척을 이용하여 적이 도하하고 있는 것이 눈에 띄었다. 날씨가 좋아 포병관측 비행기도 이를 발견하고 사격지휘소에 보고했다.

제63포병대대 작전관 바터(Charles B. Barter) 소령은

"이런 작은 표적은 사격할 가치가 없다. 머지않아 공주 북방에서 적 주력이 도하할 것이므로 그때까지 기다리자."

고 했다.주)
일본 육전사연구보급회 『한국전쟁』 ① p233

이렇게 해서 막강한 화력을 가진 포병대대의 모든 포가 침묵하고 있었다. 그러나 이때 제63포병대대를 증원하고 있는 제11포병대대 155mm포 2문이 같은 항공관측기의 유도에 따라 포격을 하였는데 이마저도 곧 나타난 북한군 YAK의 위협을 받고 항공관측기가 상공을 떠나게 되어 더 이상 포격을 할 수 없었다.주)
국방부 『한국전쟁사』 개정판 제2권 p468

08~09시 30분 사이, 포병이 침묵하는 틈을 타서 500여 명으로 추산되는 적병이 나룻배를 타고 L 중대 정면으로 금강을 건너왔고, L 중대는 적의 집중포화에 제압되어 건너오는 적을 뻔히 보면서도 속수무책으로 있어야 했다.

통신수단은 대대~중대 간 SCR-300무전기와 중대~소대 간 SCR-536이 있었으나 건전지가 없어 무용지물이 되어 있었고, 유선은 가설할 수 없는 상황이었다. 2km가 넘는 거리를 두고 있는 대대지휘소와는 전령을 통하여 겨우 연락을 유지하는 형편이었다.

무단 철수한 L 중대장

14일 10시경, 금강교 좌측 일선 경계 중대인 L 중대장 스티스 중위는

"중대 후방으로 적이 도하한 이상 중대는 고립되어 적의 포위망에 빠지게 된다."

고 판단하고 대대장의 명령은 물론 인접 I 중대에도 알리지 않고 11시에 철수하여 논산으로 후퇴했다.

스티스 중위는 6일 평택에서 제1대대의 철수를 엄호한 후에 적과 교전하면서 철수하라는 연대장의 명령을 받았으나 제1대대가 철수하자 뒤따라 철수하였고, 또 7일 천안에서도 명령 없이 후퇴하면서 부상당한 연대 작전주임 던 소령과 대대 작전관 시거스 소령을 버리고 후퇴하여 포로가 되거나 전사하게 하는 전철이 있었다.

제3대대장대리 랜턴 소령은 논산에서 작전 지휘 중 후퇴해 오는 스티스 중위를 만나자 무단 철수한 책임을 물어 중대장에서 해임하고 군법회의에 회부했다. 그러나 L 중대가 금강교에서 전투하는 동안 대대장이 어디에 있었는지 아는 사람은 아무도 없었다.

금강교 우 일선을 맡고 있던 I 중대장대리 힉스(Joseph E. Hicks) 중위는 적의 포화를 무릅쓰고 정오까지 진지를 유지하고 있었다. 그들 우측에 있던 K 중대가 전날 저녁에 해체되어 철수해 간 후 진지가 비어 있었고, 좌측의 L 중대는 정오 전에 무단 철수하여 고립되어 있었으나 대대와 통신 두절로 K 중대 철수 사실은 물론 적의 도하 사실조차 모르고 있었다.

오후에 남쪽에 있는 M 중대(화기중대)의 사병 몇 명이 와서

"적이 이미 우회하여 배후의 공주~부여 간 도로를 차단하였다."

고 알렸으나 반신반의하면서 믿지 않고 버티고 있다가 21시 30분경에야 연대로부터 철수 명령을 받고 철수하여 연대본부에 합류했다.

야전포병대대 파멸

제63야전포병대대는 금강 남쪽 5km 지점 삼교리(三橋里-공주시 胎封洞. 금강교 서남쪽 약 7km 지점 40번 국도변)에 위치하고 있었다.

14일 11시경 L 중대가 후퇴할 때 L 중대에서 소대장대리를 맡고 있는 와그네브레스(Wallace A. Wagnebreth) 상사가 포병대대에 가서 장교에게 검상리에서 적이 도하 중임을 알렸으나 아무런 관심을 기울이지 않았다.

13시 30분경 포병대대 경계병이 적군이 진지로 접근 중이라고 보고했다. 그러나 포병들은 적군인지 확인될 때까지 관망하다가 적을 포격으로 섬멸할 수 있는 기회를 놓쳤을 뿐만 아니라 적이 포진지에까지 침투할 수 있는 기회를 만들어 주었다.

적병은 포진지 경계병을 사살하고 포와 기관총을 180도 돌려서 아군 포진지에 사격을 했다. 동시에 적 박격포탄이 대대지휘소에 집중되어 통신선이 절단되고 무전기가 파괴되어 통신이 두절되었으며 적탄이 포탄을 실은 트럭에 명중하여 폭발하는 바람에 포병대대본부는 아수라장이 되었다. 이런 와중에서 대대장이 사격 지휘를 하고 있는 민가가 적의 기관총 세례를 받아 대대장이 교통호로 긴급 대피하는 바람에 지휘체계가 혼란을 일으키면서 제대로 저항도 못 해 보고 사병들은 뿔뿔이 흩어진 채 살길을 찾아 남쪽으로 도망쳤다. 곧이어 A포대에 100명, B포대에 400명으로 추산되는 적병이 난입하여 진지를 교란하자 더 이상 지탱하지 못하고 15시에 후퇴 명령을 내렸다.

제63포병대대는 약 1시간 30분에 걸친 전투에서 A, B포대의 모든 포(10문)와 각종 차량 86대를 비롯한 장비 전부를 버렸고, 포병대대장대리 드레슬러 소령과 포대장을 비롯한 장교 11명, 사병 125명을 잃었다.

포병대대장대리 드레슬러 소령은 그 후 누구의 눈에도 띄지 않았다.

공이와 조준 장치를 제거한 몇 대의 포를 제외하고는 포, 장비, 차량 할 것 없이 모두 온전한 상태에서 북한군에게 고스란히 진상했다.

북한 방송은 이 전투에서의 승리를 대대적으로 방송하면서

포로 86명, 화포 10문, 차량 86대를 노획했다고 발표했다.

북한군 기습 장면을 목격한 사람은

"꼭 서부 활극에 나오는 인디안의 습격" 그대로였다고 평했다.

드레슬러 소령 시체는 2년 6개월이 지난 1953년에 부하 매콜(Edward L. McCall) 하사의 시체와 함께 그가 지휘하던 대대사격지휘소 근처 호 속에서 발견됐다.

제34연대는 7월 15일 아침 논산 동쪽에 새로운 진지를 점령했다.

참고문헌 : 일본 육전사연구보급회 『한국전쟁』 [1] 「야전포병대대의 파멸」(p234)

유구(維鳩) 기습전

국군 기갑연대 기병 제6중대(박익균 중위)는 미 제34연대에 배속되어 공주에 있었다.

7월 11일 07시에 주력 2개 소대가 공주를 출발하여 예산(禮山)으로 진출하던 중 금강을 건너 산정리(山亭里-공주시 新豊面면사무소 소재지) 부근 어느 다리 밑에서 민간인 1명이 죽어 있는 것을 발견하였다. 마을 사람들이 국군이 죽이고 갔다고 했다. 탄피를 조사해 보았더니 다발총이었으므로 확인 결과 북한군이 지프를 타고 와서 죽이고 갔음을 알았다.

적이 이미 진출한 것으로 판단하고 모두 말에서 내려 도보로 도로를 따라 전진하였다. 맞은편에서 지프가 오는 것을 보고 접근하기를 기다렸다가 적임을 확인하고 기습하여 3명을 사살하고 1명을 생포하였다.

포로를 심문한 결과 저들의 소속은 적 제6사단 유격부대로 밝혀졌고,

2개 중대가 유구(공주시 유구읍, 예산 동남쪽 16km 지점)를 해방시켰다고 했다.

이때 주민이 와서

"인민군이 유구국민학교에서 우체국장과 의용소방대장을 인민재판을 하여 죽인 다음 환영식을 열고 있다."

고 알려주었다.

소대장 조돈철(趙敦鐵) 소위와 최문호(崔文鎬) 소위는 기관총 2정을 마을 어귀에 추진하여 엄호하게 한 후 학교로 접근하여 환영식을 벌이고 있는 적 2개 중대를 기습 공격하였다. 적은 불의의 기습에 혼비백산하여 사방으로 흩어져 도주하였는데 운동장에서 60여 명의 적 시체를 확인했고, 소총 60여 정을 노획했으며, 우리의 지프도 회수했다.

기병중대는 도피했다가 돌아온 지서장에게 치안을 맡기고 17시경에 예산으로 갔다가 12일 아침에 공주로 향발하여 22시경 금강 북안에 이르렀는데 금강교량이 파괴되어 있어 말의 도강이 불가능하였으므로 밤새도록 강 서안을 따라 말을 달린 후 13일 새벽에 부여 대안에서 배로 도강하여 14일 아침에 공주에 있는 미 제34연대에 합류했다.

2. 대평리 도하저지전 - 미 제19연대

강가의 불꽃놀이? 조명탄 아래서 포격전

제19연대는 연대장 멜로이 대령(UN군총사령관 겸 제8군사령관 역임) 지휘하에 7월 4일 한국에 도착하여 1개 대대는 포항의 연일비행장과 항만을 경비하고, 1개 대대는 대구에 예비대로 있다가 10일 부산에 도착한 제25사단 제27연대와 임무를 교대한 후 11일 대전으로 진출하여 12일부터 13일 아침까지 태평리 금강 남안에 전개했다.

제19연대 역시 제1, 제2 2개 대대 밖에 없었다.

제19연대는 남북전쟁 당시 치카모가(Chiekamauga)의 바위라는 별명을 가진 전통 있는 부대다.

제19연대가 맡은 대평리는 조치원에서 대전에 이르는 경부가도 금강 남안에 있는 전략 요충이다.

제1대대(Otho T. Winstead 중령)는 전방에 배치되고 제2대대(Thomas M. McGrail 중령)는 예비로 후방에 있었다. 연대 방어정면은 직선거리 24km이고 강안선의 거리는 48km에 이르렀다.

14일 아침 공주 방면 제34연대가 철수한 뒤에 적은 미 공군의 눈을 피하여 전차 11대를 진출시킨 후 그 엄호 아래 정찰대를 침투시켰다. 제34연대가 돌파당한 후 좌 측방이 공백 상태가 되어 있었는데 이곳은 공주로부터 연대 좌 측방을 거쳐 후방 유성으로 이어지는 도로가 관통하고 있어 멜로이 연대장은 특히 이 방면의 경계를 강화했다.

15일 05시에 적은 제19연대 좌 측방인 금강하류 B중대 좌측으로 도하를 기도하였으나 기관총 및 81mm박격포와 제26고사포대대의 포병 그리고 2대의 전차로 저지했다.

이날 아침, 사단장 딘 소장은 대전비행장에 집결한 제21연대를 대전 동쪽 16km 지점에 있는 옥천으로 이동시켜 사단 병참선을 확보하게 하였다. 북한군 제2사단이 청주에서 국군을 돌파할 경우 남쪽으로 진출하여 사단 후방을 차단할 위험이 있었기 때문이다. 실지로 북한군은 저들 제2사단을 대전 남쪽으로 우회시켜 대전에 있는 미군을 포위 섬멸할 계획을 세우고 있었던 것이다.

15일 저녁에 적은 11대의 전차포와 야포로 제19연대진지에 포격을 집중하면서 야간 도하를 시도했다. 이에 맞서 미군도 화력을 총 집중하여 포격전을 펴면서 총력으로 저지하였고, 지원 나온 전폭기 2대가 전차 1대를 격파하였다.

적은 공중 공격하는 동안 숲 속에 숨어 있다가 비행기가 돌아가자 강으로 몰려와서 도섭지(徒涉地)를 이용하여 도하를 시도했다.

도하지점은 대평리 우측에 있는 C중대진지 우측 괴화산(槐花山-200고지) 정면과 금남교 정면이었다. 북한군 병사들은 금남교로 건너오다가 파괴된 지점에 이르러서는 강물로 뛰어들어 헤엄을 쳤다. 연대는 보병과 포병 화력을 총 집중하여 도하를 시도하는 적을 대부분 격퇴시켰다.

북한군의 도하는 정면에 대한 견제를 목적으로 하고 있는 것 같았다.

16일 03시경 적 YAK기 1대가 금강 상공에 나타나서 조명탄을 떨어뜨렸고 이것을 신호로 강 북안에서 전 포화가 미군진지에 집중되었다.

이 포격이 얼마나 강렬했는지 멜로이 연대장은

'제2차 세계대전 중 구라파에서도 본일이 없는 치열한 사격'

이라고 술회했다.주)

국방부 『한국전쟁사』 개정판 제2권 p479

적은 이 집중 포화 지원에 힘입어 보트, 뗏목, 수영 등 가능한 모든 방법을 총동원하여 대병력이 강을 건너기 시작했다. 수영과 도섭으로 강을 건너는 적병의 모습이 육안으로 보였다.

제19연대를 지원하는 제13포병대대(Charles W. Stratton 중령) 전 화력이 불을 뿜었다.

조명탄을 쏘아 올려 강물을 대낮같이 밝혀 놓고 3개 포병대대가 가지고 있는 곡사포 30여 문과 중 박격포 중대의 4.2인치 박격포 8문을 비롯하여 각종 중화기와 소화기로 빈틈없는 화망을 구성해 놓고 사정없이 두드려 강 남쪽에 발을 붙이지 못하게 하였다.

칠흑 같은 밤하늘에 포물선을 그리며 교차하여 날아가는 수많은 불빛이 허공에 떠 있는 형형색색의 조명탄 불빛과 어울려 마치 불꽃놀이를 하는 것 같은 장관을 연출했다.

결정적인 순간에 꺼진 조명탄 – 금강이 무너지다

강력한 화망에 막혀 적은 쉽사리 강을 건너지 못하고 있었다. 그러나 이 결정적인 순간에 뜻하지 않은 착오가 일어났다. 그것은 강안을 대낮같이 밝혀주던 조명탄이 꺼진 것이다.

제11야전포병대대의 155mm곡사포 1문을 제1대대장 윈스테드 중령이 지휘하여 조명탄 발사를 전담하고 있었다. 제1대대가 조명지역을 약간 수정해 줄 것을 요구하였으나,* 이 요구를 과대하게 잘못 이해한 포병이 보통 1~2분이면 되는 수정 작업을 포신을 이동하면서 방위각을 수정한 탓으로 20여 분이나 소요하여 그동안 조명 지원이 중단되는 사태가 발생한 것이다. 이 틈을 타고 적이 도하하여 제1대대 중앙을 돌파하였다.^{주)}

국방부 『한국전쟁사』 개정판 제2권 p480

> * 국방부 『한국전쟁사』 제2권(p517)은 "관측자의 유도를 잘못 알고 포사격 방향을 딴 곳으로 수정함으로써 제1대대 정면의 적 도하지점을 조명하지 못하였다."
> 일본 육전사연구보급회 『한국전쟁』 [1] (p241)는 "금남교 부근을 조명해 줄 것을 요청한 보병의 연락을 잘못 알아듣고 적의 도하 지점과는 다른 곳을 조명하였고, 요청한 지점은 끝내 조명이 되지 못하였다."고 각각 기술하였다.

동시에 또 다른 대규모 적이 저지병력이 배치되지 않은 틈새를 통하여 가장 우려할 도하가 이루어지고 있었다.

곧 16일 04시경, 적은 강북안 미호천(美湖川)이 금강으로 합류하는 합강리(合江里-괴화산 동북쪽)에서 C중대와 우측 E중대와의 공백 지대인 부용리

(芙蓉里-괴화산 동쪽) 쪽으로 대병력이 도하하여 C중대가 정면에서 이루어지고 있는 도하에 신경을 쓰고 있는 사이 C중대 우측 제1소대를 공격하여 제1소대진지가 점령당하고 화기소대와 중대본부도 유린당했다.

제1소대는 소대장 마허(Thomas A. Maher) 중위와 많은 소대원이 전사하고, 소대 선임하사관이 소대원 12명을 수습하여 중대본부로 철수했다.

날이 밝을 무렵, B중대(Monroe Anderson 대위)는 진지 서남쪽 1.5km 지점에 있는 능선에 3~400명의 적이 집결하고, 그 서북쪽 강안에서는 25~30명씩 조를 짜서 목까지 물이 차는 금강을 도섭해 오는 것을 보았다. 저들은 무기와 탄약을 머리에 이고 차례차례 물로 뛰어들었다. 미군 포병이 화력을 집중하여 저지했으나 분산되어 건너오는 적을 다 막을 수는 없었다. 정면 B중대는 공격받을 것을 각오하고 있었는데 저들은 위장하거나 흰색 사복으로 갈아입고 그대로 능선을 타고 남쪽으로 진출했다.

06시 30분경에는 일단의 적이 파괴된 금성교(錦城橋) 교각을 차폐물로 삼아 수영과 도섭으로 도강한 후 08시경에 대전차포 지원을 받으면서 우일선 A중대 좌측 진지와 좌일선 B중대 우측 진지의 각 일부를 유린하고 대대지휘소를 위협했다.

제1대대장 윈스테드 중령은 대대지휘소를 연대지휘소가 있는 발산리(鉢山里-대평리 남쪽)로 옮겼다. 대대지휘소가 있던 가동(佳洞)은 적 수중에 들어갔다.

윈스테드 대대장은 연대장이 지원해 준 연대본부 수색중대 일부 및 M-24 경전차 1대, M-16 대공포 1대를 주축으로 하고 여기에 대대본부 및 연대본부의 전 장교, 취사병, 운전병, 대대 경계소대 등 소위 군복을 입은 자는 모조리 동원하여 예비대를 편성한 후 부대대장 쿡(John M. Cook) 소령이 지휘하여 적을 역습케 하였다.

예비대는 혈전을 치른 끝에 09시경에 대대지휘소가 있던 가동을 탈환하고 적을 금강 너머로 격퇴했다. 그러나 부대를 지휘하던 부대대장 쿡 소령과 대대부관(S-1) 해켓(Alen Hackett) 대위가 전사하였다.

연대장 멜로이 대령은 사단장으로부터

"일몰 후에 연대를 유성에 있는 갑천(甲川) 제방으로 철수하라."

는 지시를 받고 제1대대장에게

"강안진지의 병력을 일몰 후 철수할 수 있도록 준비하라."

고 지시해 놓고 있었다.

얼마 후 정오가 되기 전에 적은 대대 5km 후방 도로를 차단하여 탄약보급차량을 습격하였고, 포병진지에서도 교전이 시작됐다. 이로써 연대의 유일한 보급로가 완전히 차단됐다.

도로 봉쇄점을 타개하라 – 사단장의 분전

| 연대장은 부상, 연대장대리는 전사

제19연대장 멜로이 대령은 작전주임 로건(Edward O. Logan) 소령을 대동하고 보급로를 타개하기 위하여 도로차단지점에 이르렀는데 도로상에는 차량이 길을 메웠고, 지원부대 병력들은 지휘자도 없이 통제력을 잃은 상태에서 전방 고지를 향하여 맹목적인 사격을 퍼붓고 있었다.

연대장은 전날 좌 측방으로 증원된 맥그레일대대(제2대대)를 전환하여 남쪽에서 공격하게 하고, F중대와 임시 편성한 예비대로 하여금 북쪽에서 공격케 하여 협공키로 하였다.

이렇게 위급한 때 공군 지원이 부족하였고, 포병은 11시경에 포탄을 다 쏘았기 때문에 지원할 수 없었다. 병사들은 3주야에 걸친 긴장과 진지공사, 격렬한 전투, 아침 일찍부터 저녁 늦게까지 이글거리는 섭씨 38도의 무더위가 겹쳐 피로가 극에 이르러 이제는 더 이상 몸을 가눌 수도 없고, 무엇을 생각할 수도 없었다. 모든 것이 최악의 상황이었다.

이러한 가운데 진두에서 지휘하고 있던 연대장 멜로이 대령이 병력을 수습하고 공격 제대를 편성하던 중 적탄을 맞고 다리에 부상을 입었다. 연대장은 제1대대장 윈스테드 중령을 불러 연대를 지휘하도록 하였다.

이때가 13시경이었다.

연대 작전주임 로건 소령은 무전으로 대전에 있는 사단장 딘 소장에게

"연대장이 부상을 입었음. 연대의 지휘권은 제1대대장에게 위임하였음. 보급로가 차단되어 상황이 악화일로에 있음."

이라고 보고하였다.

사단장은 이렇게 지시했다.

"본관이 보급로를 개방하기 위하여 증원 조치를 할 것이지만 15시 30분 이전까지는 부원(赴援)하기 어려울 것으로 예상됨. 연대는 현 진지에서 철수하여 가능한 한 많은 병력과 장비를 구출하도록 하라."

연대의 지휘를 맡은 윈스테드 중령은 연대 작전주임 로건 소령에게

"북쪽 병력으로 도로 봉쇄점을 돌파하여 남쪽 지원부대와 합류하라."

고 지시하고 이어서 13시 30분에 연대 철수 명령을 내린 후 강 남안 주진지에 있는 병력을 직접 뽑아내기 위하여 제1대대진지로 돌아가던 중 적탄을 맞고 전사했다.

윈스테드 중령은 연대지휘를 맡은 지 1시간도 채 못 되어 전사함으로써 철수 명령이 내려진 전선병력을 통제할 지휘관이 없어져 파국이 겹쳐지게 되었다.

철수 명령이 내려졌지만 중대가 진지선을 이탈하는 것은 쉽지 않았다.

괴화산을 점령하고 있는 C중대의 경우 적과의 싸움에서보다 진지에서

병력을 뽑아내는 동안에 더 많은 병력 손실을 보았다고 한다. 중대 기관총 사수인 아라와카(Jack Arawaka) 하사는 바로 그의 면전에 적 박격포탄이 작렬하여 전신에 무수한 파편상을 입어 귀가 멀고 눈이 보이지 않을 정도가 되었는데도 끝까지 기관총을 부여잡고 방아쇠를 당겨 중대가 모두 진지를 떠날 때까지 혼자서 싸웠다.주) 국방부 『한국전쟁사』 개정판 제2권 p485

군복 입은 민간인 중에도 자기를 희생하여 부대를 구하는 용감한 병사는 있게 마련이다. 그가 있어 C중대는 어려움 속에서도 무사히 철수하여 오후 늦게 대대에 합류할 수 있었다.

C중대는 소대별로 분산하여 유성가도를 찾아 나섰다. 오(Augustus B. Orr) 소위가 이끄는 중대 일부가 논을 지나오던 중 논바닥에 얼굴을 파묻고 쓰러져 있는 적병 여럿을 발견하였다. 물속에서 거품이 떠오르는 것을 보고 이상하게 여겨 모조리 사살하고 보니까 그들은 모두 손에 수류탄을 쥐고 있었다.

주검을 가장하여 기습을 노리고 있었던 것이다.

제1대대(A. B중대)가 철수하기 시작하자 적은 포위망을 압축하면서 전후 좌우에서 공격했다. 대대가 도로 봉쇄지점에 이르렀을 때는 적 자동화기가 집중하여 도로 봉쇄지점을 돌파할 수 없었다.

로건 소령은 D중대 81mm박격포소대장 스미스(Lioyd D. Smith) 중위에게 50명을 지휘하여 적 기관총진지를 공격하도록 명령했다.

스미스 중위가 선두에 서서 지휘해 갔으나 아무도 따라오지 않았다. 그들은 모두 배수구에 엎드려 움직일 생각을 하지 않았다.

이때 F-51전폭기 편대가 와서 고지의 적을 공격했다. 스미스 중위는 이 틈을 타서 돌격부대를 편성하여 공격하였는데 고지 경사가 심하여 실패했고, 로건 소령도 운전병과 포병으로 편성한 공격대를 이끌고 돌파를 시도했으나 전폭기가 아군에게 오폭을 하고 전차가 후퇴하여 실패했다.

14시 30분, 로건 소령은 보좌관 펜스터매처(Edgar R. Fenstermacher) 대위에게 자신을 대리하여 그곳에서 적 차단선을 돌파하도록 하고 자신은 20명을 지휘하여 도로 봉쇄점 동쪽으로 돌아서 다른 길을 찾아 나섰다. 산길을 헤맨 끝에 2시간이 지난 16시 30분경 안산동(案山洞-대전광역시 유성구) 부근에 있는 제13야전포병대대에 도착했고, 그곳에서 사단장 딘 소장을 만났다.

▎사단장의 분전

딘 소장은 로건 소령으로부터 연대장이 부상하고, 보급로가 차단되었다는 보고를 받은 즉시 도로봉쇄지점을 타개하기 위하여 대전에서 기갑종대(機甲縱隊)를 이끌고 와 있었다. 그가 끌고 온 기갑종대는 M-24 경전차 2대, M-16 자주고사포 2대(Cal-50고사기관포 4정씩 장착)와 M-19 자주고사포 2대(40mm대공포 2문씩 장착)로 편성되어 있었다.^{주)} 국방부 「한국전쟁사」 개정판 제2권 p487

부연대장 찬들러(Homer B. Chandler) 중령이 지프 5대에 부상병을 싣고 도로봉쇄점을 돌파하여 그곳에 도착했다. 부연대장은 요행이 무사하였으나 부상병들은 오는 도중에 한 번 더 부상을 입고 만신창이가 된 처참한 몰골을 하고 있었다.

사단장은 로건 소령으로부터 보고받은 연대 상황과 현지에서 직접 확인한 상황을 종합하여 도로차단 현장 상황이 시시각각으로 악화되어 회복하기 어려운 사태에 이르고 있다고 판단하고 로건 소령에게

"퇴로 개척 임무는 제2대대장 맥그레일 중령에게 맡기고, 귀관은 유성 부근에 새로운 축차 진지를 편성할 준비를 갖추라."

고 일렀다.

이보다 앞서 오전에 제2대대 보급관 내시(Robert E. Nash) 소위는 제1대대

에 탄약을 보급하기 위하여 유성에서 북쪽으로 가던 중 도로가 차단되어 진출하지 못하고 유선으로 발산리(鉢山里-태평리 남쪽 1번 국도변)에 있는 멜로이 연대장에게 상황을 보고하였다. 연대장 퇴로가 차단된 것이다.

 연대장은 대경실색하며

"구곡천에 있는 제2대대 병력을 뽑아 차단된 도로를 개방케 하라."

고 명령하였다.

 내시 소위는 탄약 추진을 포기하고 즉시 차를 유성으로 되돌렸다. 도중에 적의 포격을 받고 차량이 파괴되자, 안산리 포병대대까지 달려가서 지프를 빌려 타고 유성~대전~공주로 돌아 정오가 지난 뒤에 구곡천 동쪽에 있는 제2대대에 도착하여 맥그레일 중령에게 명령을 전달했다.

 맥그레일 중령은 내시 소위에게

"즉시 대전으로 가서 G중대를 수송할 차량을 마련하여 마암리(馬岩里-구곡천 동쪽) 부근으로 보내고, G중대장 바스체츠(Michael Barszcz) 대위에게 병력을 철수하여 마암리에 대기하고 있다가 차량이 도착하는 즉시 제13포병대대로 오도록 전하라."

고 지시하였다. 그리고 대대장은 즉시 제13포병대대로 갔다. 이렇게 하여 맥그레일 중령은 로건 소령보다 먼저 그곳에 가 있었던 것이다.

 제2대대장 맥그레일 중령은 G중대가 오기를 기다리고 있던 중 딘 사단장으로부터 명령을 받았다.

"기갑종대를 지휘하여 봉쇄된 도로를 돌파하고 제1대대를 구출하라."

맥그레일 중령은 기갑종대와 약간의 보병을 지휘하여 전차 1대는 선두에서 종대를 선도케 하고 다른 1대를 후위로 하여 도로 차단점으로 진출해 갔다. 종대가 비룡(飛龍, 안산리 북쪽) 마을 앞에 이르렀을 때 서쪽으로부터 적 중기관총과 대전차포가 집중하여 기갑전이 벌어졌고, 전투병들은 도로

가에 산개했다. 그러나 화력이 우세한 적 포화에 자주고사기관포 4대가 파괴되고, 전차 2대는 포탄이 떨어지자 도로가에 엎드려 있는 병력들을 모른 채 남겨 두고 퇴각했다.

맥그레일 중령도 도로가 배수로에 엄폐한 채 그곳에 남아 있었다. 멀지 않은 북쪽 도로에는 멜로이 연대장과 작전주임의 지프가 버려져 있는 것이 보였다. 이로 미루어 바로 앞에 가로 막고 있는 산모퉁이만 지나면 제1대대 병력이 집결해 있을 것으로 짐작되었다. 하지만 맥그레일 중령은 적화를 피하여 그곳을 빠져나올 수밖에 없었다.

기갑종대가 시도한 봉쇄도로의 돌파는 무위로 끝나고 말았다.

한편 내시 소위가 차량을 이끌고 마안리에 도착한 것은 16시경이었다. 마안리로 와서 기다리던 G중대와 H중대가 차량을 타고 안산으로 가던 중 유성을 지나는데 마침 그곳에 있던 부사단장 메노허 준장이 "양 중대가 왜? 안산으로 가는지 전방의 상황을 모른 채" 중대를 하차시켜

"적 전차가 올지도 모르니 시내 중심으로 흐르는 하천(갑천 지류)변에 진지를 편성할 것"

을 명령하였다. 양 중대는 진지 구축에 들어갔다.

18시경, 부사단장은

"두만리(斗滿里-안산 북쪽) 부근 도로차단선을 분쇄하라."

는 새로운 명령을 내렸다. G중대장 바스체츠 대위가 중대를 이끌고 안산리로 전진하였는데 그곳 제13포병대대진지에서 딘 사단장을 만났다.

사단장으로부터

"서쪽 능선으로 올라가서 도로를 차단하고 있는 적을 격파하라."

는 명령을 받고, 서북쪽으로 나아가 도로차단점이 보이는 산모퉁이를 돌아서자 기다렸다는 듯이 적 장거리포가 작렬하여 길을 막았다.

날이 어두워지는데다 지원을 예정했던 전차와 포병이 모두 실탄을 소진하여 지원을 할 수 없게 된 마당에 H중대의 화력 지원만으로 G중대가 공격하는 것은 무모한 일이었다.

딘 사단장은 역습을 단념하고 G중대를 유성으로 철수시켜 연대 주력 철수를 엄호하게 하였다.

퇴로를 타개하려던 사단장의 노력은 수포로 돌아가고 말았다.

미 제19연대의 파멸

퇴로가 차단된 북방에는 연대본부와 제1대대 주력 그리고 F중대와 박격포중대가 남아 있었다.

연대장 멜로이 대령이 부상하였고, 연대장대리 윈스테드 중령은 전사했다. 부연대장 찬들러 중령은 그보다 앞서 부상병을 후송하여 부대를 떠났으므로 연대를 지휘할 사람이 없었다.

철수 명령을 받고 어렵게 진지를 빠져 나온 제1대대는 두만리(연기군 錦南面-1번 국도변) 남쪽 도로차단지점 부근에 이르렀으나 적 포위망이 좁혀 오고 포화가 집중되어 봉쇄된 도로를 돌파할 수 없었다.

18시, 남쪽에서 맥그레일 중령이 지휘하는 기갑종대의 돌파 시도가 실패할 무렵, 그때까지 퇴로가 뚫리기를 기다리고 있던 부상당한 연대장 멜로이 대령과 참모들은 전차에 연대장과 부상병을 태워 돌파를 강행하고, 나머지 병력은 작전보좌관 펜스터매처 대위가 지휘하여 도보로 철수하기로 하였다.

그때 그곳에는 M-24 경전차 1대가 남아 있었다. 여기에 기대를 걸었다.

20시경 M-24 경전차에 부상한 멜로이 연대장과 부상병을 태우고 돌파를 시도했다. 뒤에는 제52야전포병대대 105mm곡사포견인차 1대를 비롯한 차량 20여 대가 따랐다. 전차 소대장 루스(J. N. Roush) 중위는 선두에서 전차로 도로를 가로막고 있는 부서진 차량을 밀어 붙이면서 돌파해 갔다. 그러나 뒤따르는 차량 종대는 적 기관총과 전차포 등 직사화기의 화력 세례를 받고 차량이 파괴되어 길을 막았고, 후속 차량이 이를 밀어내려다가 또 적의 공격을 받아 도로는 더 막히고 말았다. 이러한 일이 반복되면서 도로는 파괴된 차량으로 메워졌다. 결국 아군 차가 아군의 퇴로를 막고 말았다. 이것은 북한군이 도로를 차단하는 상투수법이다.

선두에 선 전차는 적 포화에도 아랑곳하지 않고 앞으로만 내달려 적의 화력저지선을 넘어설 수가 있었다. 그러나 얼마 못 가 전차가 고장나 정지하고 말았다. 전차는 연대장 명령으로 파괴하고 트럭 1대에 연대장과 부상병을 태우고 우회하여 대전으로 빠져 나왔다. 도중에 유성으로 철수하던 C중대를 만나 함께 나왔다.

한편 도로봉쇄점 북방에는 약 500여 명의 병력과 100여 대의 트럭이 몰려들었다. 21시경에 연대 작전보좌관 펜스터매처 대위는 차량을 소각하고 병력은 산중으로 우회하여 유성으로 철수하기로 계획하였다. 차량에 휘발유를 뿌리고 불을 지르자 화광이 충천하여 철수 제대의 위치가 노출되었고, 철수를 지휘하던 펜스터매처 대위는 적탄을 맞고 전사했다. 병사들은 제각기 흩어져서 후퇴하고 그 자리에는 부상자만 남아 있었다.

펠폴터(Herman G. Felfoelter) 군목이 남아서 부상자를 위해 기도를 하고 있었는데, 진입한 적이 군목과 부상자를 모조리 사살했다. 이 광경은 후퇴하던 허스킨스(James W. R. Haskins) 상사가 멀리서 목격했다.

뉴욕 헤럴드 트리뷴지 보도(7월 19일)

"100여 명으로 추산되는 보병, 포병, 공병 및 의무대의 혼성병력이 도로 동쪽

산으로 기어 올라갔다. 그들 중 30여 명은 부상자였으며, 들것에 누운 중상자도 여러 명 있었다. 그 중상자는 부상을 입지 않은 병사 40여 명이 들것으로 운반하였는데, 산을 오르는 동안 들것을 운반할 병사들이 대오를 이탈하고 말았다. 산정에 이르러 남은 병사들은 더 이상 중상자들을 운반해 갈 수 없노라고 하였다. 그리하여 중상자들을 그곳에 두고 떠나기로 결정되었다. 이에 펠폴터 군목이 자신도 그들과 함께 그곳에 남겠다고 하여 군목과 중상자만이 그곳에 남게 되었다. 그러는 동안 적병이 고지 위로 뒤쫓아 왔다. 그러자 군목이 중상을 입은 군의관 버트레이(Linton J. Buttrey) 대위에게 그곳을 빠져나가도록 권유하였다. 그리하여 버트레이 대위가 간신히 몸을 움직여 그곳을 빠져 나오자 뒤이어 들이닥친 적병이 부상병을 위하여 기도를 올리고 있는 군목을 살해하였다. 본부중대 James W. R. Haskins 상사가 멀리서 그 광경을 지켜보았으나 그를 구할 수는 없었다." (국방부 『한국전쟁사』 개정판 제2권 p491)

이곳을 탈출한 병사들은 7월 17일 유성과 대전으로 빠져 나왔고, 다음날 대전에서 재편성했다.

제19연대는 제2대대 G, E중대만 남았고, 하루 전투에서 제52포병대대와 함께 큰 손실을 입어 연대 기능을 상실했다.

E중대는 경부선 철교(금강철교) 서북쪽 매방산(梅芳山-금강 남안) 진지에 있었다. 하루 종일 적의 그림자도 못 보고 진지를 지키고 있다가 밤에 철수명령을 받고 대전으로 이동했고, G중대는 앞에서 본 바와 같이 왔다갔다 하다가 별다른 접적 없이 유성으로 철수했다.

제19연대는 대평리 전투에 지원포병대대를 포함하여 총 3,401명이 참가하였는데 650명(19%)을 잃었다.

제1대대는 758명 중 338명(43%)을 잃어 가장 병력 손실이 컸고,

특히 C중대는 171명 중 122명(71%)이 돌아오지 못했다.

제2대대는 777명 중 86명을 잃었고,

제52포병대대는 393명 중 55명을 잃었으며

연대본부도 171명 중 57명을 잃었다.

연대본부와 제1대대는 대부분의 차량과 중장비를 상실했다.

제52야전포병대대는 오산에서 포 5문을 잃었는데 여기서 또 105mm포 9문 중 8문을 버려 결국 포 1문과 차량 3대만을 구출했다.주)

<small>국방부 『한국전쟁사』 개정판 제2권 p492, 일본 육전사연구보급회 『한국전쟁』 [1] p248</small>

연대장 멜로이 대령이 부상하였고, 연대장을 대리하던 제1대대장 윈스테드 중령과 제1대대 부대대장 쿡 소령, 대대 부관 해켓 대위, 작전보좌관 펜스터매처 대위가 전사하여 지휘기능이 마비되었다.

적에게도 막대한 피해를 입혔을 것이나 전과는 파악되지 않았다.

제19연대는 G중대를 유성에 남겨 경부국도를 경계하도록 하고 대전비행장으로 이동하여 부대 수습에 들어갔다.

3. 대전 함락과 딘 소장 실종 – 제34연대

방어수단이 없는 대전

북한군 제3단계 작전 중 가장 중요한 목표는 대전을 점령하는 것이다.

대전은 인구 13만 명으로 남한에서 여섯 번째로 큰 상업도시이고, 충청남도 도청이 있는 곳이다. 대전은 소백산맥 서쪽 기슭에 위치하여 서울에서 160km, 부산에서 200km 지점에 있고, 경부선 철도의 주요 역으로 호남선 철도가 시작되는 교통의 중심지이며, 전략 요충이다.

대전 공략 계획은 적 제3사단이 정면에서, 적 제4사단이 대전 서쪽 논산 방면에서 포위 압축하고 양 사단 일부 병력으로 경부가도와 금산가도를 차단하여 미 제24사단을 완전 섬멸하는 것이다.

이 양 사단 외에 청주 방면으로 남진하고 있는 적 제2사단이 대전 동쪽 공격에 가세하도록 되어 있었으나 적 제2사단은 수도사단의 강력한 저항에 막혀 막대한 손실을 입고 진출이 늦어져서 대전 공격에 참가할 수 없게 되자 2개 사단만으로 대전을 공격하도록 계획을 변경하였다.

적 제3사단은 7월 16일 대전 북방 대평리를 점령했고, 제4사단은 공주를 거쳐 15일 논산을 점령했다. 그리고 제4사단 1개 연대는 대전 후방을 차단하기 위하여 금산을 거쳐 영동으로 우회 진출하고 있었다.

적은 대평리를 점령한 후 공세를 멈추고 전차와 장비 등 중장비를 도하시키고 있었다. 장비 도하는 18일까지 계속되었다.

19일 현재

적 제3사단은 유성에 진입했고,

제4사단은 내동리(內洞里-서대전 IC 부근)에 진출했으며

적 제4사단 제18연대가 이날 자정에 금산가도를 차단하였다.

천연방벽 금강 방어선이 무너진 상황에서 대전은 방어수단이 없어졌다.

금강과 대전 사이에는 방어에 유리한 지형이 없고, 금강 방어선에서 쫓겨난 미 제24사단은 병력과 장비 손실이 막심한데다가 장병 대부분은 생전 처음 경험한 전투에서 북한군 전차에 혼비백산하여 사기가 떨어질 대로 떨어져 말이 아니었다.

7월 16일 주일 미 제7사단 제32연대장 뷰챔프(Charles E. Beauchamp) 대령이 제34연대장으로 부임했다.

제24사단장 딘 소장은 한국에 온 후 14일 동안 숨 돌릴 틈 없이 위기가

연속되어 그 역시 기진맥진해 있었다.

감소 편제이기는 하나 병력 16,000명에 경전차 1개 중대(17대)와 각종 차량 5,000대를 보유하고, 포병 4개 대대(155mm 2개 포대, 105mm 6개 포대)의 지원을 받은 미 육군 1개 전투사단이 힘 한번 제대로 못 쓰고 이렇게 무참하게 짓밟힌 데는 다른 대안이 서지를 않았다.

금강 전투 전까지 딘 사단장은 제19연대와 제34연대로 대전을 방어할 생각이었다. 그러나 금강선에서 패퇴함으로써 대전에서는 지형적으로 방어전을 치를만한 조건이 되지 못하였고, 또 사단 전력 면에서도 대전을 고수할 자신이 없었다. 그래서 대전에서는 적 진격을 일시적으로 저지시키는 지연작전을 펴다가 적의 전차 공격이 예상되는 7월 19일에는 대전에서 철수할 계획이었다.

7월 17일 이러한 구상에 따라 딘 사단장은 제34연대를 갑천 동안에 배치하여 사단 철수 준비가 갖추어질 동안 지연전을 펴게 하고, 제21연대(2개 대대 미만)는 사단 보급로이자 철수로가 될 경부선 철도를 확보하기 위하여 옥천에 전개하였으며, 제19연대는 이날 아침에 영동으로 이동하여 부대 정비를 한 후 제21연대와 함께 지연진지를 확보하도록 하였다.

저녁에는 도청에 있는 사단지휘소를 영동으로 옮기고 옥천에 있는 제21연대지휘소에 사단전방지휘소를 설치했다.

제34연대장 뷰챔프 대령은 사단장 방침에 따라 다음과 같이 지연진지를 점령했다. 이때 연대 병력은 1개 대대 반 규모 밖에 없었다.

제1대대를 가장 중요한 경부가도 갑천(甲川) 남방 고지에 배치하고,

제3대대는 대전비행장 동쪽 구릉지대에 예비대로 배치하면서

L 중대의 1개 소대를 갑천 동안 논산가도 가수원교(佳水院橋)를,

I 중대는 비행장 동쪽 오정동(梧井洞)에 배치하여 신탄진 방향 도로와 경

부선 철도를 각각 경계하도록 하였고,

Ⅰ중대의 1개 소대를 청주 방면에서 진출하는 적에 대비하기 위하여 대전 북방 5km 지점에 있는 철도와 도로 교차점에 배치하였다.

사단 수색대는 금산 쪽으로 우회 침투가 예상되는 적에 대비하여 금산가도에 배치하였다.

20일까지만 버텨주기 바란다

7월 18일 미 제8군사령관 워커 중장이 대전으로 날아와서 대전비행장에 있는 미 제34연대본부에서 딘 장군을 만났다.

"오늘 아침 포항에 상륙한 미 제1기병사단이 대전 부근으로 진출하여 귀 사단과 교대를 하던가 아니면 금산 부근으로 진출하여 귀 사단과 함께 방어를 할 때까지 대전을 확보하고 미 제1기병사단 진출을 엄호해 주기 바란다. 이를 위하여 앞으로 2일간의 여유가 필요하니 20일까지 대전을 확보해 주기 바란다."

고 부탁하고 대구로 돌아갔다.^{주)}　　　일본 육전사연구보급회 『한국전쟁』 [1] p252

워커 사령관은 그 한 마디를 하려고 대전까지 온 것이다.

워커 장군은 금강선이 무너진 상황에서 언제, 어디서 북한군을 저지할 것인가를 고민하고 있었다.

일본에서 오는 미 제25사단과 제1기병사단,

오키나와에서 올 미 제29연대,

본국에서 증파될 해병여단과 제2사단 전차대대 등의 증원 절차와 시기,

한국군 재편성 속도,

보급품 양륙 상황과 해·공군의 지원 능력 및 효과

에 이르기까지 종합적으로 검토해 본 결과 최후 저지선은 낙동강~영덕선

대전을 방문한 워커 미 제8군사령관(가운데) 왼쪽 무초 대사, 오른쪽 딘 사단장

으로 결정하고 증원군이 도착할 때까지 적의 진격을 소백산맥에서 저지시킬 필요가 있다고 17일 결론은 내렸던 것이다.

워커 사령관은 18일 포항에 상륙하는 미 제1기병사단을 많은 손실을 입은 미 제24사단 대신에 대전 정면에 투입하여 옥천에서부터 금산에 이르는 선을 방어하도록 구상하였다. 상황이 유리하게 되면 미 제1기병사단이 소백산맥에서 적을 저지시킬 기회가 있을지도 모른다는 희망도 가지고 있었다.

워커 사령관은 딘 사단장에게

"20일까지 대전을 확보하라."

는 확정적 형태의 명령이 아니라

"20일까지 대전을 확보해 주기 바란다."

는 자신의 의도를 전한 것이고, 그 의도는

"귀관이 불가피하다고 인정되면 20일 이전에 대전을 포기해도 좋다."
는 자유재량권이 내포된 것이라고 인용 전사는 기술했다.

그러나 충직한 성격의 딘 장군은 이것을 명령 이상으로 받아들였다. 딘 장군은 19일 대전에서 철수하려던 계획을 변경하여 20일 저녁까지 현재의 감천선을 확보하기로 하고 다음과 같은 조치를 취했다.

(1) 제34연대는 대전 지역 모든 부대를 통합지휘하여 적을 저지한다.

(2) 제21연대는 현 진지에서 대전 동·북측 방면을 방호하면서 제34연대의 철수로를 확보한다.

(3) 제19연대 제2대대를 제34연대에 배속한다. 제2대대는 19일 12시까지 대전에 집결한다.

(4) 사단 수색중대는 제34연대에 배속한다.

(5) 제3전투공병대대 C중대는 제34연대를 직접 지원한다.

(6) 포병혼성대대*는 제34연대를 직접 지원한다.

(7) 사단장은 제34연대와 함께 대전에 남는다.

* 포병혼성대대 – 공주와 대평리 전투에서 괴멸되다시피 한 제52, 제63포병대대를 통합하여 포병혼성대대를 편성하였다.

제8군사령부 참모장 랜드럼 대령이

"대전에서 적을 지연시킬 수 있는 시간이 얼마나 보장되어 있습니까?"
라고 물었을 때 워커 장군은

"전적으로 딘 장군을 믿는다. 부득이 대전을 포기해야 할 시간이 빨리 온다면 자유재량대로 행동하라."
고 말했다고 하면서

"딘은 군인이오. 사정이 허락하는 한 한 치의 땅도 내놓지 않을 거요."

라고 대답했다.㈜

국방부 『한국전쟁사』 제2권 p526

워커 사령관은 딘 사단장을 믿었고, 딘은 그러한 사령관의 믿음에 보답했다. 그래서 워커 사령관은 확정적인 명령이 아니라 사단장 판단에 따라서 해 주기를 바라는 그의 의도를 전달했을 뿐이다.

갑천 공방전

대치한 적과는 2개 사단 대 1개 사단이지만 병력 수에 있어서는 1/3 수준에도 미급(未及)했다. 미군 병력은 4개 대대 수준에 불과했다.

7월 19일 07시 20분 적 YAK기 6대가 옥천 서북쪽에 있는 교량을 폭파하고 대전비행장을 공격했다. 이날 제34연대 제1대대를 지원하던 미 제26대공포대대 A중대는 YAK기 2대를 격추시켰다.

이날 정오가 되기 전에 적 포탄이 제1대대 주진지와 대전비행장에 집중되기 시작했고, 유성 B중대로부터 적의 공격이 시작되었다는 보고가 들어왔다. B중대는 이때 적에게 포위되어 고전을 치르고 있었다.

에이어스 대대장은 OP에서 적정을 관찰한 결과 유성 서북쪽 마을에 대규모 적이 B중대를 공격하고 있고 그곳에 방렬한 포대가 화염을 토하고 있는 것이 보였다.

대대장은 항공 지원을 요청하는 한편 포병으로 하여금 적을 제압하도록 하였다.

적 공격을 받은 B중대는 일선에 있는 소대장 2명이 모두 부상하고 사상자가 속출하자 중대를 대대지휘소 남쪽으로 철수했다. 유성이 적 수중에 들어갔고, 전선은 갑천을 사이에 두고 대치하게 되었다.

14시경 제1대대장 에이어스 중령은 머지않아 적 대부대가 갑천을 휩쓸 것으로 생각되어 연대장 뷰챔프 대령에게 19일 중에 대전에서 철수해야 한다고 건의했고, 연대장은 20일까지 대전을 지켜야 한다고 거절했다.

이날 낮에 연대지휘소가 있는 비행장에 적 포탄이 쏟아졌다.

이것을 본 딘 사단장은

"제2차 세계대전 중 유럽 전선에서의 1일 포격량보다도 많은 양."

이라고 평했다.주)   국방부 『한국전쟁사』 개정판 제2권 p505

제34연대장 뷰챔프 대령은 논산가도의 적정이 심상치 않았으므로 어두워진 다음에 비행장에 있는 연대지휘소를 대전시내로 옮기고 포병진지를 시가지 남쪽으로 옮기도록 했다.

논산가도에는 갑천 가수원교에 L 중대 1개 소대가 경계를 맡고 있을 뿐 거의 무방비 상태나 마찬가지였다. 논산가도가 걱정이던 뷰챔프 대령은 10시경 금산 방면에 수색 거점을 확보하고 있던 사단 수색중대가 대전시내로 철수하자 1개 소대를 뽑아 갑천 서쪽 논산가도를 정찰케 했다.

10시 30분경 수색중대 제2소대 39명이 차량으로 가수원교를 지나 서쪽으로 나아가다가 도로 양쪽에 매복해 있는 적으로부터 습격을 받고 갑천 동안으로 되돌아와서 연대장에게 적정을 보고한 후 가수원교에 있는 L 중대 경계소대와 합류하여 전투태세에 들어갔다.

적정보고를 받은 연대장은 L 중대(Jack E. Smith 대위) 주력을 투입하여 적 진출에 대비하였다.

정오 무렵 갑천을 건너려는 적과 일전이 벌어졌다.

사단장 딘 소장은 대전 방어에 대한 모든 지휘권을 제34연대장 뷰챔프 대령에게 위임하고 영동에 있는 사단지휘소로 가기 위하여 대전을 떠났다. 도중에 옥천에 있는 제21연대지휘소에 들렀다가 제34연대 배치 상황에 대한 한가닥 불안감이 가시지 않아

"아무래도 마음이 놓이지 않는다."

고 토로하면서 대전으로 되돌아왔는데 그때 갑천 가수원교에서 L 중대가 적과 일전을 벌이고 있었던 것이다.

그 불안감은 일생을 전진(戰塵)과 함께 한 노장군의 예감이었을까?

딘 사단장은 경전차 2대를 직접 지휘하여 지원하였으나 우세한 적은 갑천을 건너와서 L 중대를 유린하기 시작했다.

뷰챔프 연대장은 정오경 영동에서 대전에 도착한 제19연대 제2대대를 갑천에 투입하였고, 제19연대 제2대대는 반격을 개시하여 13시경에 갑천 동안으로 진격한 적을 격퇴하고 L 중대진지를 확보한 후 논산가도 방어를 맡았다. L 중대와 수색중대의 1개 소대는 본대로 복귀했다.

태풍과 적 포탄이 함께 덮친 대전의 밤

7월 19일 날이 저물면서 대전의 운명을 가름할 전운과 함께 폭우를 동반한 태풍 헬렌(Helen)호가 텅 빈 대전의 밤거리를 강타했다.

20일 자정 무렵 뷰챔프 연대장은 금산가도를 차량으로 정찰하던 사단수색중대 크리스타노프(George W. Kristanoff) 중위가 이끄는 수색대원 9명이 상소리(上所里-대전 남쪽 9.6km) 부근에서 적의 사격을 받아 차량이 전복하고 사상자가 생겼다는 보고를 받고, 수색중대 제3소대를 급파하여 적정을 확인하게 하였는데 제3소대 역시 03시경 같은 장소에서 공격을 받고 진출이 저지되어 적의 규모가 얼마인지, 도로가 차단되었는지 확인하지 못한 채 그곳에서 밤을 새웠다.

이보다 앞선 02시경 대전~옥천가도에도 적이 나타났다는 보고를 받았다. 그러나 그 후 옥천가도 통행에 방해를 받지 않았다.

밤중에 나타난 이 두 가지 상황은 적이 사단의 퇴로가 될 옥천과 금산 두 도로를 차단코자 하는 징후를 보이고 있음이 분명하였으나 연대장은

"일부 적이 아군의 심리적인 교란을 획책한 것."

이라고 가볍게 생각하여 아무런 대응책을 강구하지 아니하였고, 사단장에게도 보고하지 않았다.

같은 시각에 제1대대 정보관은 대대장에게 갑천 주저항선이 돌파됐다는 긴급보고를 했다. 적 보병은 갑천을 건너 일부는 북쪽 유성평야로 우회하고, 일부는 남쪽 A중대진지로 접근하여 신호탄을 올렸다. 때맞추어 적 포화가 갈마동(葛馬洞-유성온천장 동쪽 약 4km 지점 1번 국도변) 대대본부 지역에 집중하였고, 적 전차는 도로를 따라 대대진지를 관통했다.

제1대대장 에이어스 중령은 갈마동 대대지휘소에서 전선을 살펴본 결과 좌 일선 C중대 지역에는 별다른 접적이 없는 것 같았으므로 적 공격이 탐색전일 것이라고 판단하여 정보관에게 동요하지 말라고 일렀다.

이 무렵 국도상에 배치되어 있는 A중대 화기소대 로켓포조 3명은 문득 후방 동쪽 도로 북쪽 고지와 A중대 주진지 138고지 동록에 적병이 무수히 기어오르는 것을 발견하고 당황한 나머지 진지를 버리고 800m 후방에 있는 대대지휘소로 달려와서 적정을 보고했다.

에이어스 대대장이 적정을 확인하기 위하여 지휘소를 나서는 순간 조명탄이 피어오르더니 적 포화가 대대지휘소 부근에 집중하였다.

04시경에 이르러 전차를 앞세운 적은 대대지휘소에 인접한 박격포진지를 유린하고 기관총을 난사하면서 대대지휘소로 접근했다.

대대장은 그제야 사태의 심각성을 깨닫고 중대를 불렀으나 이미 통신은 두절 상태였고, 일선 병사들은 진지를 이탈하여 후방으로 몰려들고 있었다. 제34연대는 어떠한 전차도 격파할 수 있다는 3.5인치 로켓포를 가지고 있었다.주)

일본 육전사연구보급회 「한국전쟁」 [1] p257

이 막강한 무기로 국도를 지키던 로켓포조가 자리를 뜨면서 적 전차는 아무런 방해도 받지 않고 도로를 따라 시내로 진입하였다.

제1대대장 에이어스 중령은 연대장에게

"제1대대는 적의 전차 공격을 받고 진지가 돌파당하였음. 적 전차는 대전시내로 돌입하고 있음."

이라고 보고한 후 연대 중박격포중대, 중화기중대, 대대본부 병력 200여 명을 부대대장 던햄(Lelant R. Dunham) 소령이 지휘하여 논산가도를 따라 대전시내로 후퇴하도록 하고 자신은 나머지 부대를 수습하여 뒤따랐다.

제1대대의 철수 사실은 연대에 보고되지 않았다. 연대는 제1대대 철수 사실은 물론 그 이후의 제1대대 행방을 알지 못했다.

20일 날이 밝자 불길이 치솟고, 화약 냄새가 코를 찌르는 가운데 방어부대 병력들이 대전 시내에 몰려들었다. 시내에는 이미 적 전차가 들어와 있었다. 연대와 대대 사이에 무전이 두절되어 측면이 어딘지, 전투지역이 어딘지도 분간하지 못했다.

뷰챔프 연대장은 제1대대장으로부터

"적의 전차가 시내로 돌입 중"

이라는 보고를 받고 자세한 상황을 파악하고자 유선으로 대대를 불렀으나 불통이었다. 연대장은 즉시 유선을 복구하도록 지시하였다.

유선반이 나갔다가 와서 보고했다.

"비행장 부근 도로에 적병이 횡행하고 있다."

연대장 뷰챔프 대령은 상황을 직접 파악하기 위하여 지프를 타고 비행장 쪽으로 가던 중 경부가도와 논산가도 분기점(서대전 삼거리)을 막 지난 지점에서 적 전차와 정면으로 부딪혔다. 연대장이 엉겁결에 차에서 뛰어내리는 것과 동시에 기관총 사격을 받아 지프가 대파되었으나 천만다행하게도 연대장은 간발의 차이로 가벼운 부상만 입고 위기를 모면했다.

미군병사가 3.5인치 로켓포를 발사한다.

뷰챔프 연대장은 도로 분기점으로 달려가서 그곳에서 도로를 경계하고 있는 제3전투공병대대 C중대의 3.5인치 로켓포조를 직접 지휘하여 도로를 따라 거침없이 거만하게 진격해 오는 적 전차가 접근하기를 기다렸다가 로켓포로 가격했다.

마침내 무적을 자랑하면서 전선을 유린하던 적 전차는 단 한 발에 철갑이 파열되면서 화염에 휩싸였다. 전차병 5명을 사로잡았다.

3.5인치 로켓포가 실전에서 처음으로 위력을 발휘하는 순간이었다.*

전차 파괴의 개가를 올린 연대장은 연대지휘소로 돌아와서 사단 수색중대 로켓포를 적 전차 진로인 분기점에 증파하여 06시경에 전차 2대를 더 파괴하는 개가를 올렸다.주)

국방부 『한국전쟁사』 개정판 제2권 p509

* 3.5인치 로켓포는 제2차 세계대전 말기에 개발 설계가 끝났으나 종전으로 말미암아 생산을 하지 않았다. 7월 3일 맥아더 사령관은 북한군의 T-34전차에 대항하기 위하여 생산을 요청하였고, 이에 따라 긴급 생산에 들어가 7월 10일 시제품이 만들

> 어져서 사격지도요원과 함께 대전으로 공수되었다. 대전에서 응급조작 훈련을 거친 뒤에 성능이 확인되지 않은 상태에서 12일 일선 전투 중대에 실전용으로 공급된 것인데(일본 육전사연구보급회 『한국전쟁』 [1] p257) 첫 탄이 위력을 발휘하였고, 이후 북한군 전차는 이 3.5인치 로켓포에 맥을 추지 못했다. 국군에는 이보다 늦은 8월 초에 공급되었다.

시가지의 무법자 T-34 철퇴 - 사단장이 전차 공격

전쟁에도 원칙이 있고, 도덕이 있다.
사람을 죽이되 함부로 죽이지 않는다.
무기를 가지지 않는 자는 죽이지 않는다.
투항한 자와 포로, 비전투원은 안전한 곳으로 이송하여 보호한다.
부상자는 치료하여 후송하고 적십자 표지를 한 위생병은 죽이지 않고 쌍방의 부상자를 치료하도록 보호받는다. 위생병은 총을 갖지 않는다.

7월 20일 05시 30분 미 제24사단장 딘 소장은 제34연대지휘소에서 새벽 공기를 뒤흔드는 소총 소리를 들었다.

전황을 파악한 결과 유성가도에 있는 에이어스 중령의 제34연대 제1대대는 진지를 확보하고 있었고, 논산가도에 있는 맥그레이 중령의 제19연대 제2대대는 경미한 적 압력을 받았으나 전날과 변동이 없는 것으로 보였다.

조금 뒤 뷰챔프 연대장으로부터 적 전차가 분기점까지 접근해 온 것을 격파했다는 보고가 있었다.

딘 사단장은 크게 우려할 상황이 아니라고 판단하고 어두워지는 대로 대전에서 철수하라고 명령을 내렸다.

06시 30분경 적 전차 3대가 보병을 가득 태우고 유성가도를 따라 시내로 들어왔다. 시내에 들어오자 보병은 전차에서 내려 시가지를 돌아다니면서 닥치는 대로 총을 난사하여 전 시내를 공포의 도가니로 몰아넣었다.

보병을 내려놓고 돌아가던 전차 2대가 연대 취사장과 수송대가 있는 지역을 습격하여 전차포와 기관총을 마구 쏘아댔다. 그곳에 있던 150여 명의 사병이 우왕좌왕 갈피를 못 잡고 뛰다가 쓰러지고, 쓰러지면서 비명을 질러 아비규환의 도가니로 변했다. 탄약 차량이 폭발하고 식량 차량이 화염에 싸여 아수라장이 되었다.

그곳에 3.5인치 로켓포가 있었으나 창졸간에 당한 일이라 누구도 생각하지 못했다. 전차가 한바탕 휘젓고 간 후 어떤 병사가 로켓포를 가지고 뒤따라가서 전차를 쏜다는 것이 백린탄으로 민가를 쏘아 집을 태웠고, 이로 말미암아 불길이 이어 붙어 온 시가지를 불바다로 만들었다.

빠져나가던 적 전차는 의무중대 앞에 이르러 부상자를 가득 태운 지프 2대를 포격하여 부상병들을 사살하였고, 길바닥으로 떨어진 부상병을 전차가 그대로 깔고 뭉개면서 지나갔다.[주] 국방부 『한국전쟁사』 개정판 제2권 p516

김일성 마각(魔脚)의 단면이다.

이들 오만방자한 적 전차 3대는 길목을 지키고 있던 사단 수색중대 로켓포조가 파괴하고 전차병들을 모두 사살했다.

정오 무렵 적 전차 1대가 시내로 들어온 것을 전투공병대대가 로켓포로 격파하였다.

13시경 적 전차 1대가 보병의 엄호도 없이 거만하게 연대지휘소 앞을 지나 시가지로 질주해 갔다. 딘 사단장은 전투공병중대의 로켓포 1개 반과 그의 부관, 한국인 통역 1명, 소총수 3명을 지휘하여 지프를 타고 전차를 추격했다. 1시간 가까이 추격한 끝에 막다른 골목에서 전차를 따라잡았다.

딘 사단장은 건물 2층으로 올라가서 전차 측면을 목표로 제1탄을 직접 쏘았다. 첫 탄이 보기 좋게 포탑과 동체의 연결 부위를 관통하였고, 2발을 더 발사하여 전차와 전차병을 박살냈다.[주] 국방부 『한국전쟁사』 개정판 제2권 p517

대전시가지를 휩쓴 북한군 전차와 모터사이클

이날 시가지에 침입한 전차 8대가 3.5인치 로켓포에 격파됐고, 2대는 155mm곡사포에, 5대는 유성에서 미 전폭기에 의해서 파괴되었다.

적 전차를 파괴하고 제34연대본부로 온 딘 사단장은 14시가 지나서 뷰챔프 연대장과 로켓포로 적 전차를 파괴한 이야기를 나누면서 점심을 먹고 있었다. 두 사람은 다 같이 에이어스(제34연대 제1대대)와 맥그레일(제19연대 제2대대)이 당초 진지를 확보하고 있을 것으로 믿고 그렇게 위급한 상황은 아닐 것이라고 생각하고 있었다.

딘 사단장은 적 전차가 시내에 침입한 상황으로 보아 야간 철수보다는 차량의 안전을 위하여 주간에 철수하는 것이 좋겠다고 판단하고 연대장에게 철수 지시를 내렸고, 연대장은 작전주임에게 연대의 철수 준비를 지시했다. 일선에 있는 제1대대와 제19연대 제2대대는 통신이 두절되어 철수 명령을 전달하지 못했다.

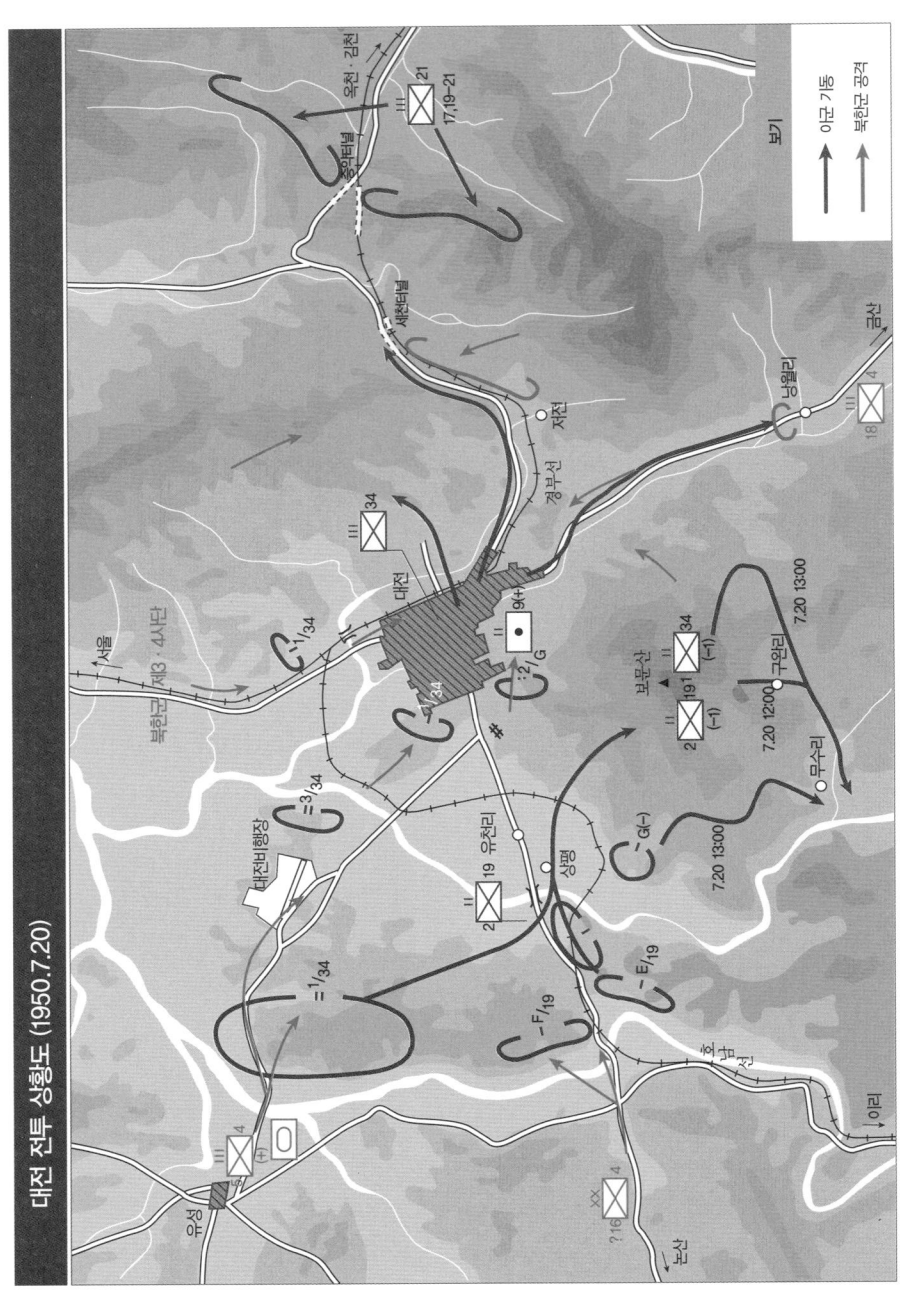

4. 착오의 연속과 어긋난 톱니바퀴

건재하다고 믿은 대대는 엉뚱한 곳에서 헤매고

20일 14시가 지날 무렵 사단장은 철수 명령을 내렸다.

연대는 통신 두절로 양 대대에 철수 명령을 전달할 수 없게 되자 문서명령을 전령에게 주어 양 대대가 처음에 진지를 점령한 갑천으로 보냈다. 그러나 그곳에 대대는 없었다.

연락이 안 된 사실을 연대장이나 사단장에게는 보고가 되지 않았기 때문에 두 사람은 그때까지도 양 대대가 건재한 것으로 믿고 있었다.

또 이 무렵 전술항공통제반에서

"항공기가 아무리 두 대대를 찾아보았으나 발견하지 못했다."

고 보고했지만 철수 준비에 바쁜 참모들은 아무도 관심을 갖지 않았다.

20일 오후 제34연대장 뷰챔프 대령은 관측장교로부터

"대전 동쪽에서 적의 대부대가 접근하고 있다. 틀림없이 적이다."

라는 보고를 받았다.

포병관측장교는 연대 참모들과 통화를 했으나 문제가 해결되지 않자 연대장을 직접 호출하여 보고했던 것이다. 그러나 연대장은

"그것은 우군일지도 모르니 사격해서는 안 된다."

고 경고했다. 관측장교가 말한 대전 동쪽은 금산(錦山) 쪽을 말한 것인데 연대장은 옥천(沃川) 쪽에서 이동하고 있는 제21연대일 것이라고 생각하고 있었던 것이다.

뷰챔프 연대장은 이날 아침에

"제21연대를 대전 동쪽으로 이동시켜 터널을 확보하고 제34연대의 철수를 엄호케 할 예정이다."

라고 한 사단장의 말이 생각났기 때문이다. 사단장이 말한 동쪽은 옥천이었는데 연대장은 동쪽이라는 말에 금산을 옥천으로 착각한 것이다. 이때 제21연대는 대전 동쪽 옥천가도 마달령에 있었다.

같은 시각 무렵 딘 사단장은 항공관측자로부터

"약 20대의 차량 행렬이 금산가도에서 북상 중에 있다."

는 보고를 받았다. 그러나 사단장은

"사단 수색중대일지도 모르니 공격하지 말라."

고 하였다.

사단 수색중대는 연대장 명령에 따라 전날 대전시내로 이동했다.

이렇게 사단장과 연대장이 적정 판단에 어두웠고 의사소통이 되지 않고 있었던 것이다.

15시 30분 철수 부대가 연대지휘소에 집결할 무렵 뜻밖에도 미 제1기병사단 제5기병연대 제71전차대대 A중대 M-24 경전차 1개 소대(5대)가 사단의 장비 철수를 엄호하기 위하여 연대지휘소에 도착했다.

미 제1기병사단은 7월 15일 일본 요코쓰카(橫須賀)를 출발하여 7월 18일 제5, 제8기병연대가 포항에 상륙하였고, 제5기병연대는 19일 포병사령관 파머(Charles D. palmer) 준장 지휘하에 영동으로 이동하여 미 제24사단을 지원하게 되었는데 전차소대가 대전까지 온 것이다.

15시 30분 제34연대 제1중대와 혼성포병 2개 중대는 제1기병사단에서 나온 전차소대 엄호를 받으면서 대전을 출발하여 영동으로 향했다.

16시경 딘 사단장은 영동에 있는 사단후방지휘소에 지시하여 대전역에 있는 탄약 및 보급품을 실은 화차를 끌고 가도록 했다.

사단장 지시로 탄약 차량을 견인하기 위하여 이원역(伊院驛-옥천 남쪽)에서 기관사 김재현(金載鉉), 조수 현재영(玄在英), 황남호(黃南湖)가 미군 호송병 30명을 태우고 기관차를 역진하여 대전으로 가던 중 16시 30분경 세천 터널에서 적의 집중 사격을 받아 탄수차가 파괴되었다. 어렵게 기관차가 대전역까지 가기는 했으나 기관차 수압이 떨어져 탄약차를 끌지 못하고 기관차만 되돌아오다가 세천터널에서 또 잠복하고 있던 적의 사격을 받아 기관사 김재현 씨가 전사하고 현재영이 부상했다. 황남호가 간신히 기관차를 끌고 옥천역에 돌아왔다. 미군 호송병은 1명만 살아왔다.

이 보고를 받은 사단장은 영동지휘소에 지시하여 다시 기관차를 보내게 하였고, 대전에서 기관차가 오기를 기다리던 사단 G-4(군수참모) 보좌관 햇필드(Raymond D. Hatfield) 대위는 끝내 기관차가 오는 것을 보지 못하고 전사했다.^{주)}

국방부 『한국전쟁사』 개정판 제2권 p524, 525

다음 날 대전에 있는 보급 차량은 공중 공격으로 폭파했다.

분전하는 소대를 보고 대대가 건재하다고 착각

제19연대 제2대대 G 중대 제2소대는 논산가도 분기점을 지키고 있었다. 대대 병력으로 추산되는 적 보병이 논산가도를 따라 500m 전방까지 접근하는 것을 보고 소대장 허버트(Herbert) 소위는 구릉으로 이동하여 진지를 편성하고 공격 준비를 하였는데 그때 후방에 제11포병대대의 155mm곡사포진지가 보였으므로 그곳으로 달려가서 적정을 알리고 지원 포격을 요청했다. 그러나 그때 포대는 포구를 동북쪽 보은가도와 북쪽 청주가도 그리고 서북쪽 경부가도의 3방향으로만 방렬해 놓고 있어서 논산가도 쪽으로는 사격을 할 수가 없다고 하였고, 사격방향을 전환해 줄 것을 요구하자 사정 방향을 바꾸기 위해서는 대대 작전관(S-3)의 지시가 있어야 된다고 했다. 허버트 소위는 유선으로 대대 S-3와 통화하고자 하였으나 불통이었다. 이러는 동안 적이 박격포를 포대진지와 소대진지에 퍼붓기 시작하여 수명의 포병이 사상했다.

허버트 소위는 연대지휘소에 전령을 급파하여 상황을 보고하고 대책을 요구하였고, 그제야 제2대대 S-2(정보관) 위걸(William Wygal) 중위가 달려와서 포대가 철수할 때까지 현 진지를 고수하라고 명령했다.

허버트 소대는 포병의 지원을 받으며 저지에 안간힘을 썼다.*

> * 일본 육전사연구보급회 『한국전쟁』 [1] (p268)은 이렇게 기술했다.
> "허버트 소위는 곧 후방 포병에게 이 북한군을 포격해 줄 것을 요구하였으나 포대장은 "대대작전과장의 허가가 필요하다."는 것이었다. 그리하여 다시 작전과장에게 부탁하였으나 어찌된 일인지 끝내 지원사격을 받지 못하였다."

박격포 사격에 이어 적 보병 무리가 밀려들었고 허버트 중위는 중과부적으로 진지에서 물러나면서 포대 철수를 엄호했다. 포대는 포격에 열중하다가 제때 철수하지 못하여 포가 고스란히 적 수중에 들어갔다.

사단장 명령으로 연대 작전주임 맥다니얼(McDaniel) 소령이 지휘하는 역습 부대가 공격하여 포 일부를 구출했다.

한편 허버트소대의 분전 상황을 연대지휘소에서 지켜본 딘 사단장은 이 소대를 제19연대 제2대대로 착각하고 안도의 숨을 쉬었다고 한다. 어처구니없는 현상이 빚어지고 있었다.주) 　　국방부 『한국전쟁사』 개정판 제2권 p521, 522

길 잃은 주력부대

17시경 딘 사단장은 전반적인 상황을 알아보기 위하여 연대본부로 갔다.

연대장 뷰챔프 대령은 15시 30분경에 단신으로 연대본부를 떠난 후 행방을 알 수 없었고, 제3대대장 랜턴 소령도 행방불명이었으며, 제1대대와 제19연대 제2대대의 행방도 알 수 없었다. 사단장은 부연대장 워들링턴 중령에게 연대장의 행방을 알아보라고 지시하고 연대를 떠났다.

제34연대 제3대대

대전비행장 동쪽에 배치된 제3대대는 20일 날이 새면서 적의 산발적인 포격을 받은 외에는 별다른 상황 없이 진지를 지키고 있었다.

09시 30분경 대대장 랜턴 소령은 지프를 타고 대대지휘소를 나간 후 행방이 묘연했다. 11시경 부연대장 워들링턴 중령이 방문하였다가 이 사실을 확인하고 L 중대장 스미스 대위를 대대장대리로 지명했다.

랜턴 대대장은 전황을 연대장에게 보고하기 위하여 연대지휘소로 가다가 포로가 된 것으로 뒷날 확인됐다.

제34연대 제1대대

제1대대 부대대장 던햄 소령은 대대 선발 철수 병력을 이끌고 시내로 철수하기 위하여 논산가도를 따라가다가 제19연대 제2대대지휘소 부근에 이르렀을 때 제2대대장 맥그레일 중령으로부터 후방 도로가 차단되었다는 말을 듣고 보문산으로 들어갔고, 제1대대장 에이어스 중령은 갑천 방어선에서 철수한 후 남쪽으로 탈출해 가다가 11시경 보문산(寶文山)에서 부대대장 일행을 만나 합류했다. 수습된 병력은 150여 명이었다.

13시경 에이어스 대대장은 시내로 진입을 모색하기 위하여 사방을 관찰하던 중 남쪽 금산가도에 피아를 알 수 없는 대규모 병력이 북상 중인 것을 발견하였다. 대대장은 도로 확보가 급선무라고 판단하고 부대대장에게 수습된 병력을 지휘하여 보문산 동남쪽 3.5km 지점 대별리(大別里-금산IC 동쪽 17번 국도변)에서 금산도로를 방호하라고 지시하고, 자신은 작전관 쿠퍼(Curtis Cooper) 소령과 중화기중대장 스폴딩(Malcolm C. Spaulding) 대위, 전령, 무전병, 통역 각 1명씩과 타임즈 필더(Wilson Fielder Jr.) 기자를 대동하고 연대본부로 가기 위하여 금산가도로 나왔다.

대대장 일행은 보문산 동북쪽 2km 지점 호동(虎洞) 부근에 이르렀을 때 매복하고 있던 적으로부터 사격을 받아 분산되고 말았다.

에이어스 대대장은 작전관과 중화기 중대장, 통역과 함께 숲 속에 숨어 있다가 날이 어두워진 뒤에 탈출하여 대대 주력과 만났고, 필더 기자는 몇 개월 후에 그곳에서 시체로 발견되었다.

한편 부대대장 던햄 소령이 지휘하는 철수 병력은 목표지점 대별리로 가다가 적을 만나 교전 중 부대대장 던햄 소령이 전사하고 병력은 많은 희생자를 낸 채 서쪽 계곡을 따라 유등천(柳等川) 변에 있는 무수리(無愁里-대전시 중구, 대별리 서쪽 약 4km)로 이동했다.

제1대대는 완전히 와해되었고, 연대는 하루 종일 제1대대의 행방을 몰라 안절부절못했다.

▌제19연대 제2대대

제19연대 제2대대는 논산가도를 방어 중 19일 밤에 적 공격을 받고 밤새도록 갑천을 사이에 두고 격전을 벌였다.

20일 날이 밝을 무렵 대대장 맥그레일 중령은 연락병으로부터 서대전 삼거리에 적 전차 3대가 길을 막고 있다는 보고를 받았고, G중대로부터도 적 전차가 시내로 들어가고 있다는 보고를 받았다. 서대전 삼거리 전차는 이날 새벽에 뷰챔프 연대장이 파괴한 것으로 형체만 남아 있었다.

맥그레일 대대장이 후방을 관찰한 결과 안개가 짙게 끼어 시계가 흐린데다가 시가지 상공은 검은 연기로 뒤덮여 분간할 수 없었다. 간간이 폭음이 들려오더니 이윽고 대대지휘소 주위에 적탄이 떨어지기 시작했다.

맥그레일 중령은 상황을 파악하기 위하여 허버트 소위의 소대를 서대전 삼거리로 보내고 연대장에게 상황을 보고하고자 하였으나 통신이 두절되어 연락이 되지 않았다. 이때 던햄 소령이 이끄는 제1대대 선두 철수 병력이 대대지휘소에 도착하여 비로소 제1대대가 붕괴된 상황을 알았고, 후방 통로가 차단되었을 가능성이 짙어졌다고 판단했다.

11시경 작전장교 몬테클라로스(Melicio Montesclaros) 대위가 스스로 연대와 연락을 시도해 보겠다고 지프를 타고 나갔다.

맥그레일 중령은 몬테클라로스 대위가 대대를 떠난 후 얼마 있다가 정오 무렵 도로가 차단되었음이 분명하다고 판단하고 F중대와 함께 대대지휘소를 보문산 북록으로 옮기면서 좌 일선 E중대에 보문산으로 집결하라는 철수 명령을 내렸다.

정보관 위걸 중위에게 대대 이동 상황을 연대에 보고하도록 하고, 작전관 우즈(Kenneth Y. Woods) 대위로 하여금 G중대를 철수시키도록 하였다.

맥그레일 중령은 F중대와 함께 앞서 간 제34연대 제1대대의 던햄 소령과 합류하기 위하여 보문산 정상으로 다시 옮겼다. 이후 각 중대는 대대장의 행방을 몰라 우왕좌왕하게 되었다.

E중대는 대대장 명령에 따라 진지를 철수하여 13시경에 보문산 북록으로 갔다. 그러나 대대지휘소는 이미 보문산 정상으로 옮긴 뒤였고, 뜻밖에도 그곳에서 대대 작전장교 몬테클라로스 대위를 만나 대대지휘소가 있는 보문산 정상으로 갔다.

몬테클라로스 대위는 연대에 가서 대대의 상황을 보고한 후

"대대는 병력을 수습하여 시내로 철수하라."

는 명령을 받고 대대로 돌아왔는데 대대는 이미 떠난 뒤였고, 대대지휘소 자리는 적이 휩쓸고 지나간 듯 민간인 시체가 하나 있었다. 대대 행방을 알 수 없게 된 몬테클라로스 대위는 E중대진지에 들렀으나 역시 비어 있었다. 할 수 없이 차를 돌려 시내로 들어가던 중 대대 이동 상황을 보고하러 가던

정보관 위걸 중위를 만나 대대 상황을 전해 들었다.

몬테클라로스 대위는 차를 버리고 도보로 보문산으로 갔으나 이때는 대대가 보문산 정상으로 이동해 간 뒤였으므로 대대와 합류하지 못하고 시내로 돌아가기 위하여 산 능선을 내려오다가 E중대를 만났다.

몬테클라로스 대위는 E중대와 함께 논산가도를 통하여 시내로 들어가려 했으나 눈 아래 보이는 도로에 대규모 적병이 시가지 쪽으로 가고 있는 것을 보고 동남쪽으로 가기 위하여 산 정상으로 갔다가 뜻밖에도 대대장을 만나게 되었다.

5. 비참하게 무너진 미 제24사단

소재 불명 연대장의 투혼

20일, 제34연대장 뷰챔프 대령은 15시 30분경 연대 철수로인 옥천가도 상황을 정찰하기 위하여 지프를 타고 연대지휘소를 나왔다. 시가지 동단에 이르렀을 때 사단 수색중대 경전차 4대를 만났다. 연대장은 경전차로 하여금 옥천가도 입구 금산가도의 분기점을 경계하도록 지시하고 연대로 복귀하다가 돌아보니 전차가 지정된 지점을 지나 옥천가도로 가고 있었다. 연대장은 차를 돌려 전차를 따라갔다. 1.5km 지점인 판암동(判岩洞)에서 전차를 따라잡고 되돌리려는 순간 적의 소화기 사격을 받았다.

뷰챔프 연대장은 도로 북쪽 구릉에 올라가 적정을 살폈는데 멀리 남쪽 금산가도에서 경부국도 쪽으로 대규모 병력이 오는 것이 보였다. 연대장은 적이 연대 철수로 옥천가도를 차단하려는 것으로 판단하고 전차를 지휘하여 세천(細川) 터널로 달려갔다.

대전과 옥천 구간에는 경부선 철도와 경부국도가 나란히 지나가고 그 사이에 2개의 철도 터널이 있는데 한쪽은 남쪽 마달령(馬達嶺) 부근에 있는 길이 1km의 증약(增若) 터널이고, 다른 하나는 그 서쪽 1.3km 지점에 있는 길이 500m의 세천터널이다. 경부국도는 이 두 터널 위의 고개에서 협곡을 지나야 하므로 도로를 차단하는데 가장 용이한 장소이고, 피아 어느 쪽이 이 도로를 차단하느냐가 승기의 분수령이 되는 곳이다.

딘 사단장이 대전 결전을 앞두고 17일 제21연대를 마달령 부근에 배치하여 경부선 철도와 국도 그리고 터널을 점령케 하였으므로 뷰챔프 연대장은 나머지 세천터널만 장악하면 된다고 생각했다.

뷰챔프 연대장이 세천터널에 도착했을 때 그곳에는 공병폭파조가 터널 폭파 준비를 하고 있었다. 연대장은

"철수 부대가 통과한 후에 폭파하라."

고 이르고 마침 터널고개를 지나던 M-16 대공포차 2대를 붙들어 경전차 4대와 함께 그곳을 경계하도록 하였다.

이러는 동안 선발 철수 부대인 연대의 I 중대와 제13포병대대 B 포대 및 제63포병대대 B포대는 이미 그곳을 통과하여 옥천으로 빠져나갔다.

뷰챔프 연대장은 터널을 경계할 보병을 동원하기 위하여 마달령 부근에 있는 제21연대 제1대대(스미스 중령)를 찾아갔다.

그때가 16시 30분경이다.

뷰챔프 연대장은 제21연대 제1대대의 병력 전용을 협의하기 위하여 옥천에 있는 제21연대 본부를 호출했는데 마침 그곳에 와 있던 부사단장 메노허 준장과 교신이 이루어졌다.

"전화로는 상세한 것을 알 수 없으니 옥천으로 와서 보고하라."

부사단장 메노허 장군의 말씀이다.

"유선은 두었다가 뭣에 쓰나? 일분일초가 급하고 옥천까지 갔다 오는 동안에 상황이 어떻게 변할지 모르는데! 와서 보고하라!!"

결과적으로 통탄할 일이 벌어지고 말았다.

뷰챔프 연대장은 옥천으로 가서 자세한 상황을 보고한 뒤에 제21연대의 경전차 1개 소대를 지원받고 그곳에 철수하여 와 있던 I 중대 60명을 지휘하여 세천터널로 갔다. 그러나 그곳에 있던 공병폭파조는 이미 시체로 변하여 길바닥에 쓰러져 있었고 전차와 대공포차는 동쪽으로 피해 있었다. 뷰챔프 연대장은 터널을 장악하기 위하여 I 중대와 전차를 이끌고 반격에 나섰는데 선두전차가 적이 매설해 놓은 폭약이 폭발하여 길바닥에 주저앉았고, 적의 박격포가 집중되어 접근이 쉽지 않았다.

2시간에 가까운 접전 끝에 병력의 열세에다가 실탄마저 떨어져 뷰챔프 연대장은 고심한 보람도 없이 터널 장악에 실패하고 마달령 부근 제21연대 제1대대진지로 철수하고 말았다.

불과 2km 동남쪽에 위치한 제21연대 제1대대는 코밑에서 벌어진 뷰챔프 연대장의 처절한 사투에도 아랑곳하지 않고 그들의 진지만을 고수하고 있었다. 물거품이 되고 만 연대장의 투혼! 통탄스럽다.

뷰챔프 연대장의 고군분투는 사단장은 물론 대전에 있는 누구도 알지 못했다. 다만 15시 30분 이후 소재 불명자로 파악되어 있었을 뿐이다.

몸부림 친 대전 탈출

20일 오후에 이르러 대전 시내를 포위한 적은 포위망을 압축하면서 사방에서 공격했다. 포탄이 여기저기 떨어졌고, 시가지는 화염에 싸였으며, 대규모 적병이 비행장 쪽에서 시내로 진입하기 시작했다.

딘 사단장은 부연대장 워들링턴 중령에게 지휘소를 폐쇄하고 나머지 부대를 옥천가도로 철수하도록 명령했다. 딘 소장은 대전시내만 벗어나면 안전할 것으로 생각하고 대전 서쪽(비행장 쪽) 분기점에 엄호진지를 점령하고 있는 제34연대 제3대대로 하여금 철수 부대를 엄호하게 한 후 자신은 17시 55분 지휘소를 떠났다.

제2차 철수 부대가 철수를 개시한 것은 18시경이었다.

제3대대장대리 스미스 대위는 L 중대를 지휘하여 대전 서쪽에 방어진지를 점령하고 철수 부대를 엄호했다. 그러나 적의 압력이 너무 강하였기 때문에 사단장에게 물었다.

"언제까지 엄호하고 있어야 합니까?"

"45분간이다. 그 이후에는 철수해도 좋다."

사단장이 대답했다.

철수 부대는 부연대장 워들링턴 중령이 선도하고 후위에는 적전주임 맥다니얼 소령이 따랐다.

철수 부대 선두차가 도로 장애물과 적의 사격을 피해가면서 새로운 길을 찾아 선도해 가다가 길을 잘못 들어 대전 동남쪽 어느 막다른 골목으로 들어서고 말았다. 순식간에 차량 50여 대가 몰려들었고, 적으로부터 집중사격을 받았다. 120여 명의 병사들은 뿔뿔이 흩어져 판암동 방면 산 속으로 들어가 남쪽으로 도망쳐 갔다.

철수 부대를 지휘한 워들링턴 중령은 분산된 부대를 수습하여 22일 영동으로 탈출했다. 이 과정에서 작전주임 맥다니얼 소령을 비롯하여 많은 사람이 포로가 되거나 전사했다.

제19연대 제2대대 화기중대 일부가 선도하는 철수 제대는 간선도로를 따라 제대로 경부국도에 들어섰다. 선도차가 옥천 방향으로 꺾어지는 순간 적의 박격포와 수류탄 공격을 받고 차가 전복되는 바람에 차량 종대가 멈쳤다. 뒤따르던 M-2 반궤도차가 부서진 차를 밀어내고 겨우 진행하였는데 다시 얼마 못 가서 이번에는 반궤도차량 운전병이 적탄을 맞고 전사하는 바람에 반궤도차가 길을 막아 후속 차량이 전진하지 못하고 중대원이 논두 렁으로 뛰어내려 사격전을 벌여야 했다.

지토(Joseph S. Szito) 상사는 60mm박격포를 노상에 설치하고 사격하는 일방 81mm박격포로 연막탄 30발을 적진에 쏘아 적의 시야를 가린 후 그곳을 빠져 나올 수가 있었다. 그러나 세천터널 부근 도로가 차단되어 다시 격전을 치러야 했고, 이 과정에서 몇 대의 차량만이 사선을 뚫고 빠져나갔을 뿐 대부분의 차량은 버리고 병력만 산속으로 숨어들어 활로를 찾아나갔다.

투철한 군인 정신 – 살신성인

앞에서 「군복 입은 민간인」이라고 미군을 폄하했고, 그 대상은 한국전참전이후 대전 전투 이전까지 치른 미 제24사단 병사들이었다. 그러나 그들은 대전 전투를 치르면서 전사에 길이 빛날 투철한 군인 정신을 발휘하여 헌신한 군인이 많이 나왔다.

▌남은 포탄을 다 쏘고 가겠다 – 화기소대의 최후

제19연대 제2대대는 논산가도를 방어 중 19일 밤 적의 공격을 받고 밤새도록 격전을 치렀다.

G중대(바스체츠 대위)는 다음 날, 날이 밝은 뒤 서대전 삼거리에서 적 전차가 시내로 들어오고 있는 것을 보고 대대에 보고한 후 대대와 통신이 두절되었다. G중대는 별다른 접적이 없는 가운데 60mm박격포로 일선중대에 지원 사격을 하고 있었다. 정오가 지난 직후 대대 작전관 우즈 대위로부터 철수 명령을 전달받고 20일 13시경에 철수를 시작했다.

60mm박격포를 사격하고 있던 화기소대장은

"박격포탄이 남아 있으니까 다 쏜 뒤에 뒤따르겠다."

고 중대장에게 건의하여 화기소대는 남고 다른 소대만 먼저 남쪽으로 떠나서 무수리에서 제34연대 제1대대 철수 병력과 만났다.

남아 있던 화기소대는 박격포 사격을 계속하다가 적의 공격을 받고 소대장 이하 소대원 18명 전원이 전사하였다.^{주)}   국방부 『한국전쟁사』 개정판 제2권 p.513

▌적탄 세례를 무릅쓰고 적의 기관총좌 파괴

제3전투공병대대 C중대의 지머맨(Zimmerman) 일등병은 지프를 몰고 옥천으로 철수하고 있었다. 세천터널 부근에서 차단된 도로를 돌파하기 위하여 안간힘을 쓰고 있는데 적 박격포탄이 떨어져 차량이 파괴되고 부상을 크게 입었다. 그때 길가 계곡에서 적 기관총이 불을 뿜고 있었다. 그는 부상한 몸으로 다발총 세례를 무릅쓰고 적진에 뛰어들어 적 5명을 사살하고 기관총좌를 침묵시켰다. 그러나 그는 몸에 다발총 11발을 맞고 전사했다.^{주)}

국방부 『한국전쟁사』 개정판 제2권 p.528

▌몸으로 운전병의 방탄이 되어 부상병 구출

제3전투공병대대 C중대 리비(Libby) 중사는 트럭을 타고 철수하던 중 차량 종대가 적 포화에 주저앉자 차에서 뛰어내려 배수구로 들어가서 달려드는 적과 싸우면서 부상당한 전우를 돌보았다. 마침 M-5 포차가 지나가자 이를 세워 부상병과 함께 타고는 달리는 차에서 기관단총으로 도로가의 적을 제압했다. 도중에 부상병이 눈에 띄면 차를 몇 번이고 세워 부상병을 수용하여 포차가 부상병으로 가득 찼다.

그는 포차와 부상병 운명이 운전병 손에 달렸다고 생각하고 자기의 몸으로 적탄이 날아오는 쪽에서 운전병의 방패가 되어 적탄을 맞으면서 운전병을 보호했다. 이렇게 하여 포차는 차단선을 돌파하고, 무사히 옥천에 도착하였다. 그러나 무수한 적탄이 그의 몸을 벌집으로 만들어 그는 장렬하게 전사했다.㈜ 그에게는 미국 최고훈장인 Medal of Honor가 수여됐다.

국방부 『한국전쟁사』 개정판 제2권 p528, 529

이렇게 허망하게 무너질 수가!

제34연대 제1대대(에이어스 중령) 철수 병력은 무수리에서 제19연대 G중대와 합세하여 병력이 400여 명으로 늘어났다.

에이어스 중령은 제34연대 제1대대 주력과 제19연대 G중대를 인솔하고 밤새도록 산길을 걸어서 금산으로 갔고, 거기서 자동차로 전주까지, 다시 열차 편으로 남원을 거쳐 여수로 갔으며, 그곳에서 한국해군 함정을 이용하여 부산을 거쳐 7월 27일 대구에 도착했다.

제19연대 제2대대(맥그레일 중령)는 보문산에서 20일 밤새도록 산길을 걸어 금산에 도착했고, 계속 산길을 타고 영동으로 탈출하는데 성공했다.

스미스 대위가 지휘하는 제34연대 제3대대 L 중대*는 사단장의 명령대로 45분간 대전 서 측방을 방어한 후 철수하다가 길을 잘못 들어 금산 방면으로 나왔는데 날이 어두워질 무렵 딘 사단장이 가다가 길이 차단되어 발길을 돌린 그 지점에서 버려진 차량 및 장비를 회수하고, 50여 명의 부상병을 수습하여 철수 병력이 153명으로 늘어났다. 포 견인차 1대, 2.5톤 트럭 2대 및 지프 4대에 분승하여 도로차단선을 돌파하고 남쪽으로 달렸다. 그때는 딘 소장 일행이 그곳을 떠나 서쪽 산으로 오르고 있을 무렵이었다.

* 스미스 대위의 L중대는 6일 평택, 7일 천안에서와 14일 금강교에서 무단 철수하여 중대장 스티스 중위가 군법회의에 회부되는 불명예를 안았던 중대다. 후임 중대장에

> 스미스 대위가 임명된 후 십기일전하여 끝까지 연대 주력 철수를 엄호하면서 용감하게 싸운 중대가 되었다.

　스미스 대위 일행은 그 이후 큰 어려움 없이 처량 편으로 금산~안의(安義)를 거쳐 진주에 도착했고, 진주에서 부산에 있는 병원 열차를 불러 타고 부산으로 갔다가 대구에 집결했다.
　부사단장 메노허 준장은 밤이 깊도록 사단장의 행방이 밝혀지지 않자 마달령에 있는 제21연대에 철수 명령을 내려 21일 영동으로 갔다.
　대전은 20일* 적의 수중에 들어갔다.

> * 북한괴수 김일성은 대전 점령 사실을 탐탁하지 않게 생각하고 전선사령관 김책을 호되게 질책했다고 한다. 그 이유는 16일 금강을 돌파하고도 20일 대전을 점령하여 4일을 허비함으로써 저들 제1군단의 목표 공략에 차질을 가져왔기 때문이다.(국방부 『한국전쟁사』 개정판 제2권 p533)

　미 제24사단이 북한군 진격을 4일간이나 지연시킨 것은 높이 평가할 만하다. 그만큼 값도 비싸게 지불했다. 대전을 공략한 북한군 제3, 제4사단은 서울을 공격한 주공부대로 북한군 최정예사단이다.
　영동에 집결한 미 제24사단은 22일 정오에 영동 방어를 미 제1기병사단에 인계하고 대구로 가서 재편성을 하기로 하였다. 그러나 전황이 급박하여 정비도 못하고 24일 진주로 이동하였고, 대전을 점령한 후 호남을 우회하여 진주로 향한 적 제4사단을 또 다시 저지하기 위하여 낙동강의 서남부 전선에 배치되었다.
　대전 전투에 참가한 미 제24사단 총 병력은 제34연대(2개 대대)와 제19연대(1개 대대) 3,933명이었다. 병력 1,150명과 제34연대 및 포병 장비를 거의 잃었다.

병력 손실은 전사로 판명된 것이 48명, 부상 228명, 실종은 딘 사단장을 포함하여 874명이다.

대대별로 병력 손실을 보면,

제34연대 제1대대 712명 중 203명,

제3대대 666명 중 256명,

제19연대 제2대대 713명 중 211명을 잃었다.

마지막까지 철수 부대를 엄호한 제34연대 L 중대는 153명 중 107명을,

전투공병중대 C중대는 161명 중 85명을 잃었다.

장비는 차량 65%를 잃었고, 제11포병대대 A포대는 155mm포 전부를 잃었다. 이들 장비는 1개 사단을 무장할 수 있는 양이다.

사단장이 실종됐고, 연대장이 1명 전사에 1명 부상, 대대장급 3명 전사, 1명 실종, 2명 부상, 작전주임 2명 실종이다.[주] 국방부 『한국전쟁사』 개정판 제2권 p533

미국 육군공간사는 대전 전투에서

"남북전쟁 이래로 고급 장교가 가장 많이 희생되었다."

고 기술했다.[주] 안용현 『한국전쟁비사』 1 p403

대전을 무사히 빠져 나온 부대는 선발 철수한 제34연대 I 중대와 제13포병대 B포대, 제53포병대대 B포대뿐이다.

북한군 피해는 병력 손실은 알 수 없고, 전차 15대, 76mm곡사포 15문, 120mm박격포 6문이 파괴되었다고 포로가 진술했다. 그러나 실제로 전차는 20여 대가 파괴된 것으로 추산되었다.[주] 국방부 『한국전쟁사』 개정판 제2권 p533

22일 제8군사령관 워커 장군은 딘 소장 실종이 확실하자 후임에 전방지휘소장을 지낸 처치 소장(7월 18일 진급)을 제24사단장으로 임명했다.

미 제24사단이 한국에 도착했을 때 병력 15,965명과 차량 4,773대를 보유하고 있었다. 22일 현재 수습된 병력은 8,660명으로 7,305명(실종이 2,400여

명)을 잃었고, 장비는 65%를 잃었다.주) 일본 육전사연구보급회 『한국전쟁』 [1] p271

그러나 이 외형적인 피해보다는 전의를 잃은 심리적 충격으로 인한 전투력 상실이 더 큰 문제이고 정상적인 전투력이 회복되기까지는 많은 시간이 필요할 것이다.

제24사단장 딘 소장

딘 소장은 마지막 순간까지 대전에서 부대 철수를 지휘하다가 부관 클라크(Arthur M. Clarke) 중위와 함께 호위 차를 앞세우고 지프로 대전을 빠져나왔다.

딘 장군 차가 앞서간 차량들을 만났을 때는 불타는 트럭들이 길을 메웠고, 옆에서는 미군 보병들이 적과 치열한 교전을 벌이고 있었다.

딘 장군이 탄 차는 불길에 싸인 트럭 사이를 전속력으로 달려갔다.

"지나왔다."

클라크 중위가 고함을 질렀다.

"아차!" 하는 순간 옥천가도로 가야 할 차가 금산가도로 잘못 들어섰다.

그때는 적의 저격탄이 날아오고 있어 차를 다시 돌릴 수도 없었다. 어느 지점에서 옥천 쪽으로 방향을 바꾸기로 하고 그대로 달려갔다. 해가 질 무렵 낭월리(郎月里-대전 남쪽 4km지점) 부근에 이르렀는데 그곳에는 적의 습격을 받아 부서진 차량과 부상병을 포함한 낙오병이 몇 명 있었다.

딘 사단장은 부상병들을 지프와 호위차에 태워서 클라크 중위가 지휘하여 먼저 가게 하고, 자신은 낙오병들을 수습하여 마침 그곳을 지나던 반궤도차에 태우고 뒤따라갔다. 사단장 일행이 1.5km쯤 갔을 때 도로를 차단하고 있는 적으로부터 기관총 사격을 받고 도로가로 산개하였다. 클라크 중위가 어깨에 부상을 입었다.

딘 사단장은 낙오병 17명을 수습하여 날이 어두워지기를 기다렸다가 대전천을 지나 서쪽 고지로 올라갔고, 산에서 부상병을 치료한 후 클라크 중위를 앞세워 남쪽으로 길을 찾아 나섰다. 뒤따르기로 한 딘 사단장은 부상병들이 물을 달라고 하자 수통을 들고 물을 찾아 계곡으로 내려가다가 낭떠러지에 떨어져 실신하고 말았다. 클라크 중위가 한참 가다가 뒤를 돌아봤을 때는 딘 장군은 보이지 않았다. 다시 산으로 올라가서 남아 있는 부상병들에게 물어보았더니 물을 뜨러 갔다고 했다.

클라크 중위는 2시간을 기다렸으나 딘 소장은 오지 않았다. 더 이상 기다릴 수 없어서 03시 15분경 부상병을 데리고 고지 정상으로 올라가서 밤을 새우고 다음 날 하루 종일 사단장을 기다렸다. 대전으로부터 6~8km 떨어진 지점이다.

밤이 되자 클라크 중위는 다시 대전천을 건너와서 사방으로 찾아보았으나 장군을 찾지 못했다. 클라크는 하는 수 없이 일행을 데리고 남쪽으로 향하였고, 7월 23일 영동에서 미 제1기병사단에 의하여 구출됐다.

딘 사단장이 낭떠러지로 굴러 떨어진 시각은 22시 30분경이다. 의식을 찾았을 때는 머리와 어깨에 상처가 나 있었다. 기력을 회복한 딘 장군은 이로부터 탈출로를 찾아 36일간을 헤매고 다녔다.

딘 사단장은 다행히 다음 날 산에서 제19연대 제2대대 E중대 타보(Stanly Tabor) 중위를 만났다. 함께 의지하면서 동행하던 중 금산 부근에서 적병을 만나 응급 대피하는 과정에서 다시 헤어지게 되었다.

타보 중위는 그 후에 알려진 바에 의하면 8월 4일 포로가 됐고, 북송 중 우군기의 폭격을 맞아 크게 부상을 입은 데다 영양실조까지 겹쳐 북한 포로수용소에서 생을 마감했다.

딘 사단장은 8월 25일 전라북도 진안군 정천면 구룡리 원세(程川面 九龍里

元細) 부락 근처에서 친절하게 길을 안내해 주겠다는 한국인 청년을 따라갔다가 밀고당하여 내무서원에게 체포되었다.* 체포된 장소는 진안군 상전면 운산리 원송기(上田面 雲山里 元松基) 부락 북방 361고지 부근으로 대전 남방 35km 지점이다.

* 딘 소장을 밀고한 한국인은 한두규(韓斗圭)다. 그는 체포되어 1954년 9월 23일 5년의 징역형을 선고받고 복역 중 포로에서 귀환한 딘 소장의 탄원으로 감형되어 1957년 5월 21일 출감했다.

52세의 노구로 86kg이던 체중은 58kg으로 줄어 있었다. 탈출 행각 중 6명의 한국인으로부터 12회의 식사 제공을 받았으나 식성이 맞지 않아 배를 채울 수 없었다. 8월 1일부터 20일간 물만 먹고 허기를 채웠다. 초인적인 의지로 살아났다.

1950년 10월 말경 아군이 북진했을 때 평양에서 포로가 된 북한군 병사의 진술에 의하여 딘 사단장 행적의 실마리를 잡았고, 생사 여부를 끈질기게 추적한 끝에 그가 살아있는 사실을 확인했다.

1951년 2월 16일 미국 정부는 딘 소장에게 미국 최고 훈장인 명예훈장(Medal of Honor)을 수여했다.

딘 소장은 3년간 포로 생활 끝에 1953년 9월 4일 판문점을 통하여 송환됐고 비로소 그의 행적이 세상에 알려졌다. ▶ 제8권 「딘 소장 프로필」 참조

참고문헌 : 국방부 『한국전쟁사』 개정판 제2권 「사단장의 실종」(p529)

제5절 김천 부근 저지전

1. 영동 지역 지연전

제1기병사단 진출

미 제1기병사단은 미 육군과 역사를 같이하는 전통 있는 사단이다.

제2차 세계대전 전에 기병에서 보병사단으로 바뀌었으나 이름은 기병사단과 기병연대를 그대로 쓰고 있고, 말이 그려진 사단 표지도 그대로 달고 있다. 사단 장병들은 전통 있는 기병사단에 근무하고 있는 것을 자랑스럽게 생각한다. 그래서 기병이라는 호칭을 버리지 못한다.

제2차 세계대전 중 태평양에서 애드미럴티 제도, 레이테 섬, 북부 루손도를 전전하면서 전투를 했고, 종전 후 일본점령군으로 일본에 상륙하여 도쿄 부근에 주둔하고 있었다.

사단장 게이 소장은 제2차 세계대전 중 구라파에서 패턴 장군의 제3군 참모장을 역임했으며 기갑작전과 공격작전의 권위자이다.

게이 소장

맥아더 원수는 개전 초 제24, 제25 2개 사단만으로 충분히 북한군 진격을 저지할 수 있다고 판단하고 제1기병사단은 후방 상륙부대로 사용할 계획을 가지고 있었다.

미 제24사단이 출동 명령을 받았을 때 제1기병사단은 맥아더 사령부로부터 인천상륙작전(블루하트계획)을 준비하라는 지시를 받았었다. 그러다가 한국 서남부가 위험해지면서 블루하트 작전은 취소되고 지상작전에 급히 투입되었다.

제1기병사단은 병력 1,450명을 보충하여 10,276명(편제의 60%)이 7월 15일 요코하마(橫濱)를 떠나

7월 18일 06시 10분 제5, 제8기병연대가 포항에 상륙하였고,

제7기병연대와 제82야전포병대대는 그때 불어닥친 태풍 헬렌(Helene)호가 동해안을 휩쓸어 상륙하지 못하고 7월 22일까지 외항에서 대기하고 있어야 했다.주)

일본 육전사연구보급회 「한국전쟁」 [1] p284

제5기병연대는 대대 작전관사령관 파머 준장이 지휘하여 7월 19일 영동에 도착하였고, 제8기병연대는 20일 열차와 차량 편으로 출발하여 그날 저녁 영동에 도착하였다.

제8기병연대(Raymond D. palmer 대령)는 제1대대를 대전가도에, 제2대대를 금산가도에 배치하고 제5기병연대는 영동 동쪽 고지에 배치했다.

태풍으로 상륙이 늦어진 제7기병연대(Cecil W. Nist 대령)는 22일 영일만에 상륙하여 제1대대(Peter D. Clainos 중령)를 연일비행장과 포항 경비를 위하여 그곳에 남겨 두고 제2대대(Omar T. Hitchner 중령)는 제1기병사단의 주 보급로 확보를 위하여 25일 추풍령에 배치되었다.

영일만에 상륙하는 미 제1기병사단

영동 전투

7월 21일 대전을 완전히 장악한 적 제3사단은 대전에서 하루를 쉬고 22일 그 제8연대가 영동가도로 남진하여 21시에 금강지류 송천(松川) 대안에 진을 친 미 제8기병연대 제1대대(Robert W. Kane 중령) 앞에 나타났다.

23일 아침 적은 T-34전차를 앞세우고 도하 공격을 시작했다. 제1대대는 3.5인치 로켓포로 전차 3대를 격파하면서 적의 공격을 저지했다. 이후 수차례 계속되는 적의 도하를 제77야전포병대대(William A. Harris 중령)와 제92고사포대대의 전 화력을 집중하여 격퇴했다. 적은 이날 하루 종일 강을 건너지 못했고, 또 다음 날도 같은 양상으로 도하를 저지했다.

이 무렵 적 제3사단 주력 제7, 제9연대는 영동 서남방으로 우회하여 금산가도에 배치된 제2대대진지를 공격하였다. 이를 견제하는 동안 적 일부가 서북으로 우회 침투하여 밤중에 대대 후방 묘동(妙洞-영동군 揚江面, 영동 서남쪽 약 6km 지점 무주가도) 부근에서 퇴로를 차단했다.

24일 제2대대장 필드(Eugene J. Field) 중령은 후방을 차단한 적을 격퇴하고자 M-24 경전차 3대를 지휘하여 공격하다가 대대장이 부상하여 실패하였다. 포병사령관 파머 준장은 제5기병연대(Marcel B. Crombez 대령)에서 1개 대대를 뽑아 제16수색중대와 함께 제2대대를 부원케 했다. 증원부대는 영동으로부터 도로차단선을 돌파하고 갈령(葛嶺-묘동 북쪽 2.5km) 북쪽으로 진출하여 제2대대 방어력을 증강시켰다.

25일 이틀 동안 송천을 건너지 못한 적 제8연대는 주력이 제1대대 정면으로 세찬 압력을 가하는 한편 일부가 북쪽 송천 남안으로 우회하여 대대 후방을 차단하고자 하였다. 위기에 몰린 대대는 제77야전포병대대와 4.2인치 중박격포중대(Rene J. Giuraud 대위) 엄호 하에 철수하여 영동으로 물러났다. 대대 철수를 엄호하던 중박격포중대는 박격포를 빼내지 못하여 모두 잃고 보병 전투를 하면서 겨우 빠져나왔다.

금산가도에 나가 있는 제2대대는 아군 포탄이 진내에 떨어져 4명이 부상할 정도로 포병의 근접 지원을 받으면서 한동안 진지를 고수했으나 일부 적이 후방으로 침투하여 보급로를 차단하였으므로 04시 30분 포위망을 뚫고 겨우 남쪽으로 탈출하여 영동에 집결했다.

그러나 후위를 맡았던 F중대와 제16수색중대, 제71전차대대 1개 소대는 적중에 갇히고 말았다. 이들은 공용화기를 모두 버리고, 수색중대는 전차 7대를 포기한 채 개인 화기와 전차 소대의 전차 4대만 가지고 산길을 타고 철수하여 이틀 후에 영동에 도착했다.주) 일본 육전사연구보급회 『한국전쟁』 1 p288

제5기병연대 제2대대(John Clifford 중령)는 제8기병연대 제2대대를 구출하기 위하여 출동하였다. 이때 침투한 적과 혼전 중 선두 F중대가 길을 잘못 잡아 적중으로 들어갔다가 적의 집중 사격을 받아 전멸했다. 나중에 26명이 살아 돌아왔다. 나머지는 행방을 알 수 없었다.

미 제1기병사단 포병진지(영동 부근). 한 폭의 그림 같은 시골마을이 전쟁의 소용돌이에 휩싸였다.

이 구출 작전에서 제5기병연대는 275명의 사상자를 냈다.^{주)}　　앞 같은 문헌
제5기병연대와 제8기병연대는 영동 동쪽으로 물러나 병력을 수습했다.
20시에 적 제3사단 선두부대가 영동읍내에 진입했다.

24, 25일 이틀 동안 아군 포격으로 적은 2,000여 명의 손실을 입어 적 제3사단 병력이 5,000명 수준으로 줄었다는 것을 뒷날 포로 진술에 의하여 확인했다. 사단 편제의 50% 수준이다.^{주)}　국방부 『한국전쟁사』 개정판 제2권 p550

제1기병사단 주보급로 확보를 위하여 추풍령에 배치된 제7기병연대장 니스트 대령은 이날 밤 자정이 지났을 무렵

"보은가도의 제27연대진지가 돌파되었다."

라는 출처 불명의 보고를 받았다. 이때 미 제27연대는 황간 북방 당저에서 적 전차를 파괴하는 등 선전을 하고 있었다. 그러나 이 알 수 없는 정보가 전해지면서 연대 장병들은 크게 동요를 일으켰고, 급기야

"적이 제27연대진지를 돌파하고 그 여세를 몰아 경부국도를 타고 곧 연대 정면으로 들이닥치게 될 것이다."

라는 추리로 이어졌다. 연대장은 적이 야간에 기습할 경우 전투경험이 없

는 제2대대 형편으로는 진지를 지탱하지 못할 것이라고 판단하고 대대를 철수시켰다. 망풍패주(望風敗走)의 장면을 연출했다고 전사는 기술했다. 야간 철수 과정에서 또 다시 원인을 알 수 없는 혼란이 일어나 대원 119명이 행방을 잃었고, 개인화기까지 버리는 사태로 번졌다.

이튿날 새벽 소대 선임하사관들이 대대진지로 올라가서 버려진 장비를 회수하였는데 기관총 14정을 비롯하여 무전기 9대, M1소총 120정, 카빈 소총 26정, 자동소총(BAR) 7정, 60mm박격포 6문이었다고 했다.

혼란의 정도를 가늠할 수 있는 숫자다.^{주)}　국방부 『한국전쟁사』 개정판 제2권 p551

27일 제2대대를 수습하여 황간으로 진출시킨 후 제27연대를 엄호하는 동시에 측방을 지원하도록 하였다.

적 제3사단은 제9연대로 하여금 영동에서 제1기병사단을 견제하도록 하고 제7연대를 김천으로 우회 진격시켰다.

7월 28일 저녁 때 제25사단 제27연대장 미카엘리스 대령이 보은(報恩)통로의 방어가 어렵다고 보고 제1기병사단장을 찾아와서

"제27연대의 저항이 한계점에 이르러 후퇴하려고 하는데 제1기병사단의 작전지역을 통과해도 좋은가?"

를 물어왔다.

게이 사단장은 27연대의 후퇴가 사단 작전에 영향을 미칠 수 있고, 또 제8군사령부의 승인이 필요하다고 생각되어 제8군사령부에 보고했다.

"제27연대로 하여금 출혈을 감내하고 지연전을 계속하도록 할 것인가, 아니면 김천으로 철수시켜 사단으로 복귀토록 할 것인가?"를 물었다.

참모장 랜드럼 대령이 유선으로

"철수시키도록 하라."는 사령관의 명령을 전달했다.

미 제27연대는 29일 새벽에 김천 동쪽 1.5km 지점으로 철수하였다가 이

날 오후 왜관으로 이동하여 미 제8군예비가 되었다.

제27연대가 철수함에 따라 제1기병사단도 뒤이어 김천으로 철수했다.

피난민과 게릴라

25일 밤 미 제5기병연대는 영동 동쪽에 새로운 진지를 점령하여 진전에 지뢰를 매설하고 포병의 화망을 구성하여 적의 진격을 저지하고 있었다.

이를 탐지한 적은 26일 여명(黎明)에 수백 명의 피난민을 옆으로 벌려 세우고 지뢰지대로 밀어 넣었다. 뒤에는 전차 4대와 보병들이 총부리를 겨누고 따랐다. 피난민 대열이 지뢰지대에 들어서면서 지뢰가 폭발하기 시작했고, 그제야 사지에 들어선 것을 알아차린 피난민들이 사방으로 흩어져서 도망을 쳤다. 뒤따르던 전차와 감시병이 위협사격을 하여 흩어진 피난민의 대오를 다시 지뢰밭으로 몰아넣었고, 그들은 모두 지뢰의 희생물이 되었다.주)

국방부 『한국전쟁사』 개정판 제2권 p551, 552

북한군은 이러한 야만적인 수법으로 저들의 진로를 개척해 나갔다.

당시 많은 피난민들이 영동으로 몰려들었다가 김천, 대구로 남하하고 있었는데 북한군과 게릴라들이 위장하고 그 속에 끼어 사단진지 안으로 들어왔다. 한 임산부의 모양이 수상해 보여 조사했더니 몸속에 무전기를 숨기고 있었다. 아군 배치 상황을 알려주는 게릴라였다.

미군 보초가 피난민으로부터 갑자기 습격을 받았고, 지뢰탐지기에 의하여 숨겨오던 총기가 발각되자 갑자기 일단의 무리가 습격을 하였다. 보급차량이 가끔 습격을 받았고, 포병진지가 공격을 받기도 했다.

피난민을 통제하는 것도 하나의 전쟁이었다. 배속되어 있는 한국경찰이 피난민 이동을 통제하였는데 야간에는 수용소에 집결하여 철저히 검문을 실시하고 주간에는 지정된 도로를 따라 이동하도록 했다.

동아일보 보도(2007년 4월 14일)

최근에 미군이 한국전 참전 중에 피난민을 공격하여 참살하였다는 보도가 있었고, 몇 년 전에는 노근리에서 미 공군기가 피난민을 공격하였다는 증언이 나와 진상을 조사한 결과 사실이라고 미국이 시인하였다는 보도도 있었다.

"6·25 당시 미군 당국이 피란민에게 총격을 가할 수 있도록 허용했음을 보여주는 당시 존 무초 주한 미국대사의 서한 내용을 미군 측이 시인했다고 AP통신이 13일 보도했다. – 중략 – AP는 무초 대사가 1950년 7월 노근리 학살 사건이 발생한 날 작성해 딘 러스크 국무차관 앞으로 보낸 서한에서

'피난민들이 미군 방어선의 북쪽에서 출현할 경우 경고 사격을 하되 이를 무시하고 남하할 경우에는 총격을 받게 될 것'

이라고 보고했다고 지난해 5월 보도한 바 있다. AP는 1999년 노근리 학살 사건 보도 이후 한국 내에서 60여 건의 양민 학살 주장이 제기됐으며 이 중 일부는 비밀 해제된 문서 등을 통해 사실로 입증됐다고 전했다." 워싱턴=연합뉴스

전시 작전지역에서 군 배치선 정면으로 접근할 경우 경고 사격을 하고 그래도 이를 무시하고 접근하는 경우 사격을 받는 것을 정상적이다. 피난민을 공격하여 참살하였다는 표현은 과장된 것이다.

2. 김천 부근 지연전

황간 전투 – 미 제27연대

미 제25사단 제27연대(미카엘리스-주한 미 제8군사령관 역임)는 7월 10일 부산에 상륙한 후 13일 안동으로 진출하여 국군 제8사단을 지원하다가 20일 미 제8군사령관으로부터 상주로 이동하라는 명령을 받고 21일 상주로

이동 중에 다시 목적지가 황간으로 변경되어 22일 야간에 김천을 거쳐 황간으로 갔다.

안동에서 황간까지 장장 180km를 1주야에 강행군을 했다.

제27연대는 보은에서 황간으로 진출하여 적 제2사단을 저지하고 있는 국군 제2사단과 전선을 교대하여 영동~김천 간 경부선 철도와 경부국도를 방어하고 있는 미 제1기갑사단 우측 방어에 들어갔다.

국군 제2사단은 중동부(청주, 진천) 방면으로 전진하는 수도사단과 제1사단 진출을 엄호하면서 문의~보은~영동으로 이동 중에 있었는데 이때 적 제2사단이 전차 8대를 앞세우고 보은에서 도로를 따라 황간으로 향하고 있었다. 황간이 점령되면 제1기병사단 후방 통로가 차단된다.

23일 미카엘리스 연대장은 2개 대대와 포병 105mm 2개 포대 및 M-24전차 2개 소대로 연대전투단을 형성하고 송천을 건너서 황간 북방 5km 지점 당저(唐猪-영동군 황간면 龍岩2里)에 지휘소를 설치했다.

제1대대(Gilbert J. Check 중령)를 전진시켜 도로가에 배치하고 적과의 접촉을 유도했다. 적은 24일 06시 30분경 짙은 안개를 이용하여 공격했다. 전차 3대가 대대진지를 돌파하여 차량을 파괴했고 군의관이 전사했다. A중대 로켓포반이 적 전차 1대를 파괴하여 대대의 사기를 높였다.

대대관측소와 B중대진지인 308고지는 하루에 주인이 3번이나 바뀌는 쟁탈전이 벌어졌다. 로켓포와 포병의 공격으로 적 전차 2대를 격파했고, F-80 전투기가 전차 3대를 파괴했다. 적 제2사단은 전차 8대 중 하루 동안에 6대를 잃었다.주) 　　　　　　　　　일본 육전사연구보급회 『한국전쟁』 1 p296

연대장과 제1대대장은 현 진지를 고수할 경우 밤이나 내일 아침까지는 진지가 적에게 포위당할 것으로 판단하고 일몰 후 제1대대를 제2대대 후방으로 철수했다.

연대장은 제1대대가 철수하여 제1선이 된 제2대대(Gordon E. Murch 소령)의 모든 화력을 제1대대가 점령했던 지역에 맞추어 놓고 기다렸다.

25일 아침, 적은 제1대대가 철수한 사실을 모른 채 제1대대가 점령했던 지역 후방퇴로를 차단하고자 좌·우 측방으로 우회 침투하고 있었다. 때를 놓치지 않고 제2대대 전 병력과 제8포병대대 105mm곡사포 12문, 제79전차대대 A중대 M-24전차 9대의 전차포, 대대 81mm, 60mm박격포가 총 집중하여 적을 혼비백산케 했다.

이 전투에서 포로 30명을 잡았고, 시체는 헤아릴 수 없었다.

오후에 적은 재차 공격을 했다. 일부 병력이 대대 퇴로를 위협하였고, 대대진지에는 6~8초 간격으로 박격포탄이 떨어졌다.

자정 무렵 연대장은 후퇴 명령을 내렸다. 제2대대는 전차 9대의 엄호를 받으면서 24시에 질서 정연하게 후퇴했다.

26일 제35연대(Henry G. Fisher 대령) 제1대대(Bernard G. Teeter 중령)가 증원되어 제27연대 우측에 배치되었다. 이 부대는 포항비행장을 경비하고 있다가 뒤늦게 상륙한 제7기병연대 제1대대와 교대하고 이곳으로 왔다.

27일 다시 제1선이 된 제1대대는 적 공격을 받고 하루 종일 혈전을 벌였다. 대대 좌측 C중대가 있는 199고지는 3회에 걸친 고지 쟁탈전이 벌어졌다. C중대는 60명으로, B중대는 85명으로 병력이 줄어들었다.

28일 아침 C중대진지가 돌파되자 미 제27연대는 제1기병사단 작전지역인 황간을 통하여 왜관으로 철수했다.

미 제27연대는 6일간 전투에서 전사 53명, 부상 221명, 실종 29명의 손실을 입었다.

적 제2사단은 3,000명 이상의 인명 손실과 전차 6대를 상실하여 8월 낙동강 전투에 참가할 수 없게 되었다.주) 국방부 『한국전쟁사』 개정판 제2권 p547

김천 전투 - 미 제1기병사단

영동으로 후퇴한 미 제1기병사단은

제8기병연대를 김천~상주가도(3번 국도)에,

제5기병연대는 김천~지례(知禮-김천시 지례면)~무주가도(3번 국도)에,

제7기병연대는 김천~영동가도(4번 국도)에

각각 배치하여 김천으로 들어오는 3개 방면의 도로를 봉쇄했다.

제8군사령부는 적이 서남방으로 우회하여 사단 후방 대구~김천 간 병참선을 위협하고 있다고 판단하고 미 제24사단 제21연대 제3대대를 김천 방어선에 보강하여 하원리(下院里-김천시 龜城면, 무주가도)에 배치했다.

7월 29일 사단 수색중대는 사단장 명령으로 로어(Lester Lauer) 중위가 지휘하는 1개 소대 규모의 차량 정찰대를 지례가도로 보냈다.

정찰대가 09시경 지례에 이르기 전에 경찰로부터

"지례에 적 1개 대대가 진입하였다."

는 정보를 입수하고 이를 무전으로 중대장에게 보고했다.

사단 수색중대장 하비(Charles U.M. Harvey) 대위는 1개 소대를 지휘하여 경찰 병력 14명과 함께 차량으로 지례로 달려갔다. 지례를 지난 남쪽 어귀에서 정찰소대와 합류하였는데 이때 정면에 나타난 적이 사격을 하여 더 진출하지 못하고 지례로 되돌아와서 마을 북단에 차량으로 차단선을 설치하고 적의 동정을 살폈다.

적은 기관총으로 차단선에 사격을 집중하면서 200~300명이 남쪽에서 나타나 마을로 들어서고 있었다. 수색중대는 81mm박격포로 적 기관총좌를 박멸하였는데 적의 응수가 강렬하여 격전이 벌어졌다.

이 전투에서 미처(Harry D. Mitcher) 하사는 4차례나 부상을 입어 피투성이가 된 몸으로 끝까지 박격포를 잡고 실탄이 다 떨어질 때까지 사격을 했

고, 중대장 하비 대위는 적 기관총탄에 한쪽 팔을 다쳤는데도 응급치료를 거부한 채 계속 전투를 지휘하다가 턱에 적탄을 맞고 숨이 넘어가면서 "철수하라!"는 마지막 말을 남겼다.

수색중대는 장교 3명과 사병 41명이 차량과 장비를 버린 채 근처 산에 올라가 숨어 있다가 철수하여 30일 아침 사단지휘소를 찾아왔다.

수색중대는 29일 전투에서 중대장을 포함하여 2명이 전사하고, 3명이 부상하였으며, 11명이 실종된 것으로 확인됐다.

30일 게이 사단장은 제21연대 제3대대와 제5기병연대 제1대대를 지례로 진출시켜 적 진격을 막게 하고, 제99포병대대가 지원하도록 했다.

적은 정면 대결을 피하고 분대 단위 병력을 김천에 침투시켜 사단사령부로부터 900m 거리에 있는 제8야전공병대본부를 습격하여 부대대장 등 4명을 사살하고 6명에게 부상을 입히는 등 후방교란 작전을 폈다.

7월 31일 영동 방면에서 적 제3사단 제8연대가 24~25대의 전차를 앞세우고 경부국도로 진출하여 제7기병연대진지를 공격했다. 다행이 주간이라 공중 공격과 포격으로 적 전차 19대를 파괴하고 진지를 지켰다.

미 제1기병사단은 7월 23일 한국전에 투입된 이래 31일까지 전투에서 전사 78명, 부상 419명, 실종 419명, 계 916명(9%)의 손실을 냈다.주)

제1기병사단은 김천을 잘 지켰으나 8월 1일 상주 쪽에서 김천을 거쳐 후퇴하는 미 제25사단 철수를 엄호한 후 미 제8군사령관의 명령에 의하여 낙동강을 건너 왜관으로 철수했다.

일본 육전사연구보급회 『한국전쟁』 [1] p293

상주 전투 – 미 제25사단

미 제25사단은 미 제24사단에 이어 두 번째로 한국전선에 투입된 사단이다. 사단장은 킨 소장이다.

미 제25사단은 제2차 세계대전 중 과달카날, 뉴기니, 북 루손도 등지에서 싸웠고 종전 후 일본에 상륙하여 오사카(大阪)에 주둔했다.

킨 소장은 7월 8일 대전에 와서 미군 작전을 지휘하고 있는 딘 소장의 지시를 받고 대구 동쪽 영천(永川)에 사단사령부를 설치하고, 예하

제27연대(미카엘리스 대령)는 7월 10일에 부산에 상륙하여 안동으로,

제24연대(Horton V. White 대령)는 12일 부산에 상륙하여 상주로

각각 진출한 후 국군을 지원했고,

제35연대(피셔 대령)는 12일부터 15일까지 부산에 상륙하여 1개 대대가 연일비행장 경비를 맡고, 2개 대대는 김천에 진출하였다.

미 제25사단은 중부전선에서 북한군을 저지하고 있는 국군 후방 제2선에 대기하고 있었다. 7월 18일 제1기병사단이 포항에 상륙하자 제8군은 제1기병사단을 미 제24사단을 대신하여 경부축선에 투입하였고, 제25사단은 상주 정면에서 국군 지원 업무를 전념하게 하였다.

미 제8군사령관 워커 장군은 제25사단 전력

킨 소장

을 높이 평가하지 않았기 때문에 그보다 늦게 도착한 제1기병사단에 경부축선을 맡긴 것이다.

제27연대는 도착과 동시에 안동에 배치되어 단양고개에서 방어하고 있는 국군 제8사단을 지원하다가 22일 밤에 황간으로 이동하여 보은가도에서 저지전을 펴고 있는 국군 제2사단과 임무를 교대했다.

제24연대(화이트 대령)는

제1, 제2대대를 괴산(槐山)에,

제3대대를 예천~함창(咸昌-경북 상주군)선에 전개하였다.

제3대대(John T. Corley 중령)는 예천~함창 부근을 방어하고 있다가 21일 수도사단 제18연대가 함창에 도착하자 진지를 멋대로 제18연대에 넘기고 임의로 후퇴하고 말았다.*주)

국방부 『한국전쟁사』 개정판 제2권 p550, 일본 육전사연구보급회 『한국전쟁』 1 p299

> * 국방부 『한국전쟁사』 개정판 제2권은 다른 쪽에서 이와 다르게 기술했다.
> "제24연대에서 제2대대를 뽑아……예천에 투입하여……국군 제8사단과 제6사단 사이의 지극(地隙)을 보전케 하였다.(p540)
> 예천에 배치된 바 있은 제2대대는 21일에 수도사단 제18연대에 진지를 인계하고 연대에 복귀한 바 있었다." (p542)

사단장 킨 소장은 제24연대 제3대대의 후퇴 보고를 받고 제35연대장 피셔 대령에게 후퇴 경위를 확인하라고 명령하였다.

22일 피셔 대령은 이를 확인하기 위해 예천으로 가던 도중 제3대대장 콜리 중령을 만나 함께 갔는데 적정은 없었다. 이로 미루어 이 대대는 적과의 접촉 없이 고의로 후퇴한 사실이 확인되었다.주)   국방부 『한국전쟁사』 제2권 p550

제2대대(George R. Cole 중령)는 적과 접촉하기 위하여 상주에서 동관리(東觀里-상주시 化南面)로 가던 중 갈령(葛嶺-상주~괴산가도) 계곡에서 적 사격을 받고 분산되어 후퇴하는 것을 화이트 연대장이 수습했다.

25일 미 제24연대는 화령장(化寧場)에서 국군 제1사단과 임무를 교대하고, 상주 방면으로 남하하는 적 제15사단 공격에 대비하여 상주 서쪽 16km 지점 낙서리(洛西里-상주~보은 간 25번 국도변)에 진지를 구축하였다.

병사들 중에는 전장공포증에 걸려 접적하기도 전에 또는 접적하자마자 진지를 이탈하는 사례가 많이 일어났다.

앞에서 본 함창에서 제3대대가 무단 후퇴한 것을 비롯하여 갈령에서 제2대대의 후퇴가 그랬고, 제3대대 L 중대는 장교 4명, 사병 105명 중 마지막까지 진지에 남아 있었던 자는 장교 1명을 포함한 17명에 불과했다. 결국 장교 3명과 사병 88명이 무단으로 진지를 이탈한 것이다.

상주 서쪽에 낙오자 수용소를 설치하였다.

연대 인사주임 울리그(John R. Woolrige) 소령은

1일 평균 75명의 낙오병을 수용했다고 했다.주)1

어느 정도 전의가 상실되었는가를 말해 주는 현상이다.

연대는 대체로 낮에는 고지를 점령하고 있다가 밤에는 후방진지로 이동한 뒤 포격으로 적을 견제하는 전투 방식을 취했는데 하룻밤에 3,000여 발의 포탄을 퍼부었다는 기록이 있다.주)2   1, 2. 국방부 『한국전쟁사』 개정판 제2권 p542

30일 킨 사단장은 제24연대의 무질서한 전장군기를 잡기 위하여 그 연대를 상주 서쪽 4.5km 지점으로 이동시킨 후 제35연대 제1대대를 그 연대 후방에 배치하여 독전 임무를 부여하는 동시에 지원하도록 하였다.

미 제24연대는 31일 밤 적 압력이 강해지자 상주로 후퇴했다.

제24연대는 11일간의 전투에서 전사 27명, 부상 293명, 실종 3명 등 모두 323명의 병력 손실을 보았다.

전과는 확인되지 않았다. 그러나 포로 진술에 의하면

상주 방면으로 진출한 적 제15사단은 화령장에서 국군 제17연대와 제1사단 및 미 제24연대의 포병에 의하여 치명적인 타격을 입어

'7월 말 현재 병력이 5,000명 수준으로 줄었다.'

고 했다.주)   일본 육전사연구보급회 『한국전쟁』 [1] p301

미 제35연대는 20일 김천에 있는

제2대대(John L. wilkins 중령)를 함창으로 추진시켜 제90포병대대 A포대와 제79전차대대 A중대 1개 소대와 함께 국군 제6사단을 지원하도록 했고, 제1대대(Bernard G. Teeter 중령)는 연일비행장을 경비하고 있었다.

함창 북방에는 국군 제6사단(김종오 대령)이 적 제1사단 진출을 저지하고 있었으므로 미군은 국군 후방에서 방어만 하고 있으려고 했는데 부사단장 윌슨(Venart Wilson) 준장이 독자적으로 F중대를 국군 전선 중앙 영강(潁江) 북방 봉명산(鳳鳴山-692고지)에 배치하였다.

22일 억수같이 쏟아지는 빗속에서 북한군의 공격을 받았고, 국군 제6사단은 함창으로 철수해 갔으나 미 제35연대 F중대는 통신 수단이 원활치 못하여 국군이 철수한 사실을 모르고 있다가 포위되고 말았다.

F중대는 M-24전차 소대의 지원을 받으면서 홍수로 물이 불어난 영강을 건너 철수하다가 익사자를 포함하여 전사 6명, 부상 10명, 실종 21명의 인명 손실을 냈다.주) 국방부 『한국전쟁사』 개정판 제2권 p540, 541

24일 적 전차 5대가 영강을 도하하여 함창으로 진출하는 것을 미 제90야전포병대대가 4대를 격파하고, 1대는 미 공군이 격파했다.

연일비행장을 경비 중이던 제1대대는 25일 황간으로 전진하여 제27연대를 지원했고, 30일 상주 부근으로 이동하여 제24연대를 지원했으며, 31일 제1, 제2대대가 합류하여 상주 서남쪽 15km 지점 옥산동(玉山洞-3번 국도와 68번 지방도 분기점)으로 이동하여 선산가도 분기점을 확보했다.

3. 한국 전황은 파국으로 치닫고 있다

워커 사령관의 고뇌

워커 미 제8군사령관은 각 부대 전투 양상과 철수를 거듭하고 있는 상황을 보고 과연 한국에 남아서 버틸 수 있을 것인지 몹시 걱정했다. 더구나 7월 25일 영동이 적 수중에 들어가고 미 제25사단과 국군 방어 능력에 한계가 드러나자 대구 위기가 눈앞에 다가온 것처럼 느껴졌다.

　7월 26일 밤 워커 장군은 낙동강선에서의 방어 작전을 구상하고 철수 준비 명령을 내리는 한편 대구에 있는 제8군사령부를 부산으로 옮기기로 작정했다. 그리고 도쿄의 아몬드 참모장에게 전화를 걸었다.

　"대구가 언제까지나 안전할 것이라고는 생각되지 않는다. 지금 사령부에 있는 통신 장비는 소중한 장비이기 때문에 안전을 도모하기 위해 사령부를 부산으로 옮기려 하는데 어떤가?"

　아몬드 장군은 이 전화가 청천벽력과 같이 들렸다고 한다.

　그는 군사령관으로서 워커의 고뇌를 잘 알고 있었다. 하지만 워커가 전선을 부산 근처까지 철수시키는 것으로는 생각지 못했다.

　"그 요청을 곧 맥아더에게 전하겠습니다. 그러나 사령부가 철수하는 것은 미군 장병들에게는 물론 한국군 장병들에게도 큰 영향을 줄 것으로 생각합니다. 제1선 장병들에게 군이 일본으로 철수할 준비를 하고 있다는 그런 생각을 갖게 해서는 큰일입니다."

　아몬드는 워커의 요청을 맥아더에게 보고했다.

　7월 27일 10시 맥아더 원수가 대구 제8군사령부를 방문했다.

　"반짝반짝하게 닦은 구두와 손이 베일 듯한 카키색 바지의 주름, 선글라스, 맥아더 장군 특유의 곰방대를 물고 천천히 8군사령부로 걸어 들어가는 맥아더 장군의 모습은 가히 인상적이었다."

고 전사는 기술했다.

　맥아더 장군과 워커 장군 그리고 UN군총사령부 겸 극동군총사령부의 참모장 아몬드 장군 등 셋 만이 참석한 가운데 90분간 회담했다.

　맥아더 장군은 워커 장군의 건의에 대해서 한마디 언급도 없었다. 그렇다고 그를 책망하지도 않았다. 다만 그는 한국에서 덩커크는 없다고 강조하고, 미 제24사단과 국군 수도사단을 칭찬했다. 그리고는 다시 바삐 왔다 갔다 하는 주위 사람들과는 극히 대조적으로 아무 일도 없었던 것처럼 느린 걸음으로 8군사령부를 떠났다.

그는 한국전선에서 또 하나의 극적인 순간을 연출해 냈다.

인용 문헌 : 일본 육전사연구보급회 『한국전쟁』 [1] 「워커사령관의 고뇌」(p318)

고수냐 죽음이냐? - 워커 장군의 전선 사수 훈령

그로부터 이틀 후 7월 29일, 제25사단사령부가 자리 잡고 있는 상주에는 번쩍번쩍한 철모에 주먹만 한 하얀 별 3개를 붙이고 권총을 허리춤에 찬 제2의 '패턴'이라고 불리는 워커 장군이 나타났다.

두 눈을 부릅뜨고 다음과 같이 외쳤다. '전선사수 훈령'이라고 했다.

"우리는 시간과 싸우고 있다. 북한군이 먼저 부산을 점령하느냐, 아니면 맥아더 원수가 보내기로 한 중원군이 먼저 도착하느냐가 문제이다. 지금부터는 두 번 다시 철수를 해서는 안 된다. 이제 우리들의 후방에는 진지를 편성할 선이 없다. 각 부대는 역습으로 진지를 회복하고 그곳을 고수하지 않으면 안 된다. '던커크'나 '바탄'에서와 같은 실패를 재연해서는 안 된다. 부산으로 철수한다는 것은 사상 최대의 살육을 의미한다. 우리는 최후까지 싸워야 한다. 포로가 되는 것은 차라리 죽는 것보다 못하다. …… 한 치의 땅이라도 적에게 양보하는 일은 수천 명에 달하는 전우의 죽음에 대해 보답하는 길이 못 된다. …… 나는 사단 전 장병들이 나의 이 기분을 이해하고 현재의 진지를 고수해 주길 바라고 싶다. 우리는 전승을 위해서 용감히 싸워야 한다."

워커 장군의 이 훈령은 한국전선에서 최초의 방어선이자 최후의 방어선인 낙동강 방어선을 염두에 두고 있었다. 그리고 더 이상 물러설 곳이 없다는 엄연한 사실이 널리 알려지게 되었다.

이 훈시는 전 장병들에게 전달되었고, 장병들은 긍정과 부정의 두 가지 반응을 보였다.

"이 명령은 실행이 불가능하다."

고 한 부정적인 반응이 있었고,

긍정적인 반응은 한 장교의 말을 다음과 같이 인용했다.

"명령을 들었을 때 나를 비롯한 모든 부하 병사들까지 큰 안도감을 가졌다. 철수 작전은 끝이 났고, 이제부터 이곳을 지켜나가야 하겠다는 기분을 갖게 되었다. 이때부터 호를 파는 병사들의 야전삽이 더욱 활발하게 움직였다."

각 신문은 워커의 전선사수 훈령을

"'고수냐 죽음이냐(Stand or die)' 라는 감상적인 표현으로 명령을 했다."

고 보도하였고, 의회에서는

"인권을 무시했다."

"한국을 우리 미국인들이 귀중한 피를 흘려가면서까지 지켜야 할 가치가 있는가?"

심지어 '민주주의의 위기' 라는 극단적이 표현을 써 가면서 떠들었다.

맥아더 원수는

"군대는 민주주의가 있을 수 없다."

는 단호한 말 한마디로 여론을 수습하였다고 한다.

인용 문헌 : 일본 육전사연구보급회 『한국전쟁』 [1] 「고수냐 죽음이냐」(p321)

던커크(Dankirk, 또는 됭케르크-Dunkerque)

던커크는 도버해협에서 영국을 바라보는 프랑스 북부 항구도시다. 제2차 세계대전 때 독일군에 쫓긴 연합군이 최대 규모의 철수 작전을 벌인 곳이다.

1940년 5월 12일 히틀러는 프랑스 침공을 명령했다. 독일군은 136개 사단과 2,500대의 탱크를 동원하고 막강한 공군의 지원을 받으며 프랑스로 진격했다. 프랑스, 벨기에, 영국군으로 구성된 연합군 125개 사단과 3,600대의 탱크가 대항했으나 공군력이 우세한 독일군을 막아내지 못했다.

5월 21일 벨기에가 항복했고, 영국의 병참선이 차단되었다. 서북 지역 영국군과 프랑스군은 해안 쪽으로 철수할 수밖에 없었다. 그물에 걸린 고기 신세가 된 연합군은 좁은 해안지대로 수십만 명이 몰려들었다.

이 소식을 들은 영국 처칠 수상은 던커크 해안으로부터 모든 군대와 장비를 철수하라는 명령을 내렸다. '다이너모 작전(Operation Dynamo)'이다.

은폐물이 없는 해안에서 연합군은 독일 공군의 맹렬한 폭격을 받아 수많은 병사들이 쓰러져 갔고, 독일군 기갑부대가 던커크 해안 15km 앞까지 도달하여 연합군은 풍전등화의 신세를 면할 수 없게 되었다.

5월 26일 기압골이 통과하면서 비가 내려 독일군 기갑부대 진격이 중지되었다. 늪 지대와 운하가 많은 지역에서 비가 오면 전차는 진격할 수 없다. 연합군은 날씨 원군으로 전멸될 수 있는 위기에서 벗어났다.

공군장관 괴링은 "연합군은 독일 공군의 공격만으로도 전멸시킬 수 있다."라고 히틀러에게 공언했고, 히틀러는 공군을 믿고 기갑부대를 파리 공격에 돌렸다.

이후 날씨는 낮은 구름과 안개 등이 하늘을 가려 독일 공군의 공격을 어렵게 만들었고, 연합군은 이틈을 타서 11만 명이 탈출하는데 성공했다.

5월 31일 고기압 영향권에 들면서 쾌청한 날씨가 이어져 독일공군의 공격이 시작되었다. 연합군은 6월 1일부터 4일까지 밤을 이용하여 철수했다.

1940년 5월 27일부터 6월 4일까지 연합군 장병 338,226명(영국군 22만 명, 프랑스군과 벨기에군 11만 명)을 영국으로 철수시키는데 성공했다.

동원된 선박은 구축함 39척, 소해정 36척, 트롤선 77척과 각종 소형 선박을 합한 총 693척이다. 양국 해안에 있는 배라고 생긴 것은 모두 동원하였다.

초 대규모 철수 작전에도 불구하고 연합군 14만 명을 버렸고, 모든 중장비를 프랑스에 남겨 두었다. 영국으로 철수한 장병들은 빈손으로 빠져나왔다.

독일군은 6월 4일 던커크를 점령했고, 6월 15일 파리가 함락되었다. 22일 휴전협정을 조인하고 그로부터 5년간 프랑스는 독일의 점령 통치를 받았다.

바탄(Bataan)

바탄은 필리핀 루손 섬 서남쪽 끝에서 남쪽으로 돌출하여 마닐라만 서쪽을 감싸고 있는 반도이다. 그 남쪽에 코레히도르 섬이 있다.

일본군은 1941년 12월 8일 진주만 공격과 동시에 필리핀을 공격했다.

공격한 일본군은 혼마 마사하루(本間雅晴) 중장이 지휘하는 제14군이다. 예하의 제4, 제5, 제16, 제21, 제48, 제65사단이 공격에 가담했다. 병력은 대략 8만 명으로 루손에 있는 미군 병력의 약 2배다. 여기에 연합함대 휘하 제3함대 및 제2함대 일부와 대만에 기지를 둔 제5항공집단(항공기 500대)이 지원했다.

필리핀에 있는 미군은 맥아더가 지휘하는 미 극동군사령부 휘하 미 육군과 미 육군에 편입된 필리핀연방군으로 구성된 약 13만 명(미군 13,500명)으로 제1, 제2의 2개 군단을 편성하고 있었다. 항공기 277대가 있었으나 전투가 가능한 것은 142대에 불과하였고, 본국에서 병력 2만 명과 50만 톤의 보급품이 도착할 예정이었는데 일본군의 공격이 먼저 개시되었다.

12월 23일 일본군은 서해안 링가옌(Lingayen)만에, 그 다음 날에는 동해안 라몬(Lamon)만에 각각 상륙하여 마닐라로 진격을 개시했다.

맥아더는 12월 24일 마닐라 사령부를 코레히도르로 옮기고 26일 마닐라를 비무장도시로 선언하였다. 이것은 마닐라를 군사 목표로서의 성격을 배제함으로

써 일본군으로 하여금 공격의 의미를 상실하게 한 조치다. 이와 함께 정부기관과 군사시설을 시 주변에서 철수하여 공격의 구실을 제거했다.

그러나 일본군 제14군 사령관 혼마 중장은

"우리 목표는 마닐라 공격이다."

를 외치며 마닐라 진격 명령을 내렸다.

"뭐야? 적이 하나도 없는 마닐라에 가서 뭐 한다는 거야?"

"혼마한테 물어봐라."

사병들은 35도가 넘는 염천에 힘에 겨운 장비를 지고 걸어갔다. 열대의 이글거리는 태양이 이마를 쪼이고, 철모와 총신이 뜨겁게 달아올랐다. 전신에 땀이 배고 뿌연 소금기가 끼었다. 이렇게 비무장 도시 마닐라로 진군했다.

1942년 1월 2일 일본군 제14군은 마닐라를 점령했다.

사령관 혼마는 맥아더가 묵었던 마닐라호텔 귀빈실에 자리를 잡았다.

육군참모총장 스기야마(杉山)는 혼마에게 전문을 보냈다.

"적 주력부대에 하등 손상을 끼침이 없이 바탄반도에 전진시키고 무방비 도시 마닐라에 입성했음은 유감된 일임. 금후의 작전 시급히 회시 바람."

"적병 하나도 없는 마닐라 입성은 어린애도 할 수 있다."

"맥아더 전술에 넘어간 것이다."

"전 일본군의 치욕이다."

온갖 비난과 조소가 혼마 사령관에게 쏠렸다.

맥아더 휘하 부대는 1월 2일 마닐라에서 철수하여 7일까지 바탄으로 갔다.

바탄에 집결한 미군(필리핀군 포함)은 8만여 명이었다. 이들은 일본군 포위망에 걸려 보급을 받지 못하고 극한의 기아 상태를 맞았다. 장병들은 겨우 하루 한 끼의 식량을 지급받고 있었다. 걸어 다니는 해골, 언제 죽느냐는 시간 문제였다. 이를 악용한 일본군은 피난민 5만 명을 바탄으로 몰아넣어 식량 사정을 더욱 어렵게 만들었다.

바탄의 물소는 이미 다 없어졌고, 기병들의 말과 수송용 말도 잡아먹었다. 웨인 라이트 장군이 아끼는 말 '조셉컨라이드'도 예외가 될 수 없었다.

굶주린 병사들과 피난민들은 세계에서 가장 악성인 바탄의 말라리아와 싸워야 했고, 이질, 괴혈병과 그 밖의 열대병에 걸려 신음했다.

3월 12일 맥아더는 루스벨트 대통령의 명령에 의하여 사령부 지휘를 웨인 라이트 중장에게 맡기고 코레히도르를 탈출하여 오스트레일리아로 갔다. 이때 떠나면서 남긴 말이 유명한 "I Shall Return."(나는 돌아올 것이다)이다.

3월 31일 일본군은 병력 3만 명, 포 200문, 전차 50대, 항공기 100대를 증강하여 총공세를 취했다.

4월 9일 바탄반도에 있는 미군 약 54,000명이 항복을 했다. 웨인 라이트 장군은 코레히도르 섬으로 철수하여 한 달간을 더 버티다가 5월 6일 코레히도르 섬이 함락되고 웨인 라이트 장군은 포로가 되었다.

일본군은 필리핀을 완전히 점령했다.

맥아더는 1942년 3월 19일 대장 진급과 함께 서남태평양지구연합군 총사령관이 되었고, 1944년 10월 20일 루손섬 동남쪽 레이테 섬에 상륙하였다.

I Shall Return · I Have Return

맥아더 장군이 필리핀을 떠난 목적은 새로운 미국의 공격력을 조직(서남태평양사령부 창설)하여 필리핀을 구하는 것이었다. 그래서

"I Shall Return(필리핀을 떠나지만 다시 돌아올 것이다)."

이라고 무심코 한 말이었다고 한다.

그러나 이 말은 엄청난 파장을 가져 왔고 필리핀 국민에게는 정신적인 지주가 되어 불굴의 투지를 가져다 주었다.

I Shall Return은 해변가 모래밭에 그려졌고, 건물 벽에도 쓰여졌으며, 우편물 스탬프에도 찍혀졌다. 심지어 전장의 사병이 볼일 보러 가면서도 "I Shall Return."이라고 했다.

맥아더는 레이테 섬에 상륙하여 마이크를 잡고

"필리핀 국민 여러분 나는 돌아왔습니다.- I Have Return"

제1성을 이동방송의 전파에 실어 보냈다.

죽음의 행진

일본군에 포로가 된 연합군이 약 8만 명, 일본군이 억지로 몰아넣은 피난민이 약 5만 명이다. 미군이 항복한 그날부터 바탄반도에서 링가엔만, 마닐라만 등 각 항구에 이르는 길은 이 13만 명의 포로와 피난민으로 메워졌다. 1주일 이상 아무 것도 먹지 못하여 해골에 가죽만 씌워진 송장을 섭씨 35도가 넘는 염천에 그렇게 끌고 갔다.

비틀거리다가 길바닥에 쓰러지는 포로.

쓰러져서 기어가다가 땅바닥에 얼굴을 처박고 엎드리는 포로.

악성 열대병에 걸려 옆 사람 어깨에 기대고 가다가 숨이 끊어지는 피난민.

300명에서 500명 단위로 묶어서 행진하는 이들에게 일본 병사 한 사람씩 붙어서 "빨리 걸어!"를 재촉하며 욕설을 퍼붓고 발길로 차고 몽둥이로 쳤다. 낙오하는 사람은 기관총이 맡았다. 길가에는 포로와 피난민 시체가 쌓였다.

'바탄반도 죽음의 행진'이다.

이렇게 죽은 사람이 약 2만 5천 명이다.

「던커크」이후 참고 문헌 : 『맥아더 회고록』, 육군사관학교 전사학과 『세계전쟁사』,
이호범 『태평양전쟁』 제1권, 종군기자실록 『대동아전쟁비사』 1 『태평양』 편제2차 세계대전 종전시 필리핀 포로수용소장은 한국인 홍사익(洪思翊) 중장이다. 일본군의 포로학대 대명사가 된 이 죽음의 행진으로 해서 포로수용소장은 전범에서 자유로울 수가 없었다. 그는 일본육군사관학교 한국인 출신과 많은 지인들의 구명운동에도 불구하고 처형되었다.

그는 일본 육사 제26기(이청천, 신태영, 이응준 동기) 출신으로 가장 출세한 군인이다. 그 배경에는 식민지 사람도 능력이 있으면 일본인과 똑같이 출세할 수 있다는 정략적인 배려에서 키워진 인물이다.

일본 육사 제26기와 제27기(김석원 동기)는 중위 진급 후 옷을 벗고 국권회복운동을 벌인다는 약속을 했으나 일본군부는 그의 예편을 허락하지 않았다. 또 동기생의 의견도 몇 사람 남아 있는 것이 그들의 활동에 도움이 될 수 있다는 고려와 모두가 옷을 벗었을 경우 오히려 요시찰(要視察)의 대상이 될 수 있다는 판단에서 굳이 나오기를 바라지 않았다. 그는 일본군으로 남아 출세하였고 동기생들의 독립운동을 적극적으로 도와 역할을 다했다.

▶ 제8권 「주요인사들 프로필」 참조

더 이상 내어줄 땅이 없어졌다

일본 육전사연구보급회 『한국전쟁』은 다음과 같이 기술했다.

'7월 31일 미 제25사단은 워커의 '전선사수결의'에도 불구하고 상주를 포기하고 동쪽 5km의 신 진지로 철수하였고, 또 같은 날 김천을 방어하고 있던 미 제1기병사단 일부도 진지를 포기하였다.

이날 뉴욕 타임스 기자 로렌스가 워커 중장에게

'전황이 어떤 단계입니까?'

하고 물었을 때 워커 장군은

'위험한 단계입니다. 결정적인 시기입니다.'

라고 대답했다고 한다."

다음 날 《뉴욕 타임스》 1면에 '한국의 위기' 라는 제목으로 기사가 났다.
　"한국의 전황은 파국으로 치닫고 있다. 지금까지 우리 군은 시간을 얻기 위해 땅을 내주고 있었으나 이제 더 이상 내줄 땅이 없어졌다. 그리고 시간도 바야흐로 다 없어져 가는 찰나에 있다."

8월 1일 군사평론가 헨슨 W. 볼드윈은 워커 중장의 "고수냐 죽음이냐"의 명령에 대해 언급하고 결론적으로
　"전쟁이 시작된 이래, 육군부는 너무 안일하고 수수방관하는 태도를 취하였다. 이것은 충분히 징계의 대상이 될 수 있다."
는 견해를 내세웠다.

7월 말 미국 국민은
(1) 국가는 진짜 전쟁을 하고 있다.
(2) 더구나 이 전쟁의 승패는 속단할 수 없다.
(3) 앞으로 불확실한 요소가 많기 때문에 북한군을 북방으로 격퇴시킨다는 목적은 쉽게 달성될 것 같지 않다는 것을 인식하기 시작하였다.

미국은 바야흐로 세계 5대 전쟁의 하나로 꼽히는 대전쟁에 말려들어가고 있었다.

인용 문헌 : 일본 육전사연구보급회 『한국전쟁』 [1] 「제8군의 위기」(p323)

인명 색인

ㄱ

강동원 80
강문봉(姜文奉) 11, 20, 30, 34, 49, 68, 73, 116, 149, 216
강문헌(姜文憲) 155, 167
강성탑(姜聖塔) 63
강성태(姜聲邰) 103
강영걸(康永傑) 126
강영훈(姜英勳) 49, 68
강완채(姜琬埰) 125, 130, 136
강은덕(姜隱德) 300
강종철(姜鍾哲) 78
강주봉(姜周奉) 149
강태민(姜泰敏) 165, 183
개린(Crumph Garrin) 275
게이(Hobart R. Gay) 282, 382, 387, 393
계인주(桂仁珠) 152, 153, 154, 161, 162, 163, 164, 165
고동석(高東晳) 18, 144, 150
고동철 81
고백규(高白圭) 27, 35, 37, 184
곤잘레스(Donald Gonzales) 192
공국진(孔國鎭) 12, 15, 70, 72
곽응철(郭應哲) 157, 168
괴링 401
구명회(具明會) 64
구영숙(具永淑) 92
구용서(具鎔書) 103
그로미코(Andrei Gromyko)

207
그로스(Ernest A. Gross) 194
금강석(琴江錫) 46
기로드(Rene J. Giuraud) 385
김경포(金京布) 134
김계원(金桂元) 16, 18, 21
김광순(金光淳) 156
김광해(金光海) 129
김국주(金國柱) 38
김기수(金箕洙) 84, 85
김기영(金基榮) 125
김대성(金大成) 134
김덕보(金德寶) 94
김동원(金東元) 48
김동준(金東俊) 134
김득룡(金得龍) 231
김만식(金萬植) 48
김백영(金白泳) 130
김백일(金白一) 15, 39, 49, 52, 54, 62, 65, 67, 68, 70, 72, 73, 116, 117, 120
김병로(金炳魯) 102
김병원(金秉元) 14
김병철(金炳哲) 166
김병화(金秉化) 156, 180
김병휘(金炳徽) 40, 123, 140, 144, 149, 150
김봉교(金奉敎) 48
김봉상(金鳳翔) 18, 41, 139
김삼만(金三萬) 133
김상덕(金相德) 63
김상옥(金祥玉) 125

김상칠(金尙七) 130
김석관(金錫寬) 92
김석원(金錫源) 53, 111, 112, 406
김석희(金碩熙) 76
김성룡(金成龍) 41
김수동(金壽童) 167
김순(金淳) 37
김순정(金舜政) 23, 24
김억순(金億淳) 164
김영록(金永錄) 134
김영철(金永哲) 49, 73
김용림(金用琳) 31, 42
김용주(金龍周) 162
김용주(金容柱) 27, 38, 39
김웅(金雄) 114, 185
김원기(金元基) 48
김익렬(金益烈) 150, 163, 165
김인걸(金仁杰) 133
김인식(金仁植) 127
김인태(金仁泰) 160
김일록(金一錄) 160, 168, 169
김일성(金日成) 108, 168, 218, 377
김일환(金一煥) 49, 105
김장흥(金長興) 91
김재석(金在錫) 84, 85
김재현(金載鉉) 364, 365
김재후(金在厚) 175
김점곤(金點坤) 183
김정렬(金貞烈) 49, 73
김정무(金貞武) 19

408 인명 색인

김정운(金珽雲) 166	김훈(金勳) 92	285, 286, 290, 291, 298, 303,
김정운(金貞雲) 168	김휘익(金輝益) 134	307, 308, 310, 312, 313, 317,
김정희(金貞熙) 81	김희동(金熙童·金熙董) 117	319, 327, 334, 339, 341, 342,
김종갑(金鍾甲)	김희석(金熙碩) 43	343, 344, 347, 348, 349, 350,
34, 35, 37, 118, 221, 224,	김희운(金熙運) 149	351, 352, 353, 354, 355, 359,
225, 233, 235, 237, 238, 239	김희준(金熙濬) 300	360, 364, 366, 371, 372, 373,
김종관(金淙寬) 42	**ㄴ**	376, 378, 379, 380, 381, 394
김종오(金鍾五) 114, 397	나병서(羅秉緒) 131, 133	**ㄹ**
김종원(金宗元) 163	나희필(羅熙弼) 144, 150	라이트(Edwin K. Wright)
김종필(金鍾泌) 50	남규석(南圭碩) 76	280, 283
김주명(金周鳴) 174	남상선(南相瑄) 149	라이트(William H. S. Wright)
김중섭(金重燮) 63, 64	내시(Robert E. Nash)	51, 52, 74, 145, 231
김진권(金振權) 150, 151	341, 342, 343	래티모어(Owen Lattimore)
김진위(金振暐) 183	노스터드(Northtard) 261	209
김진형(金鎭泂) 103	니스트(Cecil W. Nist) 386	랜드럼(Eugene M. Landrum)
김창덕(金昌德) 42	**ㄷ**	274, 352, 387
김창룡(金昌龍) 162	던(John J. Dunn)	랜턴(Newton W. Lantron)
김창배(金昌培) 19, 153	304, 305, 306, 309, 310,	314, 328, 330, 366, 367
김책(金策) 377	312, 317, 328, 330	러블리스(Joy B. Lovless)
김촌성(金村成) 141, 155, 161	던햄(Lelant R. Dunham)	302, 304, 306, 307, 308
김품호(金品湖) 117	357, 367, 368, 369	러스크(Dean Rusk)
김한주(金漢柱) 15, 26,	덜레스(John F. Dulles) 212	192, 193, 194, 197, 389
32, 41, 123, 124, 129, 173	도슨(Robert H. Dawson)	로건(Edward O. Logan)
김해선(金海善) 149	310, 328	338, 339, 340, 341, 342
김헌(金憲) 14	도일(James H. Doyle) 268	로렌스 406
김현수(金賢洙) 83, 84, 85	도일(John D. Doyle) 269	로버트 L. 에이첼버거 275
김형산(金亨山) 134	드럼라이트	로어 392
김형식(金亨植) 138	(Evertt F. Drumwright)	루스(J. N. Roush) 345
김형재 41	90, 191, 218	루스벨트 404
김홍걸(金弘傑) 162	드레슬러(William E. Dressler)	류근창(柳根昌) 70
김홍일(金弘壹) 53, 68, 73, 82,	328, 331, 332	류동열(柳東悅) 53, 86
117, 118, 125, 136, 139, 164,	드리스켈(Herman L. Driskell)	류성룡(柳成龍)
169, 172, 176, 178, 179, 181	303, 306	55, 56, 57, 58, 59
김황목(金煌穆) 23, 24, 125	딘(William F. Dean) 251,	류환박(柳桓博)
김효석(金孝錫) 111	259, 273, 274, 282, 283, 284,	14, 43, 123, 137

인명 색인 409

류흥식(柳興植) 76	메노허(Pearson Menoher)	박도경(朴道璟) 155, 167
리(Trygve Lie) 194, 204, 263	309, 343, 371, 377	박동갑(朴東甲) 38
리들리(Robert R. Ridley) 305	멜로이(Guy S. Meloy)	박명웅(朴明雄) 64
리비(Libby) 375	333, 334, 335, 338,	박명자 79, 80
리지웨이	339, 342, 343, 344, 347	박무열(朴武烈) 155, 178
(Matthew B. Ridgway) 199, 261	모윤숙(毛允淑) 26	박병권(朴炳權)
	몬테클라로스	27, 38, 39, 176
ㅁ	(Melicio Montesclaros)	박병순(朴炳淳) 65
마셜(George C. Marshall) 212	369, 370	박숙청(朴淑淸) 42
마틴(Robert R. Martin)	무솔리니 190, 195	박영징(朴永徵) 148
308, 309, 310, 311,	무초(John J. Muccio)	박용문(朴容文) 47
312, 313, 317, 327	81, 89, 191, 192, 193, 215,	박익균(朴翊均) 141, 142, 332
마허(Thomas A. Maher) 377	218, 219, 220, 231, 351, 389	박인기(朴仁棋) 48
매슈(Francis P. Matthews)196	문연섭(文燮) 31	박정서(朴正瑞) 141, 148
매콜(Edward L. McCall) 332	문용채(文容彩)	박정식(朴禎植) 130
맥그레스 197	15, 20, 21, 42, 61, 140	박정인(朴定仁) 70
맥그레일	문형태(文亨泰) 27, 39	박찬긍(朴贊兢) 77, 78
(Thomas M. McGrail)	미처(Harry D. Mitcher) 392	박창록(朴昌錄) 27, 39
338, 341, 342, 343, 344,	미카엘리스	박철용(朴哲用)
361, 367, 368, 369, 376	(John H. Michaelis)	126, 133, 134, 230
맥다니얼(McDaniel) 366, 373	318, 387, 389, 390, 394	박태운(朴泰云) 131, 137, 160
맥아더 51, 52, 122, 126, 197,	민기식(閔機植) 156	박태홍(朴泰興) 47
198, 199, 200, 211, 212, 213,		박홍(朴泓) 56, 57, 58
214, 215, 216, 217, 218, 219,	**ㅂ**	박후준(朴厚俊) 181
220, 221, 222, 223, 224, 225,	바스(George B. Barth)	박희현(朴熙賢) 103
226, 227, 228, 229, 230, 231,	291, 292, 302, 303, 304	반덴버그
232, 233, 234, 235, 237, 238,	바스체츠(Michael Barszcz)	(Hoyt S. Vandenberg) 196,
239, 240, 242, 243, 244, 246,	342, 343, 374	198, 257, 258, 260, 272, 273
247, 248, 249, 250, 251, 252,	바터(Charles B. Barter) 329	방용을(方龍乙) 36
255, 257, 258, 259, 260, 261,	박권영(朴權榮) 149	방원철(方圓哲) 155
262, 263, 264, 265, 266, 267,	박금천(朴今川) 48	배운룡(裵雲龍)
270, 272, 274, 275, 276, 277,	박기병(朴基丙) 15, 26, 27,	123, 128, 130, 144
278, 280, 281, 282, 283, 284,	31, 62, 123, 125, 172, 173	배준팔(裵俊八) 326
286, 287, 290, 358, 383, 398,	박기성(朴基成)	백낙준(白樂濬) 92
399, 400, 402, 403, 404, 405	20, 60, 179, 180	백복성(白福成) 76
머치(Gordon E. Murch) 391	박길용(朴吉龍) 178	

백선엽(白善燁)
    82, 182, 186, 232
백선진(白善鎭) 19
백성욱(白性郁) 92
백인엽(白仁燁) 299
버너드(Carl F. Bernard) 297
버트레이(Linton J. Buttrey)
    346
베이틀러(Robert S. Beightler)
    266
변영태(卞榮泰) 279
변용갑(邊龍甲) 155
뷰챔프
(Charles E. Beauchamp)
    348, 349, 353, 354, 355,
    357, 358, 359, 361, 363,
    366, 368, 370, 371, 372
브래들리(Omar N. Bradley)
    192, 196, 198, 251
비가트(Bigart) 322
빅슬러(Bixler) 321

ㅅ

섀드릭(Kenneth Shadeick)
    303
서경택(徐慶澤) 27, 40
서석돈 17
서종철(徐鍾喆)
    15, 28, 122, 126, 129, 137,
    223, 229, 230, 231, 237
서현규(徐鉉圭) 152
석종섭(石鍾燮) 117
선조 55, 56, 57, 58, 59
성학철(成鶴喆) 42
셔먼(Forrest p. Sherman)
    196, 198, 260, 272

손관도(孫官道) 45, 141
손동조(孫東祚) 149
손성겸(孫聖兼) 49
손영을(孫永乙) 167
손창술(孫昌述) 300
송상현(宋象賢) 57, 58, 59
송성삼(宋星三) 24
송요찬(宋堯讚) 62, 231
송인률(宋仁律) 141
송인상(宋仁相) 104
송호성(宋虎聲) 53, 86, 87, 88
스기야마(杉山) 403
스미스(Charles B. Smith)
    286, 287, 288, 289, 290,
    291, 292, 295, 296, 297
스미스(David H. Smith)
    302, 308, 309, 313, 327
스미스(Jack E. Smith)
    354, 367, 373, 376, 377
스미스(Lioyd D. Smith) 340
스비츠(Joseph R. Sbeetz) 266
스콧(scott) 295
스콧(Peter W. Scott) 73
스트래튼
(Charles W. Stratton) 335
스트러블(Arthur D. Struble)
    199, 269
스트래트메이어
(George E. Stratemeyer)
    214, 215, 249, 269
스티븐스
(Richard W. Stephens)
    286, 307, 321, 322
스티스(Arechie L. Stith)
    306, 329, 330, 376

스폴딩
(Malcolm C. Spaulding) 367
스피어(Paul R. Spear) 324
시거스(Boon Seegars)
    310, 330
신동수 225, 226,
    227, 228, 229, 230, 236, 242
신동우(申東雨) 72
신면호(申冕浩) 170
신상철(申尙徹) 49
신상호 110
신성모(申性模)
    10, 49, 52, 53, 54, 72, 75,
    89, 92, 93, 100, 101
신숙주 55
신언국(申彦國) 18
신익희(申翼熙) 61, 100, 102
신입(申砬) 10, 55, 58, 59, 60
신태범(申泰範) 154
신태영(申泰英) 406
신현홍(申鉉洪) 182
심언봉(沈彦俸) 153, 160

ㅇ

아라와카(Jack Arawaka) 340
아몬드(Edward M. Almond)
    145, 146, 211, 214,
    231, 260, 266, 398
안광영(安光榮) 26, 172
안동수(安東洙) 298
안민일(安玟一) 175
안병범(安秉範) 85, 86
안영조(安永祚) 167
안익섭(安益燮) 78
안재홍(安在鴻) 111
안태갑(安泰甲) 35

애치슨(Dean G. Acheson)	워커(Walton H. Walker)	윤영선(尹永善) 92
192, 193, 194, 195,	259, 266, 273, 274, 275, 278,	윤용문(尹龍文) 47
196, 197, 198, 200, 248	282, 283, 312, 313, 350, 351,	윤춘근(尹春根) 44, 123, 237
앤더슨(Monroe Anderson)	352, 353, 378, 394, 397, 398,	윤태일(尹泰日) 160
337	399, 400, 406, 407	윤태호(尹泰皓) 140
앨솝(Joseph Alsop) 192	원균 56	이경도(李敬燾) 140
앰브로스 H. 뉴전트 298	원세훈(元世勳) 102	이관영(李觀永) 134
양국진(楊國鎭) 19, 49, 72	원용덕(元容德) 117	이규대(李圭大) 171
양수철(梁秀哲) 147	원치남(元治男) 175	이규한(李揆漢) 300
양종익(梁宗益) 27, 39, 172	원태섭(元泰燮) 153	이달호(李達浩) 153
엄재완(嚴在完)	울리그(John R. Woolrig) 396	이민우(李敏雨) 78
62, 64, 117, 121, 130	웨인 라이트 404	이범석(李範奭)
엄홍섭(嚴鴻燮)	워들링턴	53, 87, 88, 93, 94
18, 66, 67, 68, 69, 70, 152	(Robert L. Wadlington)	이병기(李炳基) 155
에바 솔 294	314, 328, 366, 367, 372, 373	이붕직(李鵬稙) 155, 170
에이어스(Harold B. Ayres)	웹(James E. Webb) 196	이산해(李山海) 57
203, 303, 304, 305, 307,	위걸(William Wygal)	이상근(李尙根)
308, 329, 353, 356, 357,	366, 369, 371	41, 122, 139, 140
359, 361, 367, 368, 376	윈스테드(Otho T. Winstead)	이선근(李瑄根) 49, 83, 89
엘리스 브릭스 279	336, 337, 339, 344, 347	이성가(李成佳) 88
오(Augustus B. Orr) 340	윌러비	이세호(李世鎬) 117, 121
오기완(吳基完) 320	(Charles A. Willoughby)	이수봉(李秀峰) 166
오스번(Leroy Osburn) 316	214, 231	이수찬(李秀燦) 133
오스틴(Warren R. Austin)	윌슨(Venart Wilson) 397	이승만(李承晩)
194, 263	윌킨스(John L. wilkins) 396	52, 78, 90, 91, 111, 112, 200,
오윤근(吳潤根) 301	유상재(兪象在) 125, 130	215, 218, 219, 276, 278, 279
오태영(吳泰泳) 173, 176	유의준(兪義濬)	이승우(李承雨) 45, 141
옥정애(玉貞愛) 75	18, 20, 21, 22, 46, 47, 140	이승준(李承俊) 156
와그네브레스	유재흥(劉載興) 11, 12, 14, 16,	이시영(李始榮) 69
(Wallace A. Wagnebreth) 331	18, 20, 23, 24, 27, 29, 30, 32,	이영규(李暎圭・瑛圭・瑛奎)
우드(Walter G. Wood, jr) 373	33, 34, 38, 39, 50, 53, 60, 61,	75
우병옥(禹炳玉)	72, 118, 120, 121, 123, 223	이용문(李龍文)
160, 162, 164, 165, 169	유해준(兪海濬) 140, 151, 156	12, 19, 30, 50, 77
우즈(Kenneth Y. Woods)	유흥수(劉興洙) 121	이용환(李龍煥) 134
369, 374	윤영모(尹永模) 34, 35	이우익(李愚益) 92

이운산(李雲山) 75	인태식(印泰植) 103	정여립 58
이원장(李源長) 42	임백진(任百振) 139, 143	정인택(鄭麟澤) 62, 162
이윤영(李允榮) 92	임병직(林炳稷) 92, 216, 218	정일권(丁一權)
이응준(李應俊)	임선하(林善河)	147, 216, 217, 221, 223,
25, 27, 29, 30, 32, 33, 38,	118, 139, 143, 147	227, 229, 233, 235, 236,
39, 61, 70, 71, 87, 144, 406	임충식(任忠植)	237, 259, 276, 278, 291, 299
이익수(李益秀) 132	14, 122, 165, 169, 171	제섭(Jessup) 196
이일(李鎰) 55, 58, 59, 60	임흥순(任興淳) 67	제이콥스(Joseph E. Jacobs)
이장관(李壯寬) 48	**ㅈ**	271
이존일(李存一) 123, 172	장개석(蔣介石) 200, 214, 248	제임스(Jack James) 191, 192
이종국(李鍾國) 60	장경근(張暻根) 49, 83	젝슨 324
이종두(李鍾斗) 36	장기영(張基永) 92	젠슨(Carl C. Jensen) 322, 324
이종찬(李鍾贊) 51, 118,	장덕승(張德昇) 152	조덕수(趙德守) 141, 148
122, 162, 181, 223, 231, 237	장덕창(張德昌) 152	조돈철(趙敦鐵) 333
이준식(李俊植) 14, 43, 44,	장도영(張道英) 39, 49, 72	조봉암 102
46, 47, 141, 143, 144, 149	장두권(張斗權) 141, 143	조암(趙岩) 43, 45
이창도(李昌道) 38	장면(張勉) 194, 205	조영달(趙永達) 48
이창복(李昌馥) 66	장영문(張泳文) 156, 158, 159	조이(C. Turner Joy) 268
이철원(李哲源) 122, 133	장원순(張元淳) 46	존슨(Louis Johnson) 192,
이철원(李哲源) 90, 91	장인근(張仁根) 69	193, 196, 197, 213, 251, 256
이청송(李青松) 177	장종진(張鍾鎭) 134	주석균(朱碩均) 105
이청천(李青天) 53, 406	장찬규(張?奎) 134	지머맨(Zimmerman) 375
이춘배(李春培) 156, 170	장창국(張昌國)	지토(Joseph S. Szito) 374
이치령(李致寧) 103	38, 39, 49, 70, 72, 73	**ㅊ**
이치업(李致業) 41, 74	장철부(張哲夫) 14	차갑준(車甲俊)
이학구(李學九) 298	장춘권(張春權) 167	17, 20, 21, 46, 140
이한림(李翰林)	장택상(張澤相) 130	찬들러(Homer B. Chandler)
44, 147, 148, 151, 152	장흥(張興) 87	341, 344
이항복 56, 57, 59	전승철(全承鐵) 148	채병덕(蔡秉德) 10, 11, 12,
이현진(李賢進) 137, 178	전유형(全有炯) 62, 65	16, 17, 18, 19, 20, 27, 29, 30,
이형근(李亨根) 12, 60, 61, 70	전희택(田熙澤) 48	33, 34, 48, 49, 50, 51, 52, 53,
이홍근(李弘根) 300	정규한(鄭圭漢) 300	54, 60, 66, 68, 70, 74, 83, 88,
이홍식(李洪植) 134	정내혁(丁來赫) 70, 72	92, 93, 100, 101, 111, 112,
이희권(李喜權)	정발(鄭撥) 57, 58, 59	117, 141, 216, 223, 231, 237
24, 37, 60, 61, 123	정석응(鄭錫應) 134	처치(John H. Church)

인명 색인 413

30, 122, 144, 145, 146, 213, 215, 217, 219, 231, 234, 273, 274, 282, 287, 289, 290, 291, 309, 378
처칠 401
천병규(千炳圭) 103
체크(Gilbert J. Check) 390
최경록(崔慶祿) 110, 183
최규하(崔圭夏) 105
최규현(崔圭鉉) 133
최대명(崔大明) 151
최문호(崔文鎬) 333
최민도(崔民燾) 40
최민섭(崔敏燮)
18, 21, 43, 76, 77
최병순(崔炳淳) 123, 128, 172
최복수(崔福洙) 154, 155, 162, 163, 164, 165, 167, 168, 169
최수창(崔秀昌)
139, 140, 142, 181
최순주(崔淳周) 92, 104
최영규(崔英圭) 45
최영락(崔永樂) 117
최영화(崔泳華) 155
최영희(崔榮喜)
123, 126, 129, 172, 173, 176
최용덕(崔用德) 154
최재명(崔載明) 45
최창식(崔昌植)
50, 51, 66, 68, 69, 75, 181
최창언(崔昌彦)
12, 15, 20, 21, 22, 46, 47, 60, 61, 140, 143, 151, 179

ㅋ

케인(Robert W. Kane) 384
코너(Ollie D. Connor) 292
코너스(W. Bradley Connors) 192
코트니 휘트니 214, 231
콜(George R. Cole) 395
콜리(John T. Corley) 317, 395
콜리어(William A. Collier) 273
콜린스(J. Lawton Collins)
192, 196, 198, 246, 247, 248, 256, 257, 258, 259, 260, 261, 263, 273, 283
콜린스(Roy E. Collins) 305
쿠퍼(Curtis Cooper) 367
쿡(John M. Cook)
337, 338, 347
크롬베즈(Marcel B. Crombez) 385
크리스타노프
(George W. Kristanoff) 355
크리스텐슨
(Jerry C. Christenson) 312
클라크(Arthur M. Clarke)
379, 380
클라크(Eugene F. Clark)
163, 270
클레이노스(Peter D. Clainos) 383
클리퍼드(John Clifford) 385
킨(William B. Kean)
274, 393, 395, 396
킨케이드(Alvan L(C). Kincaid) 269

ㅌ

타보(Stanly Tabor) 380
터너(Howard H(M). Turner)

269
트루먼(Herry S. Truman)
190, 192, 193, 194, 195, 196, 198, 199, 200, 208, 209, 213, 215, 233, 234, 247, 248, 255, 256, 260, 263, 271, 273, 314

ㅌ

티터(Bernard G. Teeter)
391, 396

ㅍ

파머(charles D. palmer)
364, 383, 385
파머(Raymond D. palmer) 383
파트리지(Earl E. partridge)
215, 269
패턴 382, 399
페인(Charles E. payne) 302
페리(Miller O. perry)
288, 294, 295, 296, 297, 304
페이스(Frank pace Jr.)
192, 193, 196, 198, 247
펜스터매처
(Edgar R. Fenstermacher)
341, 344, 345, 347
펠폴터(Herman G. Felfoelter)
345, 346
표준철(表俊喆) 134
피셔(Henry G. Fisher)
394, 395
핀레터(Tomas K. Finletter)
196
필더(Wilson Fielder Jr.)
367, 368
필드(Eugene J. Field) 385

ㅎ

하갑청(河甲淸) 140
하비(Charles U.M. Harvey) 392
하범수(河范壽) 156
한두규(韓斗圭) 381
한보석(韓普錫) 133
한순화(韓順華) 154, 158, 167, 182, 183
한신(韓信) 165
한점인(韓點仁) 107
한정석(韓正錫) 45
한치환(韓致煥) 72
한태원(韓泰源) 18, 23
한효준(韓孝俊) 48
한홍(韓興) 300
함준호(咸俊鎬) 12, 23, 24, 25, 60
핫필드(Raymond D. Hatfield) 365
해리먼(W. Averell Harriman) 260
해리스(William A. Harris) 384
해즐릿(Robert T. Hazlett) 118, 236
해켓(Alen Hackett) 338, 347
허버트(Herbert) 365, 366, 368
허스킨스(James W. Haskins) 345
허필은(許弼殷) 117, 121
헨슨 W. 볼드윈 407
현재영(玄在英) 364, 365
혼마 마사하루(本間雅晴) 402, 403
홍명집(洪明集) 48
홍사익(洪思翊) 406
홍승범(洪承範) 150, 151
화이트(Horton V. White) 394, 395
황규면(黃奎冕) 90
황남호(黃南湖) 364, 365
황원회(黃元會) 66, 67, 69
황의선(黃義善) 156
황헌친(黃憲親) 49
히긴스(John M. Higgins) 268
히긴스(Marguerite Higgins) 249, 303, 318
히치너(Omar T. Hitchner) 383
히커슨(John D. Hickerson) 193, 194, 197, 204
히키(Doyle O. Hickey) 266
히터(Leotis E. Heater) 311
히틀러 190, 195, 401
힉스(Joseph E. Hicks) 330

6·25전쟁사

낙동강 제2권

초판 1쇄 인쇄 2010년 12월 21일
초판 1쇄 발행 2010년 12월 30일

지은이 ㅣ 류형석
펴낸이 ㅣ 김세영
펴낸곳 ㅣ 도서출판 플래닛미디어

주소 ㅣ 121-839 서울 마포구 서교동 381-38 3층
전화 ㅣ 3143-3366
팩스 ㅣ 3143-3360
등록 ㅣ 2005년 9월 12일 제 313-2005-000197호
이메일 ㅣ webmaster@planetmedia.co.kr

ISBN 978-89-92326-85-8 04910
　　　978-89-92326-83-4 (전8권)

ⓒ류형석 2010

* 책값은 겉표지에 있습니다.
* 잘못 만들어진 책은 구입처나 본사에서 교환해 드립니다.

다부동지구 전선

제10연대 | 제11연대

유학산 837고지

← 팔공산 가산 901고지 다부동 674고지 천생산

← 옥골

← 해평